ΣBEST シグマベスト

今日からスタート高校入試

5科

文英堂

この本の特長

1 思い立ったその日が高校入試対策のスタート！

「受験勉強を始めよう」と思い立ったその日から志望校合格まであなたを完全サポートしたい，そんな思いでつくられたのが，この『今日からスタート高校入試５科』です。
本書は，５教科（英語・数学・国語・理科・社会）の高校入試対策が１冊でできるよう，入試問題の必出項目にしぼって編集しています。 学習の要点がコンパクトにまとまっているので，効率よく入試対策をすることができます。

2 段階を追った構成で，合格まで着実にステップアップ！

「要点のまとめ」「実力完成テスト」「入試模擬テスト」という段階を追った構成です。 まずは項目単位でポイントを確認してから，問題で内容の理解度を確認し，模擬テストで完成することができます。 近年の公立高校入試問題を徹底分析し，良問を集めていますので，この１冊で着実に，志望校に合格する力が身につきます。

この本の構成

Step 1 要点のまとめ

ポイント整理

入試必出のポイントをまとめています。 忘れていることはないか，知識を確認しましょう。

今日スタディ

今日学習する単元で，とにかくここだけは理解してほしい内容です。

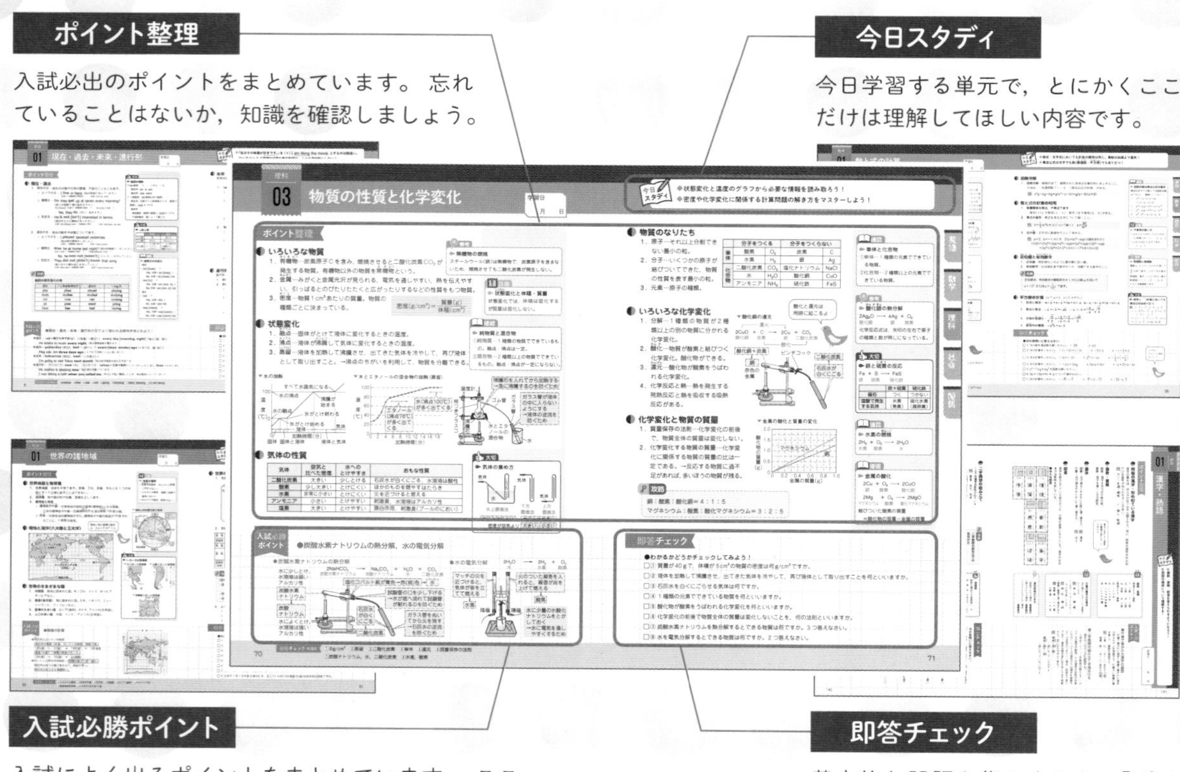

入試必勝ポイント

入試によく出るポイントをまとめています。 ここをしっかり押さえて得点アップを目指しましょう。

即答チェック

基本的な問題を集めました。「ポイント整理」の内容を確認しましょう。

Step 2 実力完成テスト

実際に出題された入試問題から良問を集めました。
Step 1の「ポイント整理」をふまえて，実際に問題を解いてみましょう。

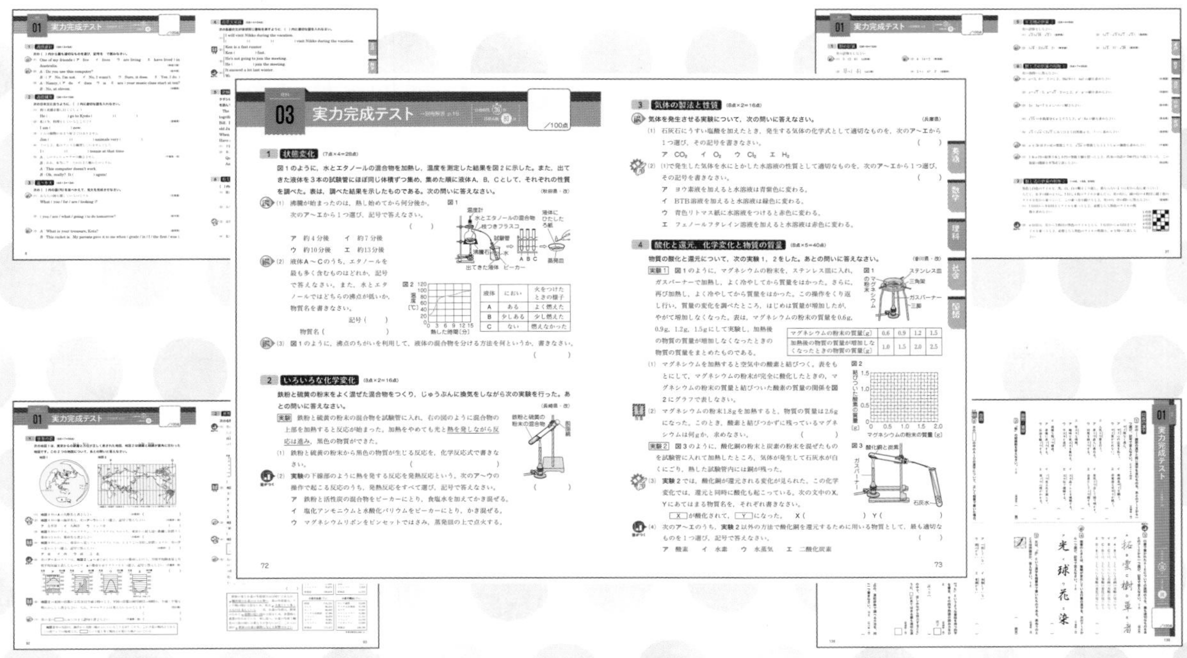

Step 3 入試模擬テスト

各教科１回ずつついています。
入試前に取り組んで，力試しをしましょう。
高校入試本番のつもりで挑戦してみてください！

自信をもって，
本番にのぞもう！

 くわしい「解答・解説」

問題の解き方，考え方，注意点などをくわしくていねいに説明しています。間違えたところは，解説をじっくり読んで理解しましょう。取り外して使用できます。

 ふろく「カウントダウン 15DAYS!! チェックブック」

巻頭に「カウントダウン 15DAYS!! チェックブック」がついています。
入試当日の15日前から1日1ページ，カウントダウンして5科の確認をしましょう。
スキマ時間に，いつでもどこでも重要事項がチェックできますので，大いに活用してください。

アイコンの一覧

●ポイント整理

大切
必ず押さえておくべき内容です。

確認
暗記してほしい内容です。再度確認しましょう。

注意
間違いやすい内容です。注意して覚えましょう。

参考
理解するのに，参考にしてほしい内容です。少し難しい内容も扱っています。

攻略
入試攻略のカギとなる重要な情報です。

●実力完成テスト

必ず押さえておきたい問題です。

各都道府県で公表されている問題ごとの正答率です。青色は 50% 以上（必ず押さえるべき落とせない問題），赤色は 50% 未満（受験生が間違えやすい，差をつけられる問題）を示しています。

少し難しい問題です。マスターすることでライバルに差をつけることができます。

ミスしやすい問題です。注意して解きましょう。

もくじ

01 現在・過去・未来・進行形

学習日　　月　　日

ポイント整理

現在・過去

1．現在の文…現在の状態や日常の習慣，不変のことなどを表す。

① ふつうの文… I **live** in Nara.（私は奈良に住んでいます。）
〈主語＋一般動詞の現在形～〉／〈主語＋am [is, are] ～〉

② 疑問文… **Do** they **get** up at seven every morning?
（彼らは毎朝７時に起きますか。）
〈Do [Does]＋主語＋一般動詞の原形～？〉／〈Are [Is]＋主語～？〉
— Yes, they **do**.（はい，起きます。）

③ 否定文… He **is not** [**isn't**] interested in tennis.
（彼はテニスに興味がありません。）
〈主語＋do [does] not＋一般動詞の原形～〉／〈主語＋am [are, is] not ～〉

2．過去の文…過去の動作や状態について表す。

① ふつうの文… I **played** baseball yesterday.
（私は昨日野球をしました。）
〈主語＋一般動詞の過去形～〉／〈主語＋was [were] ～〉

② 疑問文… **Was** he at home last night?（彼は昨晩家にいましたか。）
〈Did＋主語＋一般動詞の原形～？〉／〈Was [Were]＋主語～？〉
— No, he **was not** [**wasn't**].（いいえ，いませんでした。）

③ 否定文… They **did not** [**didn't**] **know** that song.
（彼らはその歌を知りませんでした。）
〈主語＋did not＋一般動詞の原形～〉／〈主語＋was [were] not ～〉

攻略

動詞の語形変化の例

原形	３人称単数現在形	過去形	～ing 形
play	play**s**	play**ed**	play**ing**
study	stud**ies**	stud**ied**	study**ing**
run	run**s**	**ran**	run**ning**
go	go**es**	**went**	go**ing**
have	**has**	**had**	hav**ing**

大切

動詞の種類
- be 動詞「～だ」「～にある，いる」
〈現在形〉am, is, are
〈過去形〉was, were
- 一般動詞… be 動詞以外の動詞
〈現在形〉主語が３人称単数のとき，動詞の語尾に -(e)s をつける。
〈過去形〉
・規則動詞…動詞の語尾に -(e)d をつける。
・不規則動詞…語によって異なる。

大切

人称と数

	単数	複数
１人称	私	私たち
２人称	あなた	あなたたち
３人称	１・２人称以外の１人の人，１つのものごと	１・２人称以外の複数の人，複数のものごと

確認

疑問文の応答文
〈現在〉
- Do [Does] ～？
— Yes, 主語＋do [does]. /
No, 主語＋do [does] not.
- Are [Is] ～？
— Yes, 主語＋am [are, is]. /
No, 主語＋am [are, is] not.

〈過去〉
- Did ～？
— Yes, 主語＋did. /
No, 主語＋did not.
- Was [Were] ～？
— Yes, 主語＋was [were]. /
No, 主語＋was [were] not.

入試必勝ポイント

●現在・過去・未来・進行形の文でよく使われる語句をまとめよう！

●現在…〈**on＋曜日を表す語(s)**〉（(毎週) ～曜日に），**every day** [**morning, night**]（毎日［朝，晩］）
He listens to music **every night**.（彼は毎晩音楽を聞きます。）

●過去… **yesterday**（昨日），**last** ～（昨～），～ **years** [**days, weeks**] **ago**（～年［日，週］前に）
Meg saw Jim **three days ago**.（メグは３日前にジムに会いました。）

●未来… **tomorrow**（明日），**next** ～（今度の～）
I'm going to visit Tokyo **next month**.（私は来月東京を訪ねる予定です。）

●進行形…〈現在進行形〉**now**（今），〈過去進行形〉〈**when＋主語＋動詞～**〉（…が～したとき），**then**（そのとき）
My mother is sleeping **now**.（私の母は今眠っています。）
I was taking a bath **when you called me**.（あなたが私に電話したとき，私は風呂に入っていました。）

即答チェック の答え　①practice　②likes　③was　④will　⑤going　⑥listening　⑦Were, cleaning　⑧is not taking

◆「私はその映画が好きです。」を（×）I am liking the movie. とするのは間違い。
like や live など感情や状態を表す動詞は，ふつう進行形にしない！

未来

未来の文…現在よりも先のことを言うときは，〈**will**＋動詞の原形〉か〈**be going to**＋動詞の原形〉で表す。

1．〈**will**＋動詞の原形〉…「～するだろう」「～するつもりだ」
① ふつうの文… He **will study** English tomorrow.
（彼は明日英語を勉強するでしょう。）
② 疑問文… **Will** you **do** the work tomorrow?
（あなたは明日その仕事をするつもりですか。）
— **Yes**, I **will**.（はい，そのつもりです。）
No, I **will not** [**won't**].（いいえ，そのつもりはありません。）
③ 否定文… I **will not** [**won't**] **clean** the room tomorrow.
（私は明日部屋を掃除するつもりはありません。）

2．〈**be going to**＋動詞の原形〉…「～する予定だ」
① ふつうの文… Judy **is going to clean** the room soon.
（ジュディはもうすぐ部屋を掃除する予定です。）
② 疑問文… **Is** she **going to make** dinner tonight?
（彼女は今晩夕食をつくる予定ですか。）
— **Yes**, she **is**.（はい，その予定です。）
No, she **is not** [**isn't**].（いいえ，その予定ではありません。）
③ 否定文… He **is not** [**isn't**] **going to practice** soccer tomorrow.
（彼は明日サッカーを練習する予定ではありません。）

大切
助動詞 will
- 主語が何であっても形が変わらない。
- 疑問文…〈Will＋主語＋動詞の原形～？〉
→応答文… will を使って答える。
- 否定文…〈主語＋will not [won't]＋動詞の原形～〉

大切
be going to ～
- be 動詞は主語の人称と数に合わせる。
- 疑問文…〈be 動詞＋主語＋going to ～？〉
→応答文… be 動詞を使って答える。
- 否定文…〈主語＋be 動詞＋not going to ～〉

be going to ～ や進行形の疑問文・否定文の語順は，be 動詞の文と同じだね！

進行形

進行形…今現在または過去の一時点である動作が進行中であることを表す。

1．現在進行形…〈**am** [**is, are**]＋動詞の **～ing** 形〉「～している」
2．過去進行形…〈**was** [**were**]＋動詞の **～ing** 形〉「～していた」
① ふつうの文… I **am reading** a book now.
（私は今，本を読んでいます。）【現在進行形】
② 疑問文… **Are** you **watching** TV now?（あなたは今，テレビを見ているのですか。）【現在進行形】
〈be 動詞＋主語＋動詞の ～ing 形～？〉
— **Yes**, I **am**. / **No**, I **am not**.（はい，見ています。）／（いいえ，見ていません。）
be 動詞を使って答える。
③ 否定文… He **was not** [**wasn't**] **studying** at that time.
〈主語＋be 動詞＋not＋動詞の ～ing 形～〉
（彼はそのとき勉強していませんでした。）【過去進行形】

参考
近い未来を表す進行形
〈be 動詞＋動詞の ～ing 形〉の中には，近い未来を表す用法のものもある。
例 I'**m going** to Kyoto tomorrow.
（私は明日京都へ行く予定です。）

即答チェック

●次の日本文の意味を表す英文になるように，（ ）内に適切な語を入れなさい。

□① 私は毎日ピアノを練習します。	I (　　　) the piano every day.
□② 彼は映画がとても好きです。	He (　　　) movies very much.
□③ ケンは昨日は家にいました。	Ken (　　　) at home yesterday.
□④ 明日は雨が降るでしょう。	It (　　　) rain tomorrow.
□⑤ 彼女は明日早く起きる予定です。	She is (　　　) to get up early tomorrow.
□⑥ 私は今，音楽を聞いています。	I'm (　　　) to music now.
□⑦ そのとき彼らは部屋を掃除していましたか。	(　　　) they (　　　) the room then?
□⑧ 彼は今，風呂に入っていません。	He (　　　) (　　　) (　　　) a bath now.

英語 数学 理科 社会 国語

英語

01 実力完成テスト

→別冊解答 p.2

／100点

1 適語選択 (3点×3＝9点)

次の（　）内から最も適切なものを選び，記号を○で囲みなさい。

正答率51% (1) One of my friends (ア live　イ lives　ウ are living　エ have lived) in Australia. 〈神奈川県〉

正答率97% (2) *A* : Do you use this computer? 〈栃木県〉
B : (ア No, I'm not.　イ No, I wasn't.　ウ Sure, it does.　エ Yes, I do.)

(3) *A* : Nancy, (ア do　イ does　ウ is　エ are) your music class start at ten?
B : No, at eleven. 〈沖縄県〉

2 適語補充 (3点×5＝15点)

次の日本文に合うように，（　）内に適切な語を入れなさい。

(1) 彼は来週京都に行くでしょう。
He (　　　　) go to Kyoto (　　　　) (　　　　).

(2) 私は今，料理をしているところです。 〈宮崎県〉
I am (　　　　) now.

(3) ジムは動物があまり好きではありません。
Jim (　　　　) (　　　　) animals very (　　　　).

(4) そのとき，私はテニスを練習していませんでした。
I (　　　　) (　　　　) tennis at that time.

(5) *A* : このコンピューターは動きません。 〈千葉県・改〉
B : ああ，本当に？　それはまた壊れたのですね。
A : This computer doesn't work.
B : Oh, really?　It (　　　　) again!

3 並べかえ (4点×3＝12点)

次の（　）内の語(句)を並べかえて，英文を完成させなさい。

正答率60% (1) あなたは何を探しているのですか。 〈北海道〉
What (you / for / are / looking)?

(2) (you / are / what / going) to do tomorrow? 〈栃木県〉

正答率93% (3) *A* : What is your treasure, Kota? 〈島根県〉
B : This racket is.　My parents gave it to me when (grade / in / I / the first / was).

4 同意文完成 (6点×4=24点)

次の各組の文がほぼ同じ意味を表すように，(　)内に適切な語を入れなさい。

(1) I will visit Nikko during the vacation.
(　　　　)(　　　　)(　　　　) visit Nikko during the vacation.

(2) Ken is a fast runner.
Ken (　　　　) fast.

(3) He's not going to join the meeting.
He (　　　　) join the meeting.

差がつく (4) It snowed a lot last winter.
We (　　　　) a lot of snow last winter.

5 読解 (8点×2=16点)

タダシは駅で見知らぬ外国人と出会い，偶然いっしょに東京駅へ向かうことになりました。次の英文を読んで，あとの問いに答えなさい。〈埼玉県・改〉

The man bought a ticket and Tadashi and the man (leave) for Tokyo Station together. They talked about many things on the train. The man's name was Bill. He came to Japan from Australia just a few days ago. He was interested in old Japanese temples. He wanted to visit Tokyo to buy some books about them. When they arrived at Tokyo Station, Tadashi said, "I enjoyed talking with you. Have a nice day." "You too," said Bill.

(注) ticket「切符」

(1) 下線部の(　)内の語を，適切な形にして書きなさい。(　　　　)

(2) 本文の内容に関する次の質問の答えとなるように，(　)内に3語の適切な英語を書きなさい。

Question : Why did Bill want to go to Tokyo?
Answer　: Because he wanted to buy some books about (　　　　　).

6 和文英訳 (6点×4=24点)

(　)内の語(句)を使って，次の日本文を英語に直しなさい。

(1) 彼は犬を1匹ほしいと思っています。(a)

(2) あなたは昨夜の8時に何をしていましたか。(last night)

(3) 京都は，明日は雨が降るでしょう。(will, rainy)

(4) 私は毎週水曜日に図書館へ行きます。(on)

02 疑問詞・いろいろな文

学習日　月　日

ポイント整理

疑問詞の基本

1．**疑問詞**…さまざまな種類があり，相手に何をたずねるかによって使い分ける。
2．**疑問詞の位置**…疑問文の文頭に置く。
3．**答えの文**…Yes / No では答えずに，たずねられた内容に応じて具体的に答える。

What do you do on Saturdays?
（あなたは毎週土曜日に何をしますか。）
〈疑問詞＋do [does, did]＋主語＋動詞の原形～？〉【一般動詞の，疑問詞のある疑問文の語順】

― I go to the library.（私は図書館へ行きます。）
下線部が答えの中心

Who is that boy by the tree?（木のそばのあの少年はだれですか。）
〈疑問詞＋be 動詞＋主語～？〉【be 動詞の，疑問詞のある疑問文の語順】

― He is my friend Koji.（彼は私の友だちのコウジです。）
下線部が答えの中心

確認

● 疑問詞の種類

何「物」	what	だれ「人」	who
いつ「時」	when	どこ「場所」	where
なぜ「理由」	why	どちら，どれ「選択」	which
だれの（もの）「所有」	whose	どのようにして「手段」	how

大切

● 疑問詞が主語になる疑問文

疑問詞が主語になるときの疑問文は〈疑問詞＋動詞～？〉の語順となる。疑問詞は３人称単数扱いとなることに注意。

例 Who **teaches** English to you?（だれがあなたに英語を教えますか。）
― Mr. Mori does.
（森先生です。）

＊この does は teaches English to me を言いかえている語。

〈疑問詞＋語句〉の疑問文

1．〈**What**＋名詞〉…「何の～」，〈**Which**＋名詞〉…「どちらの～」，〈**Whose**＋名詞〉…「だれの～」

What sports do you like?（あなたは何のスポーツが好きですか。）
〈疑問詞＋語句＋do [does, did]＋主語＋動詞の原形～？〉

― I like basketball.
（私はバスケットボールが好きです。）

2．**重要な〈疑問詞＋語句〉**

What time is it? ― It's five ten.
（何時ですか。― ５時10分です。）

How old is he? ― He's eighteen years old.
（彼は何歳ですか。― 18歳です。）

What day is it today? ― It's Friday.
（今日は何曜日ですか。― 金曜日です。）

確認

● 重要な〈疑問詞＋語句〉

何時「時刻」	what time	何曜日「曜日」	what day
いくつの「数」	how many	いくらの「値段」	how much
何歳の「年齢」	how old	どれくらい頻繁に「頻度」	how often
どのくらい長く「（時間・物の）長さ」	how long	どのくらい遠くに「距離」	how far

入試必勝ポイント

● SVOO の文の注意点

- **S**＝主語，**V**＝動詞，**O**＝目的語，**C**＝補語
- **SVOO** の文をとる動詞…give，tell，ask，buy，make，cook，send，write など
- **SVOO → SVO** への書きかえ
  - 〈**SVO to**＋人〉となる動詞…give，tell，send，write，teach など

    She(S) gave(V) me(O) the CD(O). → She(S) gave(V) the CD(O) **to** me.（彼女は私にその CD をくれました。）
  - 〈**SVO for**＋人〉となる動詞…buy，make，cook など

    He(S) cooked(V) us(O) breakfast(O). → He(S) cooked(V) breakfast(O) **for** us.（彼は私たちに朝食をつくってくれました。）

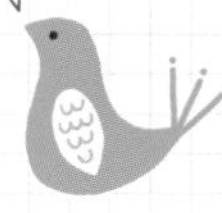

for よりも to を使う動詞のほうが多いよ！

即答チェック の答え　①Where　②How much　③There were　④Don't be　⑤Let's go　⑥what　⑦teach me English　⑧the dog Ben

◆間接疑問は並べかえ問題で頻出。〈疑問詞＋主語＋動詞～〉または〈疑問詞＋(助)動詞～〉の語順をおさえる！

いろいろな文

1．**There is** [**are**] ～ .…「～がある［いる］」
There is a pen on the desk.（机の上に１本のペンがあります。）
└主語（主語が単数→ be 動詞は is か was
　　　主語が複数→ be 動詞は are か were）

2．命令文…〈動詞の原形～ .〉または〈**Be**＋形容詞～ .〉「～しなさい」
【一般動詞】 **Open** the window.（窓を開けなさい。）
【〈Be＋形容詞〉】 **Be** quiet!（静かにしなさい！）

3．否定の命令文…〈**Don't**＋動詞の原形～ .〉または〈**Don't be**＋形容詞～ .〉「～してはいけません」
【一般動詞】 **Don't play** baseball here.（ここで野球をしてはいけません。）
【〈Be＋形容詞〉】 **Don't be** afraid.（おそれてはいけません。）

4．**Let's** ～ .…「～しましょう」〈相手を誘う表現〉
Let's sing a song.（歌を歌いましょう。）

5．間接疑問…疑問文が know などの動詞の目的語になること。〈疑問詞＋主語＋動詞～〉または〈疑問詞＋(助)動詞～〉の語順。
I don't know **where he lives**.（私は彼がどこに住んでいるのか知りません。）
〈疑問詞＋主語＋動詞〉　□全体が know の目的語
I know **who came here**.（私はだれがここに来たのか知っています。）
〈疑問詞＋動詞～〉　□全体が know の目的語

攻略
Do you know **where he lives**?
疑問文中の間接疑問の語順に注意！
〈Do [Does, Did]＋主語＋動詞＋疑問詞＋主語＋動詞～ ?〉
〈Do [Does, Did]＋主語＋動詞＋疑問詞＋(助)動詞～ ?〉

6．**SVOO** の文…「(人) に (物) を～する」
My father gave **me a camera**.
S　V　O(人)　O(もの・こと)
（私の父は私にカメラをくれました。）

7．**SVOC** の文…「(人・物) を (…) に～する」
Her friends call **her Ami**.（彼女の友人たちは彼女をアミとよびます。）
S　V　O　C　O (her) ＝C (Ami) の関係

大切
There is [**are**] ～ . の文
特定のもの（my bag, the desk など）が主語の場合は，この文は使わない。
(×) There is **my cat** under the table.
(○) **My cat** is under the table.
（私のネコはテーブルの下にいます。）

参考
ていねいな命令文
文頭か文末に please を置く。
Please close the door.
＝Close the door, **please**.
（ドアを閉めてください。）

参考
同意表現
Let's ～ .＝Shall we ～ ?
＝How about ～ing?

大切
間接疑問の文
例１ Where is he?＋I know it.
Where is he?＝it のとき，
＝I know **where he is**.
例２ Who ate the apple?
＋I don't know it.
Who ate the apple?＝it のとき，
＝I don't know **who ate the apple**.

確認
SVOC の文
• call O C（O を C とよぶ）
• name O C（O を C と名付ける）
• make O C（O を C にする）
など

即答チェック

●次の日本文の意味を表す英文になるように，（ ）内に適切な語を入れなさい。
□① 郵便局はどこですか。　(　　) is the post office?
□② このシャツはいくらですか。　(　　) (　　) is this shirt?
□③ そこには何人かの子どもがいました。　(　　) (　　) some children there.
□④ ここで騒がしくしてはいけません。　(　　) (　　) noisy here.
□⑤ 買い物に行きましょう。　(　　) (　　) shopping.
□⑥ 私は彼が何を言っているのかわかりません。　I don't understand (　　) he is saying.
□⑦ 私に英語を教えてください。　Please (　　) (　　) (　　).
□⑧ 私はその犬をベン（Ben）と名付けました。　I named (　　) (　　) (　　).

英語

02 実力完成テスト

→別冊解答 p.2

／100点

1 適語選択 (3点×4＝12点)

次の（　）内から最も適切なものを選び，記号を○で囲みなさい。

(1) *A*：(ア Which　イ Where　ウ When　エ Whose) bag is this? 〈沖縄県〉
B：It's mine.

正答率52% (2) How (ア often　イ high　ウ many　エ far) do you drink green tea in a day? 〈神奈川県〉

(3) *A*：Oh, this pizza is good. 〈岩手県〉
B：Would you like some more?
A：Thank you. (ア Who　イ When　ウ Which　エ Where) cooked this?
B：I did. I'm glad you like it.

正答率25% (4) *A*：(ア How　イ What　ウ When　エ Where) do you think about his new book? 〈栃木県〉
B：It's good. I like it very much.

2 適文選択 (3点×3＝9点)

次の(1)〜(3)の質問に対する応答として最も適切なものをア〜カからそれぞれ１つずつ選び，記号で答えなさい。 〈秋田県・改〉

(1) How do you usually come to school? (　　)
注意 (2) Who broke the window? (　　)
(3) What does your sister do? (　　)

ア Good idea.　イ You're welcome.　ウ She is a nurse.
エ By bike.　オ Yes, I'm looking for a blue cap.　カ Bob did.

3 同意文完成 (5点×5＝25点)

次の各組の文がほぼ同じ意味を表すように，（　）内に適切な語を入れなさい。

注意 (1) Emi made us delicious curry.
Emi made delicious curry (　　　) (　　　).

(2) Let's go shopping next Sunday.
(　　　) (　　　) (　　　) shopping next Sunday?

重要 (3) Our town has a large park.
(　　　) (　　　) a large park in our town.

(4) You must not speak Japanese in this class.
(　　　) (　　　) Japanese in this class.

(5) Mr. Tanaka told us the story.
Mr. Tanaka told the story (　　　) (　　　).

4 並べかえ (5点×4=20点)

次の（　）内の語を並べかえて，英文を完成させなさい。指示がある場合は，したがうこと。 〈宮崎県〉

(1) *A* : I'm going to go to Makoto's house.
　B : Me, too. But I don't (it / is / remember / where).

正答率55% (2) *A* : Can you (after / the / me / book / send / mine) you finish reading it? (1 語不要)
　B : OK, please wait until next week. 〈神奈川県〉

正答率18% (3) Do you (which / likes / Kana / season / know) the best? 〈栃木県〉

(4) (to / kind / other / be) people. 〈愛媛県・改〉

5 読解 (9点×2=18点)

次の英文を読んで，あとの問いに答えなさい。 〈大阪府・改〉

I bought some books about birds after I came back to Osaka. I learned some things about hummingbirds from <u>them</u>. The smallest kind of hummingbird is about six centimeters long. Its weight is about two grams.

Do you know [　　]? Like many other birds, hummingbirds eat insects. They eat nectar, too. When hummingbirds get nectar, they usually stay in one place in the air and put their beak into a flower.

(注) hummingbird「ハチドリ」 ～centimeter(s) long「～センチメートルの長さ」 weight「重さ」 gram「〈単位〉グラム」 insect「昆虫」 nectar「花のみつ」 in the air「空中で，空中を」 beak「くちばし」

(1) 下線部 them が表している内容に当たる，ひとつづきの**英語 4 語**を本文中から抜き出して書きなさい。 (　　　　　　　　)

(2) 本文の内容から考えて，次のうち，本文中の[　　]に入れるのに最も適しているものはどれですか。1つ選び，記号を○で囲みなさい。
　ア what hummingbirds eat　　イ why hummingbirds can fly
　ウ who will find hummingbirds

6 和文英訳 (8点×2=16点)

（　）内の語を使って，次の日本文を英語に直しなさい。

(1) 私の友人たちは私をヒロとよびます。 (Hiro) 〈秋田県・改〉

(2) あなたは彼が何回京都へ行ったことがあるか知っていますか。 (times) 〈神奈川県・改〉

03 不定詞・動名詞・分詞

学習日　月　日

ポイント整理

不定詞の基本用法

不定詞〈**to**＋動詞の原形〉には３つの用法がある。

名詞的用法の不定詞は，文の主語，目的語，補語になるよ！

1．名詞的用法…「～すること」

I like **to read books**.（私は本を読むことが好きです。）

「読むこと」　□全体が like の目的語

2．副詞的用法①…「～するために」〈目的〉

I went to the park **to see my friend**.

「友だちに会うために」→ went to the park「公園へ行った」目的

（私は友だちに会うために公園へ行きました。）

3．副詞的用法②…「～して…」〈感情の原因を表す〉

I was happy **to win the game**.

「その試合に勝って」→ happy「うれしい」と思う原因

（私はその試合に勝ってうれしかったです。）

4．形容詞的用法…「～するための，～すべき…」

He had homework **to do** yesterday.（昨日彼はするべき宿題がありました。）

「するべき」が直前の名詞 homework を修飾

動名詞の用法

動名詞の ～ing 形は 01 を復習！

動名詞（動詞の ～**ing** 形）…「～すること」

① 名詞として文の主語・目的語・補語になる。

② ふつうの動詞のように，そのあとに語句を続けることができる。

He doesn't like **studying math**.

「勉強すること」　math は studying の目的語

（彼は数学を勉強することが好きではありません。）　□全体が like の目的語

攻略

- 不定詞のみを目的語にとる動詞… want, hope, decide, need など
- 動名詞のみを目的語にとる動詞（＋語句）
  … enjoy, finish, practice, stop, give up など
- 不定詞・動名詞の両方を目的語にとる動詞… start, begin, like など

確認

名詞的用法の不定詞
- want to ～「～したい」
- start [begin] to ～「～し始める」
- try to ～「～しようと（努力）する」　など

参考

Why ～? — To ～.

例 Why did you go there?
— **To meet** Aki.
（あなたはなぜそこへ行ったのですか。— アキに会うためです。）

確認

〈感情を表す形容詞＋**to** ～〉
- be happy [glad] to～「～してうれしい」
- be surprised to ～「～して驚く」　など

注意

〈-thing＋形容詞＋to ～〉

形容詞の位置に注意。

例 I want something **cold to drink**.
（私は何か冷たい飲み物がほしいです。）

確認

動名詞の重要表現
- be good at ～ing（～するのが得意だ）
- thank＋人＋for ～ing（～してくれたことを（人）に感謝する）
- How about ～ing?（～しませんか）
- look forward to ～ing（～するのを楽しみにする）

入試必勝ポイント

●不定詞を使った重要表現

●〈**tell** [**ask**]＋人＋**to** ～〉「（人）に～するように言う［頼む］」，〈**want**＋人＋**to** ～〉「（人）に～してもらいたい」

My mother **told** me **to clean** the room.（母は私に部屋を掃除するように言いました。）

I **want** you **to buy** me a cap.（私はあなたにぼうしを買ってもらいたいのです。）

●〈疑問詞＋**to** ～〉「何を［いつ，どのように，どこに］～するべきか」

I knew **what to do**.（私は何をするべきか知っていました。）

●〈**let** [**make**]＋目的語＋原形不定詞〉「…に～させる」

Please **let** me **use** this computer.（このコンピューターを私に使わせてください。）

●〈**help**＋目的語＋原形不定詞 [**to**＋動詞の原形]〉「…が～するのを手伝う」

I **helped** him (to) **study** English.（私は彼が英語を勉強するのを手伝いました。）

即答チェック の答え ①to play ②to help ③anything to ④singing ⑤sleeping ⑥cooked[made] ⑦playing ⑧taken

◆ look forward to の to は前置詞。不定詞の to と間違えないこと！
◆ The boy playing soccer is Ken.　動詞を見つけると主語がわかる！

現在分詞・過去分詞

分詞には現在分詞（動詞の ～ing 形）と過去分詞の 2 つがある。

1．現在分詞の用法…① 進行形（be 動詞＋現在分詞）
② 名詞を修飾する形容詞用法

2．過去分詞の用法…① 受け身（be 動詞＋過去分詞）
② 現在完了形（have [has]＋過去分詞）
③ 名詞を修飾する形容詞用法

受け身と現在完了形は04で学習するよ。

分詞の形容詞用法

1．〈名詞＋現在分詞＋語句〉…「～している…」

I know the man **standing** over there.　（全体が know の目的語）

（私は向こうで立っている男の人を知っています。）

The man **standing** over there is Mr. Sato.　（全体が主語）

（向こうで立っている男の人は佐藤先生です。）

2．〈名詞＋過去分詞＋語句〉…「～される…，～された…」

This is the box **made** by my father.　（全体が補語）

（これは父によってつくられた箱です。）

The box **made** by my father is heavy.　（全体が主語）

（父によってつくられた箱は重いです。）

攻略

不定詞を使った重要表現を覚えておこう！

・It is ... (for __) to ～「～することは（―にとって）…だ」
It is interesting **for** me **to paint** pictures.
（私にとって絵を描くことは興味深いことです。）

・too ... to ～「あまりに…で～できない」「～するには…すぎる」
I was **too** tired **to keep** reading the book.
（私はあまりに疲れていたので，本を読み続けられませんでした。）

大切

過去分詞の形
- 規則動詞…原形の語尾に -(e)d をつける。
- 不規則動詞…動詞によってさまざま。

参考

現在分詞と動名詞
- **共通点**
・形（動詞の ～ing 形）
・あとに語句を続けることができる。
- **異なる点**
・用法
〈現在分詞〉
① 現在［過去］進行形をつくる。
② 名詞を修飾する。
〈動名詞〉
文の主語・目的語・補語になる。

注意

〈分詞＋名詞〉
分詞が単独で名詞を修飾するときは，その名詞の前に置く。
例 a **crying** girl（泣いている少女）
a **used** car
（使われた車＝中古車）
＊〈分詞＋語句〉が修飾する場合は，名詞の前に置かない。
（×）a playing soccer boy
（○）a boy playing soccer
（サッカーをしている少年）

即答チェック

●次の日本文の意味を表す英文になるように，（　）内に適切な語を入れなさい。

□① 私はピアノを弾くことが好きです。　I like (　　　　) (　　　　) the piano.
□② 彼はあなたを手伝うためにここに来ました。　He came here (　　　　) (　　　　) you.
□③ あなたは何か食べ物を持っていますか。　Do you have (　　　　) (　　　　) eat?
□④ 彼女がいちばん好きなことは歌うことです。　Her favorite thing is (　　　　).
□⑤ タマは机の下で眠っているネコです。　Tama is the cat (　　　　) under the desk.
□⑥ 私たちは彼によってつくられた夕食を食べました。　We ate the dinner (　　　　) by him.
□⑦ サッカーをしている少年たちは私の同級生です。　The boys (　　　　) soccer are my classmates.
□⑧ 彼女によって撮られた写真は美しいです。　The photos (　　　　) by her are beautiful.

03 実力完成テスト

→別冊解答 p.3

目標時間 30 分 目標点数 80 点

／100点

1 適語選択 （4点×3＝12点）

次の（　）内から最も適切なものを選び，記号を○で囲みなさい。

正答率73% ⑴ The boy (ア sleep イ slept ウ sleeping エ to sleep) by the window is Masaki. 〈栃木県〉

⑵ That is the temple (ア build イ building ウ to build エ built) by Ashikaga Yoshimitsu in 1397. 〈宮崎県〉

差がつく ⑶ *A* : Do you like music? 〈岩手県〉

B : Yes. I like to play the piano. How about you?

A : I can't play the piano, but I'm interested in (ア hearing イ hear ウ listening エ listen) to music.

2 適語補充 （3点×4＝12点）

次の日本文に合うように，（　）内に適切な語を入れなさい。

⑴ 私の夢は歌手になることです。

My dream is (　　　　) (　　　　) a singer.

注意 ⑵ 何か温かい食べ物を私にください。

Please give me something (　　　　) (　　　　) (　　　　).

⑶ 彼は本を買いに外へ出ました。

He went out (　　　　) (　　　　) a book.

⑷ 彼らはその試合を見て興奮しました。

They were (　　　　) (　　　　) watch the game.

3 並べかえ （6点×3＝18点）

次の（　）内の語を並べかえて，英文を完成させなさい。

正答率34% ⑴ 平和について考えるのは大切です。 〈北海道〉

It's (think / important / about / to) peace.

⑵ My mother (to / come / me / wants) home early today. 〈栃木県〉

⑶ *A* : Betty knows everything about the world! 〈千葉県〉

B : She learns many things (written / reading / in / books / by) other countries.

4 同意文完成 (6点×3=18点)

次の各組の文がほぼ同じ意味を表すように，( ) 内に適切な語を入れなさい。

(1) She likes to play tennis.
She likes ( ) tennis.

注意 (2) The box was so heavy that I couldn't carry it.
The box was ( ) heavy for ( ) ( ) carry.

重要 (3) Solving global warming is difficult.
( ) ( ) difficult ( ) solve global warming.

5 読解 (8点×3=24点)

次は，Jack と Emi との対話である。対話文中の ① ～ ③ に入る最も適当な英文を，下のア～エの中からそれぞれ１つ選び，記号で答えなさい。 〈鹿児島県〉

Jack : You were cheering for the runners in the marathon last Sunday, right?
Emi : Yes. ①
Jack : I worked at the event as a volunteer.
Emi : Really? ②
Jack : I gave something to eat and drink to the runners and cleaned up the road. It was hard work, but many people smiled at me while I was working. Some of them said, "Thank you very much." I was very happy to hear that.
Emi : Great! I want to work in the marathon as a volunteer, too.
Jack : ③ Working for other people is great.
Emi : That sounds good.

(注) cheer for ～「～を応援する」 runner「ランナー」 marathon「マラソン」 volunteer「ボランティア」 clean up ～「～をきれいに清掃する」

ア How about working with me next year?
イ How did you know that?
ウ How about running in the marathon?
エ What kind of work did you do?

正答率50% ① ( )
正答率68% ② ( )
正答率75% ③ ( )

6 和文英訳 (8点×2=16点)

( ) 内の語を使って，次の日本文を英語に直しなさい。

差がつく

(1) 彼は次に何をするべきかわかりませんでした。(know, to)

(2) あなたの左に立っている少年は私の兄です。(standing, left) 〈千葉県・改〉

04 現在完了形・受け身

学習日　月　日

ポイント整理

◐ 現在完了形
現在完了…過去の一時点から現在まで，動作・状態が関連していることを表す用法。形は〈**have [has]**＋過去分詞〉となる。

◐ 現在完了形の 3 用法
1．継続用法…「ずっと～である，～している」
I **have lived** in Hokkaido for five years.（私は 5 年間北海道に住んでいます。）
＊ for「～の間」は継続期間を，since「～以来」は継続の起点を表す。

2．経験用法…「(今までに) ～したことがある」
He **has visited** Hiroshima twice.（彼は二度広島を訪れたことがあります。）
＊ once「一度」や twice「二度」などは文末，never「一度も～ない」は過去分詞の前に置く。

3．完了用法…「(今) ～したところだ」
They **have** just **arrived** here.（彼らはちょうどここに到着したところです。）
＊ just「ちょうど」や already「すでに」は過去分詞の前，yet「もう，まだ」は文末に置く。

◐ 現在完了形の疑問文・否定文
1．疑問文…〈**Have [Has]**＋主語＋過去分詞～ **?**〉
— **Yes,** 主語＋**have [has]**. / **No,** 主語＋**have [has] not.**
Have you ever **been** to Canada?
（あなたは今までにカナダに行ったことがありますか。）
— Yes, I **have**. / No, I **have not [haven't]**.
（はい，あります。／いいえ，ありません。）

2．否定文…〈主語＋**have [has] not**＋過去分詞〉
She **has not [hasn't] done** her homework yet.
（彼女はまだ宿題をしていません。）

◐ 現在完了進行形
過去のある時点で始まった動作が現在も続いていることを表す。
〈**have [has] been**＋動詞の～**ing** 形〉「ずっと～し続けている」
He **has been reading** a book since this morning.
（彼は今朝からずっと本を読み続けています。）

参考
▶現在完了形
過去のある時点（過去形）
現在（現在形）
現在完了形

確認
▶**have** を使った短縮形
・I have → I've　・you have → you've
・we have → we've　・they have → they've

注意
▶**'s** を使った短縮形
・he's → he is または he has
・she's → she is または she has
・it's → it is または it has
＊どちらの短縮形かは，あとに続く語や文脈から判断する。

注意
▶「行ったことがある」
「～へ行ったことがある」（経験）
＝have [has] been to ～
「～へ行ってしまった」（結果）
＝have [has] gone to ～

参考
▶**How long / How many times**
・〈How long have [has]＋主語＋過去分詞～ ?〉
「どれくらいの間～していますか」
・〈How many times have [has]＋主語＋過去分詞～ ?〉
「何回～したことがありますか」

入試必勝ポイント

●現在完了形の各用法でよく使われる語

●継続… **for** ～（～の間）【継続期間】，**since** ～（～以来）【継続の起点】
I have studied English **for** three years.（私は 3 年間英語を勉強しています。）
He has been busy **since** yesterday.（彼は昨日からずっと忙しいです。）

●経験… **once**（一度），**twice**（二度），～ **times**（～回），**ever**（今までに），**never**（一度も～ない）
I have **never** been abroad.（私は一度も海外へ行ったことがありません。）

●完了… **just**（ちょうど），**already**（すでに），**yet**（〈疑問文で〉もう，〈否定文で〉まだ）
They have **already** arrived in Japan.（彼らはすでに日本に到着しています。）
Have you finished your lunch **yet**?（あなたはもう昼食を終えましたか。）

即答チェック の答え　①have　②has　③left　④been　⑤never　⑥broken　⑦Was　⑧isn't

◆「～へ行ったことがある」は have [has] been to ～ で表す。(gone ではない。)
◆受け身の現在・過去は be 動詞を現在形・過去形にして表す。

受け身の基本

1．受け身…〈**be** 動詞＋過去分詞（＋**by** ...)〉
「(…によって) ～される［された］」
The book **is read** by many students.
(その本は多くの学生によって読まれています。)

2．能動態から受け身の文への書きかえ
【能動態】**My father uses** the camera.（私の父はそのカメラを使います。）
【受け身】The camera **is used** by **my father**.
目的語を主語に　元の主語は by のあと　〈be 動詞＋過去分詞〉に
(そのカメラは私の父によって使われます。)

受け身の疑問文・否定文

1．疑問文…〈**be** 動詞＋主語＋過去分詞～（**by**＋語句）**?**〉
「…は (―によって) ～されますか［されましたか］」
Was the bike **made** in China?（その自転車は中国でつくられましたか。）
― **Yes**, it **was**. / **No**, it **was not**.
・Yes / No, be 動詞を使って答える
(はい，そうです。／いいえ，そうではありません。)

2．否定文…〈主語＋**be** 動詞＋**not**＋過去分詞～（**by**＋語句)〉
「…は (―によって) ～されません［されませんでした］」
This book **is not written** in Japanese.
(この本は日本語で書かれていません。)

攻略

受け身を使った表現
・be surprised at ～「～に驚く」
・be covered with ～「～におおわれる」
・be known to ～「～に知られている」
・be made of ～「～［材料］でできている」
・be made from ～「～［原料］からできている」

参考

能動態と受け身
- 能動態
…〈主語＋動詞～〉「…は～する」
- 受け身
…〈主語＋be 動詞＋過去分詞～〉「…は～される」

大切

受け身にできる文
受け身の文では能動態の文の目的語が主語になる。したがって，目的語をとる動詞を使った文しか受け身の文にはできない。

大切

by を含まない受け身の文
だれの動作かはっきりしないときは〈by＋語句〉をつけない。
例 The temple **was built** 300 years ago.
(その寺は300年前に建てられました。)
＊だれが建てたのかはっきりしない。

参考

〈助動詞＋be＋過去分詞〉
- 〈will be＋過去分詞〉「～されるだろう」
- 〈can be＋過去分詞〉「～されることができる」
- 〈may be＋過去分詞〉「～されるかもしれない」

例 Many stars **can be seen** in the sky.
(空にはたくさんの星が見られます。)

英語　数学　理科　社会　国語

即答チェック

●次の日本文の意味を表す英文になるように，（　）内に適切な語を入れなさい。

□① 私たちはロンドンに３日間滞在しています。　We (　　　) stayed in London for three days.
□② ケンはその映画を二度見たことがあります。　Ken (　　　) watched the movie twice.
□③ 彼女はちょうど家を出発したところです。　She has just (　　　) home.
□④ あなたは今までに中国に行ったことがありますか。　Have you ever (　　　) to China?
□⑤ 私はその女性に一度も会ったことがありません。　I have (　　　) met the woman.
□⑥ その窓はユウタによって割られました。　The window was (　　　) by Yuta.
□⑦ この部屋は昨日使われましたか。　(　　　) this room used yesterday?
□⑧ その国ではフランス語は話されません。　French (　　　) spoken in the country.

04 実力完成テスト

→別冊解答 p.4

／100点

1 適語選択 (4点×3＝12点)

次の（　）内から最も適切なものを選び，記号を○で囲みなさい。

(1) He has just (ア eats　イ eaten　ウ ate　エ eating) his cake. 〈宮崎県〉

(2) *A* : Do you know this book? 〈熊本県〉

B : Yes. It's *Kusamakura*. It (ア is written by　イ was written by　ウ is writing　エ was writing) *Natsume Soseki* more than 100 years ago.

(3) A : Richard, have you finished your homework (ア never　イ ever　ウ just　エ yet)? 〈沖縄県〉

B : Yes, I have. Can I watch TV now?

2 適語補充 (5点×5＝25点)

次の日本文に合うように，（　）内に適切な語を入れなさい。

(1) この図書館は，ずっと前に建てられました。

This library was (　　　　　) a long time ago.

(2) 私たちは同じクラスで出会って以来ずっと親友です。

We have (　　　　　) good friends since we met in the same class. 〈秋田県・改〉

差がつく (3) 彼らは彼女の美しい声に驚きました。

They were (　　　　　) (　　　　　) her beautiful voice.

(4) そのニュースは私のクラスメートには知られていませんでした。

The news wasn't (　　　　　) (　　　　　) my classmates.

注意 (5) バターは牛乳からできているのですか。

Is butter (　　　　　) (　　　　　) milk?

3 並べかえ (5点×3＝15点)

次の（　）内の語を並べかえて，英文を完成させなさい。

正答率92% (1) このカメラは日本製です。 〈北海道〉

This camera (made / in / is) Japan.

(2) *A* : Which team is going to win? 〈島根県〉

B : I don't know. I've (an / exciting / never / such / watched) game like this before.

正答率90% (3) *A* : (cleaned / have / your / room / you) yet? 〈秋田県〉

B : No. I will finish it soon.

4 同意文完成 (6点×3=18点)

次の各組の文がほぼ同じ意味を表すように，(　)内に適切な語を入れなさい。

(1) She came to Japan three years ago, and she is still in Japan.
She (　　　) (　　　) in Japan (　　　) three years.

(2) My father made some sandwiches yesterday.
Some sandwiches (　　　) made (　　　) my father yesterday.

(3) I lost my key. I don't have it now.
(　　　) (　　　) my key.

5 読解 (8点×2=16点)

次の英文は，国定公園 (Quasi-National Park) に指定されている，徳島県南部の地域を紹介する文である。これを読んで，あとの問いに答えなさい。〈徳島県〉

"The Muroto-Anan Coast Quasi-National Park" was designated in 1964. [ア] A part of the park is in the south of Tokushima. This area is famous for its wonderful nature. [イ] Many people visit it in summer.

The area is known for its beautiful beaches and sea turtles. [ウ] The water is very clean. It's a very popular place for surfing and swimming. If you swim in the water, you can see the coral reef and pretty fish. [エ] You can visit islands by it.

If you camp there, you can see many bright stars in the sky at night. In the morning, you can start your day with the sound of waves. This area has a rich nature.

(注) coast「海岸」 was designated「指定された」 turtle「カメ」 coral reef「サンゴ礁」 island「島」

(1) 次の英文は，本文中から抜き出したものである。この英文を入れる最も適切なところを，本文中のア～エから選びなさい。

It's also nice to take a boat. (　　　)

(2) 本文のタイトルとして最も適するものを，ア～エから1つ選び，記号を○で囲みなさい。

ア The Long History of the Area Loved by Many People in Tokushima
イ How to Enjoy Watching Animals Living by the Sea in Tokushima
ウ The Wonderful Nature of the Area in the South Part of Tokushima
エ How to Save the Beautiful Beaches for the Future of Tokushima

6 文の書きかえ (7点×2=14点)

それぞれの指示にしたがって，英文を書きなさい。

(1) He has seen the movie twice. (下線部が答えの中心となる疑問文に)

(2) Today's breakfast was cooked by Ben. (下線部を Tomorrow's に変えて未来の文に)

比較・関係代名詞

学習日　　月　　日

ポイント整理

比較級
2人の人や2つのものを比べて「…よりも～」と言うとき，形容詞や副詞は比較級にする。

比較級…① ふつうは，原級に -(e)r をつける
② つづりの長い語は〈more＋原級〉
③ 特別に変化する（more，better など）

「原級」とは元の形のこと。

最上級
3人以上の人や3つ以上のものを比べて「…の中でいちばん～」と言うとき，形容詞や副詞は最上級にする。

最上級…① ふつうは，原級に -(e)st をつける
② つづりの長い語は〈most＋原級〉
③ 特別に変化する（best，worst など）

比較級・最上級を使った文
1．比較級を使った文…〈形容詞［副詞］の比較級＋**than** ...〉
Ken is **taller than** my father.（ケンは私の父よりも背が高い。）
（taller：比較級　than：than）

2．最上級を使った文…〈形容詞［副詞］の最上級＋**in［of］** ...〉
Ken is **the tallest in** the class.
（the：the　tallest：最上級　in：in［of］）
（ケンはクラスの中でいちばん背が高い。）

than や as のあとに人称代名詞がくるときは，主格か目的格！

as ～ as ...
2人の人や2つのものの程度が同じであるとき，
〈**as**＋形容詞［副詞］の原級＋**as** ...〉で表す。
Shin is **as tall as** Koji.（シンはコウジと同じくらい背が高い。）
（as：as　tall：原級　as：as）
〈**not as**＋原級＋**as** ...〉だと「…ほど～でない」という意味になる。

大切
形容詞・副詞
- 形容詞…名詞を修飾
- 副詞…動詞，形容詞，ほかの副詞などを修飾

大切
比較級・最上級のつくり方

	原級	比較級	最上級
語尾に -er，-est	fast	fast**er**	fast**est**
語尾に -r，-st	nice	nice**r**	nice**st**
語尾の子音字を重ねて -er，-est	big	big**ger**	big**gest**
語尾の y を i に変えて -er，est	happy	happi**er**	happi**est**
前に more，most を置く	famous	**more** famous	**most** famous

確認
more - most 型の語
- difficult（難しい）
- important（重要な）
- interesting（興味深い）
- popular（人気がある）　など

注意
the の有無
形容詞の最上級…必要
副詞の最上級
…あってもなくてもよい

確認
in と of の使い方
- in …あとに集団・場所・範囲を表す語
例 **in** my family，**in** Japan
- of …あとに複数を表す語
例 **of** the five，**of** all the boys

入試必勝ポイント

●比較を使った重要表現

●**like ～ better than ...**「…よりも～が好きだ」，**like ～ (the) best of［in］...**「…の中で～がいちばん好きだ」
She **likes** tennis **better than** basketball.（彼女はバスケットボールよりもテニスが好きです。）
He **likes** science **the best of** all the subjects.（彼はすべての教科の中で理科がいちばん好きです。）

●〈**one of the**＋最上級＋名詞の複数形〉「最も…な～の1つ」
Global warming is **one of the most serious problems** today.（地球温暖化は今日最も深刻な問題の1つです。）

●〈**Which［Who］**～比較級，**A or B?**〉「**A** と **B** ではどちらが～ですか。」　＊人のことを問うときは Who が好まれる。
Which do you like **better**, apples **or** oranges?（リンゴとオレンジでは，あなたはどちらが好きですか。）

●〈**Which［Who, What］**～最上級＋**of［in］...?**〉「…の中でどれ［だれ，何］がいちばん～ですか。」
Who is the **most famous** player **of** the ten?（その10人の中でだれがいちばん有名な選手ですか。）

即答チェックの答え　①larger[bigger]　②highest　③most popular　④old as　⑤who[that]　⑥which[that]　⑦that　⑧he made

◆関係代名詞を見分ける。〈関係代名詞＋動詞〜〉→関係代名詞は主格！
〈関係代名詞＋主語＋動詞〜〉→関係代名詞は目的格！

関係代名詞

関係代名詞…2つの文をつなぐ接続詞の働きと代名詞の働きをかねる語。関係代名詞に続く語句とともに，前の名詞（＝先行詞）を修飾する。

主格の関係代名詞

〈関係代名詞＋動詞〜〉の形で，「〜する…」と先行詞を修飾。

先行詞…〈人〉**who** または **that**　〈人以外〉**which** または **that**

後ろから the woman を修飾

She is the woman **who** lives near my house.

先行詞　関係代名詞（that でも可）　動詞

（彼女は私の家の近くに住んでいる女性です。）

目的格の関係代名詞

〈関係代名詞＋主語＋動詞〜〉の形で，「…が〜する―」と先行詞を修飾。

先行詞…〈人〉**that**　〈人以外〉**which** または **that**

後ろから That building を修飾

That building **which** we can see from here is our school.

先行詞　関係代名詞（that でも可）　主語　動詞

（ここから見えるあの建物は私たちの学校です。）

関係代名詞の省略

目的格の関係代名詞は省略できる。（主格の関係代名詞は省略できない）

後ろから a sport を修飾

Soccer is a sport many people enjoy playing.

先行詞（関係代名詞が省略）　主語　動詞

（サッカーは多くの人たちがやって楽しむスポーツです。）

攻略

関係代名詞のまとめ

		主格	目的格
先行詞	人	who [that]	(that)
	人以外	which [that]	(which [that])

大切

主格と目的格

- This is the pen which was made in Japan.

＊which は was made in Japan の主語（＝主格）

- This is the pen which she gave to me.

＊which は gave の目的語（＝目的格）

注意

that が好まれる先行詞

①形容詞の最上級がついた名詞
② all, the first, the last, the same, the only がついた名詞
③〜thing, 〜one

参考

関係代名詞への書きかえ

- 現在分詞→関係代名詞

the dog sleeping by the tree ＝ the dog **which** is sleeping by the tree
（木のそばで眠っている犬）

- 過去分詞→関係代名詞

the curry cooked by him ＝ the curry **which** was cooked by him
（彼によってつくられたカレー）

即答チェック

●次の日本文の意味を表す英文になるように，（　）内に適切な語を入れなさい。

□① その国は日本よりも大きいです。　That country is (　　　) than Japan.
□② 富士山は日本でいちばん高い山です。　Mt. Fuji is the (　　　) mountain in Japan.
□③ 彼はクラスでいちばん人気がある歌手です。　He is the (　　　) (　　　) singer in the class.
□④ 私のいとこは私と同い年です。　My cousin is as (　　　) (　　　) me.
□⑤ 山田さんは図書館で働く男性です。　Mr. Yamada is the man (　　　) works at the library.
□⑥ 彼が調理した料理はおいしかったです。　The dish (　　　) was cooked by him was delicious.
□⑦ 彼女と話している女性は森先生です。　The woman (　　　) she is talking with is Ms. Mori.
□⑧ これは彼がつくった箱です。　This is the box (　　　) (　　　).

英語
数学
理科
社会
国語

05 実力完成テスト

→別冊解答 p.5

／100点

1 適語選択 (4点×3＝12点)

次の（　）内から最も適切なものを選び，記号を○で囲みなさい。

(1) I got up (ア early　イ earlier　ウ earliest　エ the earliest) than my mother to clean the park this morning. 〈秋田県・改〉

(2) *A* : Have you seen the new movie yet? 〈千葉県・改〉
B : Yes. It was the (ア good　イ better　ウ best　エ most) one I've ever seen.

正答率52% (3) *A* : How was the school trip? 〈栃木県〉
B : Great! The members (ア who is　イ that is　ウ which was　エ who were) interested in Kyoto ate *tofu* at a famous temple.

2 適語補充 (4点×3＝12点)

次の日本文に合うように，（　）内に適切な語を入れなさい。

(1) 5人の中でシンが最も上手にサッカーができます。
Shin can play soccer (　　　　) (　　　　) (　　　　) the five.

重要 (2) コウジはミカ（Mika）と同じくらいの背の高さです。
Koji is as (　　　　) (　　　　) (　　　　).

注意 (3) これは私が今まで読んだ中で最も興味深い物語です。
This is the (　　　　) interesting story (　　　　) I have ever read.

3 並べかえ (6点×4＝24点)

次の（　）内の語（句）を並べかえて，英文を完成させなさい。

正答率66% (1) Playing basketball (than / more / difficult / is) playing volleyball for me. 〈栃木県〉

正答率68% (2) *A* : The city hall looks old. 〈秋田県〉
B : The (in / oldest / is / the / building) our city.

正答率79% (3) *Harry* : What are you reading? 〈山形県〉
Wataru : This is (that / the / I / book / read / have to) for homework.

正答率24% (4) *A* : Did you hear Jason's speech yesterday? 〈千葉県〉
B : Of course. I believe the (will / he / things / come / said) true.

4 同意文完成 (6点×3＝18点)

次の各組の文がほぼ同じ意味を表すように，(　) 内に適切な語を入れなさい。

(1)
No river in the world is longer than the Nile.
The Nile is (　　　　　) (　　　　　) river in the world.
The Nile is (　　　　　) than (　　　　　) other river in the world.

(2)
This box is lighter than that one.
This box is not as (　　　　　) (　　　　　) that one.
That box is (　　　　　) (　　　　　) this one.

(3)
I knew the song sung by Meg.
I knew the song (　　　　　) (　　　　　) sung by Meg.
I knew the song Meg (　　　　　).

5 読解 (8点×2＝16点)

次の英文を読んで，下線部の文の (　) 内の語を並べかえなさい。 〈青森県・改〉

Megu : I did research about our free time. There are 120 students in our grade. I asked every student two questions. Please look at this.

Paul : What questions did you ask?

Megu : The first question was, “How much free time do you have in a week?” Do you see the graph? ①The (said / who / of / students / number) “three hours” was 60.

Paul : I see. What was the second question?

Megu : ② It was, “What (the / you / thing / usually / is) do in your free time? Please look at the table. You can see here that 55 students listen to music and 32 students go shopping.

(注) research「調査」

① ______________________________

② ______________________________

6 和文英訳 (6点×3＝18点)

(　) 内の語を使って，次の日本文を英語に直しなさい。

(1) 数学と理科では，あなたはどちらがより好きですか。 (which)

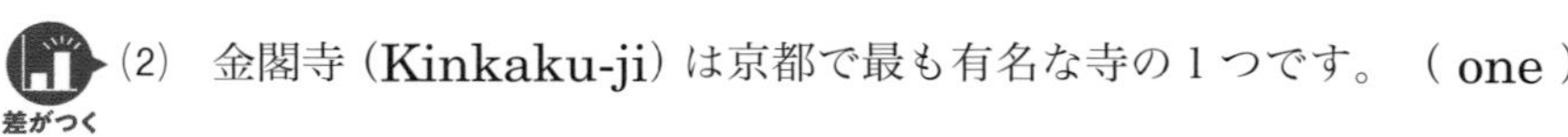
(2) 金閣寺 (Kinkaku-ji) は京都で最も有名な寺の 1 つです。 (one)

(3) 私が今までに訪れた最高の都市は札幌 (Sapporo) です。 (that)

英語

06 いろいろな品詞（名詞・代名詞・接続詞・前置詞）

学習日　月　日

ポイント整理

名詞

名詞…数えられる名詞と数えられない名詞がある。

1．数えられる名詞…〈単数のとき〉a または an をつける。
〈複数のとき〉複数形にする。

冠詞（a [an]，the のこと）を忘れないように！

2．複数形のつくり方

① -s をつける　例 pen → pen**s**，book → book**s**

② -es をつける　例 class → class**es**

③ y を i に変えて -es をつける　例 family → famil**ies**

④ 不規則に変化する

例 child → **children**，woman → **women**，
fish → **fish**（単複同形）

大切

数えられない名詞

- 物質名詞…一定の形がない物

例 water（水），paper（紙）

- 固有名詞…人・物・場所などの名前

例 Jim（ジム），Japan（日本）

- 抽象名詞…はっきりした形のない物

例 love（愛），peace（平和）

注意

物質名詞の数え方

形や容器などを表す語を使って数える。

例 **a cup of** coffee（1杯のコーヒー）
two sheets of paper（2枚の紙）

代名詞

代名詞…人称代名詞・指示代名詞・不定代名詞の３つ。

人称代名詞…人称・数・性・格によって変化する。

指示代名詞…this（これ），that（あれ），these（これら），those（あれら）

不定代名詞…some（いくつかのもの），any（いくつかのもの），
someone（だれか），everyone（みんな），
something（何か），nothing（何も～ない），
one（1つのもの），other（ほかの人［物］），
all（全員，みんな，すべて）　など。

攻略

it の特別用法

天候や時間，距離などを表す文では，主語をitにする。
この場合の it は日本語に訳さない。

・**It** is sunny today.（今日は晴れています。）

・**It** is ten o'clock now.（今は10時です。）

大切

人称代名詞

		主格（…は）	所有格（…の）	目的格（…を，に）	所有代名詞（…のもの）
単数	1人称	I	my	me	mine
	2人称	you	your	you	yours
	3人称	he she it	his her its	him her it	his hers —
複数	1人称	we	our	us	ours
	2人称	you	your	you	yours
	3人称	they	their	them	theirs

入試必勝ポイント

●不定代名詞を使った重要表現

●**each other**「たがいに」　Miho and I know **each other** well.（ミホと私はおたがいをよく知っています。）

●**all [both] of ...**「…のすべて［両方］」

All of us like the song.（私たちはみんなその歌が好きです。）

Both of them are my cousins.（彼らは２人とも私のいとこです。）

●**One ～ , the other ...**「一方は～，他方は…」

I have two sisters.　**One** is a student, and **the other** is a nurse.
（私には姉［妹］が２人います。１人は学生で，もう１人は看護師です。）

●**Some ～ , others ...**「～もあれば，…もある」

Some like baseball.　**Others** don't (like it).（野球が好きな人もいます。そうではない［それが好きではない］人もいます。）

other の使い方を混同しないように注意！

即答チェックの答え　①pens　②her　③ours　④when　⑤If　⑥that　⑦on　⑧for

◆人称代名詞は基本中の基本。26ページの表は絶対暗記！

◆「自転車で」はby bike。bikeの前にtheやaやmyを入れない！

◐ 接続詞

接続詞…語(句)と語(句)，文と文を結ぶ語。等位接続詞と従属接続詞の２つがある。

1．等位接続詞… and，but，orなど，文法上，対等なものを結ぶ接続詞。

There were boys **and** girls there.（そこには少年と少女がいました。）

She was tired, **but** she did her homework.
（彼女は疲れていましたが，宿題をやりました。）

I'll call you tonight **or** tomorrow morning.（今晩か明朝，あなたに電話します。）

2．従属接続詞… when，if，because，thatなど，文と文を結ぶ接続詞。

When I went to the hospital, I saw Emi.
（病院へ行ったとき，エミに会いました。）

I will go hiking **if** it is sunny tomorrow.
（明日が晴れなら，私はハイキングに行きます。）

I think **that** he is kind.（彼は親切だと思います。）
└このthatは省略できる。

3．接続詞 **that** を使った文… SVOやSVCのあとにthat ～ が続く。

①〈tell [showなど]＋人＋that＋主語＋動詞～〉

I **told Sam that** he should practice harder.
（私はサムにもっと熱心に練習するべきだと言いました。）

②〈be動詞＋感情を表す形容詞＋that＋主語＋動詞～〉

I **am glad that** you're fine.（あなたが元気で私はうれしいです。）

◐ 前置詞

前置詞…名詞の前に置かれて，〈前置詞＋名詞〉で副詞のかたまりになる。

① 時・期間… at，on，in，before，after，during，for　など
　at ten o'clock（10時に）　**on** Monday（月曜日に）　**in** 1995（1995年に）

② 場所… at，on，in，under，by，near，among，between　など
　at the library（図書館で）　**on** the desk（机の上に）　**in** the box（箱の中に）

③ 方向… to，for，toward　など
　to the park（公園へ）　**for** Tokyo（東京へ）　**toward** me（私に向かって）

④ 手段・道具など… by，with，in　など
　by bike（自転車で）　**with** a pencil（えんぴつで）　**in** English（英語で）

注意

〈命令文, **and** [**or**] ...〉

例1 Study hard, **and** you'll be a doctor.（熱心に勉強しなさい，**そうすれば**，あなたは医者になれるでしょう。）

例2 Get up soon, **or** you'll be late for school.（すぐに起きなさい，**さもないと**，学校に遅刻しますよ。）

参考

連語の従属接続詞

・as soon as ～「～するとすぐに」

・so ... that ～「とても…なので～」

確認

前置詞を含む重要表現

• Get **out of** here.
（ここの外へ出て行け。）

• My house is **in front of** the park.
（私の家は公園の**前に**あります。）

• **Because of** the rain, I couldn't practice tennis.
（雨の**ために**，私はテニスを練習できませんでした。）

• **Thanks to** his support, I finished the work.
（彼の支援の**おかげで**，私はその仕事を終えました。）

即答チェック

●次の日本文の意味を表す英文になるように，（　）内に適切な語を入れなさい。

□① 彼は手に２本のペンを持っています。　He has two (　　　　) in his hand.

□② あなたは彼女を知っていますか。　Do you know (　　　　)?

□③ そのコンピューターは私たちのものです。　The computer is (　　　　).

□④ ３歳のとき，私はこの町に来ました。　I came to this town (　　　　) I was three years old.

□⑤ もしスポーツが好きなら，この本を読みなさい。　(　　　　) you like sports, read this book.

□⑥ 私は，彼女はきっとカナダ出身だと思います。　I am sure (　　　　) she's from Canada.

□⑦ 私は2002年の５月１日に生まれました。　I was born (　　　　) May 1, 2002.

□⑧ このバスは市役所行きです。　This bus is (　　　　) City Hall.

06 実力完成テスト

→別冊解答 p.6

／100点

1 適語選択 (4点×4＝16点)

次の（　）内から最も適切なものを選び，記号を○で囲みなさい。

(1) *A* : Wow! That's a cool bike! Whose bike is that? 〈沖縄県〉
B : It's (ア my　イ me　ウ mine　エ I). I bought it last week.

注意 (2) *A* : Do you and Keita go to school together? 〈徳島県〉
B : (ア Yes, they do.　イ Yes, we do.　ウ Yes, he does.　エ Yes, I do.) Keita always comes to my house in the morning.

差がつく (3) *A* : What will you do on New Year's Day, Bill? 〈岩手県〉
B : I haven't decided yet. What do people in Japan usually do?
A : (ア Any　イ One　ウ Some　エ Others) visit grandparents, and others go to shrines. I will go to a shrine. Will you come with me?
B : Sure. I'm looking forward to it.

正答率96% (4) *A* : What time do you usually eat breakfast? 〈栃木県〉
B : (ア At　イ In　ウ On　エ To) 6:30.

2 適語補充 (3点×2＝6点)

次の日本文に合うように，（　）内に適切な語を入れなさい。

差がつく (1) 大雨のために，私たちは野球を練習できませんでした。
(　　　　) (　　　　) heavy rain, we couldn't practice baseball.

(2) 私に紙を２枚ください。
Give me (　　　　) (　　　　) of paper.

3 並べかえ (5点×3＝15点)

次の（　）内の語を並べかえて，英文を完成させなさい。

(1) 英語は海外旅行をするときとても役に立ちます。 〈秋田県〉
English is (travel / we / useful / when / very) abroad.

正答率50% (2) *A* : Where is Karen? Did she go home? 〈千葉県〉
B : Yes. She (classroom / saying / left / without / the) goodbye.

(3) Shall we (of / in / meet / front) the station? 〈栃木県〉

4 同意文完成 (5点×3=15点)

次の各組の文がほぼ同じ意味を表すように，(　) 内に適切な語を入れなさい。

(1) Get up soon, and you'll catch the first train.
Get up soon, (　　　　　) you'll miss the first train.

(2) It began to rain soon after we got home.
(　　　　　) (　　　　　) (　　　　　) we got home, it began to rain.

(3) The coffee was too hot for me to drink.
The coffee was (　　　　　) hot (　　　　　) I (　　　　　) drink it.

5 読解 (8点×3=24点)

次の英文を読んで，あとの問いに答えなさい。〈愛知県・改〉

Water is useful for many purposes and in many situations. In our everyday lives, we put something in water to wash it. We put something in cold water to make it cool. We also use water for agriculture and in factories. ① What (we / can / different / do / if we / else / in / use water) ways?

② Here is one of the answers to the question. We can get electricity by using water. In this situation, water works with a generator to make electricity. In Japan, the water in many rivers runs fast, so people have used the rivers to make electricity.

(注) agriculture「農業」 factory「工場」 electricity「電気」 generator「発電機」

(1) 下線部①が正しい英文になるように，(　) 内の語句を並べかえなさい。

(2) 下線部②の英文を日本語に直しなさい。

(3) 本文の内容に合うように，次の英文の (　) に適切な語を入れなさい。
(　　　　　) the water in many rivers runs fast in Japan, people have used the rivers to make electricity.

6 和文英訳 (8点×3=24点)

(　) 内の語を使って，次の日本文を英語に直しなさい。

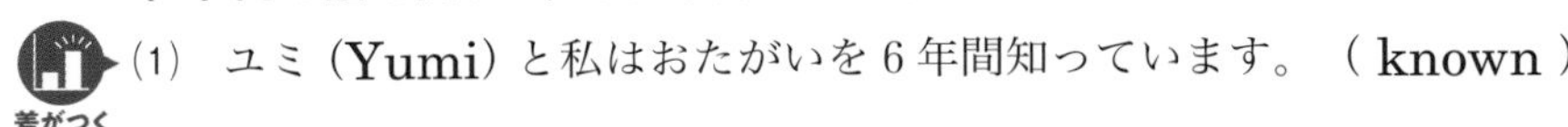

(1) ユミ (Yumi) と私はおたがいを6年間知っています。(known)

(2) 私は，彼は10時にここに来ると思います。(that, o'clock)

(3) もし明日ひまなら，博物館へ行きませんか。(shall)

07 助動詞・仮定法・会話表現

学習日　　月　　日

ポイント整理

助動詞

助動詞…動詞に意味をつけ加える語。ふつうの文では動詞の前に置く。

1．ふつうの文…〈主語＋助動詞＋動詞の原形～〉
I **must** wash my hands.
（私は手を洗わなければなりません。）

2．疑問文…〈助動詞＋主語＋動詞の原形～？〉
Can you read this word?（あなたはこの単語が読めますか。）
— Yes, I **can**. / No, I **can't** [**cannot**].　助動詞を使って答える
（はい，読めます。／いいえ，読めません。）

3．否定文…〈主語＋助動詞＋**not**＋動詞の原形～〉
We **should not** climb the mountain.
（私たちはその山に登るべきではありません。）

攻略

助動詞に相当する語句
・have [has] to ～（～しなければならない）【義務】（＝must）
・be able to ～（～できる）【可能】（＝can）

確認

助動詞の種類と意味

助動詞	意味
can	～できる【可能】，～してもよい【許可】
may	～してもよい【許可】，～かもしれない【推量】
must	～しなければならない【義務】，～にちがいない【推量】
should	～すべきである【義務】

大切

助動詞の過去形
• can → could
• may → might
＊must と should には過去形がない。

注意

must not / don't have to ～ のちがい
例 You **must not** do it.
（＝Don't do it.）＊禁止
（それをしてはいけません。）
You **don't have to** do it.
（それをする必要はありません。）
＊必要性がない

仮定法

1．仮定法過去…「もし～なら，…なのに」と現実とは異なる想定を述べるときは，〈**If**＋主語＋(助)動詞の過去形～，主語＋助動詞の過去形＋動詞の原形…〉の形で表す。
If I **had** time, I **would** go shopping with you.
（もし私に時間があれば，あなたといっしょに買い物に行くのに。）

2．「～ならなあ」と現実とは異なる願望を述べるときは，〈**I wish**＋主語＋(助)動詞の過去形～〉の形で表す。
I wish I **could** sing songs well.（上手に歌を歌うことができたらなあ。）

大切

仮定法過去の **be** 動詞
〈if＋主語〉のあとの be 動詞は，were が好まれる。
例 If I **were** you, I would try my best.
（もし私があなたなら，最善を尽くすのに。）

入試必勝ポイント

●助動詞を使った表現

●**Shall I** ～？「～しましょうか」
Shall I carry your bags?（あなたのかばんを運びましょうか。）
＊相手に提案する表現の１つ。

●**Would you like** ～？「～はいかがですか」
Would you like some coffee?（コーヒーはいかがですか。）
＊相手に提案する表現の１つ。

●**would like to** ～「～したいのですが」
I'**d like to** use this computer.（私はこのコンピューターを使いたいのですが。）
＊ I'd は I would の短縮形。

相手にものをすすめるときは Yes の答えを期待しているね。そのようなときは，疑問文でも some が用いられるよ！

即答チェックの答え　①can　②must　③may　④had　⑤speak [talk]　⑥help　⑦How　⑧Shall

◆ must = have [has] to だけど，否定文の意味のちがいに注意！
◆会話表現は入試で頻出！　決まった表現として暗記しよう。

◐ 会話表現

1．電話での表現

· **Hello. This is** Ken (**speaking**). **May I speak to** Mike?
— **Speaking.**（もしもし。ケンですが。マイクをお願いします。— 私です。）

· **Who's calling, please?**（どちらさまですか。）

· **Can I take a message?**
（伝言をうかがいましょうか。）

· **Can I leave a message?**
（伝言をお願いできますか。）

· **You have the wrong number.**
（電話番号がちがいます。）

許可を求める may は can に言いかえることができるよ。

2．買い物での表現

· **May I help you?** — Yes, please.
（ご用件をうけたまわりましょうか［いらっしゃいませ］。— はい，お願いします。）

· **I'm just looking.**（見ているだけです。）

· **May I try it on?**（それを試着してもよいですか。）

· Do you have **a bigger [smaller] one**?
（もっと大きい［小さい］のはありますか。）

· **It looks good on you.**（あなたにお似合いです。）

· **I'll take** this one. — **Here you are.**
（こちらをいただきます。— はい，どうぞ。）

〈形容詞の比較級＋one〉の前に a が入ることに注意！

3．道案内での表現

· **How can I get to** the city museum?
（市立博物館へはどう行ったらよいですか。）

· **Go down this street**, and **turn left** at the third traffic light.
（この通りを行って，３つ目の信号を左に曲がってください。）

4．依頼・勧誘・あいづちなどの表現

· **Will you** open the window? — **Sure. / All right. / OK.**
（窓を開けてくれませんか。— いいですとも。）

· **Shall we** go shopping? — **Yes, let's. / No, let's not.**
（買い物に行きませんか。— そうしましょう。／いいえ，やめておきましょう。）

· **I see.**（わかりました。）/ **That's too bad.**（お気の毒に。）/ **Of course.**（もちろん。）

確認

そのほかの会話表現

● 電話での表現

· Hold on, please.
（そのままお待ちください。）

· I'll call you later.
（あとで折り返し電話します。）

● 道案内での表現

· I'm a stranger here.
（私はこの辺りの者ではありません。）

· on your left [right]
（左［右］手に）

· change trains
（電車を乗り換える）

● 人に依頼する表現

· Will you close the door?
＝Would you (please) close the door?
＝Could you close the door?
（ドアを閉めていただけますか。）

● 勧誘する表現

· Why don't we play soccer?
＝How about playing soccer?
＝Shall we play soccer?
＝Let's play soccer.
（サッカーをしませんか。）

● あいづちを打つ表現

· I think so, too.
（私もそう思います。）

· I agree with you.
（あなたに賛成です。）

· I'm for your opinion.
（あなたの意見に賛成です。）

即答チェック

●次の日本文の意味を表す英文になるように，（　）内に適切な語を入れなさい。

□① 彼は上手にギターを弾くことができます。　He (　　　　) play the guitar well.
□② エミはもっと本を読まなければなりません。　Emi (　　　　) read books more.
□③ 今日の午後は雨が降るかもしれません。　It (　　　　) rain this afternoon.
□④ 姉［妹］がいたらなあ。　I wish I (　　　　) a sister.
□⑤ 〈電話で〉メグをお願いします。　May I (　　　　) to Meg?
□⑥ 〈店で〉いらっしゃいませ。　May I (　　　　) you?
□⑦ 南駅へはどう行ったらよいですか。　(　　　　) can I get to Minami Station?
□⑧ いっしょに帰りませんか。　(　　　　) we go home together?

07 実力完成テスト

→別冊解答 p.7

目標時間 30 分
目標点数 80 点

／100点

1 適語選択 (3点×3＝9点)

次の（　）内から最も適切なものを選び，記号を○で囲みなさい。

正答率77% (1) (ア Please　イ Can　ウ Good　エ What) I open the window? 〈北海道〉

正答率29% (2) The food that you bought yesterday (ア should eat　イ should be eaten　ウ has to eat　エ has eaten) in a week. 〈神奈川県〉

(3) *A* : I have so many bags to carry! 〈沖縄県〉
B : (ア Does　イ Have　ウ Shall　エ Did) I help you?

2 適語補充 (4点×7＝28点)

次の日本文に合うように，（　）内に適切な語を入れなさい。

差がつく (1) それは本当にちがいありません。
It (　　　　) be true.

(2) あの男の人は私たちの先生かもしれません。
That man (　　　　) be our teacher.

(3) あなたは一輪車に乗ることができますか。— はい，できます。
(　　　　) you ride a unicycle? — Yes, I (　　　　).

差がつく (4) その赤ちゃんは，もうすぐ歩けるようになるでしょう。
The baby (　　　　) (　　　　) (　　　　) to walk soon.

注意 (5) あなたたちは今，その部屋に入ってはいけません。
You (　　　　) (　　　　) enter the room now.

(6) あなたに質問を１つしたいのですが。
I (　　　　) (　　　　) to ask you one question.

(7) 紅茶をもう１杯いかがですか。
(　　　　) you (　　　　) another cup of tea?

3 並べかえ (6点×2＝12点)

次の（　）内の語を並べかえて，英文を完成させなさい。

(1) *A* : I need to go to the hospital now, but it's raining. Where is my umbrella?
B : Don't worry. You don't (to / it / take / have). I'll take you there by car.
〈愛媛県〉

(2) *A* : Hello. This is Mary. May I speak to Haruna? 〈宮崎県〉
B : Sorry, but she isn't back yet.
A : Could you (her / me / to / call / ask) back?

4 文整序 (7点×3=21点)

次の英文は，それぞれある場面での会話文です。２人の会話が交互に自然につながるようにア～エの文を正しく並べかえ，その並べかえた記号をすべて書きなさい。 〈沖縄県〉

(1) (電話での会話) (→ → →)

ア OK. I'll call back later.

イ This is Tom Smith. Can I speak to Mr. Brown?

ウ Hello. Mr. Brown's office.

エ I'm sorry, he is busy now.

(2) (看護師と患者の会話) (→ → →)

ア I've been sick since yesterday and I feel cold now.

イ How are you feeling today?

ウ I see. Please wait here. When your name is called, please go to Room 7.

エ Thank you.

(3) (友人同士の討論) (→ → →)

ア Because I want to wear my own clothes to school.

イ I'm afraid I don't agree with you.

ウ Why do you think so?

エ I think that we should stop wearing school uniforms.

5 読解 (10点×3=30点)

次の対話文を読んで，あとの問いに答えなさい。 〈滋賀県・改〉

Yoko : What do you want to be in the future?

Mari : Well, I want to be a teacher.

Yoko : Oh. (①)

Mari : Well, social studies. So I want to visit many museums. Is there anything else that I should do? Please tell me.

Yoko : (②) read newspapers every day to know what's happening in the world?

Mari : OK. I'll try.

(1) ①と②の( )に最も適するものをア～エからそれぞれ１つ選び，記号を○で囲みなさい。

正答率71% ① ア That's a nice dream. イ What subject do you want to teach?
ウ Why do you want to be a teacher? エ I believe you will be a good teacher.

正答率43% ② ア Why don't you イ May I
ウ Shall we エ How did you

差がつく

(2) Mari さんは自分の夢を実現させるために，これから何をするつもりですか。そのことがらを，日本語で２つ書きなさい。(完答)

数学

01 数と式の計算

学習日　　月　　日

ポイント整理

素因数分解

1．素因数分解…2 以上の自然数はただ 1 通りの素数の積に分解できる。

例　$210=2\times3\times5\times7$，$360=2^3\times3^2\times5$

数の計算

1．加法と減法…① 同符号の 2 数の和⇒絶対値の和に共通の符号をつける。
② 異符号の 2 数の和⇒絶対値の差に絶対値の大きい方の符号をつける。
③ 減法の計算⇒ひく数の符号を変えて加法に直す。

2．乗法と除法…① 同符号の 2 数の積(商)⇒絶対値の積(商)に正の符号をつける。
② 異符号の 2 数の積(商)⇒絶対値の積(商)に負の符号をつける。

式の計算

1．単項式の乗法…係数の積と文字の積をかけ合わせる。
2．単項式の除法…わる式を逆数にしてかける。
3．多項式の加減…たすときはそのまま，ひくときはひく式のかっこの中の各項の符号を変えて加法に直す。

式の展開

1．多項式と多項式の乗法…$(a+b)(c+d)=ac+ad+bc+bd$

2．乗法公式…式を展開する際に利用する公式で，次の 4 つがある。

攻略

① $(x+a)(x+b)=x^2+(a+b)x+ab$
② $(a+b)^2=a^2+2ab+b^2$
③ $(a-b)^2=a^2-2ab+b^2$
④ $(a+b)(a-b)=a^2-b^2$

数学だって暗記すべきものは暗記しておくことが大事！

大切
●計算のルール
$(+3)+(+5)=+(3+5)=8$
$(-3)+(-5)=-(3+5)=-8$
$(+3)+(-5)=-(5-3)=-2$
$(-3)+(+5)=+(5-3)=2$
$(+3)-(-5)=(+3)+(+5)=8$
$(-3)-(-5)=(-3)+(+5)=2$

注意
●3 数以上の乗除の計算

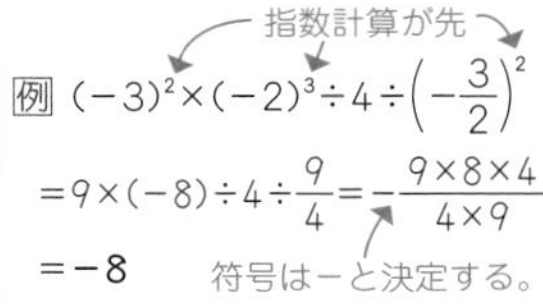

例 $(-3)^2\times(-2)^3\div4\div\left(-\frac{3}{2}\right)^2$
$=9\times(-8)\div4\div\frac{9}{4}=-\frac{9\times8\times4}{4\times9}$
$=-8$　符号は－と決定する。

参考
●入試頻出タイプの式
次のタイプの計算式は頻出である。
例 $\frac{x+y}{2}-\frac{2x-y}{3}$
$=\frac{3(x+y)-2(2x-y)}{6}$ ←通分！
両方に－2 をかける。
$=\frac{3x+3y-4x+2y}{6}=\frac{-x+5y}{6}$

大切
●乗法公式を利用した式の計算
例 $(x-4)^2-(x+2)(x-3)$
$=x^2-8x+16-(x^2-x-6)$
$=x^2-8x+16-x^2+x+6$
$=-7x+22$
展開した式はかっこに入れてひく。

入試必勝ポイント

●式の展開において，文字で置きかえるときの“落とし穴”に注意せよ！

例えば，次の式の展開を考えよう。$(x+y-5)(x-y-5)$

誤答例　$y-5=A$ とおくと，
(与式)$=(x+A)(x-A)=x^2-A^2=x^2-(y-5)^2$
$=x^2-(y^2-10y+25)=x^2-y^2+10y-25$　(誤)

解 説　$(x+y-5)(x-y-5)=\{x+(y-5)\}\{x-(y+5)\}$であるから，後ろの{ }内で $y+5$ を A としたためのミスである。

正答例　$(x+y-5)(x-y-5)=(x-5+y)(x-5-y)$　ここで $x-5=A$ とおくと，
(与式)$=(A+y)(A-y)=A^2-y^2=(x-5)^2-y^2=$ $\boldsymbol{x^2-10x+25-y^2}$ となる。

ちなみに「展開せよ」は「計算して，簡単にせよ」という意味。答えにかっこを残してはダメだよ。

即答チェック の答え　(1)① $2^2\times7$　② $2^2\times3\times5$　(2)① -13　② -2　③ 0　(3)① -12　② -1　③ 2　(4)① $-6x^2y$　② $3a^2+6ab$　③ $x^2-3x-18$　(5) $(x-y)(x-6y)$　(6) $a=-5b+3c$　(7)① $\sqrt{2}$　② $10\sqrt{2}$　③ $2\sqrt{2}$

◆数式・文字式においても計算の順序は同じ。乗除は加減より優先！
◆乗法公式は文字でも数（無理数・平方根）でも成り立つ！

◐ 因数分解

1．**因数分解**…展開の逆で，展開された多項式を積の形にまとめること。
方法は，①共通因数でくくる　②乗法公式の利用　がある。

例　$x^2y-xy-6y=y(x^2-x-6)=y(x-3)(x+2)$

◐ 数と式の計算の利用

1．**数量関係を等式，不等式で表す**
…等号（＝）と不等号（＜，＞），等号つき不等号（≦，≧）がある。

2．**等式の変形**…等式をある文字について解くこと。

例　$V=\frac{1}{3}\pi r^2h$ を h について解くと　$h=\frac{3V}{\pi r^2}$

3．**式の値**…文字式に数値を代入して求める。

例　$a=2$，$b=-1$ のとき，$2(a+b)^2-4ab$ の値を求めると
（与式）$=2(a^2+2ab+b^2)-4ab=2a^2+4ab+2b^2-4ab$
$=2a^2+2b^2=2\times2^2+2\times(-1)^2=8+2=10$

◐ 近似値と有効数字

1．**近似値**…測定値などのように真の値に近い値。

2．**有効数字**…近似値を表す数字のうち，信頼できる数字のこと。

攻略
近似値は，有効数字の整数部分が１けたの数 a を用いて
$a\times10^n$ または $a\times\frac{1}{10^n}$ で表す。

◐ 平方根の計算（以下 $a>0$，$b>0$ とする。）

1．**加法と減法**… $m\sqrt{a}+n\sqrt{a}=(m+n)\sqrt{a}$，$m\sqrt{a}-n\sqrt{a}=(m-n)\sqrt{a}$

2．**乗法と除法**… $\sqrt{a}\times\sqrt{b}=\sqrt{ab}$，$\sqrt{a}\div\sqrt{b}=\frac{\sqrt{a}}{\sqrt{b}}=\sqrt{\frac{a}{b}}$

3．**分母の有理化**… $\sqrt{\frac{a}{b}}=\frac{\sqrt{a}\times\sqrt{b}}{\sqrt{b}\times\sqrt{b}}=\frac{\sqrt{ab}}{b}$

4．**根号内の整理**… $\sqrt{a^2b}=a\sqrt{b}$

確認
因数分解は乗法公式が基本
乗法公式がウロ覚えでは因数分解はできない。確実にしておこう。
①′ $x^2+(a+b)x+ab$
$=(x+a)(x+b)$
②′ $a^2+2ab+b^2=(a+b)^2$
③′ $a^2-2ab+b^2=(a-b)^2$
④′ $a^2-b^2=(a+b)(a-b)$

注意
不等号の使い方
- x は３より大きく５より小さい（５未満ともいう）。⇒ $3<x<5$
- x は３以上５以下である。⇒ $3\leqq x\leqq5$

参考
有理数と無理数
整数 a，b（ただし $b\neq0$）を用いて $\frac{a}{b}$ の形で表すことのできる数を有理数，表すことのできない数を無理数という。$\sqrt{2}$，$-3\sqrt{6}$，π などは無理数である。

大切
根号（$\sqrt{\ \ }$）計算においても乗法公式は成り立つ。
例　$(2\sqrt{3}+\sqrt{2})(2\sqrt{3}-3\sqrt{2})$
$=(2\sqrt{3})^2+(\sqrt{2}-3\sqrt{2})\times2\sqrt{3}$
$+\sqrt{2}\times(-3\sqrt{2})$
$=12+(-2\sqrt{2})\times2\sqrt{3}-3\times2$
$=12-4\sqrt{6}-6=$**$6-4\sqrt{6}$**

即答チェック

●**次の各問いに答えなさい。**

□(1) 次の数を素因数分解しなさい。 ① 28　　② 60
□(2) 次の計算をしなさい。 ① $(-10)+(-3)$　② $-5+3$　③ $-1-2+3$
□(3) 次の計算をしなさい。 ① $6\times(-2)$　② $2^2\div(-4)$　③ $-\frac{1}{2}\div\left(-\frac{1}{4}\right)$
□(4) 次の計算をしなさい。 ① $-2x\times3xy$　② $3a(a+2b)$　③ $(x+3)(x-6)$
□(5) $x^2-7xy+6y^2$ を因数分解しなさい。
□(6) $3a+15b=9c$ を a について解きなさい。
□(7) 次の計算をしなさい。 ① $\sqrt{8}-\sqrt{2}$　② $\sqrt{5}\times2\sqrt{10}$　③ $\sqrt{24}\div\sqrt{3}$

ミスなくバシっと決めるべし！

01 実力完成テスト

→別冊解答 p.8

／100点

1 数の計算 (2点×6＝12点)

次の計算をしなさい。

(1) $3-(2-6)$ 〈山形県〉

正答率96% (2) $6-14\div 2$ 〈新潟県〉

(3) $\dfrac{15}{2}\times\left(-\dfrac{4}{5}\right)$ 〈山口県〉

(4) $5\times(-4)^2-3^2$ 〈京都府〉

正答率76% (5) $-7+8\div\dfrac{1}{2}$ 〈東京都〉

(6) $\dfrac{2}{3}-\dfrac{7}{10}\div\left(-\dfrac{7}{15}\right)$ 〈茨城県〉

2 式の計算 (2点×6＝12点)

次の計算をしなさい。

(1) $(-4x)^2\div 12xy\times 9xy^2$ 〈山形県〉

(2) $(6x^2y+4xy^2)\div 2xy$ 〈富山県〉

(3) $(7a+b)-5(a-2b)$ 〈和歌山県〉

正答率71% (4) $\dfrac{6x-y}{7}-\dfrac{x+y}{2}$ 〈鹿児島県〉

正答率75% (5) $(x-3y)(3x+2y)$ 〈大阪府〉

(6) $(x-3)^2-(x+4)(x-4)$ 〈愛媛県〉

3 因数分解 (2点×8＝16点)

次の式を因数分解しなさい。

(1) $6x^2y+3xy^2$ 〈宮城県〉

(2) x^2-5x-6 〈三重県〉

(3) $x^2-14x+49$ 〈岩手県〉

正答率87% (4) x^2-64 〈鳥取県〉

(5) $x(x+1)-20$ 〈愛知県〉

正答率86% (6) $(x-5)^2-7(x-5)+12$ 〈神奈川県〉

(7) $x(x+1)-3(x+5)$ 〈香川県〉

(8) $(3x+1)^2-2(3x+25)$ 〈愛知県〉

4 平方根の計算 ① (2点×4＝8点)

次の計算をしなさい。

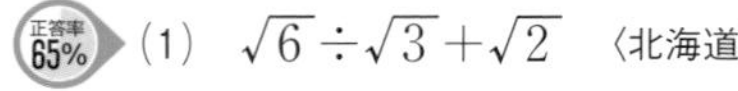

正答率65% (1) $\sqrt{6}\div\sqrt{3}+\sqrt{2}$ 〈北海道〉

正答率85% (2) $\sqrt{2}-\sqrt{8}+\dfrac{16}{\sqrt{2}}$ 〈青森県〉

正答率86% (3) $2\sqrt{3}+\sqrt{27}-\dfrac{3}{\sqrt{3}}$ 〈鹿児島県〉

(4) $\dfrac{\sqrt{2}}{3}\div\dfrac{\sqrt{3}}{6}$ 〈富山県〉

5 平方根の計算 ② (2点×4=8点)

次の計算をしなさい。

(1) $\sqrt{3}(\sqrt{18}-\sqrt{2})$ 〈長野県〉

(2) $(\sqrt{7}+\sqrt{3})(\sqrt{7}-\sqrt{3})$ 〈島根県〉

(3) $(\sqrt{6}+5)(\sqrt{6}-2)$ 〈東京都〉

(4) $(\sqrt{5}-1)^2+\sqrt{20}$ 〈愛知県〉

6 数と式の計算の利用 ① (5点×7=35点)

次の各問いに答えなさい。

(1) $a=3$, $b=-2$ のとき，$16a^2b\div(-4a)$ の値を求めなさい。 〈北海道〉

(2) $x=\sqrt{7}+2$, $y=\sqrt{7}-2$ のとき，x^2-y^2 の値を求めなさい。 〈京都府〉

(3) $2x-5y=7$ を x について解きなさい。 〈栃木県〉

(4) $\sqrt{15}$ の小数部分を a とするとき，a^2+6a の値を求めなさい。 〈奈良県〉

(5) $\sqrt{5}<\sqrt{a}<2\sqrt{2}$ にあてはまる自然数 a を，すべて求めなさい。 〈長野県〉

正答率43% (6) n を 50 以下の正の整数とする。$\sqrt{3n}$ が整数となるような n の個数を求めなさい。 〈千葉県〉

正答率70% (7) 1本 a 円の鉛筆3本と b 円の筆箱1個を買ったとき，代金の合計が700円より高くなった。この数量の関係を不等式で表しなさい。 〈秋田県〉

7 数と式の計算の利用 ② ((1)4点，(2)5点，計9点)

黒色と白色のタイルを，黒，白，白の順をくり返し，重ならないように左から右に並べていく。ただし，右下の図のように，1行に4枚のタイルが並んだら，次の行に，前の行の4枚目に続く色のタイルを左から並べていく。この並べ方を続けるとき，次の(1)，(2)の問いに答えなさい。 〈宮城県〉

(1) 1行目から9行目までタイルを並べるとき，必要となる黒色のタイルの枚数を求めなさい。

差がつく (2) n 行目は，左から3枚目が黒色のタイルとなる。1行目から n 行目までタイルを並べるとき，必要となる黒色のタイルの枚数を，n を用いて表しなさい。

02 方程式

学習日　　月　　日

ポイント整理

方程式の解法

1．1次方程式の解き方

例1 $2(x-1)=3(2x+1)$

$2x-2=6x+3$　等式の性質①と②(移項)

$2x-6x=3+2$

$-4x=5$　等式の性質④

$x=-\dfrac{5}{4}$

例2 $\dfrac{2}{3}x-4=\dfrac{1}{6}x-2$　等式の性質③

$6\times\left(\dfrac{2}{3}x-4\right)=6\times\left(\dfrac{1}{6}x-2\right)$

$4x-24=x-12$　等式の性質①と②(移項)

$4x-x=-12+24$

$3x=12$　等式の性質④

$x=4$

2．連立方程式の解き方

例3 $\begin{cases}3x+2y=8 & \cdots(1)\\ 2x-3y=1 & \cdots(2)\end{cases}$

$(1)\times2-(2)\times3$ ←等式の性質③

$6x+4y=16$

$-)\ 6x-9y=3$　係数をそろえて文字ごと消去する。

$13y=13$

$y=1$

$y=1$ を(2)に代入して

$2x-3=1$

$2x=4$

$x=2$　$\begin{cases}x=2\\ y=1\end{cases}$

例4 $\begin{cases}2x+y=4 & \cdots(1)\\ x-4y=11 & \cdots(2)\end{cases}$

(1)より　$y=-2x+4\cdots(1)'$ ←等式の性質②

$(1)'$を(2)に代入して

$x-4(-2x+4)=11$　yを消去して，xの1次方程式にする。

$x+8x-16=11$

$9x=27$

$x=3$

$x=3$ を$(1)'$に代入して

$y=-2\times3+4=-2$　$\begin{cases}x=3\\ y=-2\end{cases}$

3．2次方程式の解き方(特別な場合)

例5 $2x^2=3$　等式の性質④

$x^2=\dfrac{3}{2}$　平方根をとる。

$x=\pm\sqrt{\dfrac{3}{2}}$　分母を有理化する。

$x=\pm\dfrac{\sqrt{6}}{2}$

例6 $x^2-4x=5$　右辺を0にする。等式の性質②

$x^2-4x-5=0$　左辺を因数分解する。

$(x-5)(x+1)=0$

$x-5=0$ より　$x=5$

$x+1=0$ より　$x=-1$

$AB=0$ のとき $A=0$ または $B=0$

大切

等式の性質

$A=B$ならば，次の等式が成り立つ(ただし，④においては$C\neq0$)。

① $A+C=B+C$
② $A-C=B-C$
③ $A\times C=B\times C$
④ $A\div C=B\div C$

注意

係数に分数を含む方程式では，含まれる分数の**分母の最小公倍数を両辺にかけて分母をはらう**。小数を含む場合は，**両辺を10倍，100倍，…して小数点を消す**。係数を整数にすることで計算しやすくすることがポイント。

参考

連立方程式の解法について，例3の解法を加減法，例4の解法を代入法という。

参考

2次方程式の解法について

例5はxの1次の項がない場合の解法で，平方根をとれば解が求められる。また，例6は右辺を0として，左辺が因数分解できるときの解法で，解は有理数となる。

入試必勝ポイント

●食塩水の文章題では溶けている食塩の重さで式を立てるのが鉄則！

例　濃度が6%の食塩水xgと14%の食塩水ygを混ぜると，濃度9%の食塩水が200gできた。x，yの値を求めなさい。

解答

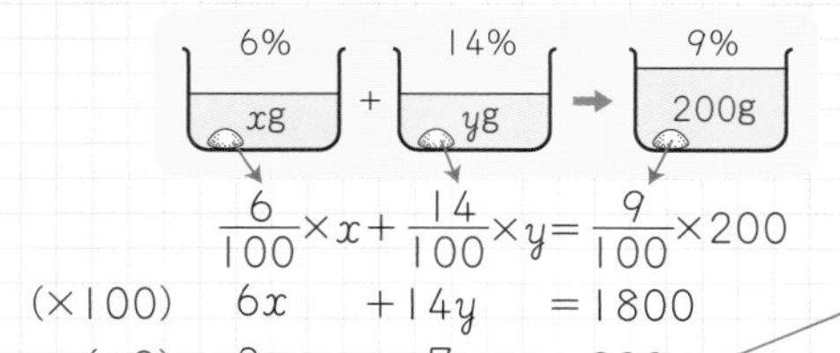

$\dfrac{6}{100}\times x+\dfrac{14}{100}\times y=\dfrac{9}{100}\times200$

$(\times100)$　$6x+14y=1800$

$(\div2)$　$3x+7y=900$

$\begin{cases}x+y=200 & \text{(食塩水の重さを表す式)}\\ 3x+7y=900 & \text{(食塩の重さを表す式を整理)}\end{cases}$

これを解いて　$\begin{cases}x=125\\ y=75\end{cases}$

(食塩の重さ)$=\dfrac{\text{濃度}(\%)}{100}\times$(食塩水の重さ)で求めるよ！

食塩＋水

即答チェックの答え　(1)①$x=-3$　②$x=6$　③$x=4$　④$x=-5$　(2)①$x=2$，$y=-6$　②$x=4$，$y=-1$　③$x=2$，$y=3$　④$x=20$，$y=2$　(3)①$x=\pm7$　②$x=\pm\sqrt{7}$　③$x=2$，-10　④$x=2$，-3　(4)①3　②1

◆方程式の基本は「等式の性質」だ！
◆文章題では，「立式・計算・解答」の 3 点セットで答えさせる出題が多いので注意！

4．2 次方程式の解き方（一般的な解法）

攻略

2 次方程式 $ax^2+bx+c=0\ (a\neq0)$ の解は　$x=\dfrac{-b\pm\sqrt{b^2-4ac}}{2a}$

これを 2 次方程式の解の公式という。

例 7　$x^2+8x-3=0$ について，
$a=1$，$b=8$，$c=-3$ であるから，解の公式に代入して
$x=\dfrac{-8\pm\sqrt{8^2-4\times1\times(-3)}}{2\times1}=\dfrac{-8\pm\sqrt{76}}{2}=\dfrac{-8\pm2\sqrt{19}}{2}$
$=-4\pm\sqrt{19}$

参考

●$b=2b'$ とおくと，b が偶数（ぐうすう）のときの解の公式がつくれる。
$ax^2+2b'x+c=0\ (a\neq0)$ の解は
$x=\dfrac{-b'\pm\sqrt{b'^2-ac}}{a}$
（解の偶数公式ともいう）

方程式の解と係数

1．連立方程式

例 1　x，y についての 2 組の連立方程式の解が一致するとき，定数 a，b の値を求めなさい。

$\begin{cases}2ax-3by=-6\\4x+3y=-8\end{cases}$　　$\begin{cases}ax+2by=-31\\3x-y=-19\end{cases}$

解答　$\begin{cases}4x+3y=-8\\3x-y=-19\end{cases}$ を解いて　$\begin{cases}x=-5\\y=4\end{cases}$

残りの 2 式に代入して　$\begin{cases}-10a-12b=-6\\-5a+8b=-31\end{cases}$　$\begin{cases}\boldsymbol{a=3}\\\boldsymbol{b=-2}\end{cases}$

2．2 次方程式

例 2　2 次方程式 $x^2-ax+6=0$ の 1 つの解が $x=3$ であるとき，a の値と他の解を求めなさい。

解答　$x^2-ax+6=0$ に $x=3$ を代入して　$9-3a+6=0$
よって　$\boldsymbol{a=5}$　これをもとの式に代入して　$x^2-5x+6=0$
$(x-3)(x-2)=0$ より　$x=3$，2　よって，他の解は　$\boldsymbol{x=2}$

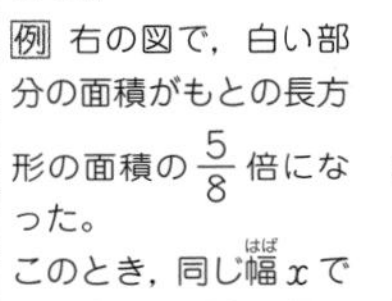

●方程式の利用

文章題で方程式を立てて解く問題はいろいろあるが，出た解が適するかどうか吟味する必要がある。

例　右の図で，白い部分の面積がもとの長方形の面積の $\frac{5}{8}$ 倍になった。
このとき，同じ幅（はば）x で色を塗った部分の幅の長さを求めなさい。

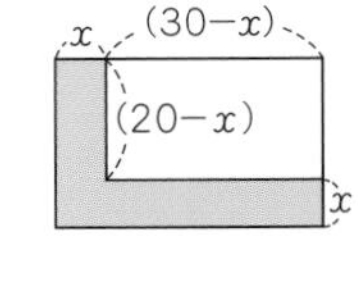

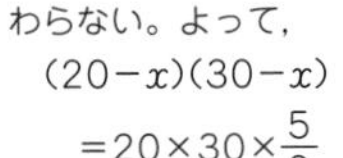

解答　右の図のように端（はし）によせても面積は変わらない。よって，

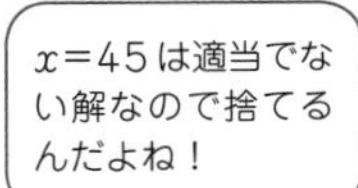

$(20-x)(30-x)$
$=20\times30\times\dfrac{5}{8}$
$600-50x+x^2=375$
$x^2-50x+225=0$
$(x-5)(x-45)=0$　　$x=5$，45
ここで，$0<x<20$ であるから　$\boldsymbol{x=5}$

$x=45$ は適当でない解なので捨てるんだよね！

即答チェック

●次の各問いに答えなさい。

□(1) 次の方程式を解きなさい。　① $5-x=8$　② $2x-7=5$　③ $-5x+9=x-15$　④ $x+2-\dfrac{x-4}{3}=0$

□(2) 次の連立方程式を解きなさい。　① $\begin{cases}y=-3x\\3x-y=12\end{cases}$　② $\begin{cases}x+y=3\\x-y=5\end{cases}$　③ $\begin{cases}2x-\frac{1}{3}y=3\\\frac{1}{2}x+y=4\end{cases}$　④ $\begin{cases}0.4x=3y+2\\y=12-0.5x\end{cases}$

□(3) 次の 2 次方程式を解きなさい。　① $x^2-49=0$　② $x^2=7$　③ $(x+4)^2=36$　④ $x^2+x-6=0$

□(4) 2 次方程式 $x^2-3x+1=0$ の 2 つの解を a，b とするとき，$a+b=$ ［①］，$ab=$ ［②］である。

英語　数学　理科　社会　国語

数学

02 実力完成テスト

→別冊解答 p.8

／100点

1 1次方程式 (3点×6＝18点)

次の1次方程式または比例式を解きなさい。

(1) $10x-6=9x$ 〈沖縄県〉

(2) $6x+4=3x-5$ 〈熊本県〉

(3) $2x-5=3(2x+1)$ 〈福岡県〉

正答率76% (4) $\dfrac{4x+5}{3}=x$ 〈秋田県〉

(5) $15:(x-2)=3:2$ 〈茨城県〉

(6) $\dfrac{5-3x}{2}-\dfrac{x-1}{6}=1$ 〈鳥取県〉

2 連立方程式 (3点×6＝18点)

次の連立方程式を解きなさい。

(1) $\begin{cases} 4x+y=9 \\ 2x+y=7 \end{cases}$ 〈新潟県〉

(2) $\begin{cases} x+4y=-1 \\ -2x+y=11 \end{cases}$ 〈秋田県〉

(3) $\begin{cases} 2x+y=4 \\ 4x-3y=18 \end{cases}$ 〈群馬県〉

正答率66% (4) $6x+5y=2x+3y=4$ 〈北海道〉

(5) $\begin{cases} x+\dfrac{1}{2}y=\dfrac{1}{3} \\ \dfrac{1}{2}x+\dfrac{1}{3}y=1 \end{cases}$ 〈東京 新宿高〉

(6) $\begin{cases} 0.3x+0.2y=1 \\ \dfrac{1}{2}x+y=1 \end{cases}$ 〈東京 墨田川高〉

3 2次方程式 (3点×6＝18点)

次の2次方程式を解きなさい。

(1) $x^2=3x$ 〈青森県〉

(2) $x^2-x-12=0$ 〈愛媛県〉

(3) $(x+1)^2=72$ 〈京都府〉

正答率84% (4) $5x^2-3x-1=0$ 〈神奈川県〉

(5) $(x-3)(2x+5)=7x-18$ 〈山形県〉

正答率83% (6) $(2x-5)(x+1)-(x-1)^2=0$ 〈大阪府〉

4 方程式の解と係数 (4点×3＝12点)

次の各問いに答えなさい。

(1) 連立方程式 $\begin{cases} ax+by=10 \\ bx-ay=5 \end{cases}$ の解が $x=2$，$y=1$ であるとき，a，b の値を求めなさい。(完答)〈神奈川県〉

(2) 方程式 $x^2+ax+8=0$ の解の1つが4のとき，a の値を求めなさい。また，もう1つの解も求めなさい。〈秋田県〉

英語
数学
理科
社会
国語

5 方程式の利用 ((1)5点，(2)～(4)6点×3，(5)①5点，(5)②6点，計34点)

次の各問いに答えなさい。

(1) クラスで調理実習のために材料費を集めることになった。1人300円ずつ集めると材料費が2600円不足し，1人400円ずつ集めると1200円余る。
このクラスの人数は何人か，求めなさい。〈愛知県〉

(2) 子ども会で動物園に行った。参加した子どもの人数は大人の人数の2倍より5人少なかった。動物園の入園料は大人1人が600円，子ども1人が300円であり，入園料の総額は28500円であった。このとき，参加した大人の人数と子どもの人数はそれぞれ何人か，求めなさい。〈愛知県〉

(3) ある中学校の昨年度の生徒数は，男女合わせて380人であった。今年度の生徒数は，昨年度と比べて男子が5%，女子が3%それぞれ増え，全体では15人増えた。昨年度の男子と女子の生徒数をそれぞれ求めなさい。〈鹿児島県〉

(4) 右の図のように，AB＝20cm，BC＝30cm の長方形ABCDがある。点P，Qはそれぞれ頂点C，Dを同時に出発し，Pは毎秒2cmの速さで辺CD上をDまで，Qは毎秒3cmの速さで辺DA上をAまで，矢印の方向に移動する。△PDQの面積が48cm^{2}になるのは，点P，Qがそれぞれ頂点C，Dを同時に出発してから，何秒後と何秒後ですか。〈北海道〉

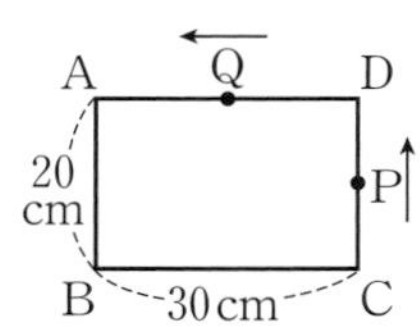

(5) n段n列のマス目に，下の規則にしたがって黒い碁石を置いていく。

> 規則：1段目とn段目，1列目とn列目にあるすべてのマスに黒い碁石を1つずつ置く。

図Ⅰは，3段3列のマス目に，**図Ⅱ**は，4段4列のマス目に，この規則にしたがって黒い碁石を置いたものである。〈宮城県〉

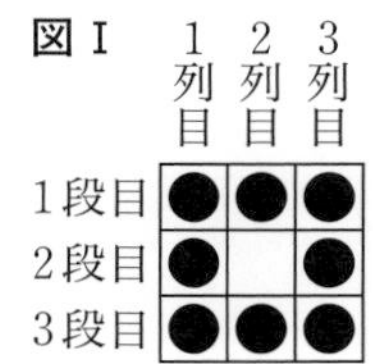

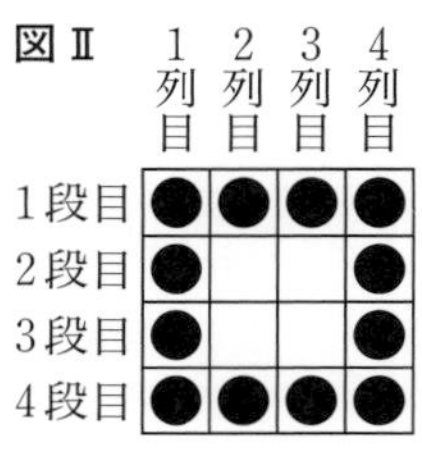

① 7段7列のマス目に，この規則にしたがって黒い碁石を置いたとき，置かれた黒い碁石の個数を求めなさい。

② n段n列のマス目に，この規則にしたがって黒い碁石を置き，黒い碁石が置かれていない残りのすべてのマスには白い碁石を1つずつ置く。
白い碁石の個数が，黒い碁石の個数より41個多くなるときのnの値を求めなさい。

数学

03 関数

学習日　　月　　日

ポイント整理

比例と反比例

1．比例の式… $y=ax$（a は比例定数）
2．比例のグラフ…原点を通る直線。

比例の式 $y=ax$ は１次関数 $y=ax+b$ において，$b=0$ のときの特別な形なんだよ。

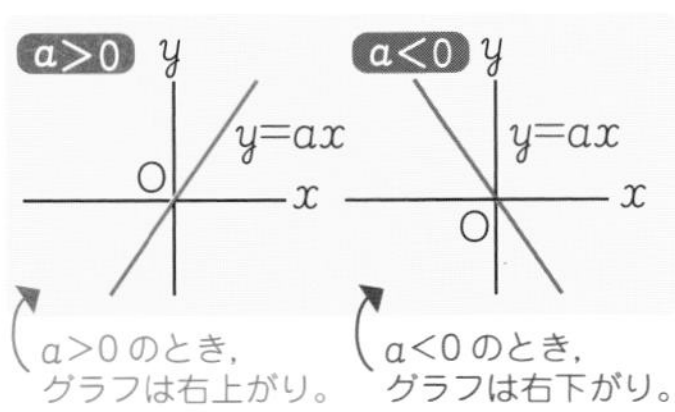

$a>0$ のとき，グラフは右上がり。
$a<0$ のとき，グラフは右下がり。

3．反比例の式… $y=\frac{a}{x}$（a は比例定数）
4．反比例のグラフ…原点に関して対称(たいしょう)な双曲線。

双曲線は x 軸(じく)，y 軸に，限りなく近づくが交わらない曲線だよ。

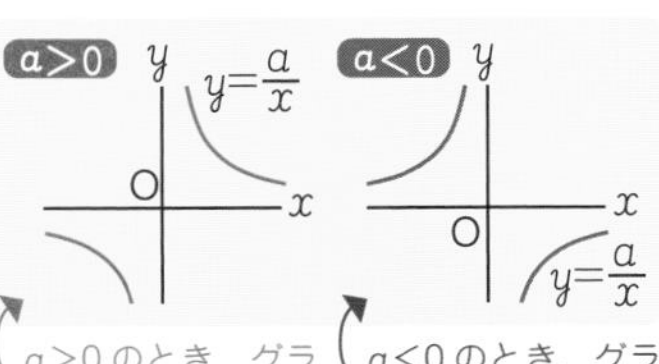

$a>0$ のとき，グラフは右上と左下にある。
$a<0$ のとき，グラフは左上と右下にある。

関数の定義
x の値(あたい)を１つ決めたとき，それに対応して y の値がただ１つ決まるとき，y は x の関数であるという。比例，反比例，１次関数，２乗に比例する関数はすべてこの性質を満たす。

参考

座標平面に関する名前

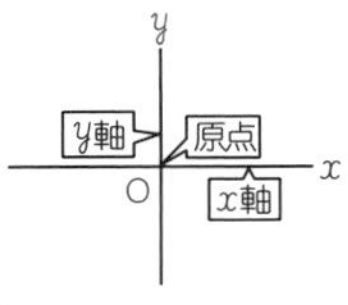

１次関数

1．１次関数の式… $y=ax+b$（グラフでは a が傾(かたむ)き，b が切片を表す）
2．１次関数のグラフ…$(0,\ b)$ で y 軸と交わる直線
3．変化の割合… $\frac{y\text{ の増加量}}{x\text{ の増加量}}$ を変化の割合という。
　１次関数の変化の割合は傾き a の値に等しい。
4．変域… x のとりうる値の範囲(はんい)を x の変域，y のとりうる値の範囲を y の変域という。１次関数では，与えられた式に x の変域の両端(りょうたん)の値を代入すれば，y の変域が求められる。

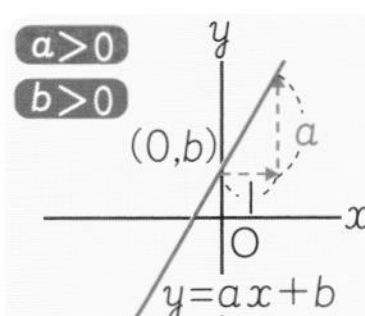

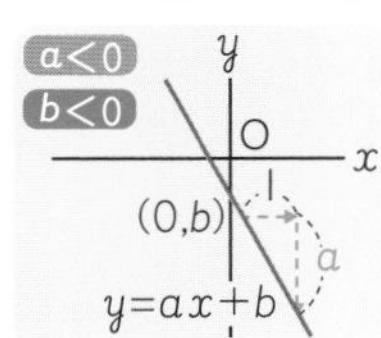

攻略 ２直線の交点の求め方

２直線 $y=ax+b$ と $y=mx+n$（ただし，$a \neq m$）の交点の座標は，
連立方程式 $\begin{cases} y=ax+b \\ y=mx+n \end{cases}$ を解(と)いて求める。

注意

対称な点の座標
A$(a,\ b)$，B$(c,\ d)$ とする。
- A と x 軸に関して対称な点 P$(a,\ -b)$
- A と y 軸に関して対称な点 Q$(-a,\ b)$
- A と原点に関して対称な点 R$(-a,\ -b)$
- 線分 AB の中点 M$\left(\frac{a+c}{2},\ \frac{b+d}{2}\right)$

大切

２点を通る直線の式の求め方
例 A(1，2)，B(4，11)を通る直線 AB の式は，AB の傾きが
$\frac{11-2}{4-1}=3$ だから $y=3x+b$ に
$x=1$，$y=2$ を代入して　$b=-1$
よって　直線 AB：$y=3x-1$
↑求める式を $y=ax+b$ とおいて，２点の座標を代入し，連立方程式にして求めてもよい。

入試必勝ポイント

座標平面上で面積の等しい三角形をつくる問題では，平行線をひいて，等積変形の考え方を用いるのがポイント。右の図では，関数 $y=x^2$ のグラフが表す放物線(ほうぶつせん)と直線 ℓ：$y=x+6$ の交点を A，B とし，放物線上に図のように点 P，Q，R をとれば，△PAB，△QAB，△RAB がそれぞれ △OAB の面積に等しいことを表している。

直線 m：$y=x$，直線 n：$y=x+12$ とすると，放物線と直線 m との交点で O ではない方が P，放物線と直線 n との交点が Q と R となる。平行線間の距離は平行線と線分の比の関係より y 切片の位置で決まる。

この例では，A$(-2,\ 4)$，B$(3,\ 9)$，P$(1,\ 1)$，Q$(-3,\ 9)$，R$(4,\ 16)$，△OAB の面積は 15 である。

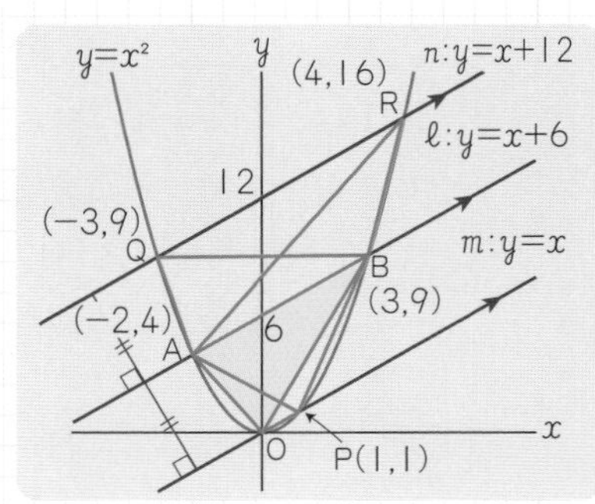

即答チェックの答え (1) $y=12$　(2) $x=-6$　(3) $y=2x+1$　(4) (2，3)　(5) $y=18$　(6) 12　(7) $0 \leqq y \leqq 27$

◆関数の式や，交点の求め方など，基本をしっかり身につけておこう！
◆関数の応用問題ではグラフを利用するのがポイント！

2乗に比例する関数

1．2乗に比例する関数の式…$y=ax^2$（a は比例定数）

2．関数 $y=ax^2$ のグラフ…原点を通る放物線。y 軸に関して対称。

3．関数 $y=ax^2$ の変化の割合…とる x の値の範囲によって，変化の割合は変わる。一般に，x の値が p から q まで変化するときの変化の割合は $a(p+q)$ で表される。 ←理由は「参考」参照。

4．関数 $y=ax^2$ の最大値・最小値… x の変域に 0 が含まれるとき，
$a>0$ ならば，y の最小値は 0，
$a<0$ ならば，y の最大値は 0 となる。

5．放物線と直線の交点…関数 $y=ax^2$ のグラフと直線 $y=mx+n$ の交点は，$\begin{cases} y=ax^2 \\ y=mx+n \end{cases}$ から y を消去して求める。

解（かい）が $\begin{cases} x=p,\ q & \Rightarrow \text{交点が2つ。} \\ x=p\text{（重解（じゅうかい））} & \Rightarrow \text{交点が1つ。} \\ \text{解なし。} & \Rightarrow \text{交点はない（交わらない）。} \end{cases}$

6．放物線と2点で交わる直線の式

攻略

関数 $y=ax^2$ のグラフと2点A，Bで交わる直線の式は，（Aの x 座標）$=p$，（Bの x 座標）$=q$ とすると，$y=a(p+q)x-apq$ で表される。

「攻略」の公式の理由は「参考」にあるよ。

7．放物線の内部にできる三角形の面積

…右の図で △OAB の面積は
△OAC＝△OA′C
△OBC＝△OB′C
△OAB＝△OAC＋△OBC
＝△OA′C＋△OB′C＝△A′B′C
よって
△OAB＝△A′B′C＝$\frac{1}{2}$×A′B′×OC

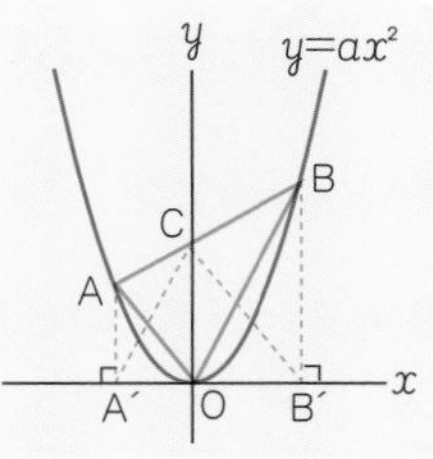

大切

関数 $y=ax^2$ の式は，原点以外の通る1点の座標がわかれば a の値がわかり，式が決定される。

$a>0$ のとき，グラフは上に開いた形。
$a<0$ のとき，グラフは下に開いた形。

参考

2乗に比例する関数の変化の割合

● $y=ax^2$ において，x の値が p から q まで変化するときの変化の割合は

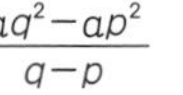

$\frac{aq^2-ap^2}{q-p}$

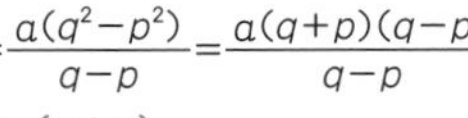

$=\frac{a(q^2-p^2)}{q-p}=\frac{a(q+p)(q-p)}{q-p}$

$=a(p+q)$

● 変化の割合は2点A，Bを通る直線の傾きと同じだから直線AB：$y=a(p+q)x+b$ とおいてAの座標 $x=p$，$y=ap^2$ を代入すると $b=-apq$ となり，直線ABは $y=a(p+q)x-apq$ となる。これは a，p，q の正負に関係なく成立する。

確認

関数 $y=x^2$ のグラフと直線 $y=x-2$ の交点を求めたい。

$\begin{cases} y=x^2 \\ y=x-2 \end{cases}$ より　$x^2-x+2=0$

しかし，解の公式にあてはめると

$x=\frac{1\pm\sqrt{-7}}{2}$ となって根号（こんごう）内が負となり，解はない。つまり，交点が存在しないことを意味する。

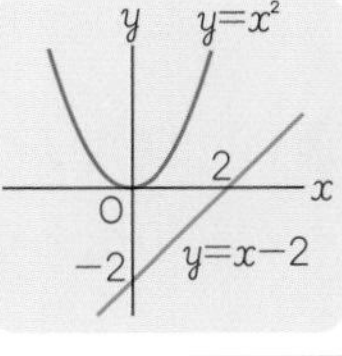

即答チェック

●次の各問いに答えなさい。

□(1) y は x に比例し，$x=2$ のとき $y=6$ である。$x=4$ のときの y の値を求めなさい。

□(2) y は x に反比例し，$x=4$ のとき $y=3$ である。$y=-2$ となる x の値を求めなさい。

□(3) 2点$(-1,\ -1)$，$(2,\ 5)$ を通る直線の式を求めなさい。

□(4) 2直線 $y=x+1$ と $y=3x-3$ の交点の座標を求めなさい。

□(5) y は x の2乗に比例し，$x=1$ のとき $y=2$ である。$x=3$ のときの y の値を求めなさい。

□(6) 関数 $y=2x^2$ について，x の値が1から5まで変化するときの変化の割合を求めなさい。

□(7) 関数 $y=3x^2$ について，x の変域が $-2\leqq x\leqq 3$ のとき，y の変域を求めなさい。

03 実力完成テスト

→別冊解答 p.9

／100点

1 関数の式 (6点×4＝24点)

次の各問いに答えなさい。

(1) y は x に比例し，$x=-3$ のとき，$y=18$ である。$x=\frac{1}{2}$ のときの y の値を求めなさい。〈青森県〉

正答率68% (2) y は x に反比例し，$x=2$ のとき，$y=-3$ である。このとき，y を x の式で表しなさい。〈鹿児島県〉

(3) y は x の1次関数で，そのグラフが点 (2, 1) を通り，傾き3の直線であるとき，この1次関数の式を求めなさい。〈佐賀県〉

(4) y は x の2乗に比例し，$x=-3$ のとき $y=18$ である。x と y の関係を式に表しなさい。〈宮崎県〉

2 関数の変域 (6点×3＝18点)

次の各問いに答えなさい。

(1) y は x に反比例し，x の変域が $1 \leqq x \leqq 3$ のとき，y の変域は $-18 \leqq y \leqq$ [ア] である。
また，$x=-2$ のとき，$y=$ [イ] である。[　] にあてはまる数を求めなさい。(完答)〈岡山朝日高〉

正答率67% (2) 1次関数 $y=-\frac{1}{5}x+1$ について，x の変域が $-5 \leqq x \leqq 10$ のときの y の変域を求めなさい。(完答)
〈福島県〉

正答率36% (3) 関数 $y=3x^2$ について，x の変域が $-4 \leqq x \leqq 2$ のとき，y の変域が $a \leqq y \leqq b$ である。このとき a，b の値をそれぞれ求めなさい。(完答)〈高知県〉

3 変化の割合 (6点×2＝12点)

次の各問いに答えなさい。

正答率83% (1) 関数 $y=-\frac{1}{3}x^2$ について，x の値が3から6まで増加するときの変化の割合を求めなさい。
〈神奈川県〉

正答率48% (2) 関数 $y=ax^2$ について，x の値が1から4まで増加するときの変化の割合が -15 である。このとき，a の値を求めなさい。〈福島県〉

4 1次関数の応用 （(1)4点，(2)8点，(3)9点，計21点）

重要

Aさんの妹は，家を出発し，一定の速さで歩いて図書館に向かった。Aさんは，妹に忘れ物を届けようと午後1時に家を出発し，妹の歩いた道を通って妹を追いかけた。Aさんは，家を出発してから分速140mで5分間走り，家から700m離れたP地点に着いた。Aさんは，P地点からQ地点まで分速90mで10分間歩き，Q地点から分速200mで7分間走り，図書館に着く前に妹に追いついた。図は，Aさんが家を出発してからx分間で進んだ道のりをymとするとき，Aさんが家を出発してから妹に追いつくまでのxとyの関係をグラフに表したものである。次の(1)〜(3)の［　］の中にあてはまる最も簡単な数または式を答えなさい。

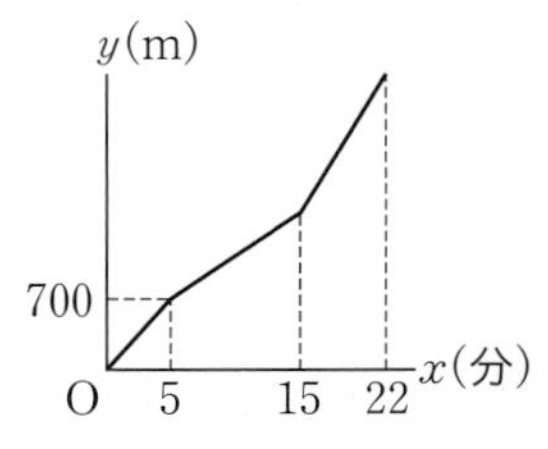

〈福岡県〉

(1) Aさんが家を出発してから3分間で進んだ道のりは［　　m］である。

(2) xの変域が$15 \leqq x \leqq 22$のとき，yをxの式で表すと，［$y=$　　］$(15 \leqq x \leqq 22)$である。

(3) 妹がQ地点に着いたのは，Aさんが家を出発する6分前であった。もし，妹が，Q地点に着いたときに忘れ物に気づき，すぐに，Q地点まで歩いた速さで同じ道をもどったとしたら，午後1時に家を出発したAさんが妹に出会う時刻は，［午後1時　分　秒］である。

5 放物線と図形 （(1)(2)5点×2，(3)7点，(4)8点，計25点）

右の図のように，関数$y=\frac{1}{4}x^2$…①のグラフ上に2点A，Bがある。Aのx座標は-2，Bのx座標は正で，Bのy座標はAのy座標より3だけ大きい。また，点Cは直線ABとy軸との交点である。

〈熊本県〉

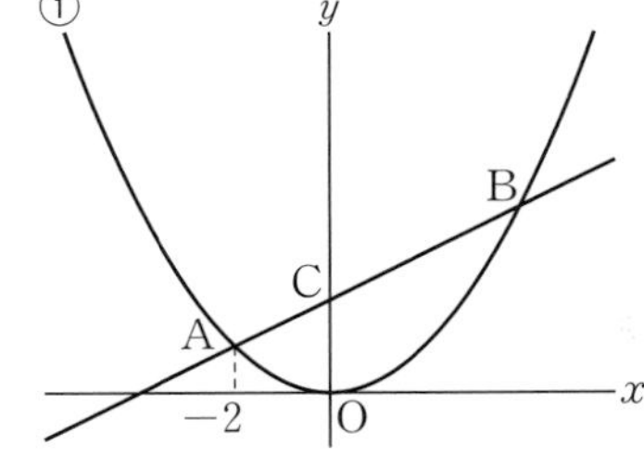

このとき，次の各問いに答えなさい。

(1) 点Aのy座標を求めなさい。

(2) 点Bの座標を求めなさい。

(3) 直線ABの式を求めなさい。

(4) 線分BC上に2点B，Cとは異なる点Pをとる。また，関数①のグラフ上に点Qを，線分PQがy軸と平行になるようにとり，PQの延長とx軸との交点をRとする。
PQ：QR＝5：1となるときのPの座標を求めなさい。

英語
数学
理科
社会
国語

04 図形の計量

学習日　　月　　日

ポイント整理

◐ 多角形と角

1. **対頂角**…対頂角はつねに等しい。
   $\angle a=\angle c$，$\angle b=\angle d$

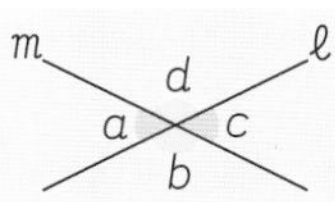

2. **平行線における錯角・同位角**…平行な２直線に１直線が交わってできる錯角，同位角はつねに等しい。また，２直線に１直線が交わってできる錯角，同位角が等しいならばこの２直線は平行である。

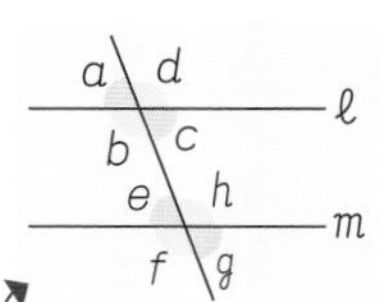

$\ell /\!/ m$ のとき
(同位角) $\angle a=\angle e$，$\angle b=\angle f$，$\angle c=\angle g$，$\angle d=\angle h$
(錯角) $\angle b=\angle h$，$\angle c=\angle e$

3. **三角形の内角の和**…180°
4. **n 角形の内角の和**…$180°\times(n-2)$
5. **正 n 角形の１つの内角の大きさ**…$\dfrac{180°\times(n-2)}{n}$
6. **n 角形の外角の和**…360°
7. **正 n 角形の１つの外角の大きさ**…$\dfrac{360°}{n}$

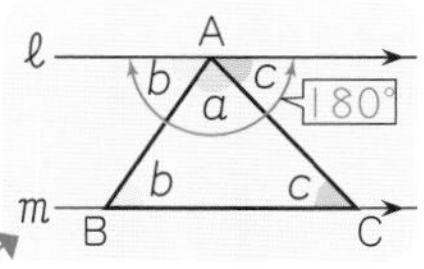

$\ell /\!/ m$ となる直線をひくと $\angle a+\angle b+\angle c=180°$ が示せる。

大切

平行線と角の問題での頻出の問題

例　次の $\angle x$ を求めなさい。ただし，$\ell /\!/ m$ とする。

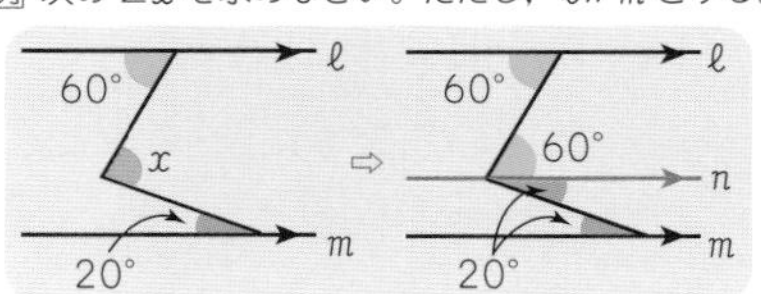

⇒図のように $\ell /\!/ m /\!/ n$ となる直線 n をひく。平行線の錯角は等しいので　$\angle x=60°+20°=$**80°**

攻略　角度問題の攻略アイテム

① スリッパ型　② ブーメラン型　③ 星形　④ 角の二等分線

① $\angle a+\angle b$
② $\angle a+\angle b+\angle c$，$\angle a+\angle b$
③ $\angle a+\angle c$，$\angle a+\angle c+\angle d$，$\angle a+\angle b+\angle c+\angle d+\angle e=180°$
④ $90°+\dfrac{1}{2}\angle a$

確認

五角形の外角の和が 360° になる理由

多角形では１つの内角とその隣りの外角との和は 180° になるので

(五角形の外角の和)
$=180°\times5-180°\times(5-2)$（五角形の内角の和）
$=180°\times5-180°\times3$
$=180°\times2=360°$

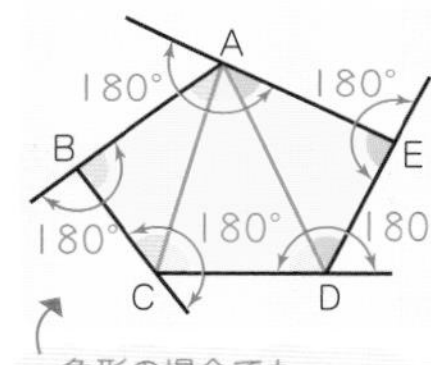

n 角形の場合でも
(n 角形の外角の和)
$=180°\times n-(n$ 角形の内角の和$)$
$=180°\times n-180°\times(n-2)$
$=180°\times n-180°\times n+180°\times2$
$=180°\times2=360°$

◐ 平面図形

1. **おうぎ形の弧の長さ**…$\ell=2\pi r\times\dfrac{a}{360}$
2. **おうぎ形の面積**…$S=\pi r^2\times\dfrac{a}{360}=\dfrac{1}{2}\ell r$

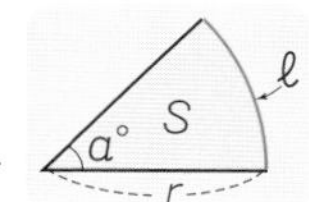

ℓ は弧の長さ，S は面積，r は半径，a は中心角の大きさ，π は円周率を表すよ。

入試必勝ポイント

投影図で表された立体の求積では，ちょっとした錯覚を起こすことがある。下の投影図で，立面図は１辺３の正三角形，平面図は１辺３の正方形であるが，この正四角錐(せいしかくすい)の見取図をかくと，下の真ん中の図のようになる。よって表面積 S は

$$S=\frac{1}{2}\times3\times3\times4+3\times3=27$$

体積 V は，三平方(さんへいほう)の定理を用いて，

$$(\text{正四角錐の高さ})=\frac{3\sqrt{3}}{2}$$

であるから

$$V=\frac{1}{3}\times3\times3\times\frac{3\sqrt{3}}{2}=\frac{9\sqrt{3}}{2}\text{ となる。}$$

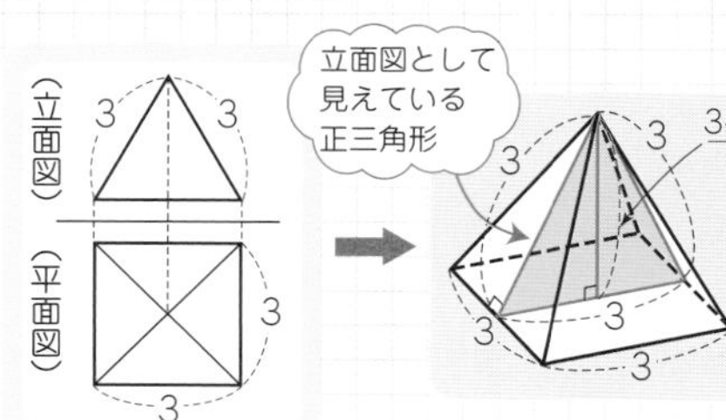

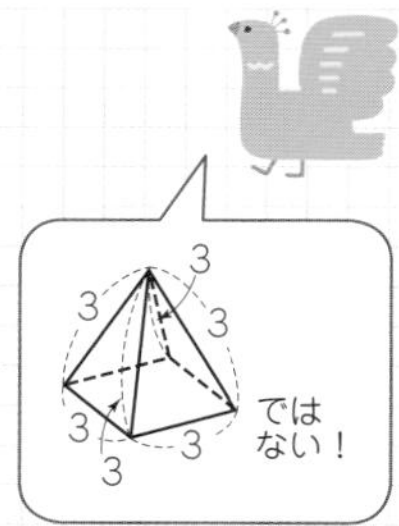

◆角度の問題は，三角形の内角の和が 180° になることを利用することが多い！
◆図形の面積，立体の体積についての公式はしっかり暗記！

円の性質

1．**円周角の定理**…１つの弧に対する円周角の大きさは一定であり，その弧に対する**中心角の大きさの半分**である。

$\angle APB = \angle AQB = \frac{1}{2}\angle AOB$

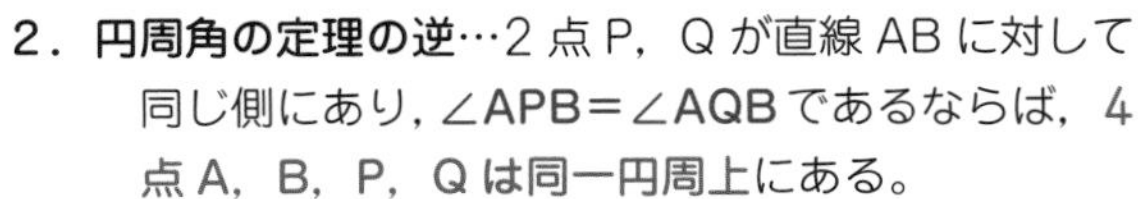

2．**円周角の定理の逆**…２点 P，Q が直線 AB に対して同じ側にあり，∠APB＝∠AQB であるならば，４点 A，B，P，Q は同一円周上にある。

3．**半円の弧に対する円周角の大きさは** 90° **である。**

$\angle APB = \angle AQB = \angle ARB = \frac{1}{2}\angle AOB = 90°$

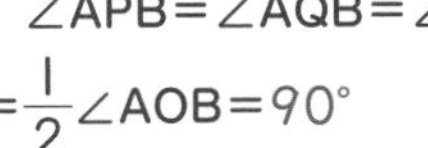

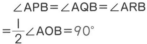

4．**弧の長さと円周角（中心角）の大きさは比例する。**

$\overset{\frown}{AB} : \overset{\frown}{CD} = 1 : k$ ならば

$\angle APB : \angle CQD = 1 : k$

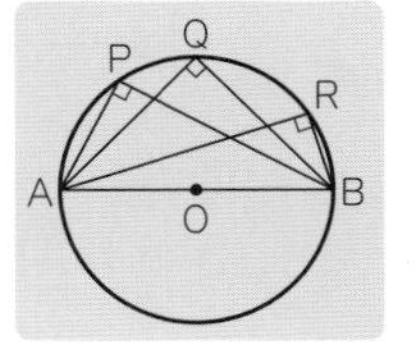

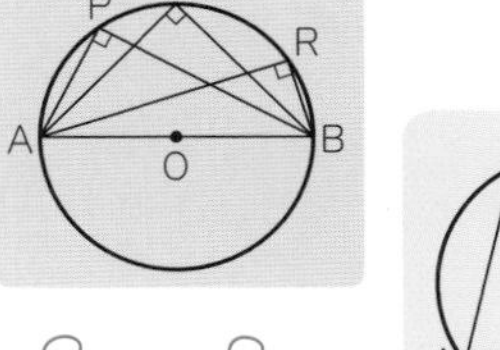

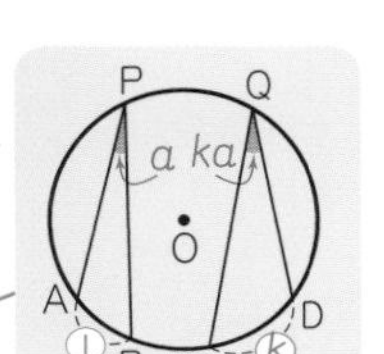

5．**円に内接する四角形**…円に内接する四角形の向かい合った内角の和は 180° である。また，**円に内接する四角形の１つの外角の大きさは**，その隣りの内角の対角の大きさに等しい。

$\angle BAD + \angle BCD = 180°$

$\angle DCE = \angle BAD$

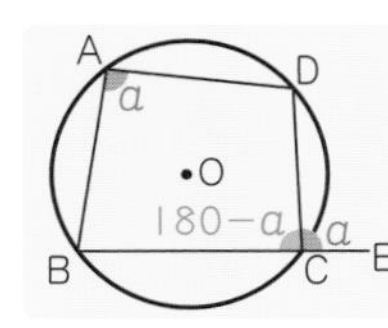

大切

その他の重要な円の性質

- 円の中心から弦にひいた垂線は弦を垂直に２等分する。

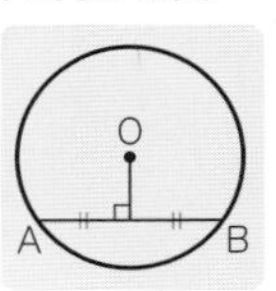

- 接点を通る半径は接線と垂直に交わる。

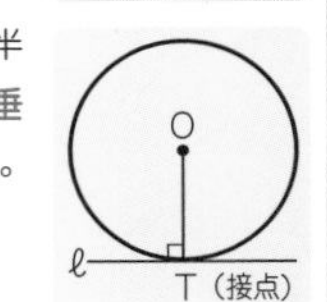

- 円外の１点から円にひいた２本の接線の接点までの距離は等しい。

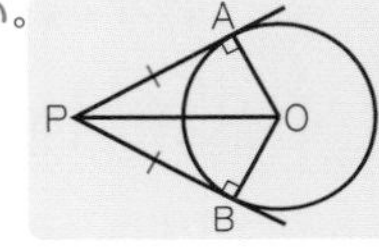

参考

円錐台の表し方

- 見取図
- 展開図
- 投影図

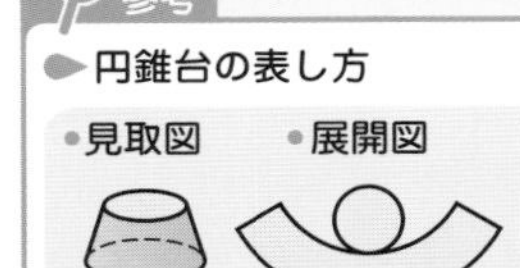

これも大事！

空間図形

攻略

1．円柱の体積… $V = \pi r^2 h$

2．円柱の表面積… $S = 2\pi rh + 2\pi r^2$

3．円錐の体積… $V = \frac{1}{3}\pi r^2 h$

4．円錐の表面積… $S = \pi Rr + \pi r^2$

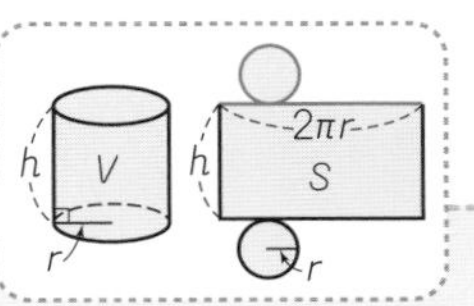

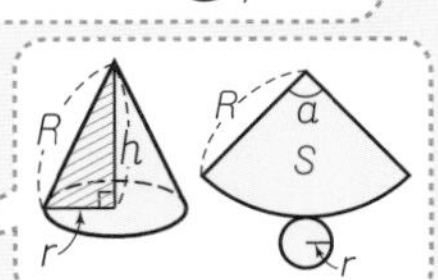

5．球の体積… $V = \frac{4}{3}\pi r^3$

6．球の表面積… $S = 4\pi r^2$

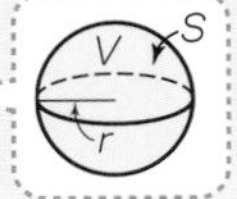

V は体積，S は表面積，r は半径，h は高さ，R は母線の長さ，π は円周率を表すよ。

即答チェック

●次の各問いに答えなさい。

□(1) 右の図において，$\ell /\!/ m$ である。$\angle x$ の大きさを求めなさい。

□(2) 右の図において，$\angle x$ の大きさを求めなさい。

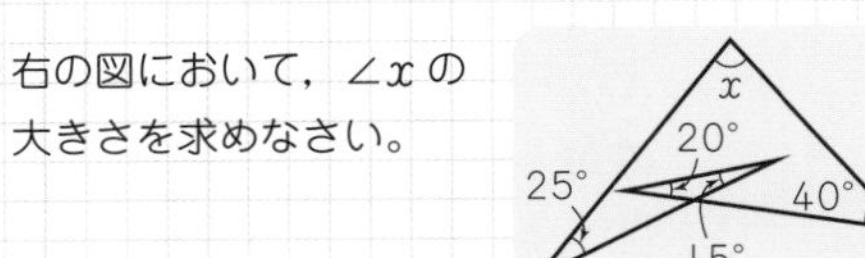

□(3) 右の図において，$\angle x$ の大きさを求めなさい。

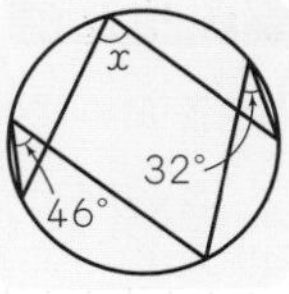

□(4) 右の図の円錐について，
① 体積を求めなさい。
② 表面積を求めなさい。

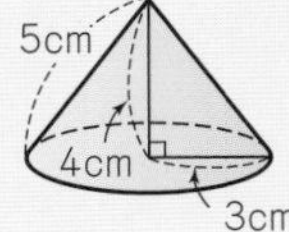

実力完成テスト

→別冊解答 p.10

／100点

1 多角形と角 (6点×6=36点)

次の各問いに答えなさい。

(1) 次の図で，$\ell /\!/ m$ のとき，$\angle x$ の大きさを求めなさい。ただし，②の五角形 ABCDE は正五角形である。

①

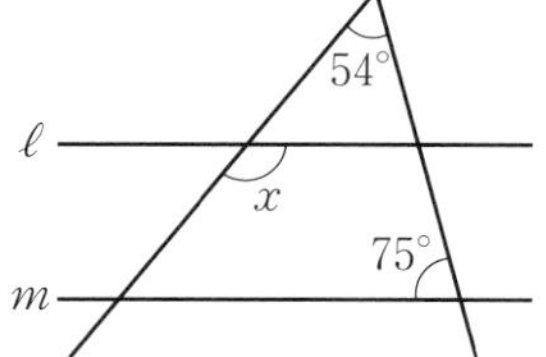

〈秋田県〉

正答率 36% ②

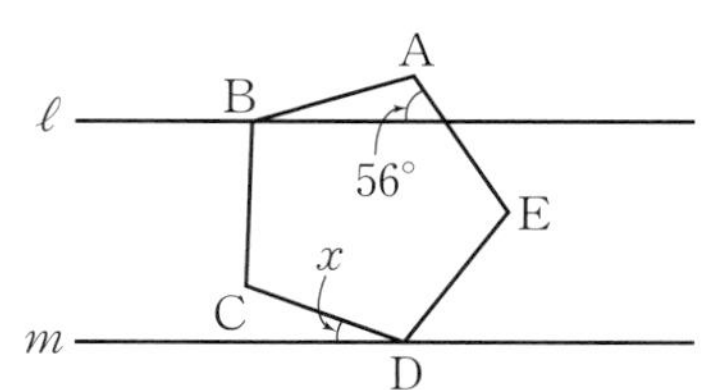

〈青森県〉

(2) 次の図で，$\angle x$ の大きさを求めなさい。ただし，②の △ABC は AB＝AC の二等辺三角形である。

①

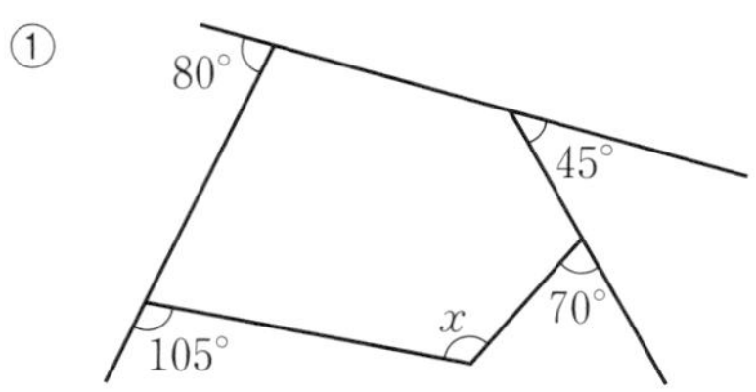

〈和歌山県〉

②

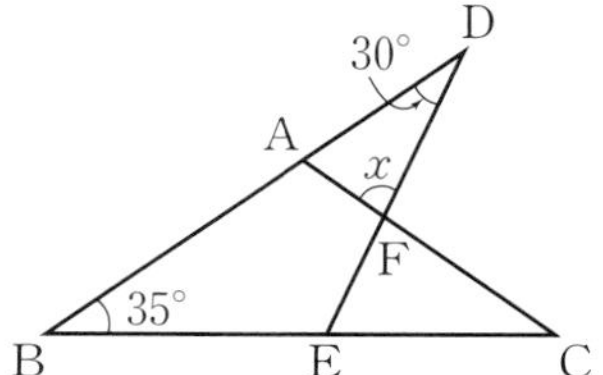

〈香川県〉

(3) 次の図で，①は長方形 ABCD を線分 EF によって折り返した図形であり，②は △ABC を線分 CD によって折り返した図形である。それぞれの $\angle x$ の大きさを求めなさい。ただし，②においては，PD∥BC とする。

①

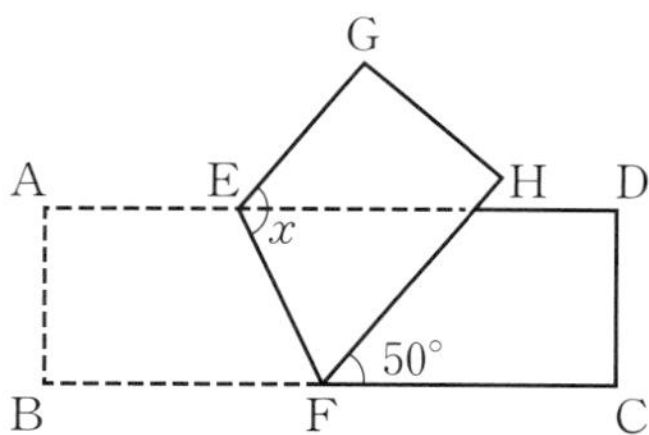

〈奈良県〉

②

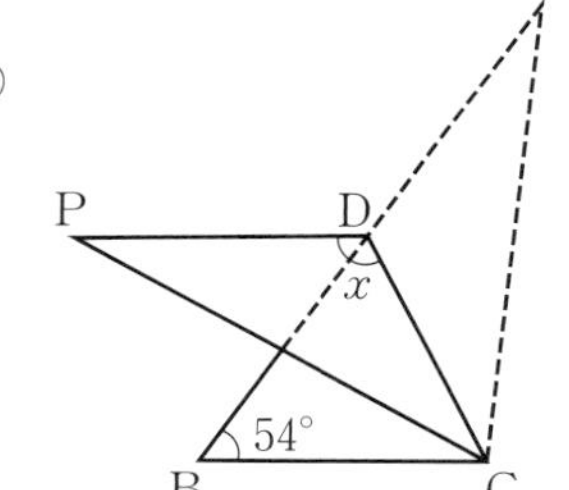

〈大分県〉

2 平面図形 (6点×2=12点)

次の各問いに答えなさい。

(1) 右の図のような，半径 2cm，中心角 135° のおうぎ形がある。このおうぎ形の面積を求めなさい。〈岡山県〉

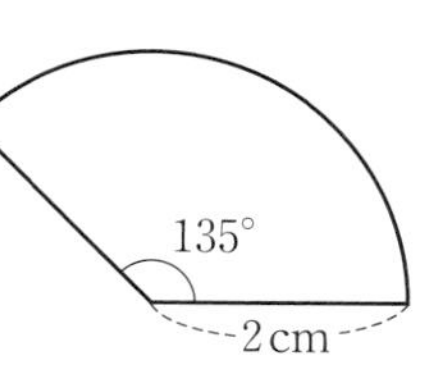

正答率 71% (2) 右の図は，円錐（えんすい）の展開図で，底面の半径は 5cm，側面のおうぎ形の半径は 12cm である。$\angle x$ の大きさを求めなさい。〈奈良県〉

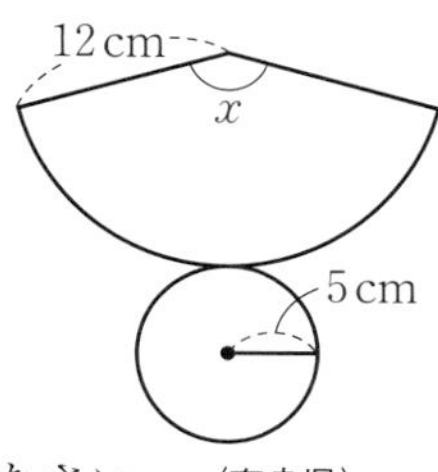

3 円の性質 (6点×4=24点)

次の各問いに答えなさい。

重要 (1) 次の図で，$\angle x$ の大きさを求めなさい。ただし，O は円の中心とし，②の △ACD は AC=AD の二等辺三角形とする。

①

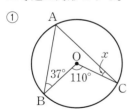

〈富山県〉

②

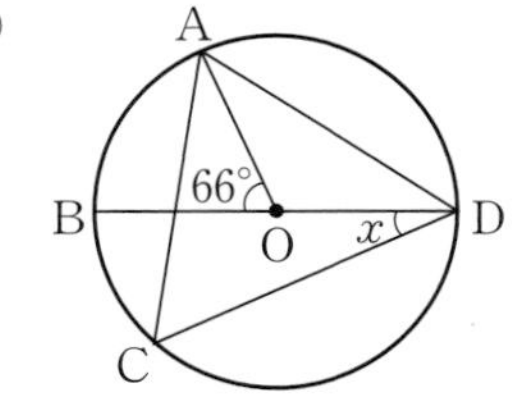

〈埼玉県〉

③

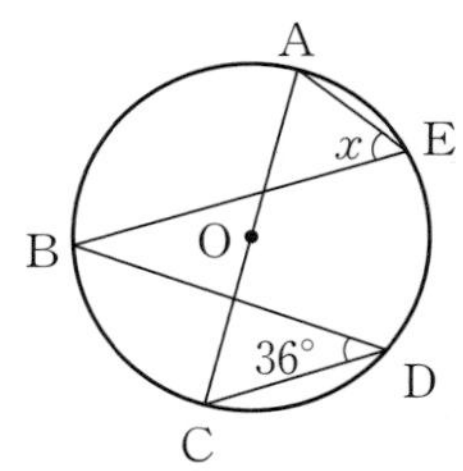

〈鳥取県〉

(2) 右の図で，$\angle a+\angle b+\angle c+\angle d+\angle e+\angle f+\angle g$ の大きさを求めなさい。

〈山梨県〉

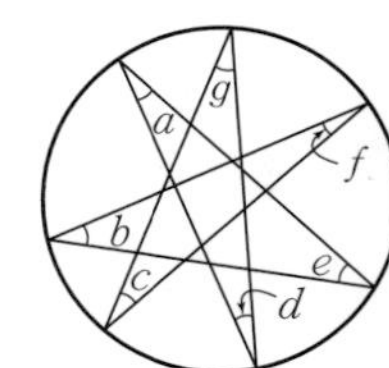

4 立体図形 (7点×4=28点)

次の各問いに答えなさい。

(1) 右の図は，1 辺の長さが 3cm の立方体 ABCD−EFGH である。この立方体を 3 点 B，D，E を通る平面で 2 つの立体に分けるとき，2 つの立体の表面積の差は何 cm^2 か，求めなさい。

〈鹿児島県〉

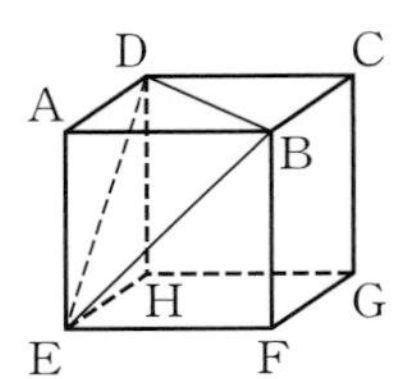

(2) 右の図のように，半径 3cm，中心角 90°のおうぎ形 OAB がある。このとき，$\overset{\frown}{AB}$ と弦 AB で囲まれた部分を直線 OA を軸として 1 回転させてできる立体の体積を求めなさい。

〈福井県〉

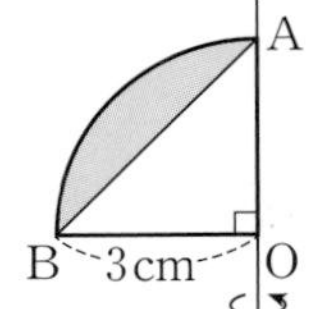

(3) 右の**ア**，**イ**は，体積が等しい立体のそれぞれの投影図である。**ア**の立体の h の値を求めなさい。ただし，平面図は半径がそれぞれ 4cm，3cm の円である。

〈青森県〉

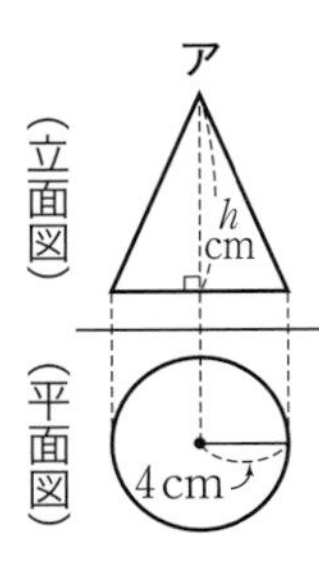

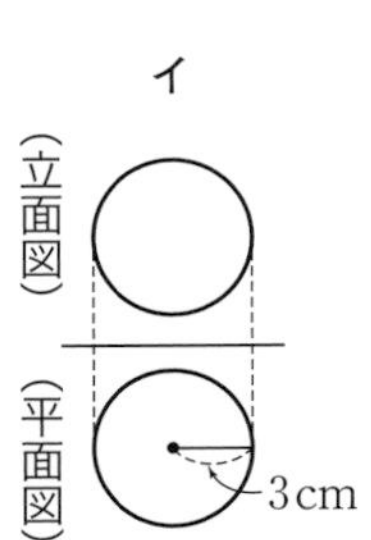

(4) 右の図のように，∠AOB=90°のおうぎ形 OAB と ∠BOC=90°の直角三角形 BCO がある。おうぎ形 OAB を線分 AO を軸として 1 回転させてできる立体の体積と直角三角形 BCO を辺 CO を軸として 1 回転させてできる立体の体積が等しいとき，線分 AO と辺 CO の長さの比を，最も簡単な整数の比で表しなさい。

〈広島県〉

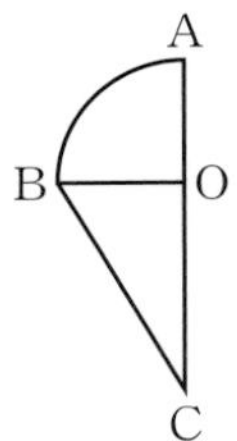

数学

05 作図と証明

学習日　　月　　日

ポイント整理

図形の移動

1．平行移動

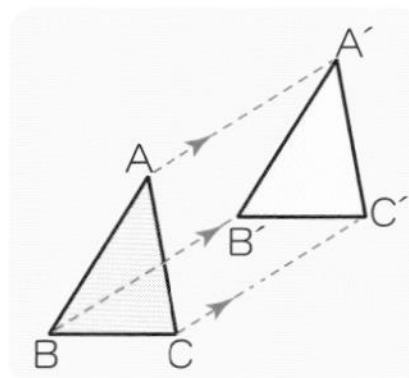

2．回転移動

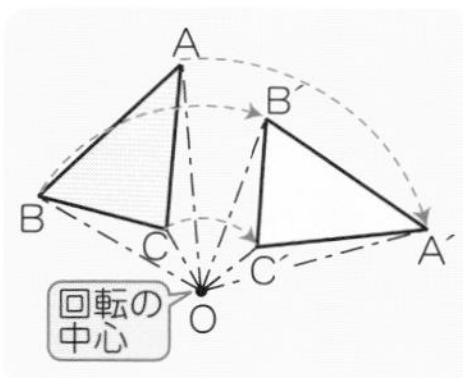

3．対称移動（たいしょういどう）

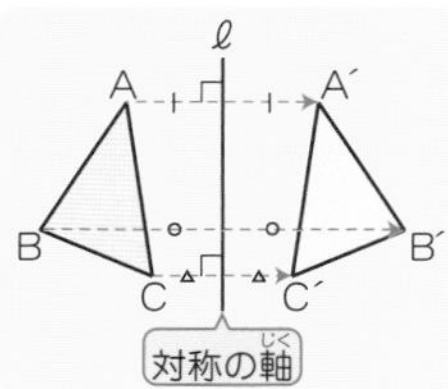

> **大切**
> **図形の移動**
> 平面上で，**図形の形を変えずに図形を動かす**ことをいう。移動には，左の３種類がある。

基本の作図

1．垂直二等分線の作図

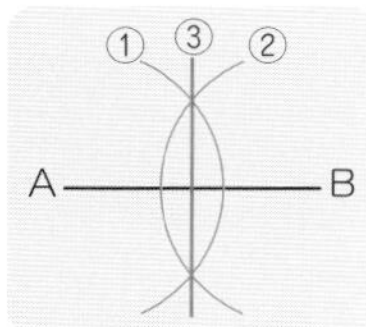

2．角の二等分線の作図

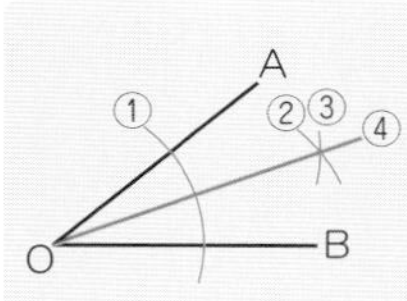

3．垂線をひく

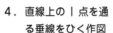

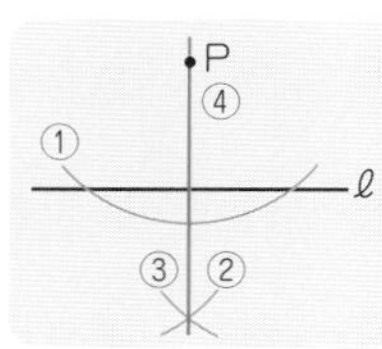

4．直線上の１点を通る垂線をひく作図

5．円の復元（中心の作図）

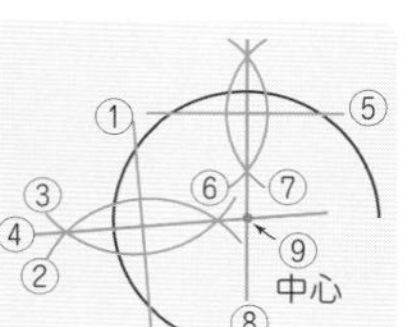

6．接線の作図（P から円 O に接線をひく作図）

> **参考**
> 作図は平面図形の勉強をするときに習う単元で，ふつう中学１年で履修する。しかし，入学試験で出題される，「基本の作図」の５や６は，中学３年生で習う「円」の知識が必要となる作図であるから，改めて作図に取り組んでおく必要がある。

> **確認**
> **合同**
> ２つの図形があり，片方を平行移動，回転移動，対称移動のいずれか，またはこれらをくり返して，もう一方に重ね合わせられるとき，２つの図形は合同であるという。

> **注意**
> △ABC と △DEF が合同であるとき，△ABC≡△DEF と書く。形は異なっていても面積が等しいときは，△ABC＝△DEF と書く。注意しよう。

三角形

1．三角形の合同条件

攻略

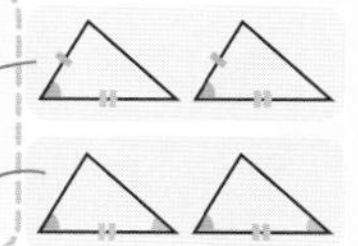

① ３組の辺がそれぞれ等しい。
② ２組の辺とその間の角がそれぞれ等しい。
③ １組の辺とその両端（りょうたん）の角がそれぞれ等しい。

入試必勝ポイント

●角度の等しさを表す方法をしっかり覚えておこう！

右の図で，△ABC と △ECD はともに正三角形である。
このとき，△ACD≡△BCE となる。理由を考えてみよう。
仮定より　AC＝BC　…①と，CD＝CE　…②より２組の辺がそれぞれ等しい。
これはすぐわかる。
さて，「その間の角がそれぞれ等しい」ことはどのように示すかわかるだろうか？

∠ACD＝60°＋∠ACE　（60° は ∠ECD のこと）　∠BCE＝60°＋∠ACE　（60° は ∠ACB のこと）

よって　∠ACD＝∠BCE　…③
したがって，①～③より２組の辺とその間の角がそれぞれ等しいので，△ACD≡△BCE となる。

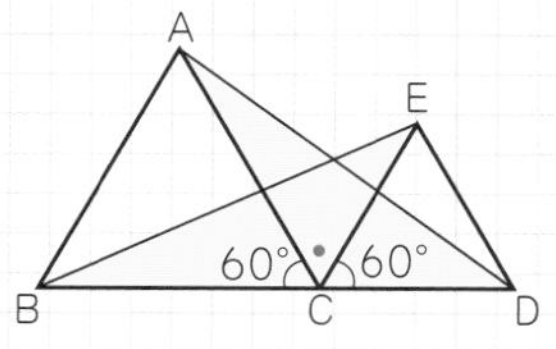

即答チェックの答え　(1)① ∠x＝80°　② ∠x＝35°　(2) 直角三角形において斜辺と１つの鋭角がそれぞれ等しい。（または，１組の辺とその両端の角がそれぞれ等しい）　(3) ㈫と㈭

◆作図に用いた，定規とコンパスでかいた線は絶対に消してはならない！
◆三角形の合同条件と平行四辺形になるための条件は表現通り丸暗記する！

2．直角三角形の合同条件

攻略

① 斜辺（しゃへん）と１つの鋭角がそれぞれ等しい。
② 斜辺と他の１辺がそれぞれ等しい。

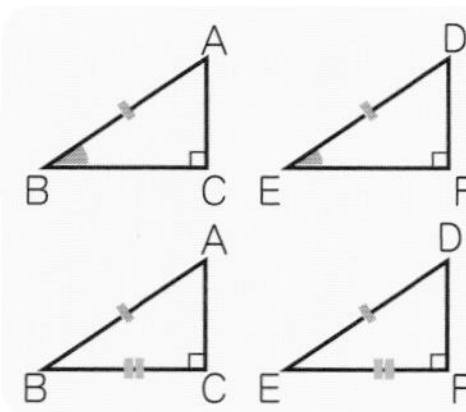

3．二等辺三角形の性質

① ２つの辺が等しい三角形（定義）。
② ２つの底角が等しい。
③ 頂角の二等分線は底辺を垂直に２等分する。

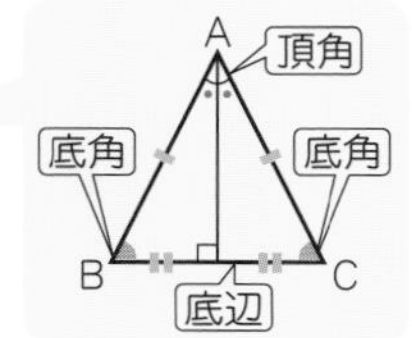

平行四辺形

1．平行四辺形の性質

① ２組の対辺がそれぞれ平行な四角形（定義）。
② ２組の対辺はそれぞれ等しい。
③ ２組の対角はそれぞれ等しい。
④ 対角線はそれぞれの中点で交わる。

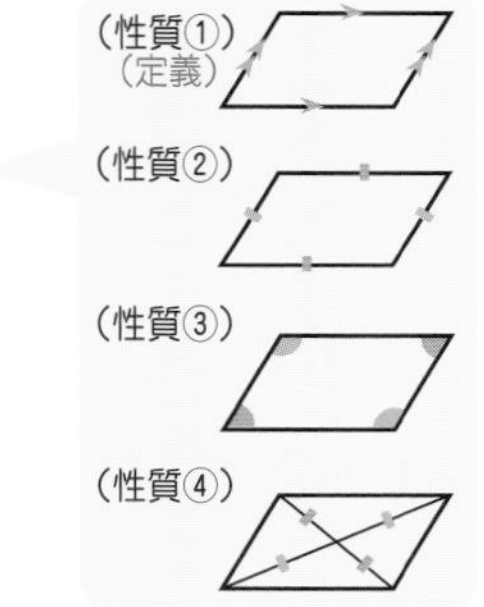

2．平行四辺形になるための条件 ←次のどれかが成り立てば平行四辺形である。

攻略

① ２組の対辺がそれぞれ平行である。
② ２組の対辺がそれぞれ等しい。
③ ２組の対角がそれぞれ等しい。
④ 対角線がそれぞれの中点で交わる。
⑤ １組の対辺が平行でその長さが等しい。

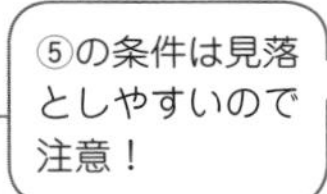

⑤の条件は見落としやすいので注意！

3．特別な平行四辺形…① ４つの辺がすべて等しい四角形をひし形という。ひし形の対角線は垂直に交わる。
② ４つの角がすべて等しい四角形を長方形という。長方形の対角線の長さは等しい。
③ ４つの辺，角がすべて等しい四角形を正方形という。正方形の対角線は長さが等しく，垂直に交わる。

注意

●直角三角形の合同を示す場合でも，一般の三角形の合同条件を用いることもある。

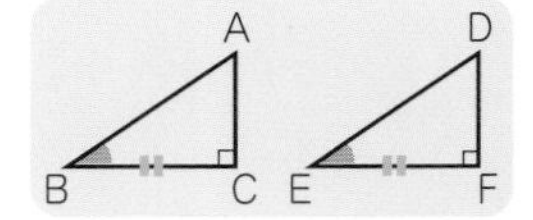

例えば，上の例では　BC＝EF，∠B＝∠E，∠C＝∠F＝90°より１組の辺とその両端の角がそれぞれ等しいので，△ABC≡△DEF と示すことができる。

大切

●証明の組み立て方

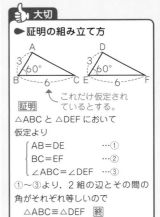

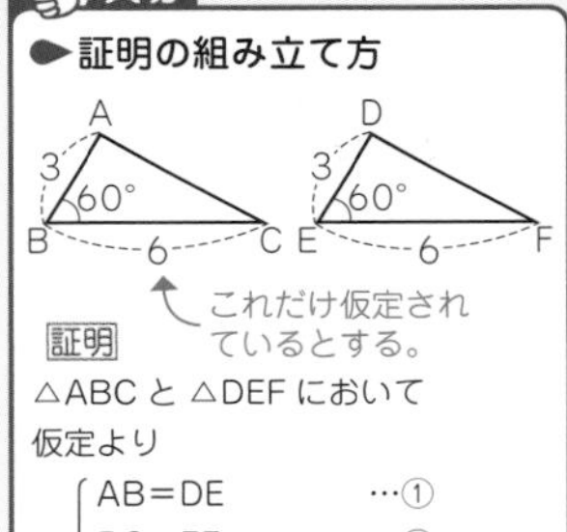

証明
△ABC と △DEF において
仮定より
AB＝DE　…①
BC＝EF　…②
∠ABC＝∠DEF　…③
①～③より，２組の辺とその間の角がそれぞれ等しいので
△ABC≡△DEF　終

これらの四角形の対角線はすべてそれぞれの中点で交わるよ！

即答チェック

□(1) 次の ∠x の大きさを求めなさい。ただし，同じ印のついた辺の長さは等しい。

①

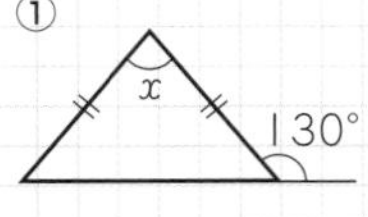

②

□(2) 右の図のように，線分 AB の中点を M とし，M を通る直線に A，B からひいた垂線をそれぞれ AH，BK とするとき，△AMH≡△BMK となる。根拠となる三角形の合同条件を答えなさい。

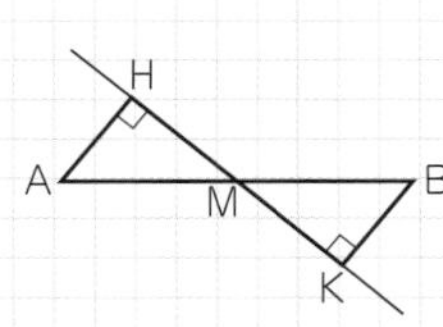

□(3) 下の図の平行四辺形は，ある条件が１つ成り立てば，長方形になる。その条件としてあてはまるものを次の㋐～㋔から２つ選びなさい。

㋐ AB＝BC
㋑ AC⊥BD
㋒ ∠A＋∠C＝180°
㋓ ∠BAC＝∠DAC
㋔ AC＝BD

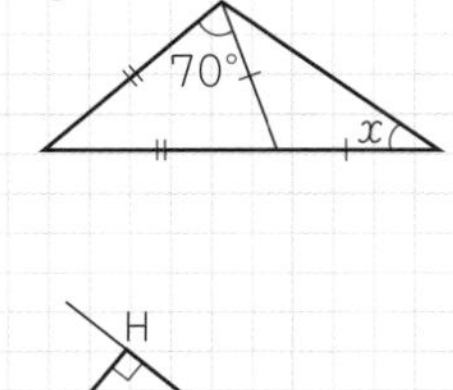

05 実力完成テスト

→別冊解答 p.11

／100点

1 図形の移動 （10点×2＝20点）

次の各問いに答えなさい。

(1) 図のように，OA＝5cm の直角二等辺三角形 OAB がある。この △OAB を，点 O を中心として矢印の方向に 20° 回転させるとき，点 B が動いてできる弧の長さを求めなさい。〈北海道・改〉

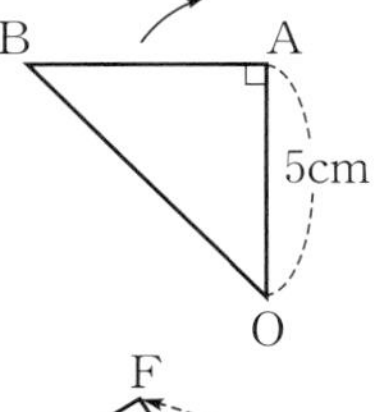

(2) 図の正方形 AEFG は，正方形 ABCD を，点 A を中心として，矢印の方向に回転させたものである。また，点 H は，辺 CD と EF の交点である。∠BAE＝40° のとき，∠DHE の大きさを求めなさい。〈石川県・改〉

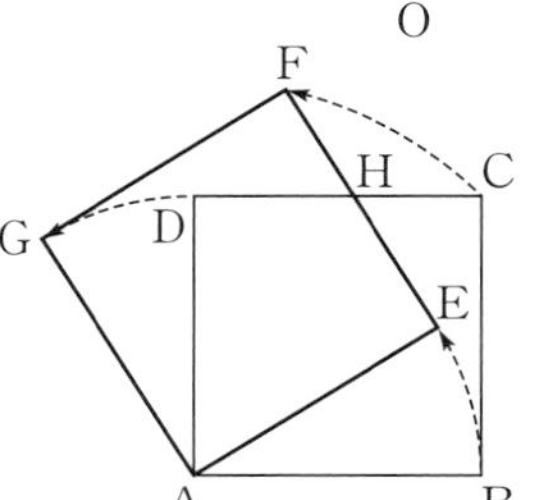

2 作図 （5点×6＝30点）

次の各問いに答えなさい。作図は定規とコンパスのみを使い，作図に用いた線は消さずに残すこと。

(1) 頂点 A を通り，△ABC の面積を 2 等分する直線を作図しなさい。〈東京都〉

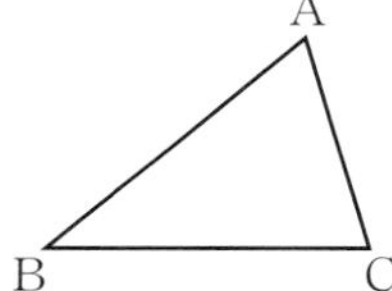

(2) 図のような線分 AB がある。線分 AB の上側に，∠BAP＝45° となるような角を作図しなさい。〈島根県〉

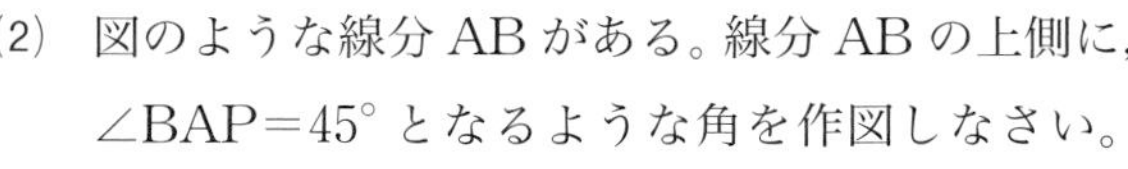

(3) 図のように，線分 AB と，線分 AB 上にない点 C がある。AB を直径とする円の周上にあって，C からの距離が最も短くなる点 P を作図しなさい。〈熊本県〉

(4) 図のように，線分 AB と半直線 AC がある。AB の垂直二等分線上にあって，AB，AC までの距離が等しい点 P を作図によって求め，P の位置を示す文字 P も書きなさい。〈福島県〉

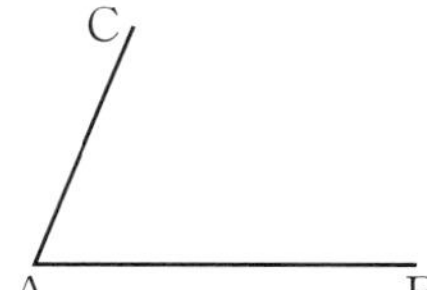

(5) 図で，円 O の周上の点 P を通る接線を作図しなさい。〈山梨県〉

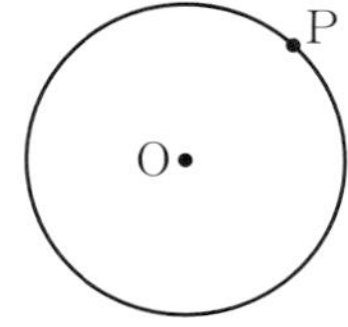

(6) 図のように，△ABC の辺 AC 上に点 D がある。頂点 B が点 D と重なるように △ABC を折ったときの，折り目の線分を作図しなさい。〈富山県〉

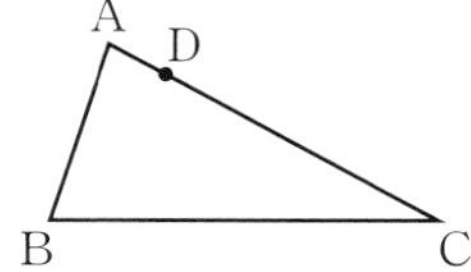

3 二等辺三角形であることの証明 (10点)

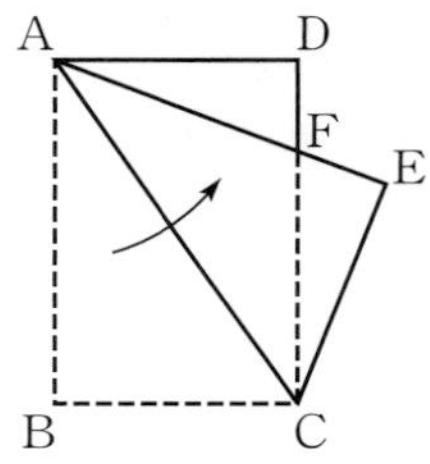

長方形ABCDがある。図のように，線分ACを折り目として折ったとき，点Bの移った点をEとする。また，線分AEと辺DCとの交点をFとする。このとき，△ACFが二等辺三角形であることを証明しなさい。 〈埼玉県・改〉

4 三角形の合同の証明 (10点×2=20点)

次の各問いに答えなさい。

(1) 右の図のように，1つの平面上に$\angle BAC=90^\circ$の直角二等辺三角形ABCと正方形ADEFがある。ただし，∠BADは鋭角とする。このとき，△ABD≡△ACFであることを証明しなさい。 〈広島県〉

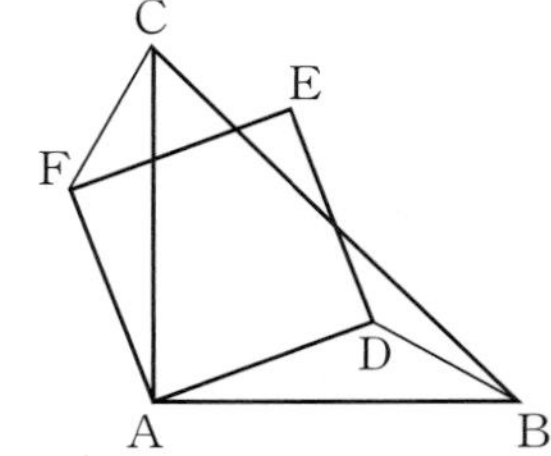

(2) 右の図において，四角形ABCDと四角形FGCEは合同な長方形であり，AB＞BC，FG＞GCである。点Gは四角形ABCDの内部にあり，点Dは辺FG上にある。点Eから辺CDに垂線をひき，辺CDとの交点をHとする。このとき，△CDG≡△ECHを証明しなさい。 〈高知県・改〉

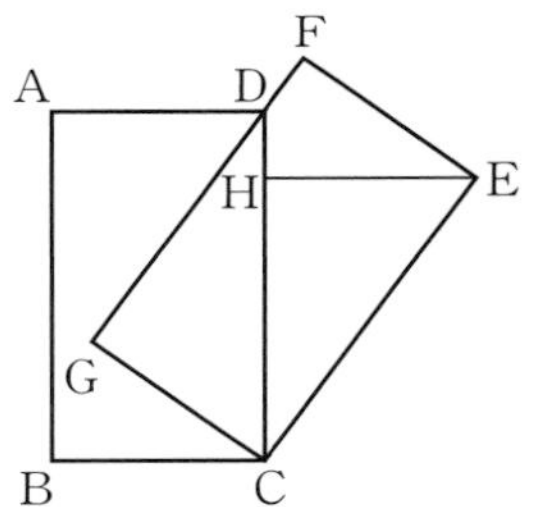

5 平行四辺形の性質と，平行四辺形になるための条件 (10点×2=20点)

次の各問いに答えなさい。

正答率25%

(1) 右の図のような，AB＜ADの平行四辺形ABCDがあり，辺BC上にAB＝CEとなるように点Eをとり，辺BAの延長にBC＝BFとなるように点Fをとる。ただし，AF＜BFとする。

このとき，△ADF≡△BFEとなることを証明しなさい。 〈栃木県〉

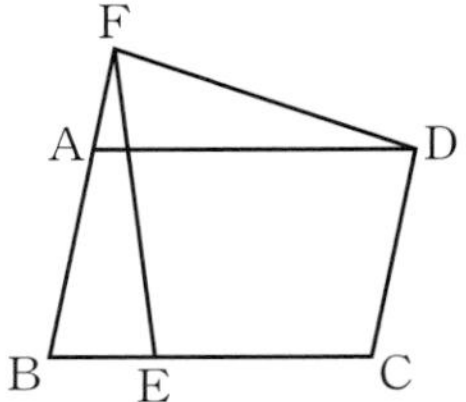

(2) 右の図のように，AB∥DCである四角形ABCDがあり，辺ADの中点をE，CEの延長とBAの延長との交点をFとする。このとき，四角形ACDFは平行四辺形になることを証明しなさい。 〈福島県〉

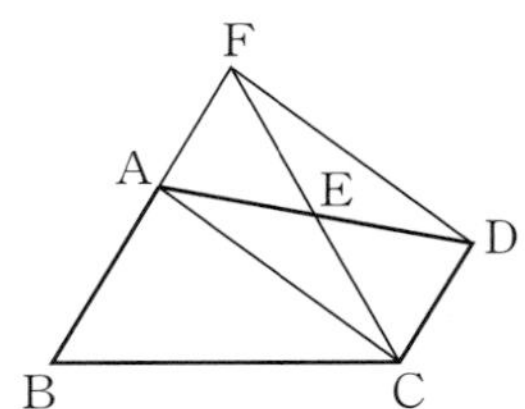

相似と三平方の定理

学習日　月　日

ポイント整理

相似（そうじ）

1．三角形の相似条件…2つの三角形は，次のどれかが成り立つとき，相似である。

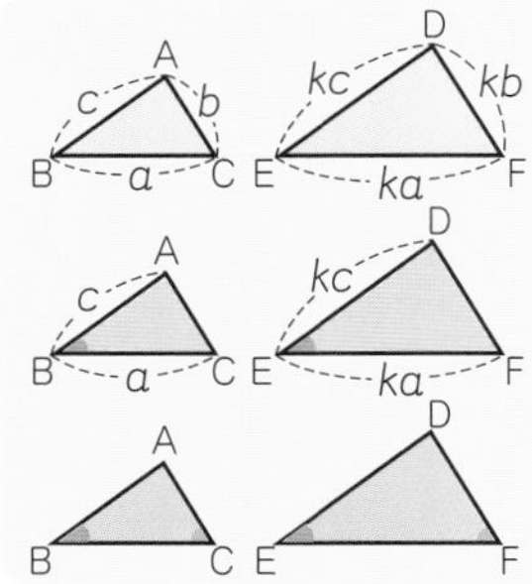

攻略

① 3組の辺の比がすべて等しい。
② 2組の辺の比とその間の角がそれぞれ等しい。
③ 2組の角がそれぞれ等しい。

2．直角三角形の相似
直角三角形の直角の頂点から斜辺（しゃへん）に垂線をひくと，相似な直角三角形ができる。右の図で，△ABC∽△DBA∽△DAC∽△EBD∽△EDA である。

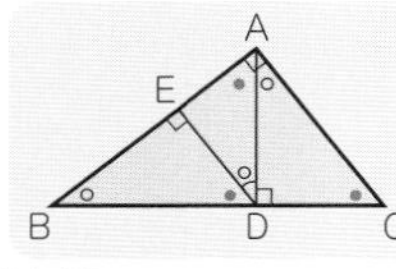

3．面積比と体積比
相似な図形の対応する部分の長さの比を相似比という。
① 相似な図形の面積比は，相似比の2乗に等しい。
② 相似な立体の体積比は，相似比の3乗に等しい。

確認

▶相似
2つの図形P，Qにおいて，対応する線分の長さの比がすべて等しく，対応する角の大きさがすべて等しいとき，2つの図形は相似であるといい，P∽Qと表す。

大切

▶2つの相似な円錐（えんすい）PとQがあり，PとQの底面の半径をそれぞれ a，b，高さをそれぞれ h_P，h_Q，表面積をそれぞれ S_P，S_Q，体積をそれぞれ V_P，V_Q とすると
① $h_P : h_Q = a : b$ （相似比）
② $S_P : S_Q = a^2 : b^2$ （面積比）
③ $V_P : V_Q = a^3 : b^3$ （体積比）

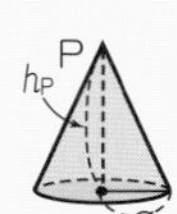

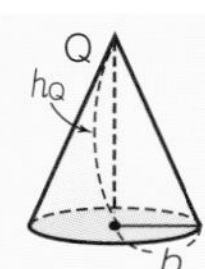

平行線と線分の比

1．三角形と線分の比
右の図において

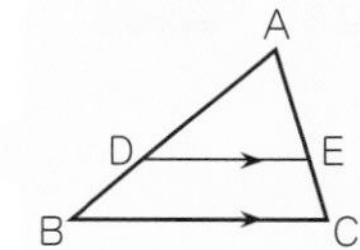

① DE∥BC ならば AD：AB＝AE：AC＝DE：BC
また，AD：DB＝AE：EC が成り立つ。
② AD：AB＝AE：AC または AD：DB＝AE：EC ならば DE∥BC が成り立つ。

大切

▶中点連結定理
△ABCの辺AB，ACの中点をそれぞれM，Nとすると，
MN∥BC かつ $\text{MN}=\frac{1}{2}\text{BC}$ が成り立つ。
これを中点連結定理という。
また，Mを通って辺BCに平行な直線をひくと，その直線はNを通る。これを中点連結定理の逆という。

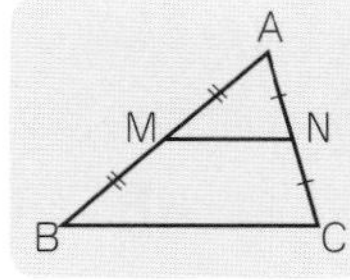

入試必勝ポイント

●三角形の3辺の長さがわかれば，その面積は三平方（さんへいほう）の定理を用いて求められる。

例えば，AB＝6cm，BC＝8cm，CA＝4cm の△ABCの面積を求めてみよう。
AからBCにひいた垂線AHについて AH＝h，BH＝x とおくと，
△ABHにおいて，三平方の定理により　$h^2=6^2-x^2$
また，△ACHにおいて，三平方の定理により　$h^2=4^2-(8-x)^2$
よって　$6^2-x^2=4^2-(8-x)^2$　　これを解（と）いて　$x=\frac{21}{4}$
これより，$h^2=6^2-\left(\frac{21}{4}\right)^2$ であるから，$h>0$ より　$h=\frac{3\sqrt{15}}{4}$
よって　$\triangle\text{ABC}=\frac{1}{2}\times\text{BC}\times\text{AH}=\frac{1}{2}\times8\times\frac{3\sqrt{15}}{4}=3\sqrt{15}$ (cm²)

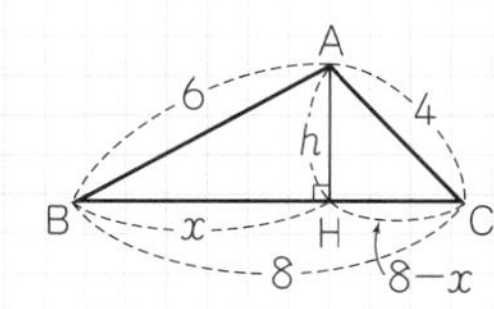

即答チェックの答え　(1) $x=4$，$y=10.5$　(2) $x=6$　(3) ① AB＝2　② $\frac{\sqrt{3}+1}{2}$　(4) $6\sqrt{3}$

◆相似の証明では「2 組の角がそれぞれ等しい」が頻出!! 等しい角を探そう!
◆長さや面積を求めたければ，直角三角形をつくって三平方の定理で攻略しよう!

2．平行線と線分の比
右の図で，ℓ∥m∥n のとき，次の関係が成り立つ。

AB : BC＝A′B′ : B′C′，AB : AC＝A′B′ : A′C′
また AB : A′B′＝BC : B′C′

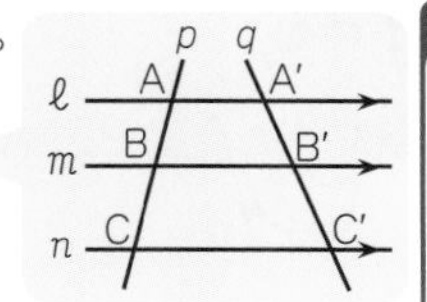

大切

図形の性質での重要事項

① 角の二等分線の性質
∠BAD＝∠CAD
のとき，
AB : AC＝BD : DC

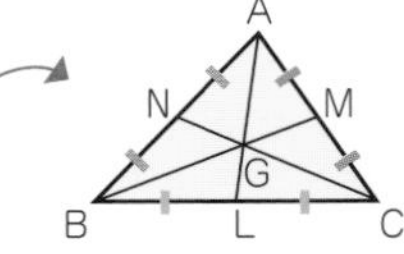

② 重心の性質
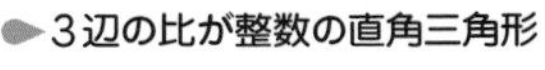

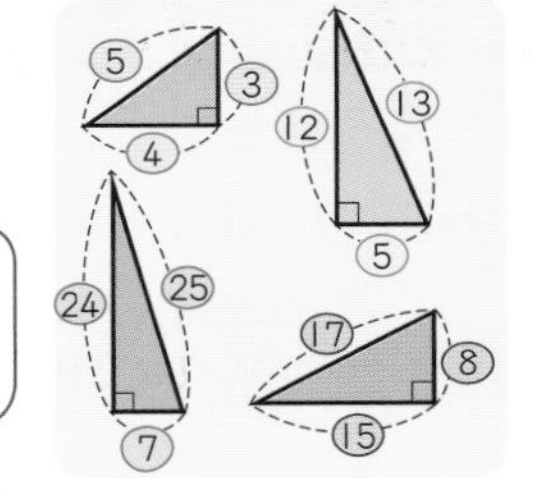

三平方の定理

1．三平方の定理

直角三角形の直角をはさむ 2 辺の長さを a，b，斜辺の長さを c とすると，$a^2+b^2=c^2$ が成り立つ。これを三平方の定理という。

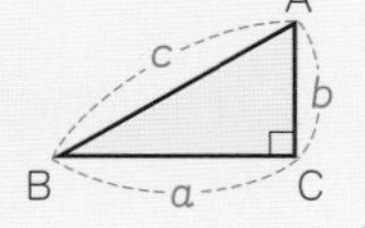

2．三角定規型

① 鋭角が 45°，45° の直角三角形の 3 辺比⇒ 1 : 1 : $\sqrt{2}$

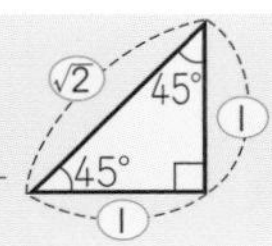

② 鋭角が 30°，60° の直角三角形の 3 辺比⇒ 1 : 2 : $\sqrt{3}$

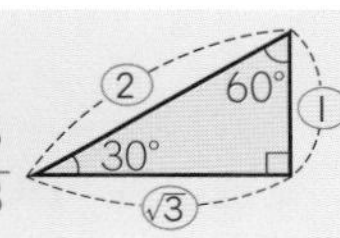

確認

3辺の比が整数の直角三角形

5 : 3 : 4，12 : 13 : 5，24 : 25 : 7，17 : 8 : 15

3．正三角形への応用
1 辺の長さが a の正三角形の高さを h，
面積を S とすると
$\Rightarrow h=\dfrac{\sqrt{3}}{2}a$，$S=\dfrac{1}{2}\times a\times\dfrac{\sqrt{3}}{2}a=\dfrac{\sqrt{3}}{4}a^2$

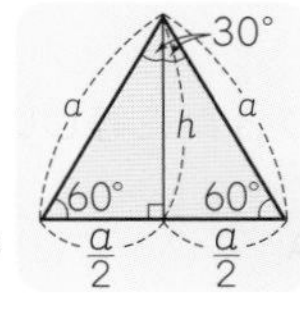

ピタゴラスの三角形というよ。

大切

座標平面上での2点間の距離

A(x_1，y_1)，B(x_2，y_2) とすると
$AB=\sqrt{(x_2-x_1)^2+(y_2-y_1)^2}$

4．立体への応用

① 3 辺の長さが a，b，c の直方体の対角線の長さを ℓ とすると
$\Rightarrow \ell=\sqrt{a^2+b^2+c^2}$

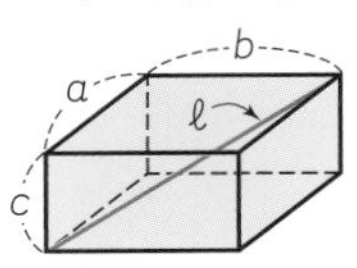

② 1 辺の長さが a の正四面体の高さを h，体積を V とすると
$\Rightarrow h=\dfrac{\sqrt{6}}{3}a$，
$V=\dfrac{1}{3}\times\dfrac{\sqrt{3}}{4}a^2\times\dfrac{\sqrt{6}}{3}a$
$=\dfrac{\sqrt{2}}{12}a^3$

確認

円に関する公式

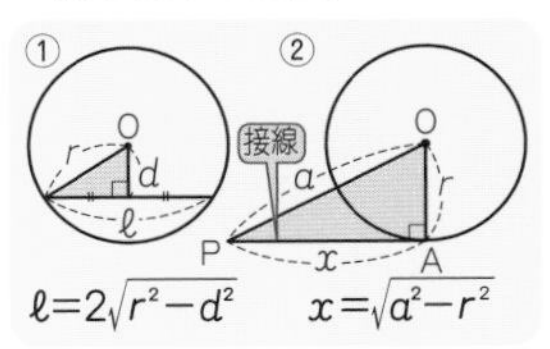

即答チェック

□(1) 右の図で，DE∥BC のとき，x，y の値を求めなさい。

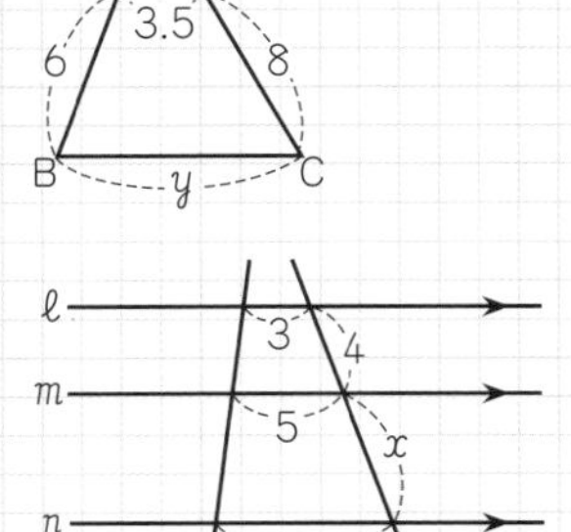

□(2) 右の図で，ℓ∥m∥n のとき，x の値を求めなさい。

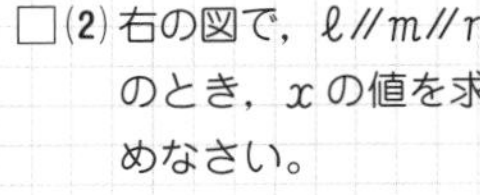

□(3) 右の図について，
① AB の長さを求めなさい。
② △ABC の面積を求めなさい。

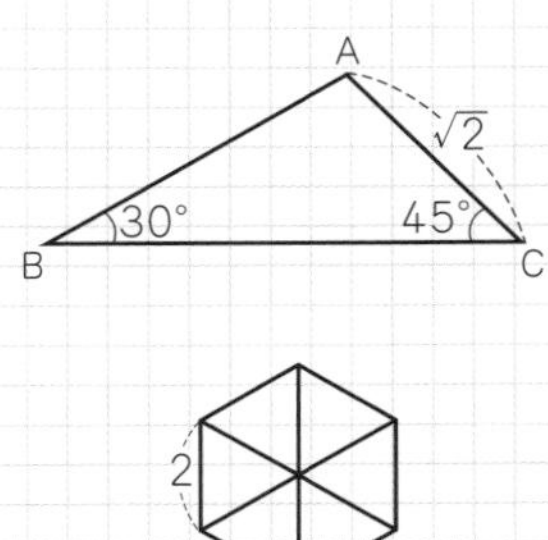

□(4) 1 辺の長さが 2 の正六角形の面積を求めなさい。

06 実力完成テスト

→別冊解答 p.12

／100点

1 相似の証明 （(1)10点，(2)7点，計17点）

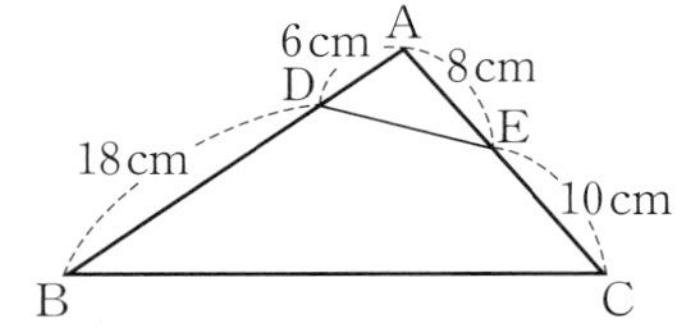

右の図のように，△ABC の辺 AB 上に点 D，辺 AC 上に点 E をとる。このとき，次の各問いに答えなさい。 〈鹿児島県〉

正答率43% (1) △AED∽△ABC であることを証明しなさい。

正答率37% (2) △ABC の面積が 198cm^2 のとき，△AED の面積を求めなさい。

2 三角形の面積の比 （7点）

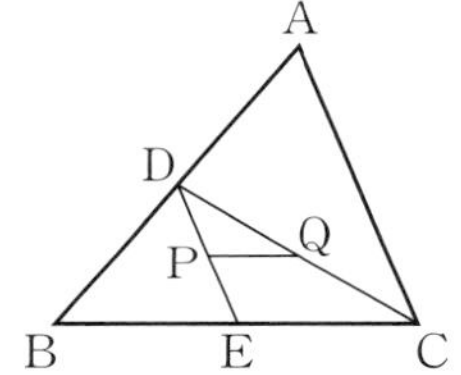

右の図のように，△ABC で，2 辺 AB，BC の中点をそれぞれ D，E とし，DE，DC の中点をそれぞれ P，Q とする。このとき，△ABC の面積は △DPQ の面積の何倍になるか求めなさい。 〈福井県〉

3 円と相似 （(1)10点，(2)7点×2，計24点）

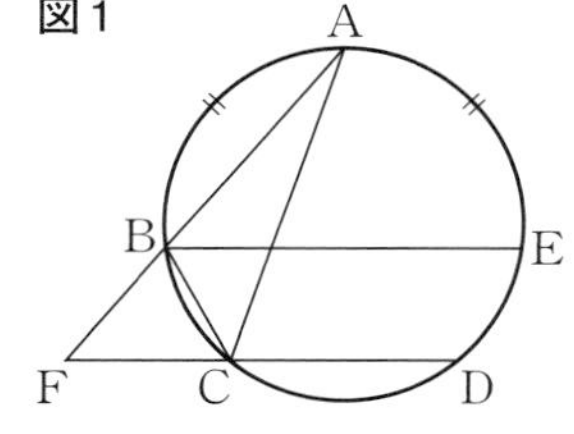
図1

重要 右の図1のように 5 点 A，B，C，D，E が同じ円周上にあり，$\overset{\frown}{AB}=\overset{\frown}{AE}$，BE // CD となっている。また，直線 AB と直線 CD との交点を F とする。このとき，次の問いに答えなさい。 〈愛媛県〉

(1) △ABC∽△ACF であることを証明しなさい。

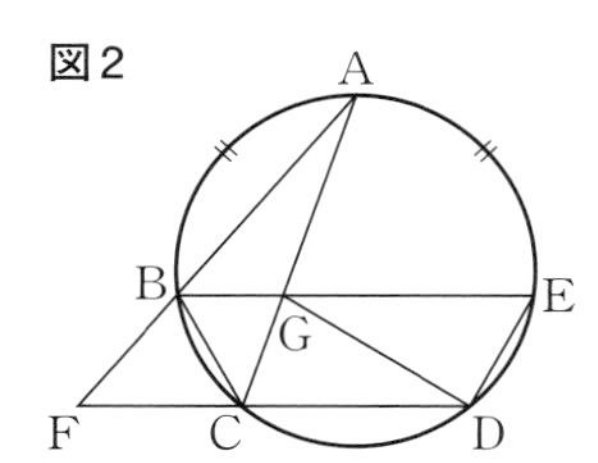
図2

(2) 図2のように，AC=6cm，CF=3cm，AF=8cm であるとき，次の問いに答えなさい。

① 線分 AB の長さを求めなさい。

② 線分 AC と線分 BE との交点を G とする。△ABC の面積を S，△EGD の面積を T とするとき，$S:T$ を最も簡単な整数の比で表しなさい。

4 三平方の定理と作図 (10点)

右の図のように，1辺の長さが異なる2つの正方形があり，1つの頂点が重なっている。このとき，面積が，2つの正方形の面積の差に等しい正方形を作図しなさい。ただし，三角定規の角を利用して直線をひくことはしないものとする。また，作図に用いた線は消さずに残しておくこと。 〈千葉県〉

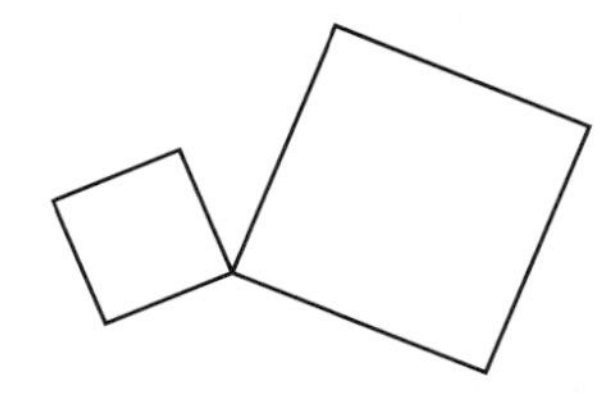

5 三平方の定理 ① (7点)

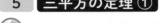

右の図で，六角形ABCDEFは，1辺の長さが2cmの正六角形である。この六角形の対角線DBを半径とし，∠BDFを中心角とするおうぎ形DBFの面積を求めなさい。 〈秋田県〉

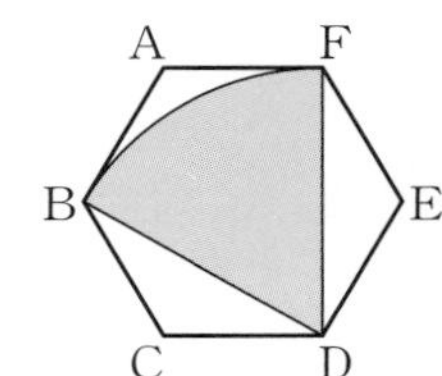

6 三平方の定理 ② (7点×2＝14点)

図で，A，B，C，D，Eは球の表面上の点であり，立体ABCDEは正四角錐である。球の半径が6cm，BC＝8cmのとき，次の(1)，(2)の問いに答えなさい。ただし，球の中心は正四角錐の中にあるものとする。 〈愛知県〉

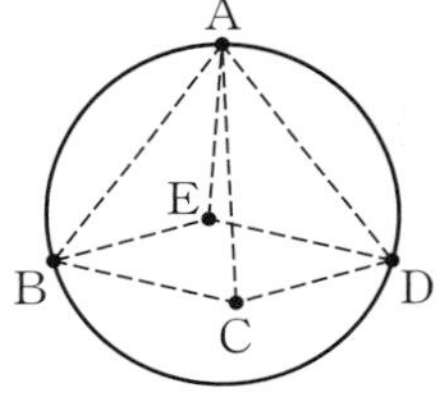

(1) 球の表面積は何cm^2か，求めなさい。

(2) 正四角錐ABCDEの体積は何cm^3か，求めなさい。

7 三平方の定理 ③ (7点×3＝21点)

右の**図1**のように，頂点がA，高さが12cmの円錐の形をした容器がある。この容器の中に半径$r$cmの小さい球を入れると，容器の側面に接し，Aから小さい球の最下部までの長さが3cmのところで止まった。

次に，半径$2r$cmの大きい球を容器に入れると，小さい球と容器の側面に接して止まり，大きい球の最上部は底面の中心Bにも接した。

また，**図2**は，**図1**を正面から見た図である。このとき，次の問いに答えなさい。ただし，円周率はπとし，容器の厚さは考えないものとする。〈富山県〉

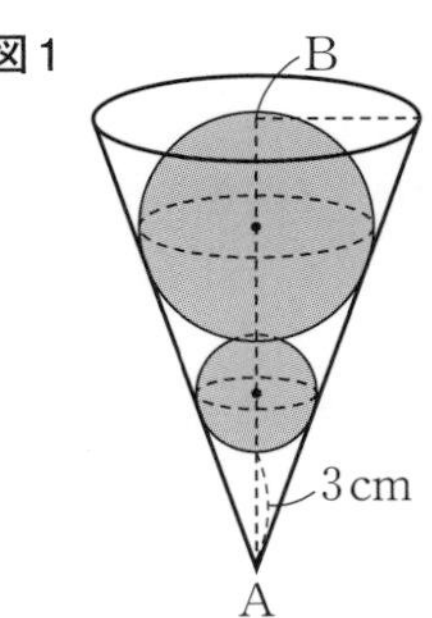

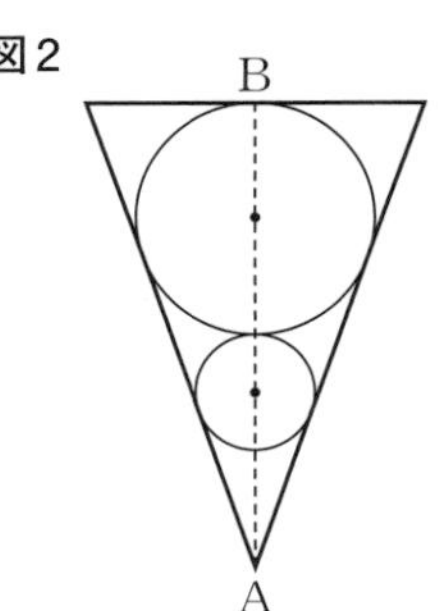

(1) rの値を求めなさい。

(2) 容器の底面の半径を求めなさい。

(3) 大きい球が容器の側面に接している部分の長さを求めなさい。

データの分析と確率

学習日　　月　　日

ポイント整理

データの整理

1. **度数分布表**…データを幅(はば)のあるいくつかの区間(階級)に分け，そこに入るデータの個数(度数)を整理した表。
2. **範囲(はんい)**…データの最大値と最小値の差。
3. **階級値**…階級の中央の値。例えば，20 点以上 30 点未満の階級の階級値は 25 点となる。
4. **相対度数**…ある階級の度数の全体に対する割合。$\frac{\text{その階級の度数}}{\text{度数の合計}}$ で求められる。
5. **ヒストグラム**…階級の幅を底辺，度数を高さとする長方形をすき間なく並べてかき，度数の分布を表したグラフ。柱状グラフともいう。
6. **代表値**…データ全体の特徴を表す 1 つの数値で，平均値，中央値(メジアン)，最頻値(モード)などがある。
7. **累積度数(るいせきどすう)**…最初の階級からその階級までの度数を合計したもの。
8. **累積相対度数**…最初の階級からその階級までの相対度数を合計したもの。

四分位数と箱ひげ図

1. **四分位数**…データを大きさの順に並べたとき，全体を 4 等分する位置にある値のこと。第 1 四分位数，第 2 四分位数(中央値)，第 3 四分位数がある。
2. **箱ひげ図**…最小値，第 1 四分位数，第 2 四分位数，第 3 四分位数，最大値の 5 つの値を使って，データの分布の様子を表した図のこと。

標本調査(ひょうほんちょうさ)

1. **全数調査(ぜんすうちょうさ)**…対象となる集団全体について調べること。（国勢調査，学校で行う身体測定など。）
2. **標本調査**…対象となる集団の一部について調べること。（世論調査，テレビの視聴率など。）
3. **母集団(ぼしゅうだん)**…標本調査を行うときの対象となる集団全体のこと。
4. **標本の大きさ**…標本として取り出したデータの個数。
5. **比率からの推定**…標本における比率から母集団全体の個数を推定すること。

確認

度数分布表

ハンドボール投げの記録

階級(m)	度数(人)
以上　未満 5～15	3
15～25	14
25～35	13
35～45	4
45～55	1
計	35

⇓

ヒストグラム

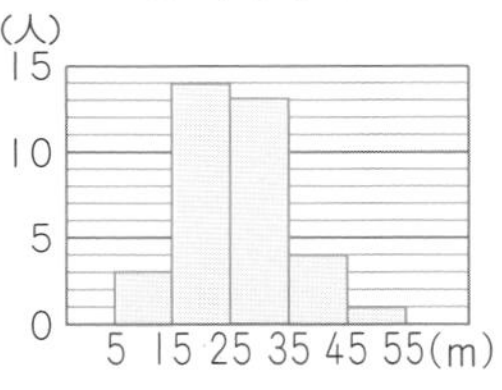

⇓

平均値＝$\frac{\text{(階級値×度数)の総和}}{\text{度数の合計}}$

だから，平均値＝$\frac{910}{35}$＝26(m)

中央値＝30(m)
↑小さい方から数えて 18 番目の人が属する階級の階級値

最頻値＝20(m)
↑最も度数の多い階級の階級値

箱ひげ図

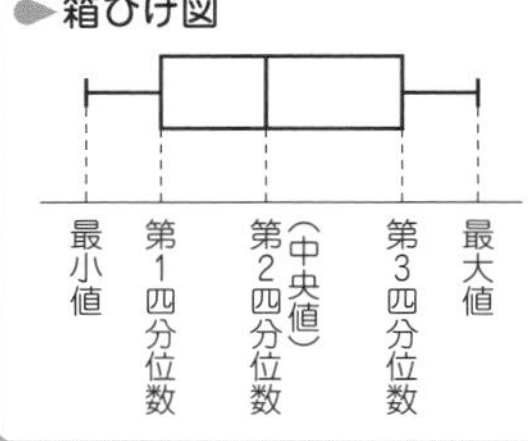

入試必勝ポイント

●用語がきちんとわかっているかが入試では問われる !!

右の度数分布表について，

- 階級の幅は **10kg**
- 20kg 以上 30kg 未満の階級の度数は **7**
- 20kg 以上 30kg 未満の階級の階級値は **25kg**
- 30kg 以上 40kg 未満の階級の相対度数は $\frac{12}{25}$=**0.48**

握力の記録

階級(kg)	度数(人)
以上　未満 10～20	3
20～30	7
30～40	12
40～50	2
50～60	1
計	25

即答チェック の答え (1)① 3 点　② 3 点　③ 4 点　(2)① 7.5　② 13　③ 16　(3) およそ 900 個　(4) 10 通り　(5) $\frac{1}{5}$

◆データに関する問題が頻出傾向にある。用語と公式は100%暗記すること！
◆確率の重要テーマは，さいころ，カード，玉出し，コイン投げ。処理法をおさえること！

◐ 確率

1．**場合の数**…あることがらが起こるすべての場合を数え上げた総数。
　樹形図や表などを使って数え上げる。

2．確率

攻略

起こりうる場合が全部で n 通りあり，どの場合が起こることも同様に確からしいとする。そのうち，ことがらＡの起こる場合が a 通りあるとき，ことがらＡの起こる確率 p は $p=\frac{a}{n}$ である。

ここで，$0 \leqq p \leqq 1$ であり，Ａの起こらない確率は $1-\frac{a}{n}$ である。

3．確率の求め方

① コイン投げ

例　３枚のコインを同時に投げるとき，表が２枚，裏が１枚出る確率を求めなさい。

解答　表を○，裏を●で表し，樹形図をかく。

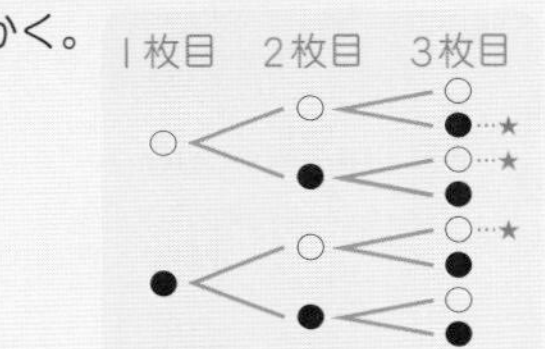

全部で８通りあり，題意を満たす場合が３通りあるから，

求める確率は　$\frac{3}{8}$

② さいころを２個投げる

例　大小２個のさいころを１回投げ，出た目の数の積が６になる確率を求めなさい。

解答　６マス×６マスの表を使う。

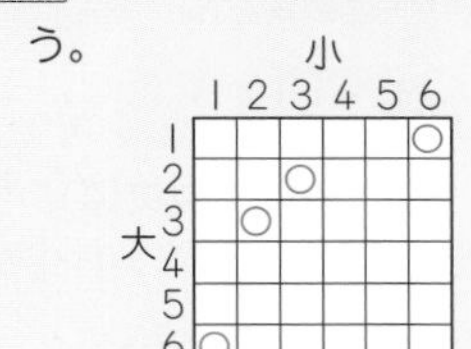

大＼小	1	2	3	4	5	6
1						○
2			○			
3		○				
4						
5						
6	○					

全部で $6\times6=36$ 通りの目の出方があり，題意を満たす場合が４通りあるから，求める確率は

$\frac{4}{36}=\frac{1}{9}$

大切

▶**場合の数**

異なる８個のものから異なる３個のものを取り出し，１列に並べる並べ方の総数は

8個のものから３個取ってきて並べる。

$8\times7\times6=336$（通り）

１つずつ減らしてかける。

参考

▶３人でじゃんけんを１回するとき，あいことなる確率は，次のような表をつくって求めることもできる。３人を太郎，二郎，三郎とし，どの人についても，グー，チョキ，パーのどれを出すことも同様に確からしいとすると，じゃんけんの手の出し方は下のようになる。

太郎…グ

二郎＼三郎	グ	チ	パ
グ	○		
チ			○
パ		○	

太郎…チ

二郎＼三郎	グ	チ	パ
グ			○
チ		○	
パ	○		

太郎…パ

二郎＼三郎	グ	チ	パ
グ		○	
チ	○		
パ			○

○印のところがあいことなるところなので，

求める確率は　$\frac{9}{3\times3\times3}=\frac{1}{3}$

即答チェック

□(1) ５点満点の小テストで，５点が２人，４点が１４人，３点が１１人，２点が９人，１点が３人，０点が１人であった。このクラスの① 平均値　② 中央値　③ 最頻値はそれぞれ何点だったかを求めなさい。

□(2) 次のデータの① 第１四分位数　② 第２四分位数　③ 第３四分位数を求めなさい。
　6　13　17　9　15　20　13　11　6

□(3) 100個のうち３個の割合で不良品の出る部品工場で，今日１日に30000個の部品を製造した。不良品はおよそ何個あると推定できるか求めなさい。

□(4) ５人の中から２人の当番を選ぶとき，選び方は全部で何通りあるか求めなさい。

□(5) ２本の当たりくじの入った，全部で１０本のくじから１本のくじをひくとき，当たりくじをひく確率を求めなさい。

実力完成テスト

→別冊解答 p.14

／100点

1 データの整理 ① (8点×3=24点)

得点(点)	人数(人)
1	2
2	x
3	9
4	y
5	6
計	35

右の度数分布表は，あるクラスの生徒 35 人が受けた小テストの得点をまとめたものである。次の各問いに答えなさい。〈兵庫県〉

(1) $x=5$，$y=13$ のとき，得点の最頻値(モード)は何点か，求めなさい。

正答率 41% (2) 得点の平均値が 3.4 点となるとき，x と y の値を求めなさい。(完答)

正答率 22% (3) 次の［ア］と［イ］にあてはまる数をそれぞれ求めなさい。(完答)

> 得点の中央値(メジアン)が 3 点となるのは，得点が 4 点であった生徒の人数が［ア］人以上，［イ］人以下のときである。

2 データの整理 ② (8点)

正答率 48% 右の図は，ある学校の 3 年生 50 人の通学時間を調査し，ヒストグラムに表したもので，平均値は 16.3 分であった。このヒストグラムから，例えば，通学時間が 5 分以上 10 分未満の生徒が 6 人いたことがわかる。次の(ア)から(エ)までの中から，このヒストグラムからわかることについて正しく述べたものを 1 つ選び，記号で答えなさい。〈滋賀県〉

通学時間の分布

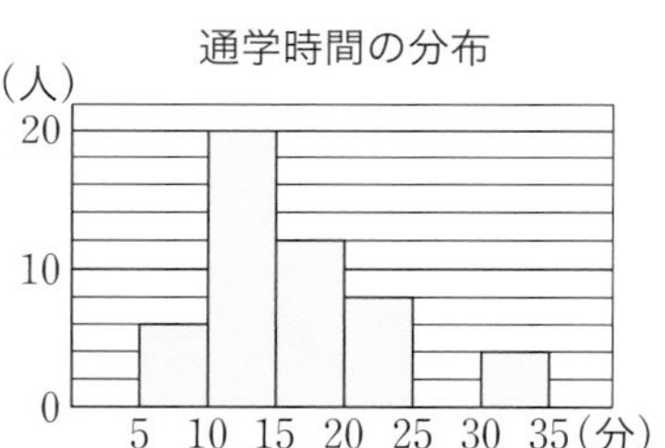

(ア) 通学時間の範囲は，16 分である。

(イ) 通学時間の最頻値は，平均値よりも大きい。

(ウ) 通学時間の中央値が含まれる階級は，15 分以上 20 分未満の階級である。

(エ) 通学時間が 20 分以上 25 分未満の階級の相対度数は 0.16 である。

3 四分位数と箱ひげ図 (8点)

次のデータは，ある地点における，午前 8 時から午前 9 時までの 1 時間に車が何台通ったかを 10 日間調べたものである。このデータにあてはまる箱ひげ図を，右の(ア)～(オ)の中から 1 つ選び，記号で答えなさい。

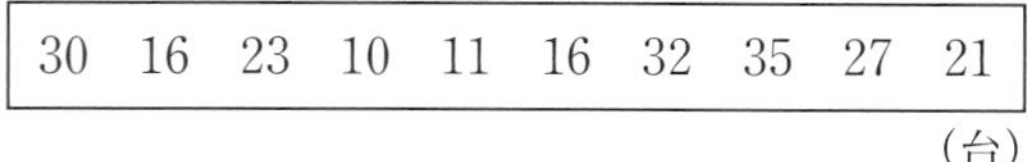

30	16	23	10	11	16	32	35	27	21

(台)

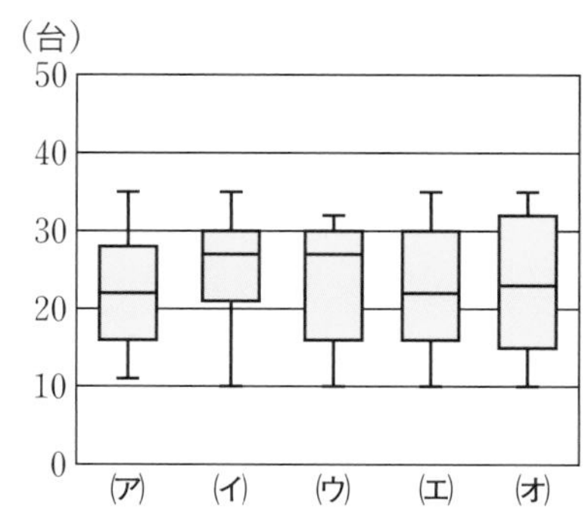

4 標本調査 (8点)

箱の中に白い玉だけがたくさん入っている。この箱に赤い玉を80個入れてよくかき混ぜ，箱から50個の玉を無作為に取り出すと，赤い玉が9個含まれていた。最初に箱の中に入っていた白い玉はおよそ何個であると推測されるか。最も適当なものを次の(ア)～(エ)から1つ選べ。 〈京都府〉

(ア) およそ320個　(イ) およそ360個　(ウ) およそ400個　(エ) およそ440個

5 いろいろな確率① (8点×4＝32点)

次の各問いに答えなさい。

(1) 3枚の硬貨を同時に投げるとき，少なくとも1枚は裏となる確率を求めなさい。 〈岡山県〉

正答率62% (2) 1から6までの目のついた大，小2つのさいころを同時に投げたとき，出た目の数の積が，9の倍数となる確率を求めなさい。 〈新潟県〉

(3) 右の図のように，1から5までの数字が1つずつ書かれた5枚のカードがある。この5枚のカードをよくきって1枚取り出し，カードの数字を調べてからもとに戻す。次に，もう一度，5枚のカードをよくきって1枚取り出し，カードの数字を調べる。はじめに取り出したカードの数字を a，次に取り出したカードの数字を b として，$\frac{b}{a}$ の値が整数となる確率を求めなさい。 〈埼玉県〉

1 2 3 4 5

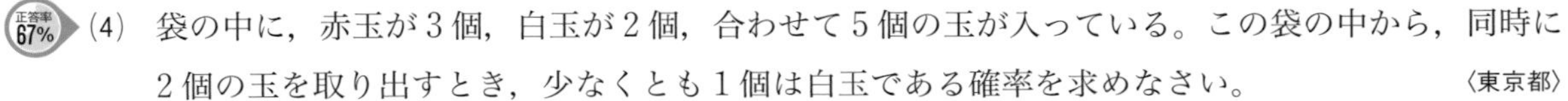

正答率67% (4) 袋の中に，赤玉が3個，白玉が2個，合わせて5個の玉が入っている。この袋の中から，同時に2個の玉を取り出すとき，少なくとも1個は白玉である確率を求めなさい。 〈東京都〉

6 いろいろな確率② (10点×2＝20点)

次の各問いに答えなさい。

(1) 右の図のように，3枚の硬貨A，B，Cがある。硬貨Aは100円硬貨，硬貨Bと硬貨Cは50円硬貨である。この3枚の硬貨を同時に1回投げるとき，投げた3枚の硬貨のうち，表が出た硬貨の金額を合計して100円以上になる確率を求めなさい。 〈熊本県・改〉

硬貨A

硬貨B

硬貨C

正答率56% (2) アルファベットの書いてある6枚のカード[A]，[B]，[C]，[D]，[E]，[F]が，右の図のように，左から右へとアルファベット順に横1列に並んでいる。大小2つのさいころを同時に投げ，大きいさいころの出る目の数を a，小さいさいころの出る目の数を b とする。a と b とが異なる場合は，左から a 番目のカードと左から b 番目のカードとを交換し，a と b とが等しい場合は，カードを交換しないことにする。大小2つのさいころを同時に投げるとき，カード[C]がカード[D]より右側になる確率を求めなさい。 〈大阪府〉

植物と動物のつくりとはたらき

学習日　　月　　日

ポイント整理

植物のつくり

1. **種子植物**…種子植物が受粉すると，胚珠は種子になり，子房は果実になる。
2. **物質を取り入れるしくみ**
   根の先端には根毛があり，表面積が大きくなるので，水を吸収しやすい。気体は葉の気孔から出入りする。
3. **物質を運ぶしくみ**…根から吸収した水や養分を運ぶ道管と，葉でつくられた栄養分を運ぶ師管が集まり，維管束を形成している。

▼花のつくり

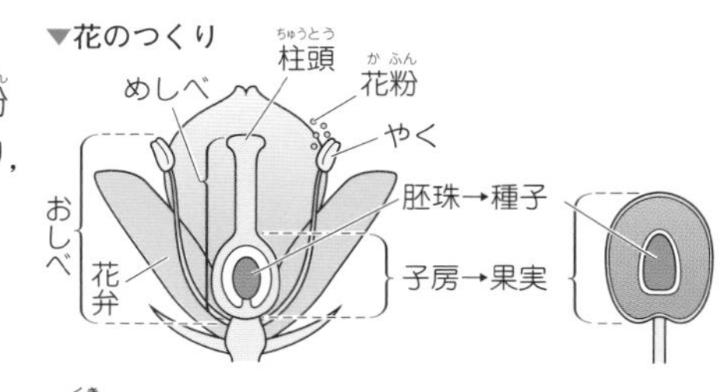

▼茎のつくり　▼葉のつくり

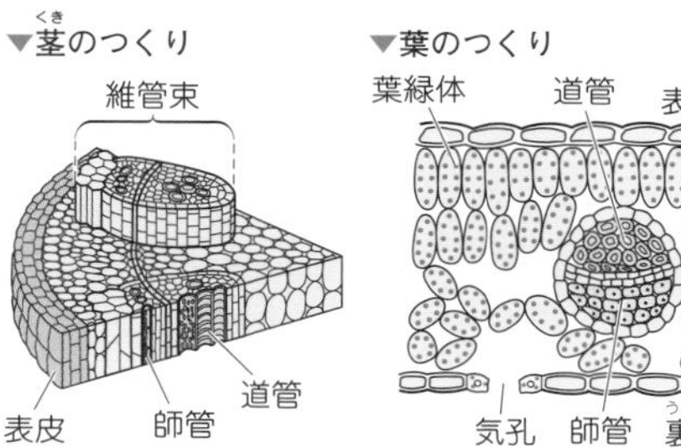

注意

裸子植物の受粉
胚珠がむき出しで，子房がないため，受粉しても果実はできない。

大切

単子葉類と双子葉類

	単子葉類（子葉1枚）	双子葉類（子葉2枚）
根	ひげ根	主根　側根
茎の維管束	ばらばら	輪状
葉	平行脈	網状脈

植物のはたらき

1. **光合成**…光を利用して，二酸化炭素と水から，デンプンなどの栄養分をつくる。同時に酸素もできる。葉緑体で行われる。

▼光合成と光・葉緑体　▼光合成と二酸化炭素

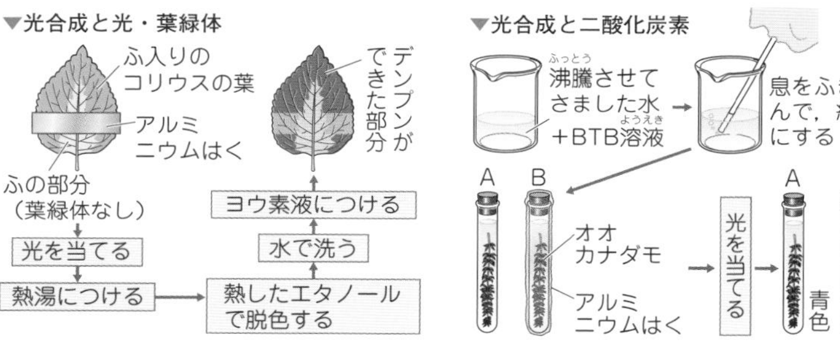

2. **呼吸**…酸素を使ってエネルギーを取り出し，二酸化炭素を放出する。
3. **蒸散**…植物の体内の水が，気孔から水蒸気として出ていく。

注意

光合成と呼吸の関係
昼は光合成＞呼吸となり，全体としては酸素を放出。夜は呼吸だけを行い，二酸化炭素を放出。

参考

蒸散の実験

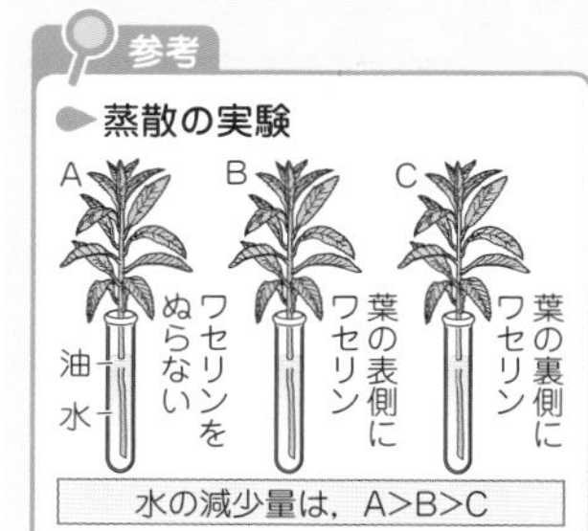

水の減少量は，A>B>C

●植物と動物のなかま分け

●植物のなかま分け

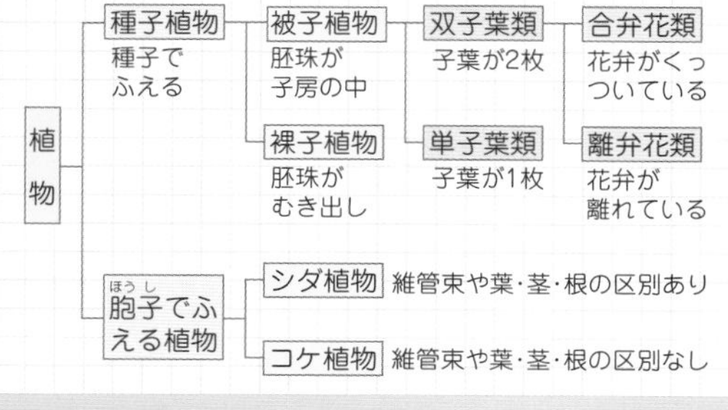

●動物のなかま分け

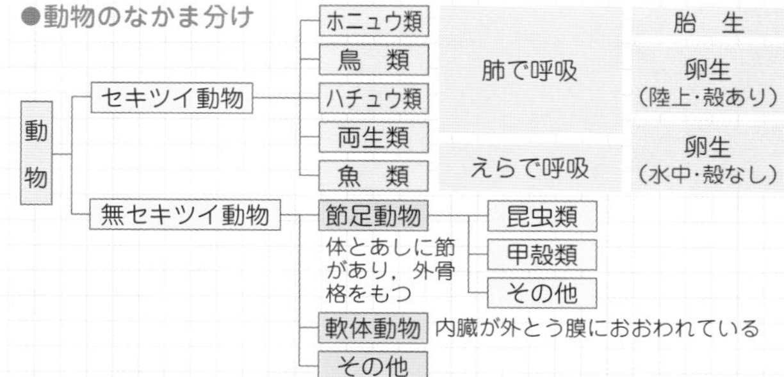

即答チェックの答え　①子房　②裸子植物　③葉緑体　④蒸散　⑤胎生　⑥反射　⑦アミノ酸　⑧肝臓

◆植物と動物のなかま分けができるようになろう！
◆光合成に関する実験や，だ液のはたらきを調べる実験をチェック！

動物のなかま分け

1．セキツイ動物…背骨がある動物。魚類，両生類など，５つに分類できる。
2．呼吸のしかた…陸上で生活するものはおもに肺で，水中で生活するものはおもにえらで呼吸する。
3．子のうまれ方…親が子をうむ胎生（たいせい）と，卵から子がかえる卵生（らんせい）がある。
4．無セキツイ動物…背骨がない動物。節足（せっそく）動物，軟体動物，その他の無セキツイ動物に分類できる。

刺激と反応

1．神経系…脳とせきずいを中枢（ちゅうすう）神経といい，それ以外の神経(感覚神経や運動神経など)を末しょう神経という。
2．反射…刺激（しげき）に対して，無意識に起こる反応。反応までの時間が短い。

消化と循環

1．消化…食物は，消化管を通る間に，消化液中の消化酵素（こうそ）のはたらきによって分解される。
・デンプン→ブドウ糖
・タンパク質→アミノ酸
・脂肪（しぼう）→脂肪酸（しぼうさん）とモノグリセリド
2．吸収…消化された栄養分は，小腸の柔毛（じゅうもう）から吸収される。
3．呼吸…肺は多数の肺胞（はいほう）からできており，酸素が血液中に取り入れられ，血液中の二酸化炭素が放出される。
4．血液の循環（じゅんかん）…肺循環（はいじゅんかん）(心臓→肺→心臓)と体循環（たいじゅんかん）(心臓→全身の細胞→心臓)がある。
5．組織液…血しょうが毛細血管からしみ出たもので，細胞と血液の間で物質のやりとりをするときのなかだちをする。
6．排出…アンモニアは肝臓（かんぞう）で尿素（にょうそ）に変えられ，じん臓でこし出される。

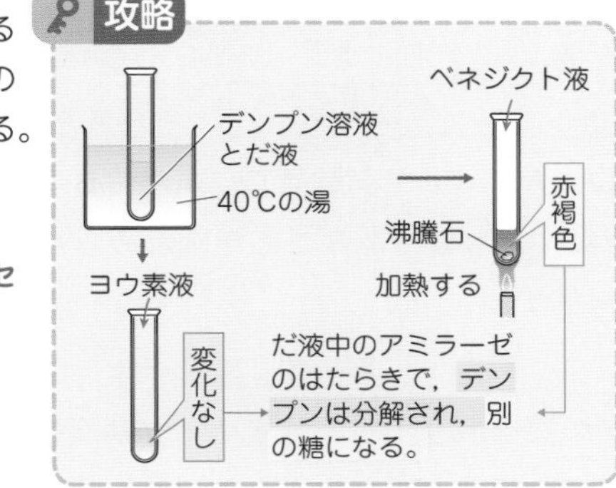

40℃の湯に入れるのは体温に近づけるためだよ。

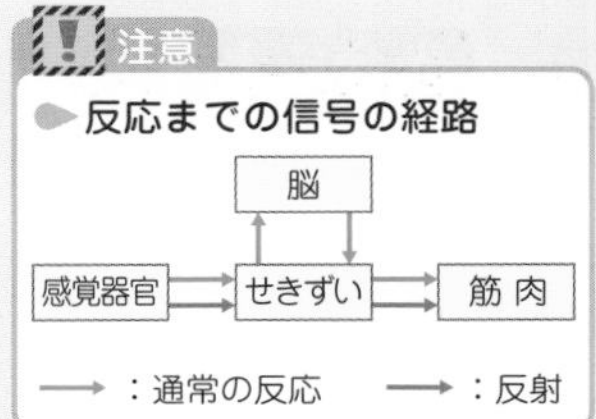

消化液と消化酵素のはたらき

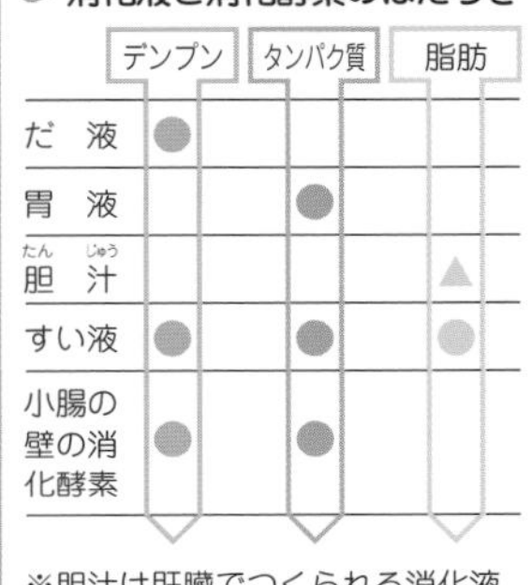

	デンプン	タンパク質	脂肪
だ 液	●		
胃 液		●	
胆（たん）汁（じゅう）			▲
すい液	●	●	●
小腸の壁の消化酵素	●	●	

※胆汁は肝臓でつくられる消化液で，消化酵素をふくまない。

小腸や肺のつくり
柔毛や肺胞により，表面積が非常に大きくなっている。

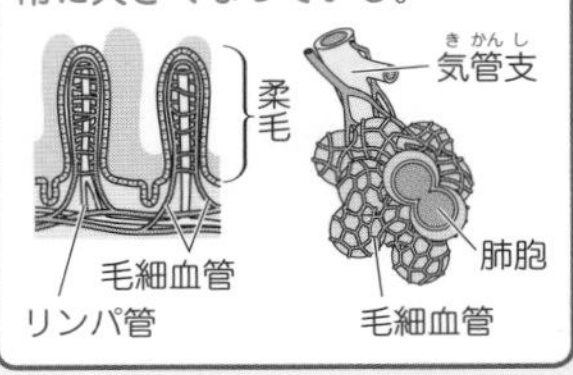

体内での物質の移動
①酸素は，ヘモグロビンのはたらきにより，赤血球が運ぶ。
②栄養分・二酸化炭素・不要物は血しょうが運ぶ。

即答チェック

●わかるかどうかチェックしてみよう！
□① 受粉後に果実になるのは，めしべの何という部分ですか。
□② マツのように，胚珠がむき出しになっている植物を何といいますか。
□③ 光合成は，葉の何というつくりで行われますか。
□④ 植物の体内の水が水蒸気となって出ていくことを何といいますか。
□⑤ ヒトのように，子が母体内で親と似た形にまで育ってからうまれるうまれ方を何といいますか。
□⑥ 明るさによるひとみの大きさの変化のように，刺激に対して無意識に起こる反応を何といいますか。
□⑦ 消化酵素のはたらきによって，タンパク質は何という物質に分解されますか。
□⑧ アンモニアを尿素に変えるはたらきをするのは，何という器官ですか。

01 実力完成テスト

→別冊解答 p.15

／100点

1 光合成と呼吸 （(1)(2)8点×3，(3)10点，計34点）

植物の光合成と呼吸について調べるために，次の実験を行った。あとの問いに答えなさい。 〈群馬県〉

実験 青色のBTB溶液をビーカーに入れ，ストローで息をふきこみ緑色にした。その溶液を，右の図のように試験管A～Dに入れ，試験管A，Bには同じ長さに切ったオオカナダモを１本ずつ入れた。すべての試験管に気泡が入らないようにゴム栓をして，試験管B，Dにはアルミニウムはくを巻き，試験管内に光が当たらないようにした。４本の試験管をじゅうぶんな光が当たる場所にしばらく置いたあと，BTB溶液の色の変化を調べた。下の表は，その結果をまとめたものである。

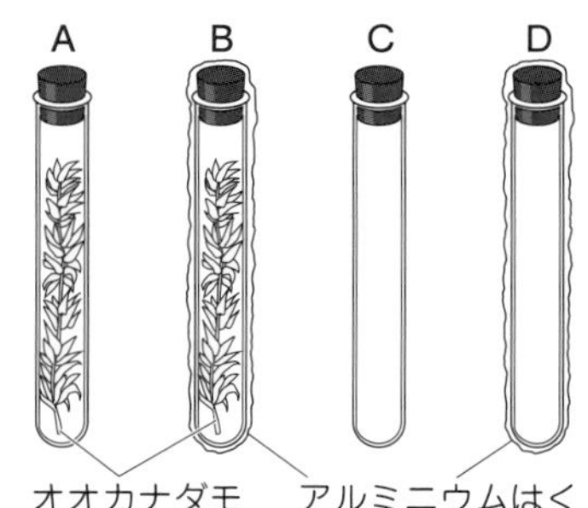

試験管	A	B	C	D
BTB溶液の色の変化	青色になった	黄色になった	変化なし	変化なし

(1) この実験において，試験管Aに対して試験管C，試験管Bに対して試験管Dを用意したのは，試験管A，Bの結果が，何によるものであることを確かめるためか。適切なものを，次のア～エから１つ選び，記号で答えなさい。（　　）

ア 光　イ 温度　ウ 酸素　エ オオカナダモ

(2) 試験管Aのオオカナダモの葉を取り出し，うすいヨウ素液をたらして顕微鏡で観察したところ，細胞の中の小さな粒が青紫色に染まっていた。このことについて，

① 細胞の中の小さな粒が青紫色に染まったことから，何がつくられていたとわかるか，書きなさい。（　　）

② この小さな粒を何というか，書きなさい。（　　）

(3) 試験管Bでは，光合成が行われず，呼吸による二酸化炭素の放出のみが起こり，溶液が酸性となったため，表のような結果になったと考えられる。これに対して，試験管Aが表のような結果になった理由を書きなさい。

（　　　　）

2 植物の分類 （8点×2＝16点）

右の図は，トウモロコシの葉脈と根の様子をスケッチしたものである。次の問いに答えなさい。 〈京都府〉

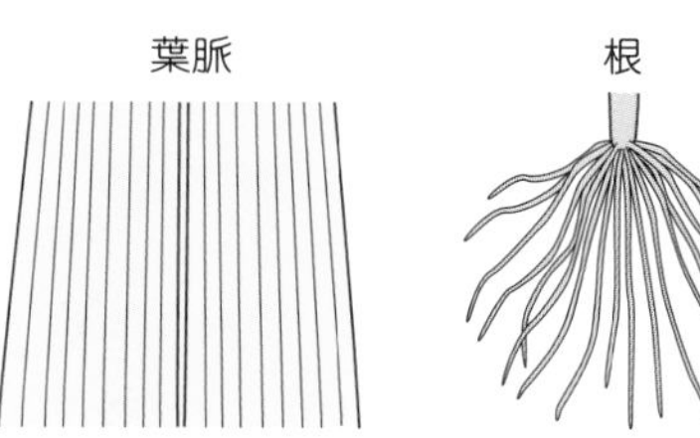

(1) 葉脈や根の様子などの特徴をもとに被子植物をなかま分けするとき，トウモロコシは何類というなかまに入るか，漢字３字で書きなさい。（　　類）

(2) (1)のなかまに入る植物として適切なものを，次のア～エから２つ選び，記号で答えなさい。

ア イネ　イ ユリ　ウ タンポポ　エ エンドウ　（　　）

3 消化 （(1)(2)8点×2，(3)10点，計26点）

だ液のはたらきを調べるために，次の実験を行った。あとの問いに答えなさい。 〈山口県〉

実験 ①　右の図のように，試験管Ⅰには1％のデンプン溶液30 cm^3と水でうすめただ液3 cm^3を，試験管Ⅱには1％のデンプン溶液30 cm^3と水3 cm^3を入れ，約40℃の湯の中に10分間置いた。

②　試験管Ⅰの液を試験管A，Bに，試験管Ⅱの液を試験管C，Dに少量ずつとった。

③　試験管A，Cにヨウ素液を2，3滴ずつ加え，反応を調べた。

④　試験管B，Dに少量のベネジクト液を加え，軽く振りながら加熱し，反応を調べた。

⑤　結果を表にまとめた。

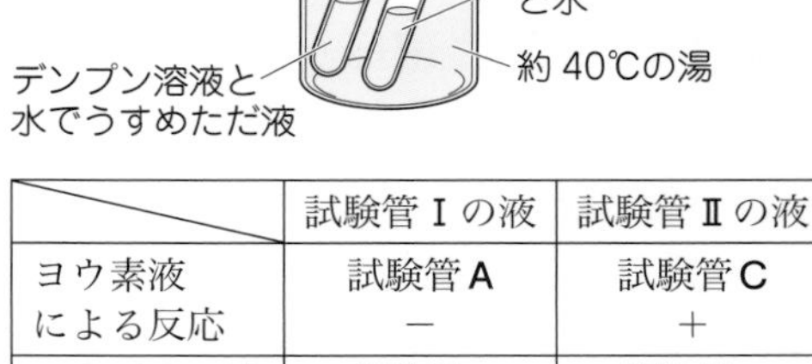

	試験管Ⅰの液	試験管Ⅱの液
ヨウ素液による反応	試験管A −	試験管C ＋
ベネジクト液による反応	試験管B ＋	試験管D −

（＋は反応があったことを，−は反応がなかったことを示す。）

(1)　実験の④について，ベネジクト液は，ブドウ糖が数個つながったものに反応する試薬である。その反応として最も適切なものを，次のア～エから1つ選び，記号で答えなさい。（　　）

ア　白くにごる。　イ　赤褐色になる。　ウ　青色になる。　エ　青紫色になる。

(2)　表の試験管A～Dのうち，2本の試験管の実験結果を比較することで，「ブドウ糖が数個つながったものができたのは，だ液のはたらきによるものであること」が確かめられた。このとき比較した試験管を，A～Dから2つ選び，記号で答えなさい。（　　と　　）

(3)　だ液のように，消化液には食物を分解して小さな粒子に変えるはたらきがある。このはたらきの目的は何か，書きなさい。（　　　　　　）

4 血液の循環 （8点×3＝24点）

右の図は，ヒトの血液の循環を模式的に示したものであり，a～hは血管を表し，矢印 ➞ は血液が流れる向きを表している。また，W～Zは，肝臓，小腸，じん臓，肺のいずれかの器官を表している。次の問いに答えなさい。 〈三重県〉

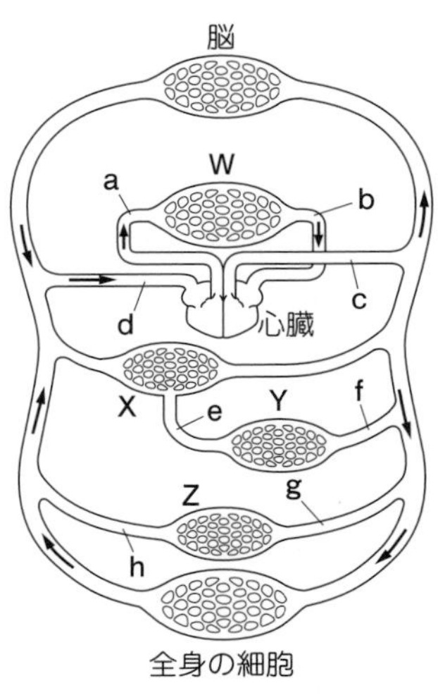

正答率71％ (1)　図で，ブドウ糖やアミノ酸などは器官Yで吸収されて毛細血管に入り，血管eを通って器官Xに運ばれる。器官Xは何か。次のア～エから1つ選び，記号で答えなさい。（　　）

ア　肝臓　イ　小腸　ウ　じん臓　エ　肺

正答率56％ (2)　尿素の割合が最も低い血液が流れている血管はどれか。図のa～hから最も適切なものを1つ選び，記号で答えなさい。（　　）

正答率26％ (3)　動脈血が流れている血管はどれか。図のa～dから適切なものをすべて選び，記号で答えなさい。（　　）

注意

生物のふえ方とつながり

学習日　　月　　日

ポイント整理

生物の成長と遺伝

1．細胞分裂…細胞分裂のときは，染色体が見えるようになる。

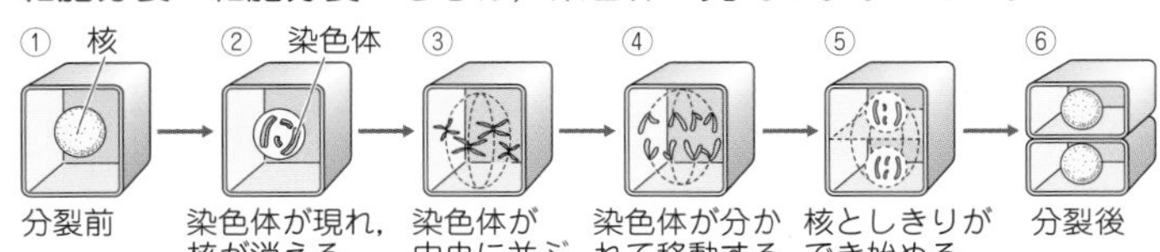

2．生殖…生物は自分と同じ種類の子孫をつくり，個体をふやす。

3．遺伝…染色体の中の遺伝子(本体はDNA)が親から子に伝わることにより，親のもつ形質が子に伝わる。

4．無性生殖…雌雄にもとづかない生殖。体細胞分裂によって親から子へ全く同じ遺伝子が受けつがれる。→子には親と全く同じ形質が現れる。

▼無性生殖

5．有性生殖…雌雄にもとづく生殖。生殖細胞の受精によって，子は両親の遺伝子を半分ずつ受けつぐ。→子には親と異なる形質が現れることがある。

いもなどの栄養生殖も無性生殖だよ。

6．減数分裂…生殖細胞ができるときの特別な細胞分裂。染色体の数が半分になる。

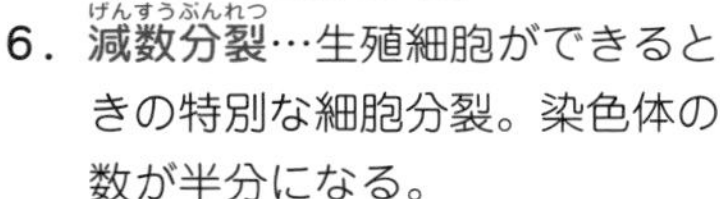

7．受精卵…雌雄の生殖細胞の核が合体してできる1個の細胞。

▼被子植物の有性生殖

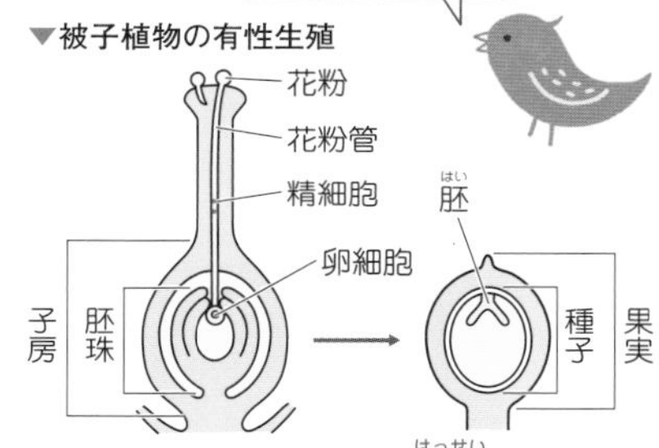

受精卵が細胞分裂をくり返して，生物の体ができていく(発生)。

▼カエルの発生

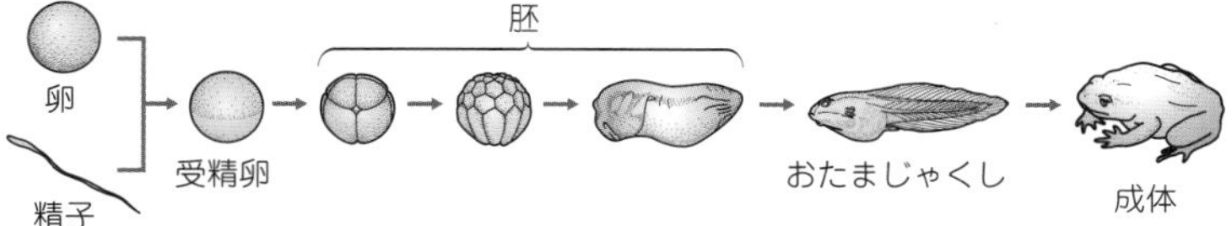

参考
生物の成長
細胞分裂によって細胞の数がふえ，ふえた細胞がそれぞれ大きくなることで，生物は成長する。

注意
細胞分裂が起こる場所
細胞分裂がさかんなのは根の先端付近だが，先端では細胞分裂が起こらない。

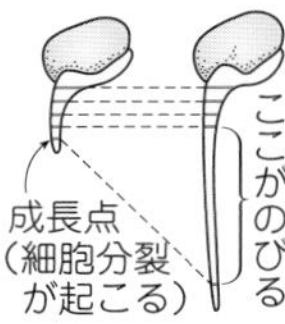

大切
染色体の数の変化
染色体の数は，減数分裂によっていったん半分になるが，受精によってもとの数にもどる。

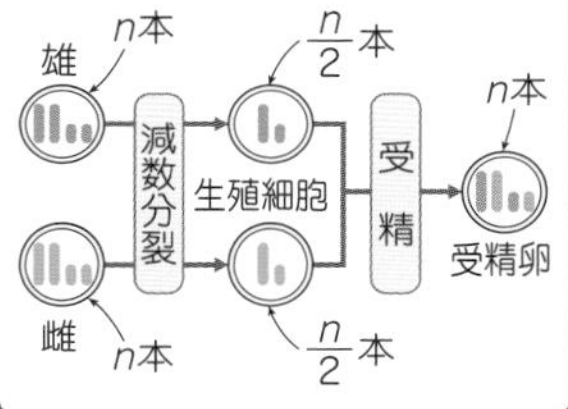

参考
胚
- 植物…種子の中にある，将来植物の体になる部分。
- 動物…受精卵が細胞分裂を始めてから，自分で食物をとり始めるまでの間の子。

入試必勝ポイント

親の遺伝子の組み合わせによる子の形質のちがい

●両親の遺伝子がAAとaa

		雄の生殖細胞	
		A	A
雌の生殖細胞	a	Aa	Aa
	a	Aa	Aa

子の遺伝子はすべてAa
➡すべて顕性形質

●両親の遺伝子がAaとAa

		雄の生殖細胞	
		A	a
雌の生殖細胞	A	AA	Aa
	a	Aa	aa

子の遺伝子はAA：Aa：aa＝1：2：1
➡顕性形質：潜性形質＝3：1

●両親の遺伝子がAAとAa

		雄の生殖細胞	
		A	A
雌の生殖細胞	A	AA	AA
	a	Aa	Aa

子の遺伝子はAA：Aa＝2：2
➡すべて顕性形質

即答チェックの答え　①染色体　②無性生殖　③減数分裂　④進化　⑤食物連鎖　⑥分解者　⑦地球温暖化　⑧AA，Aa，aa

◆遺伝の規則性を理解しよう！
◆生物を通した炭素の循環を理解しよう！

8．**遺伝の規則性**…オーストリアのメンデルの研究が有名。
① **分離の法則**…対になっている遺伝子は，別々の生殖細胞に入る。
② **子に現れる形質**…対立形質をもつ純系どうしを交配させると，子には決まった性質(**顕性**形質)だけが現れ，**潜性**形質は現れない。

生物の進化

1．**進化**…生物の形質が長い年月をかけて世代を重ねる間に変化すること。
2．**進化の証拠**…**相同器官**や中間的な生物(**始祖鳥**など)からわかる。

生物界のつながり

1．**食物連鎖**…「食べる・食べられる」という関係での生物のつながり。実際の**生態系**では，複雑な**食物網**となっている。
2．**生物の個体数**…食べる側の生物より，食べられる側の生物のほうが多く，ピラミッドの形で表される。
3．**分解者**…遺がいや排出物などの有機物を無機物に分解する生物。
4．**炭素の循環**…炭素は，光合成や呼吸，食物連鎖などを通して，有機物や二酸化炭素として自然界を循環している。

▼生物の個体数のつり合い

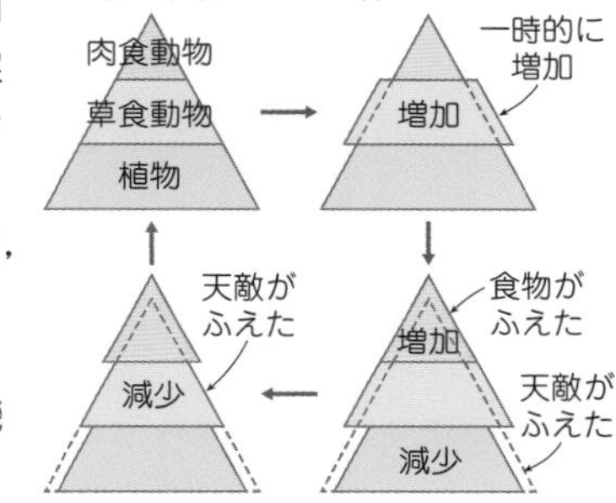

▼物質の循環

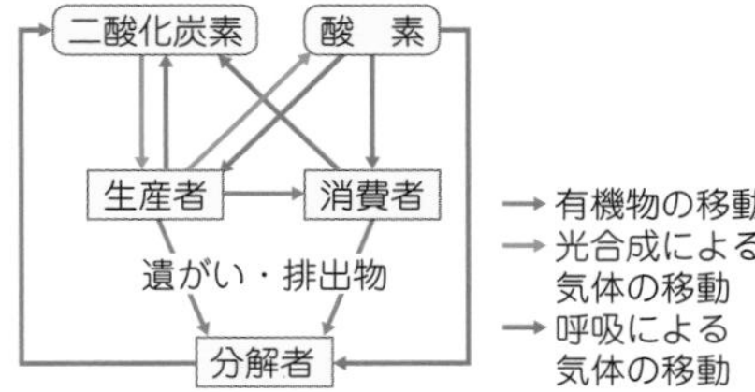

自然環境と人間

1．**大気の汚染調査**…交通量が多い場所のマツはよごれている気孔が多い。
2．**川の水質調査**…多く見られる指標生物の種類で判断する。
3．**地球温暖化**…地球の気温が上昇している現象。二酸化炭素など温室効果をもつ気体の増加が原因の１つと考えられている。

大切

メンデルの実験

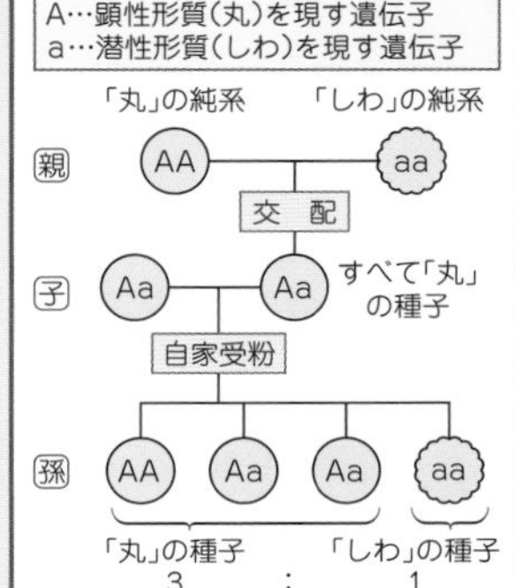

確認

生産者とと消費者
①生産者…光合成によって有機物をつくる生物。おもに植物。
②消費者…ほかの生物を食べて有機物を得る生物。おもに動物。

注意

分解者にあてはまる生物
- 菌類…カビ，キノコなど
- 細菌類…乳酸菌，納豆菌など
- 土の中の小動物…ミミズやダンゴムシなど

参考

二酸化炭素が増加する原因
- 化石燃料の大量消費によって，二酸化炭素の放出量が増加。
- 森林の大量伐採によって，植物の二酸化炭素の吸収量が減少。

即答チェック

●わかるかどうかチェックしてみよう！
□① 細胞分裂のときに見えるひも状のものを何といいますか。
□② 雌雄にもとづかない生殖を何といいますか。
□③ 生殖細胞ができるときの特別な細胞分裂を何といいますか。
□④ 生物の形質が長い年月をかけて世代を重ねる間に変化することを何といいますか。
□⑤「食べる・食べられる」という関係での生物のつながりを何といいますか。
□⑥ 自然界で，有機物を無機物に分解するはたらきをする生物を何といいますか。
□⑦ 二酸化炭素などの気体の増加が原因の１つと考えられる，地球の気温が上昇する現象を何といいますか。
□⑧ 遺伝子の組み合わせがAaの親どうしの交配で得られる子の遺伝子の組み合わせを，すべて答えなさい。

理科

02 実力完成テスト

→別冊解答 p.15

／100点

1 細胞分裂 （(1)6点，(2)7点，(3)8点，計21点）

タマネギの根を使って細胞分裂の様子を観察した。右の図は，顕微鏡で観察してスケッチしたものである。あとの問いに答えなさい。 〈新潟県〉

A B C D

観察 ① タマネギの根を先端から5mmほど切り取り，60℃のうすい塩酸の中で1分間あたためたあと，よく水洗いした。

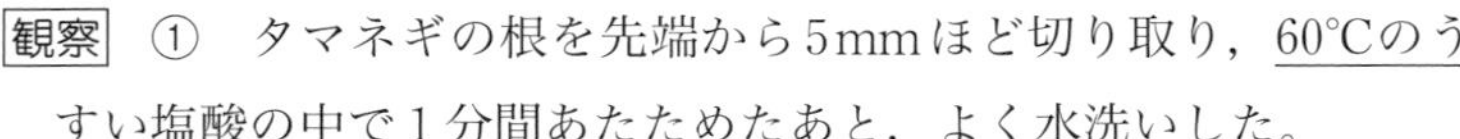

② その後，スライドガラスにのせ，柄つき針で細かくほぐし，染色液（酢酸カーミン溶液）を数滴加えた。

③ 3分後に，カバーガラスをかけて，ろ紙をのせ，静かに押しつぶした。

正答率91% (1) ①の下線部分について，60℃のうすい塩酸の中で1分間あたためたのはなぜか。その理由として，最も適切なものを，次のア～エから1つ選び，記号で答えなさい。（　　）

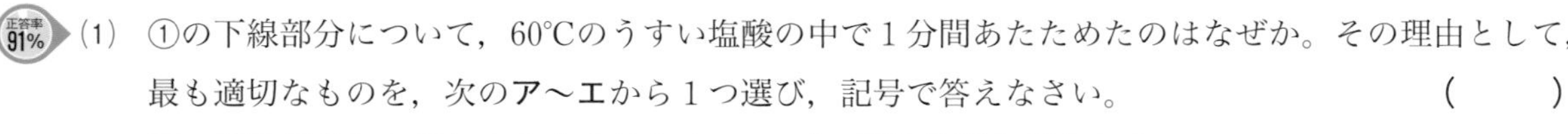

ア 細胞どうしを離れやすくするため。 イ 細胞分裂を促すため。

ウ 細胞内の水分を取り除くため。 エ 細胞を大きくするため。

正答率85% (2) 図中のA～Dは，細胞分裂の過程におけるいろいろな段階の細胞である。A～Dの細胞を分裂の進む順に並べ，記号で答えなさい。（　→　→　→　）

正答率44% (3) タマネギの根がのびるしくみを「細胞分裂」という語句を用いて書きなさい。

（　　　　　　　　　　　　　　　　　　）

2 生物のふえ方 （(1)(3)6点×2，(2)5点×3，(4)8点，計35点）

有性生殖でふえるカエルの，受精卵の変化を観察した。次の問いに答えなさい。 〈富山県〉

(1) 右のアは，カエルの受精卵，イ～オは，その後の細胞分裂の様子をスケッチしたものである。アから細胞分裂の順に並びかえ，記号で答えなさい。

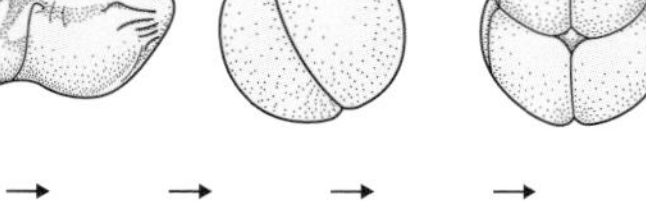

（ア→　→　→　→　）

重要 (2) このカエルの体をつくる細胞の染色体の数が22本であるとして，次の文中の（ ① ）には適切な言葉を，（ ② ），（ ③ ）にはそれぞれ適切な数を書きなさい。

①（　　　　）　②（　　　）　③（　　　）

> 卵や精子がつくられるとき，特別な細胞分裂である（ ① ）が行われ，染色体の数がそれぞれ（ ② ）本になる。卵と精子が受精してできた受精卵の染色体の数は，（ ③ ）本である。

(3) このようなカエルの生殖とは異なる無性生殖の例を，次のア～エからすべて選び，記号で答えなさい。（　　）

ア アブラナの種子から芽や根が出た。 イ ミカヅキモが池の中でふえた。

ウ ジャガイモのいもから芽や根が出た。 エ ハムスターが子をうんだ。

⑷　無性生殖では，子の形質は，親の形質と同じものとなる。その理由を「染色体」という言葉を使って簡単に説明しなさい。　（　　　　　　　　　　　　　　　　　　　　　　　　　　　）

3　遺伝の規則性　(7点×4=28点)

エンドウには，子葉が黄色の種子と緑色の種子があり，黄色が顕性形質で緑色が潜性形質である。遺伝の規則性を調べるために，次の実験を行った。あとの問いに答えなさい。　〈栃木県〉

実験　①　子葉が黄色である純系の花粉を，子葉が緑色である純系のめしべに受粉させて多数の子をつくった。右の図はこのことを模式的に表したものである。ただし，子の子葉の色は示していない。

親　黄　緑　受粉　子

②　①でできた子を育て，自家受粉させて多数の孫をつくった。

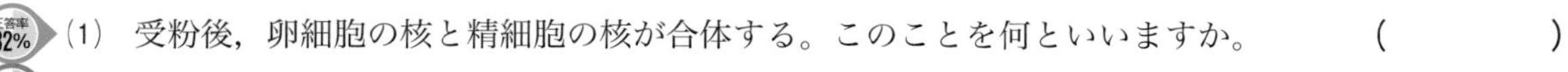

正答率82%　⑴　受粉後，卵細胞の核と精細胞の核が合体する。このことを何といいますか。　（　　　　　）

正答率49%　⑵　**実験①**において，子にあたる種子についての説明として，正しいものを次の**ア**～**エ**から１つ選び，記号で答えなさい。　（　　　）

ア　子葉が黄色の種子と緑色の種子は１：１の割合でできた。

イ　子葉が黄色の種子と緑色の種子は２：１の割合でできた。

ウ　子葉が黄色の種子と緑色の種子は３：１の割合でできた。

エ　すべて子葉が黄色の種子になり，緑色の種子はできなかった。

⑶　次の文は，**実験②**でできた孫にあたる種子の子葉の色と遺伝子について述べたものである。**X**にあてはまる最も簡単な整数比を書きなさい。また，**Y**にあてはまる数を，下の**ア**～**エ**から１つ選び，記号で答えなさい。　正答率75%　X（　　　　　）　正答率9%　Y（　　　）

> 孫にあたる種子では，子葉が黄色の種子と緑色の種子は（　X　）の割合でできる。また，孫にあたる種子が8000個できるとすると，そのうち子葉を緑色にする遺伝子をもつ種子は約（　Y　）個であると考えられる。

ア　2000　　**イ**　3000　　**ウ**　4000　　**エ**　6000

4　生物界のつながり　(8点×2=16点)

図は，ある地域における生物を，Ⅰ(植物)，Ⅱ(Ⅰの植物を食べる草食動物)，Ⅲ(Ⅱの草食動物を食べる肉食動物)に分け，Ⅰ～Ⅲの数量関係を模式的に表したものである。次の問いに答えなさい。　〈佐賀県〉

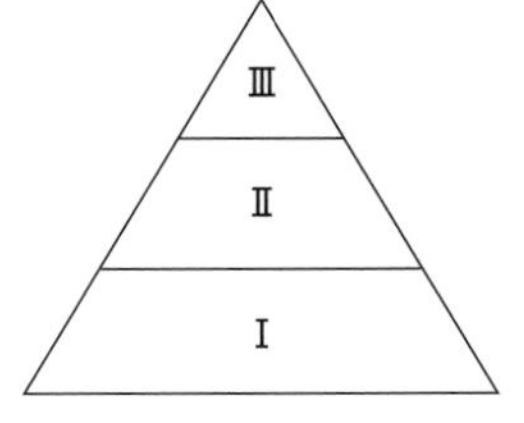

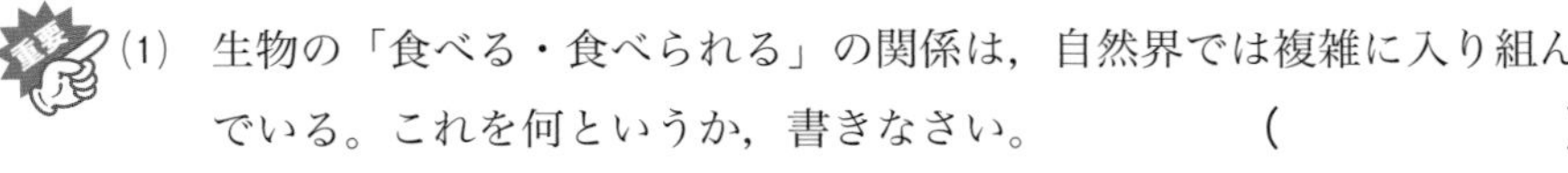

重要　⑴　生物の「食べる・食べられる」の関係は，自然界では複雑に入り組んでいる。これを何というか，書きなさい。　（　　　　　　　）

⑵　生物Ⅰ～Ⅲの分類として最も適当なものを，次の**ア**～**エ**から１つ選び，記号で答えなさい。　（　　　）

ア　Ⅰ－生産者，Ⅱ－消費者，Ⅲ－分解者

イ　Ⅰ－分解者，Ⅱ－生産者，Ⅲ－消費者

ウ　Ⅰ－生産者，Ⅱ－生産者，Ⅲ－消費者

エ　Ⅰ－生産者，Ⅱ－消費者，Ⅲ－消費者

理科

03 物質の性質と化学変化

学習日　月　日

ポイント整理

いろいろな物質

1. 有機物(ゆうきぶつ)…炭素原子Cを含み，燃焼させると二酸化炭素CO_2が発生する物質。有機物以外の物質を無機物(むきぶつ)という。
2. 金属(きんぞく)…みがくと金属光沢が見られる，電気を通しやすい，熱を伝えやすい，引っぱるとのびたりたたくと広がったりするなどの性質をもつ物質。
3. 密度(みつど)…物質1 cm³あたりの質量。物質の種類ごとに決まっている。

$$密度〔g/cm^3〕=\frac{質量〔g〕}{体積〔cm^3〕}$$

参考
無機物の燃焼
スチールウール(鉄)は無機物で，炭素原子を含まないため，燃焼させても二酸化炭素が発生しない。

注意
状態(じょうたい)変化と体積・質量
状態変化では，体積は変化するが質量は変化しない。

状態変化

1. 融点(ゆうてん)…固体がとけて液体に変化するときの温度。
2. 沸点(ふってん)…液体が沸騰(ふっとう)して気体に変化するときの温度。
3. 蒸留(じょうりゅう)…液体を加熱して沸騰させ，出てきた気体を冷やして，再び液体として取り出すこと。→沸点のちがいを利用して，物質を分離できる。

確認
純物質と混合物
①純物質…1種類の物質でできているもの。融点・沸点は一定。
②混合物…2種類以上の物質でできているもの。融点・沸点が一定にならない。

▼水の加熱

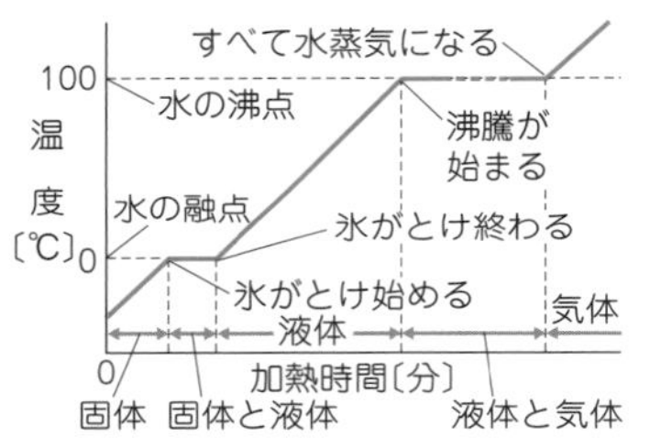

▼水とエタノールの混合物の加熱(蒸留)

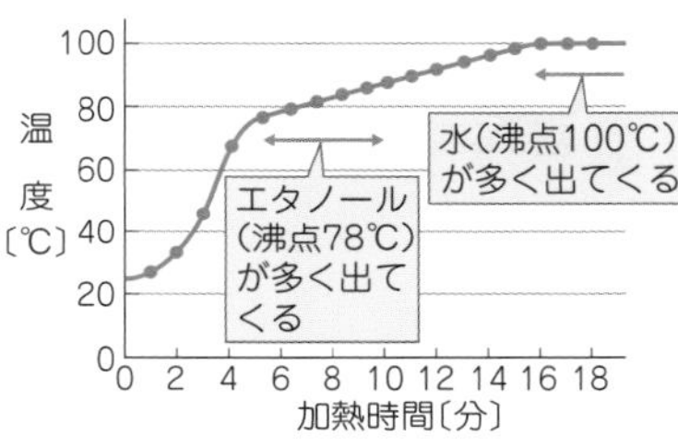

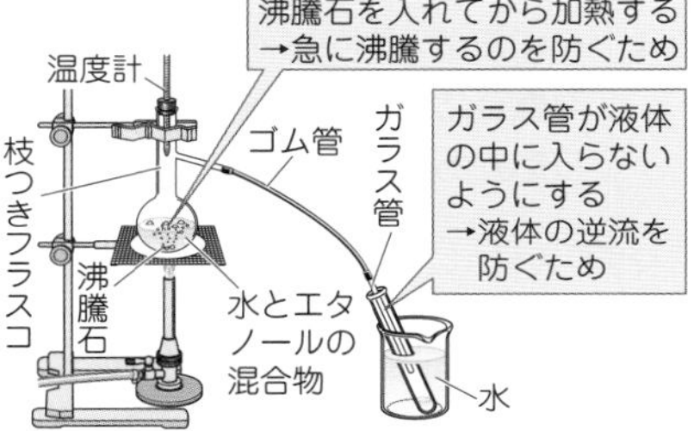

気体の性質

気体	空気と比べた密度	水へのとけやすさ	おもな性質
二酸化炭素	大きい	少しとける	石灰水が白くにごる，水溶液は酸性
酸素	少し大きい	とけにくい	ほかのものを燃やすはたらき
水素	非常に小さい	とけにくい	火を近づけると燃える
アンモニア	小さい	とけやすい	刺激臭，水溶液はアルカリ性
塩素	大きい	とけやすい	漂白作用，刺激臭(プールのにおい)

大切
気体の集め方

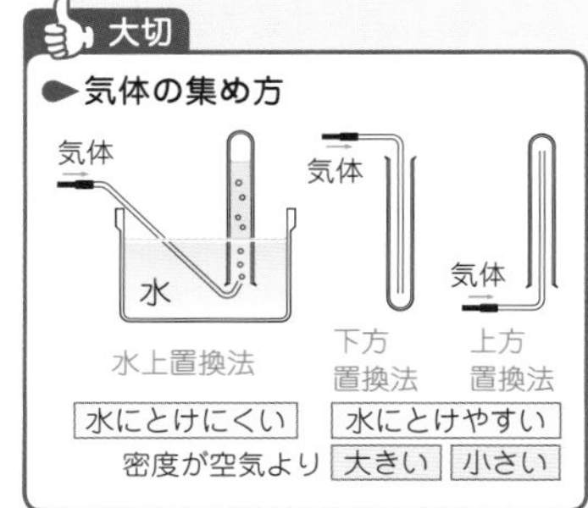

入試必勝ポイント

●炭酸水素ナトリウムの熱分解，水の電気分解

●炭酸水素ナトリウムの熱分解

$$2NaHCO_3 \longrightarrow Na_2CO_3 + H_2O + CO_2$$

炭酸水素ナトリウム　炭酸ナトリウム　水　二酸化炭素

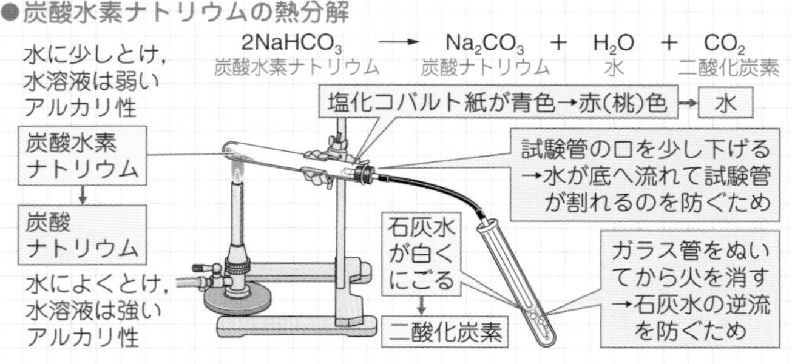

●水の電気分解

$$2H_2O \longrightarrow 2H_2 + O_2$$

水　水素　酸素

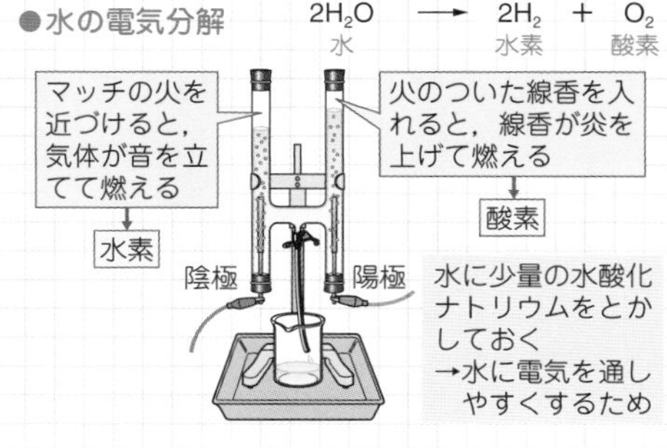

即答チェックの答え　①8g/cm³　②蒸留　③二酸化炭素　④単体　⑤還元　⑥質量保存の法則　⑦炭酸ナトリウム，水，二酸化炭素　⑧水素，酸素

◆状態変化と温度のグラフから必要な情報を読み取ろう！
◆密度や化学変化に関係する計算問題の解き方をマスターしよう！

物質のなりたち

1．原子…それ以上分割できない最小の粒。
2．分子…いくつかの原子が結びついてできた，物質の性質を表す最小の粒。
3．元素…原子の種類。

	分子をつくる		分子をつくらない	
単体	酸素	O_2	炭素	C
	水素	H_2	銀	Ag
化合物	二酸化炭素	CO_2	塩化ナトリウム	NaCl
	水	H_2O	酸化銅	CuO
	アンモニア	NH_3	硫化鉄	FeS

確認
●単体と化合物
①単体…1種類の元素でできている物質。
②化合物…2種類以上の元素でできている物質。

いろいろな化学変化

1．分解…1種類の物質が2種類以上の別の物質に分かれる化学変化。
2．酸化(さんか)…物質が酸素と結びつく化学変化。酸化物ができる。
3．還元(かんげん)…酸化物が酸素をうばわれる化学変化。
4．化学反応と熱…熱を発生する発熱反応と熱を吸収する吸熱反応がある。

▼酸化銅の還元

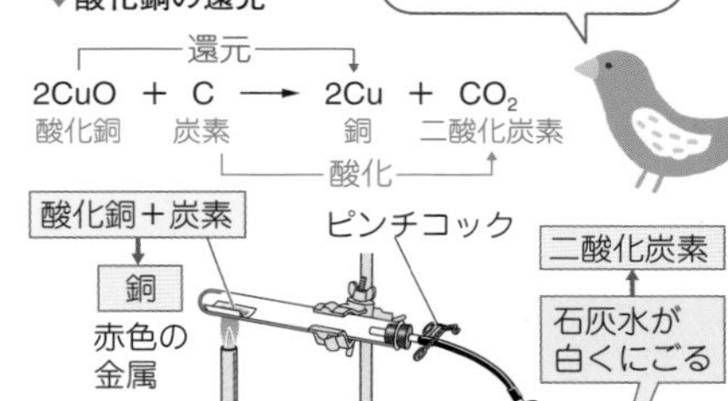

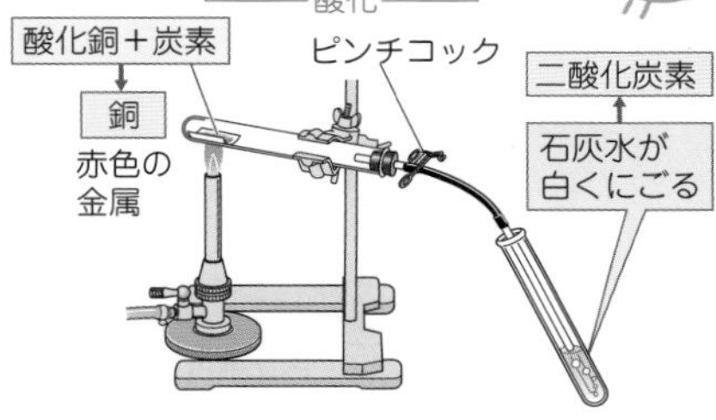

参考
●酸化銀(さんかぎん)の熱分解
$2Ag_2O \longrightarrow 4Ag + O_2$
酸化銀　銀　酸素
化学反応式は，矢印の左右で原子の種類と数が同じになっている。

大切
●鉄と硫黄(いおう)の反応
Fe ＋ S ⟶ FeS
鉄　硫黄　硫化鉄

	鉄＋硫黄	硫化鉄
磁石	つく	つかない
塩酸で発生する気体	水素（無臭）	硫化水素（腐卵臭）

化学変化と物質の質量

1．質量保存の法則…化学変化の前後で，物質全体の質量は変化しない。
2．化学変化する物質の質量…化学変化に関係する物質の質量の比は一定である。→反応する物質に過不足があれば，多いほうの物質が残る。

▼金属の酸化と質量の変化

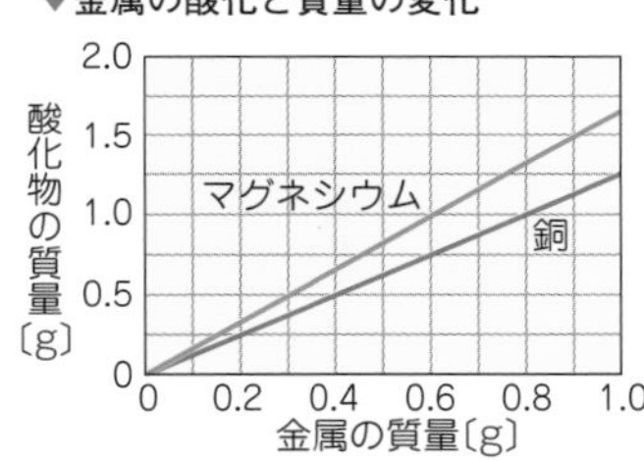

攻略
銅：酸素：酸化銅＝4：1：5
マグネシウム：酸素：酸化マグネシウム＝3：2：5

確認
●水素の燃焼(ねんしょう)
$2H_2 + O_2 \longrightarrow 2H_2O$
水素　酸素　水

確認
●金属の酸化
$2Cu + O_2 \longrightarrow 2CuO$
銅　酸素　酸化銅
$2Mg + O_2 \longrightarrow 2MgO$
マグネシウム　酸素　酸化マグネシウム
結びついた酸素の質量
＝酸化物の質量－金属の質量

即答チェック

●わかるかどうかチェックしてみよう！
□① 質量が40 gで，体積が5 cm^3の物質の密度は何g/cm^3ですか。
□② 液体を加熱して沸騰させ，出てきた気体を冷やして，再び液体として取り出すことを何といいますか。
□③ 石灰水を白くにごらせる気体は何ですか。
□④ 1種類の元素でできている物質を何といいますか。
□⑤ 酸化物が酸素をうばわれる化学変化を何といいますか。
□⑥ 化学変化の前後で物質全体の質量は変化しないことを，何の法則といいますか。
□⑦ 炭酸水素ナトリウムを熱分解するとできる物質は何ですか。3つ答えなさい。
□⑧ 水を電気分解するとできる物質は何ですか。2つ答えなさい。

03 実力完成テスト

／100点

1 状態変化 (7点×4＝28点)

図１のように，水とエタノールの混合物を加熱し，温度を測定した結果を図２に示した。また，出てきた液体を３本の試験管にほぼ同じ体積ずつ集め，集めた順に液体A，B，Cとして，それぞれの性質を調べた。表は，調べた結果を示したものである。次の問いに答えなさい。 〈秋田県・改〉

正答率47% (1) 沸騰が始まったのは，熱し始めてから何分後か。次のア～エから１つ選び，記号で答えなさい。 (　　)

ア　約４分後　　イ　約７分後
ウ　約10分後　　エ　約13分後

図１

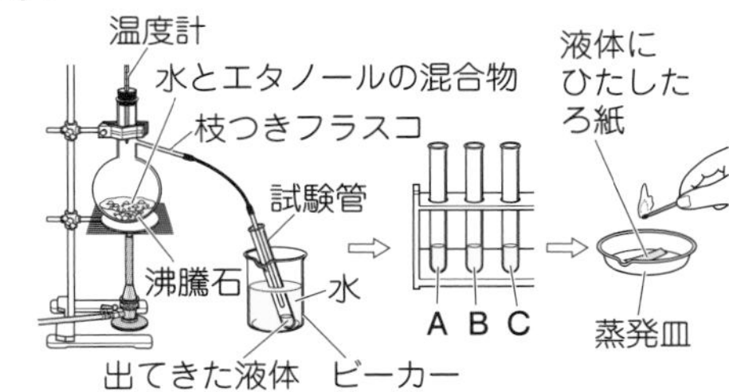

(2) 液体A～Cのうち，エタノールを最も多く含むものはどれか，記号で答えなさい。また，水とエタノールではどちらの沸点が低いか，物質名を書きなさい。

記号 (　　)
物質名 (　　　　)

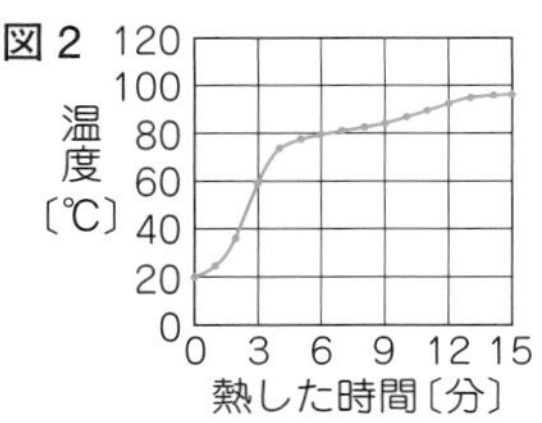

液体	におい	火をつけたときの様子
A	ある	よく燃えた
B	少しある	少し燃えた
C	ない	燃えなかった

(3) 図１のように，沸点のちがいを利用して，液体の混合物を分ける方法を何というか，書きなさい。 (　　　)

2 いろいろな化学変化 (8点×2＝16点)

鉄粉と硫黄の粉末をよく混ぜた混合物をつくり，じゅうぶんに換気をしながら次の実験を行った。あとの問いに答えなさい。 〈長崎県・改〉

実験　鉄粉と硫黄の粉末の混合物を試験管に入れ，右の図のように混合物の上部を加熱すると反応が始まった。加熱をやめても光と熱を発しながら反応は進み，黒色の物質ができた。

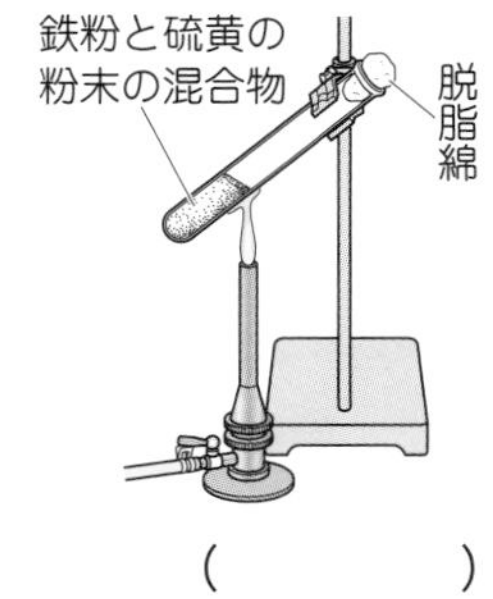

(1) 鉄粉と硫黄の粉末から黒色の物質が生じる反応を，化学反応式で書きなさい。 (　　　　)

差がつく (2) 実験の下線部のように熱を発する反応を発熱反応という。次のア～ウの操作で起こる反応のうち，発熱反応をすべて選び，記号で答えなさい。 (　　　)

ア　鉄粉と活性炭の混合物をビーカーにとり，食塩水を加えてかき混ぜる。
イ　塩化アンモニウムと水酸化バリウムをビーカーにとり，かき混ぜる。
ウ　マグネシウムリボンをピンセットではさみ，蒸発皿の上で点火する。

3 気体の製法と性質 (8点×2=16点)

正答率 69% **気体を発生させる実験について，次の問いに答えなさい。** 〈兵庫県〉

(1) 石灰石にうすい塩酸を加えたとき，発生する気体の化学式として適切なものを，次の**ア**～**エ**から1つ選び，その記号を書きなさい。 (　　)

ア CO_2　**イ** O_2　**ウ** Cl_2　**エ** H_2

(2) (1)で発生した気体を水にとかした水溶液の性質として適切なものを，次の**ア**～**エ**から1つ選び，その記号を書きなさい。 (　　)

ア ヨウ素液を加えると水溶液は青紫色に変わる。

イ BTB溶液を加えると水溶液は緑色に変わる。

ウ 青色リトマス紙に水溶液をつけると赤色に変わる。

エ フェノールフタレイン溶液を加えると水溶液は赤色に変わる。

4 酸化と還元，化学変化と物質の質量 (8点×5=40点)

物質の酸化と還元について，次の実験1，2をした。あとの問いに答えなさい。 〈香川県・改〉

実験1 図1のように，マグネシウムの粉末を，ステンレス皿に入れ，ガスバーナーで加熱し，よく冷やしてから質量をはかった。さらに，再び加熱し，よく冷やしてから質量をはかった。この操作をくり返し行い，質量の変化を調べたところ，はじめは質量が増加したが，やがて増加しなくなった。表は，マグネシウムの粉末の質量を0.6g，0.9g，1.2g，1.5gにして実験し，加熱後の物質の質量が増加しなくなったときの物質の質量をまとめたものである。

図1

ステンレス皿　マグネシウムの粉末　三角架　ガスバーナー　三脚

マグネシウムの粉末の質量〔g〕	0.6	0.9	1.2	1.5
加熱後の物質の質量が増加しなくなったときの物質の質量〔g〕	1.0	1.5	2.0	2.5

(1) マグネシウムを加熱すると空気中の酸素と結びつく。表をもとにして，マグネシウムの粉末が完全に酸化したときの，マグネシウムの粉末の質量と結びついた酸素の質量の関係を図2にグラフで表しなさい。

図2

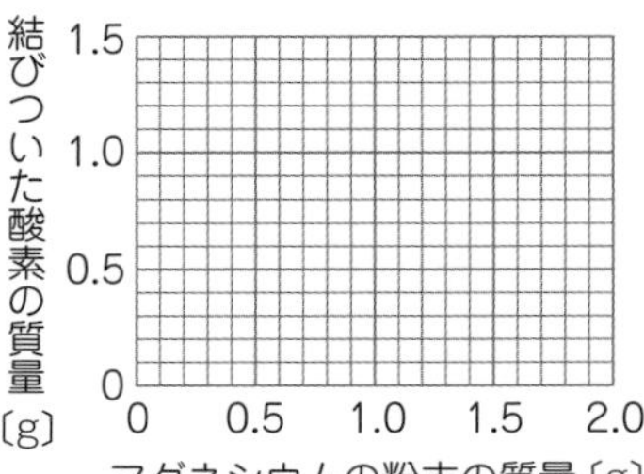

(2) マグネシウムの粉末1.8gを加熱すると，物質の質量は2.6gになった。このとき，酸素と結びつかずに残っているマグネシウムは何gか，求めなさい。 (　　　)

実験2 図3のように，酸化銅の粉末と炭素の粉末を混ぜたものを試験管に入れて加熱したところ，気体が発生して石灰水が白くにごり，熱した試験管内には銅が残った。

図3

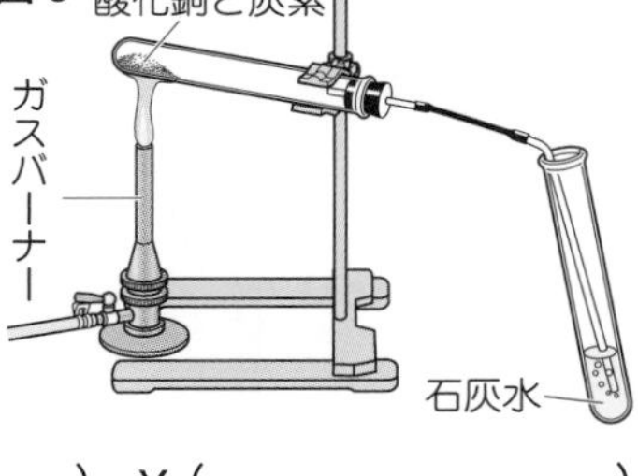

酸化銅と炭素　ガスバーナー　石灰水

(3) **実験2**では，酸化銅が還元される変化が見られた。この化学変化では，還元と同時に酸化も起こっている。次の文中のX，Yにあてはまる物質名を，それぞれ書きなさい。

X が酸化されて，Y になった。　X (　　　　) Y (　　　　)

(4) 次の**ア**～**エ**のうち，**実験2**以外の方法で酸化銅を還元するために用いる物質として，最も適切なものを1つ選び，記号で答えなさい。 (　　)

ア 酸素　**イ** 水素　**ウ** 水蒸気　**エ** 二酸化炭素

水溶液とイオン

学習日　　月　　日

ポイント整理

水溶液の性質

1. 水溶液…液体に物質がとけたものを溶液という。このとき，もとの液体を溶媒といい，とけている物質を溶質という。溶液のうち，溶媒が水であるものを水溶液という。
2. 質量パーセント濃度…溶液の質量に対する溶質の質量の割合を表す。

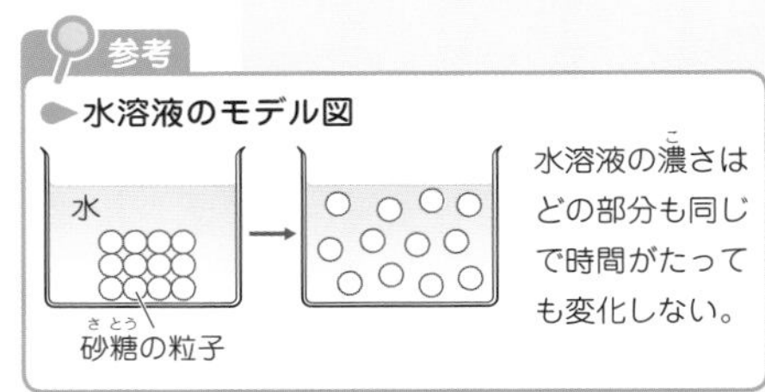

参考
水溶液のモデル図
水
砂糖の粒子
水溶液の濃さはどの部分も同じで時間がたっても変化しない。

$$質量パーセント濃度〔\%〕=\frac{溶質の質量〔g〕}{溶液の質量〔g〕}\times 100=\frac{溶質の質量〔g〕}{溶媒の質量〔g〕+溶質の質量〔g〕}\times 100$$

攻略

$$溶質の質量〔g〕=溶液の質量〔g〕\times\frac{質量パーセント濃度〔\%〕}{100}$$

3. 飽和水溶液…物質を，それ以上とけきれなくなるまでとかした水溶液。
4. 溶解度…100gの水にとけることができる物質の最大量。
5. 再結晶…一度水にとかした固体の物質を，再び結晶として取り出すこと。水溶液を冷やす方法と，水溶液から水を蒸発させる方法がある。

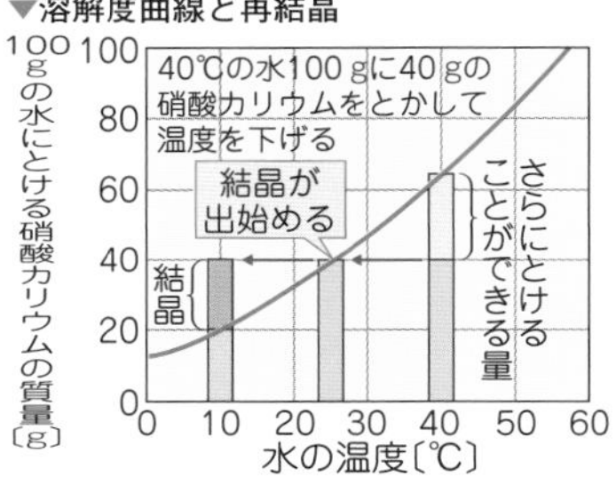

注意

ろ過の操作

ガラス棒を伝わらせて入れる

とがったほうをビーカーの壁につける

ろ液

水溶液とイオン

1. イオン…原子が電子を失って＋の電気を帯びた陽イオンと，原子が電子を受け取って－の電気を帯びた陰イオンがある。

陽イオン		陰イオン	
水素イオン	H^+	塩化物イオン	Cl^-
ナトリウムイオン	Na^+	水酸化物イオン	OH^-
銅イオン	Cu^{2+}	硫酸イオン	SO_4^{2-}

例えばCu^{2+}にあるような右上の数字は失ったり受け取ったりした電子の数だよ。

参考

原子（ヘリウム原子）の構造

原子核

陽子（＋の電気をもつ）

中性子（電気をもたない）

電子（－の電気をもつ）

入試必勝ポイント

中和の量的関係

●塩酸に水酸化ナトリウム水溶液を加えていったときのモデル図

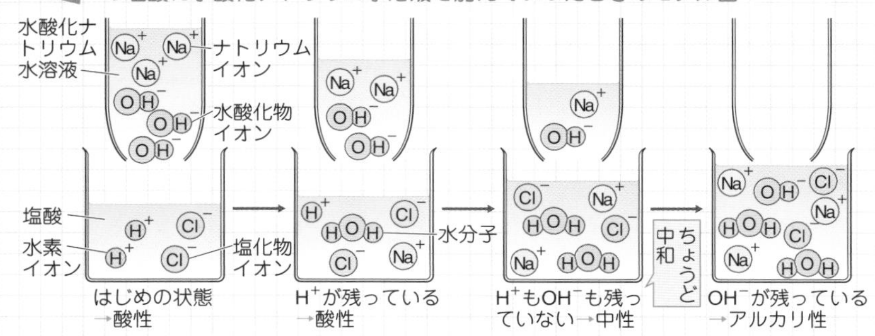

●イオンの数の変化

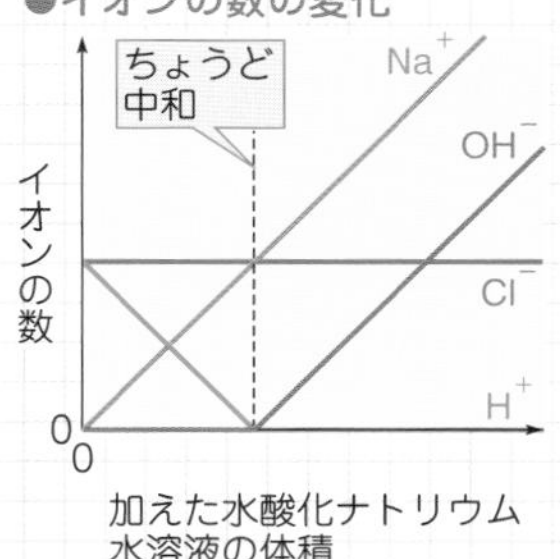

即答チェックの答え　①溶質　②20％　③再結晶　④陰イオン　⑤電解質　⑥銅板　⑦中和　⑧中性

◆質量パーセント濃度の求め方をマスターしよう！
◆電池のしくみや中和について理解しよう！

2．電離（でんり）…物質が水にとけて，陽イオンと陰イオンに分かれること。電離する物質を電解質（でんかいしつ），電離しない物質を非電解質（ひ）という。

NaCl 塩化ナトリウム	⟶	Na^+ ナトリウムイオン	＋	Cl^- 塩化物イオン
HCl 塩化水素	⟶	H^+ 水素イオン	＋	Cl^- 塩化物イオン
NaOH 水酸化ナトリウム	⟶	Na^+ ナトリウムイオン	＋	OH^- 水酸化物イオン

3．電気分解…電解質の水溶液に電流を流すと，電気分解が起こる。
① 塩化銅水溶液の電気分解　$CuCl_2 \longrightarrow Cu$（陰極）＋ Cl_2（陽極）
② 塩酸の電気分解　$2HCl \longrightarrow H_2$（陰極）＋ Cl_2（陽極）

4．ダニエル電池…亜鉛（あえん）と銅のイオンへのなりやすさのちがい（亜鉛＞銅）を利用している。
一極　亜鉛Znが電子を残して亜鉛イオンZn^{2+}になる。
$Zn \longrightarrow Zn^{2+} + 2e^-$
＋極　水溶液中の銅イオンCu^{2+}が電子を受け取って銅Cuになる。
$Cu^{2+} + 2e^- \longrightarrow Cu$

▼ダニエル電池の構造
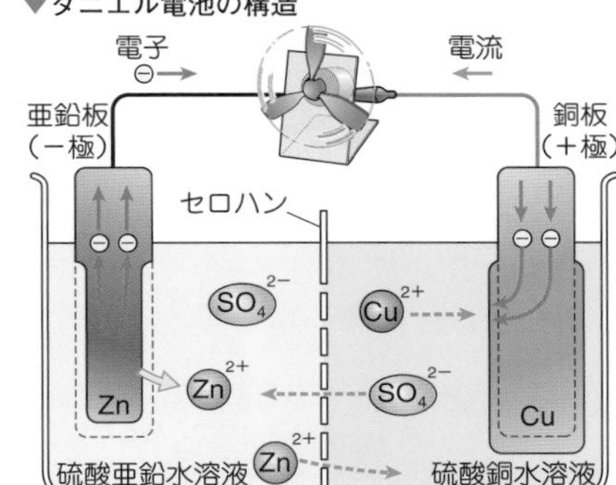

参考
▶電気分解でできる物質
①陽極側…陰イオンに由来する物質ができる。
②陰極側…陽イオンに由来する物質ができる。

大切
▶電池の一極
電極に金属を用いた電池では，イオンになりやすいほうの金属が一極になる。

参考
▶燃料電池
水素と酸素がもつ化学エネルギーを電気エネルギーとして直接取り出す。
$2H_2 + O_2 \longrightarrow 2H_2O$

酸・アルカリとイオン

1．酸…電離して水素イオンH^+を生じる。
2．アルカリ…電離して水酸化物イオンOH^-を生じる。
3．中和…酸の水溶液とアルカリの水溶液を混ぜ合わせると，たがいに性質を打ち消し合う。

性質	酸性	中性	アルカリ性
pH	0 小さいほど強い	7	大きいほど強い 14
リトマス紙	青から赤	変化なし	赤から青
BTB溶液	黄	緑	青
フェノールフタレイン溶液	無色	無色	赤
マグネシウムとの反応	水素が発生	変化なし	変化なし

攻略
中和では，酸の水素イオンとアルカリの水酸化物イオンから水ができ，酸の陰イオンとアルカリの陽イオンから塩（えん）ができる。

HCl ⟶ H^+ ＋ Cl^-
NaOH ⟶ Na^+ ＋ OH^-
NaCl　H_2O

例　HCl ＋ NaOH ⟶ NaCl ＋ H_2O
塩酸　水酸化ナトリウム　塩化ナトリウム　水

確認
▶硫酸と水酸化バリウムの中和
硫酸バリウムは白色沈殿（ちんでん）になる。
$H_2SO_4 + Ba(OH)_2$
硫酸　水酸化バリウム
$\longrightarrow BaSO_4 + 2H_2O$
硫酸バリウム　水

即答チェック

●わかるかどうかチェックしてみよう！
□① 水溶液中にとけている塩化ナトリウムや砂糖などの物質を何といいますか。
□② 水80gに塩化ナトリウム20gをとかした水溶液の質量パーセント濃度は何％ですか。
□③ 一度水にとかした固体の物質を，水溶液を冷やすなどして再び取り出す操作を何といいますか。
□④ 原子が電子を受け取ってできたイオンを何といいますか。
□⑤ 塩化ナトリウムや塩化水素のように，電離する物質を何といいますか。
□⑥ ダニエル電池で，＋極になるのは亜鉛板と銅板のどちらですか。
□⑦ 酸の水溶液とアルカリの水溶液を混ぜ合わせると起こる，たがいの性質を打ち消し合う反応を何といいますか。
□⑧ 塩酸と水酸化ナトリウムがちょうど中和したとき，水溶液は何性になっていますか。

04 実力完成テスト

→別冊解答 p.17

目標時間 30分
目標点数 80点

／100点

1 溶解度 (8点×3＝24点)

物質の溶解度を調べるために，次の実験を行った。あとの問いに答えなさい。 〈大分県〉

実験 ① 水50gを入れた3つのビーカーを用意し，ミョウバン，硫酸銅，硝酸カリウムをそれぞれ40g入れ，ガラス棒でよくかき混ぜながら加熱して，50℃，60℃，70℃の温度において物質が水に完全にとけるかどうか調べた。**表1**は，その結果をまとめたものである。表中の○は，物質がすべてとけたことを示し，×は，物質の一部がとけ残ったことを示す。

② ①で70℃まで加熱したミョウバン，硫酸銅，硝酸カリウムのそれぞれの水溶液について，温度を測定しながら10℃まで冷却した。右の図の**A**，**B**，**C**のグラフは，それぞれミョウバン，硫酸銅，硝酸カリウムについて，100gの水にとける物質の質量と水の温度との関係を示した溶解度曲線のいずれかである。**表2**は，10℃における**A**，**B**，**C**それぞれの溶解度を示している。

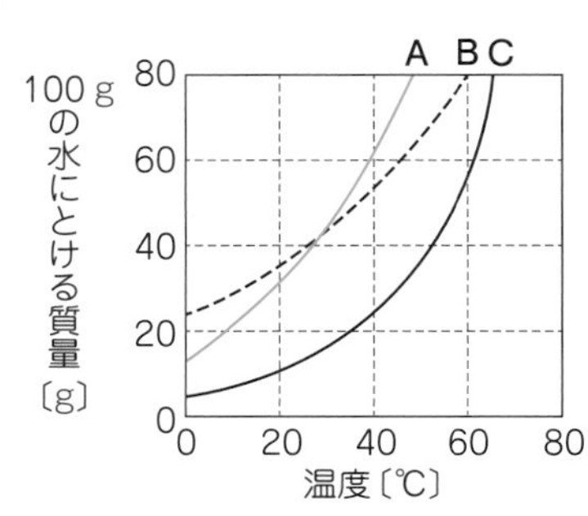

表1

	50℃	60℃	70℃
ミョウバン	×	×	○
硫酸銅	×	○	○
硝酸カリウム	○	○	○

表2

	100gの水にとける質量〔g〕
A	22.0
B	29.3
C	7.6

(1) 図の**A**～**C**の中で，ミョウバンの溶解度曲線を示すものはどれか。最も適切なものを，**A**～**C**から1つ選び，記号で答えなさい。 (　　)

(2) ②で，70℃での3種類の水溶液を10℃まで冷やすと，それぞれ結晶が現れた。現れた結晶の質量の大きい順に，物質名を書きなさい。

(　　　　→　　　　→　　　　)

(3) ②で，10℃まで冷やして結晶が現れたときの硝酸カリウム水溶液の濃度は何%か。四捨五入して小数第一位まで求めなさい。 (　　　)

2 塩酸の電気分解 (7点×3＝21点)

次の実験について，あとの問いに答えなさい。 〈長崎県〉

実験 右の図の実験装置を用いて，質量パーセント濃度0.30%の塩酸を電気分解したところ，陽極，陰極の両極で気体が発生し，それぞれ管の上部に集まった。

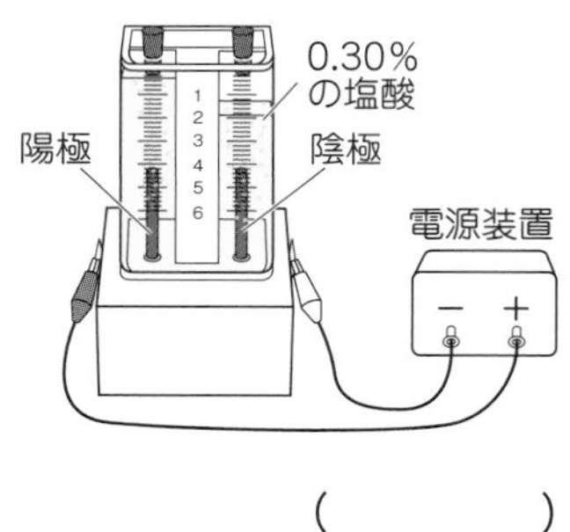

(1) この実験を行うために3.6%の塩酸を水でうすめて0.30%の塩酸を300gつくった。このとき必要な3.6%の塩酸は何gか求めなさい。 (　　　)

(2) この実験で陰極から発生した気体は何か，その名称を答えなさい。 (　　　)

(3) この実験では，陽極と陰極から発生する気体の量(体積)は同じであるが，陽極で発生した気体は，その性質から陰極で発生した気体より少量しか集まらなかった。陽極で発生した気体が少量しか集まらなかった理由を答えなさい。 (　　　　　　　　　　　　　　　　　　　　　　　　　　)

3 ダニエル電池 ((1)5点×2，(2)(3)7点×2，計24点)

右の図のように，セロハンでしきった容器の一方に硫酸亜鉛水溶液，もう一方に硫酸銅水溶液を入れ，それぞれ亜鉛板と銅板をひたした。その後，亜鉛板と銅板を光電池用モーターにつなぐと，モーターが回転した。次の問いに答えなさい。

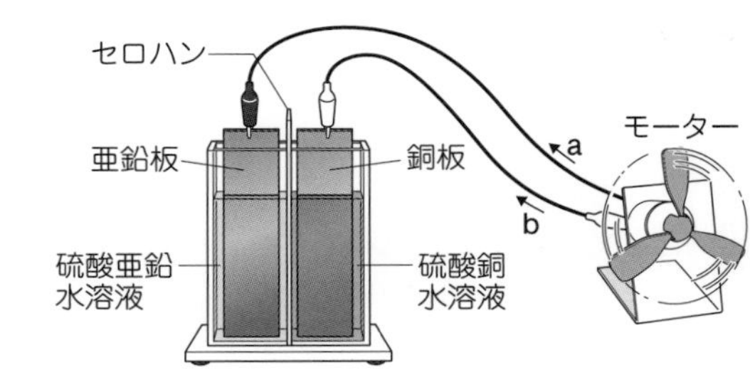

(1) モーターが回転しているとき，亜鉛板と銅板で起こっている化学変化を，電子をe^-として化学反応式で表しなさい。

亜鉛板 (　　　　　　　　　　　　　　　) 銅板 (　　　　　　　　　　　　　　　)

(2) 電流の流れる向きは，図中のa，bのどちらですか。 (　　　)

差がつく

(3) いろいろな金属の性質を調べたところ，イオンへのなりやすさはマグネシウム＞亜鉛＞銅であることがわかった。図の装置で，硫酸銅水溶液のかわりに硫酸マグネシウム水溶液，銅板のかわりにマグネシウム板を使うと，モーターの回転はどうなるか。次の**ア**～**ウ**から最も適切なものを1つ選び，記号で答えなさい。 (　　　)

ア 回転しない。　**イ** 下線部と同じ向きに回転する。　**ウ** 下線部と逆向きに回転する。

4 中和 ((1)(2)(4)7点×3，(3)5点×2，計31点)

塩酸と水酸化ナトリウム水溶液を用いて実験を行った。あとの問いに答えなさい。 〈岐阜県〉

実験 ビーカーに2％の塩酸5cm^3をとり，BTB溶液を加えると黄色になった。右の図のように，こまごめピペットを用いて，2％の水酸化ナトリウム水溶液を2cm^3ずつ加え，よくかき混ぜるという操作を行い，各操作ごとに水溶液の色の変化を観察した。表は，その結果をまとめたものである。

加えた水酸化ナトリウム水溶液の量〔cm^3〕	0	2	4	6	8
水溶液の色	黄色	黄色	黄色	青色	青色

(1) 実験から，塩酸は何性とわかるか。言葉で書きなさい。 (　　　　　)

(2) 実験で，水酸化ナトリウム水溶液を6cm^3加えた水溶液のpHについて説明したものを，次の**ア**～**ウ**から1つ選び，記号で答えなさい。 (　　　)

ア pHは7より小さい。　**イ** pHは7である。　**ウ** pHは7より大きい。

(3) 次の文中の[①]，[②]にあてはまる言葉をそれぞれ書きなさい。

① (　　　　　) ② (　　　　　)

> 実験では，塩酸の中の陽イオンの[①]イオンが，加えた水酸化ナトリウム水溶液の中の陰イオンの[②]イオンと結びつき，水をつくり，たがいの性質を打ち消し合った。この反応を中和という。

(4) 実験で起こった化学変化を，化学反応式で書きなさい。

(　　　　　　　　　　　　　　　　　　　　　　　　　)

05 光・音・電流

学習日 月 日

ポイント整理

カメラの撮像素子や目の網膜にうつる像は実像，鏡にうつる像は虚像だよ。

光

1．光の反射…つねに入射角＝反射角となる(光の反射の法則)。
2．光の屈折…光が異なる物質の境界面に斜めに当たると，折れ曲がる。
3．全反射…入射角をある大きさより大きくすると，光が境界面ですべて反射し，屈折しなくなる。光ファイバーなどに利用。
4．凸レンズ…物体が凸レンズの焦点の外側にあるときは物体と上下左右が逆向きの実像ができ，物体が焦点の内側にあるときは物体と上下左右が同じ向きの虚像ができる。

▼光の反射と屈折

入射光　反射光(一部)　入射角　反射角　空気　水(ガラス)　屈折角　屈折光
入射角＞屈折角

屈折光　屈折角　反射角　入射角　入射光　反射光(一部)
入射角＜屈折角

▼凸レンズを通る光

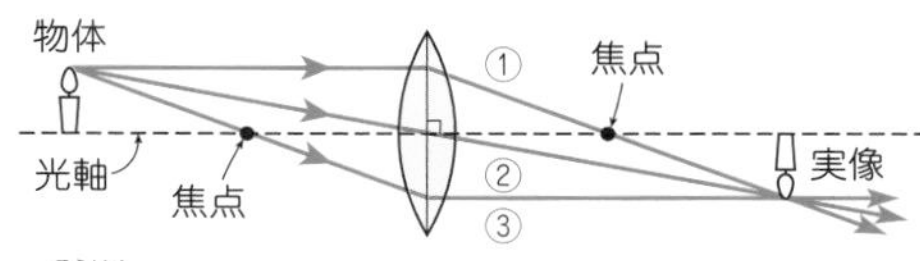

①光軸(凸レンズの軸)に平行な光→焦点を通る。
②凸レンズの中心を通る光→そのまま直進する。
③焦点を通る光→光軸に平行に進む。

攻略

物体が焦点距離(凸レンズの中心から焦点までの距離)の 2 倍の位置にあるとき，反対側の焦点距離の 2 倍の位置に，物体と同じ大きさの実像ができる。

音

1．音の伝わり方…音源が空気など周囲のものを振動させ，その振動が耳の鼓膜を振動させる。
2．音が伝わる速さ…空気中では約340 m/s。
3．音の大きさ…振幅が大きいほど，音は大きい。
4．音の高さ…振動数が多いほど，音は高い。

▼音の波形

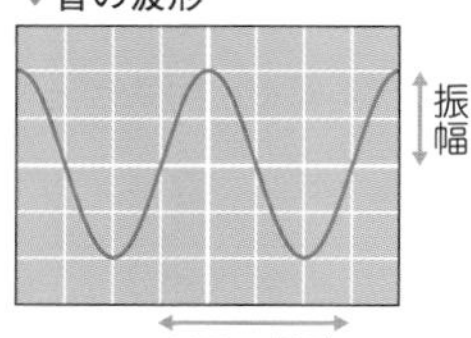

大切

●鏡にうつる像

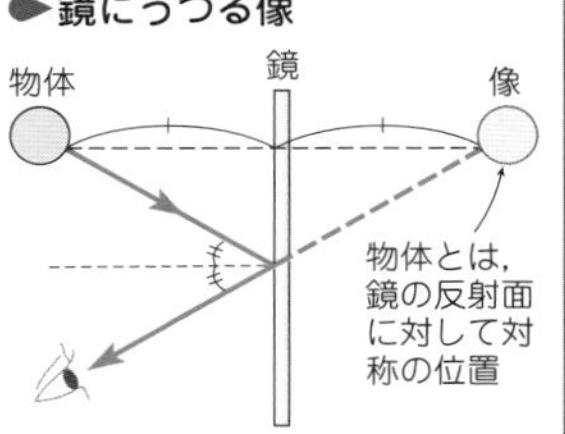

注意

●全反射が起こるとき
光が水中やガラス中から空気中に進もうとするときだけ起こる。

参考

●実像の位置と大きさ
物体を凸レンズから遠ざけると，実像の位置は凸レンズに近づき，大きさは小さくなる。

参考

●音源までの距離

花火が見えてから3秒後に音が聞こえたとすると
この距離は，340 m/s×3 s＝1020 m

確認

●モノコードの音
①音を大きくする方法
・弦を強くはじく。
②音を高くする方法
・弦を細くする。
・弦を短くする。
・弦を強く張る。

入試必勝ポイント ●直列回路と並列回路

●直列回路の電流・電圧・抵抗

電流	$I=I_1=I_2$
電圧	$V=V_1+V_2$
抵抗	$R=R_1+R_2$

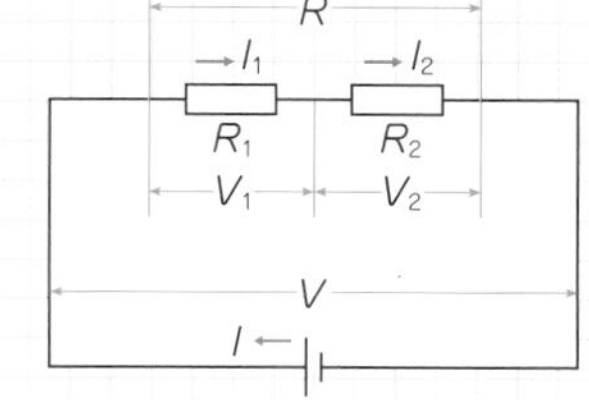

●並列回路の電流・電圧・抵抗

電流	$I=I_1+I_2$
電圧	$V=V_1=V_2$
抵抗	$R<R_1$，$R<R_2$

$$\frac{1}{R}=\frac{1}{R_1}+\frac{1}{R_2}$$

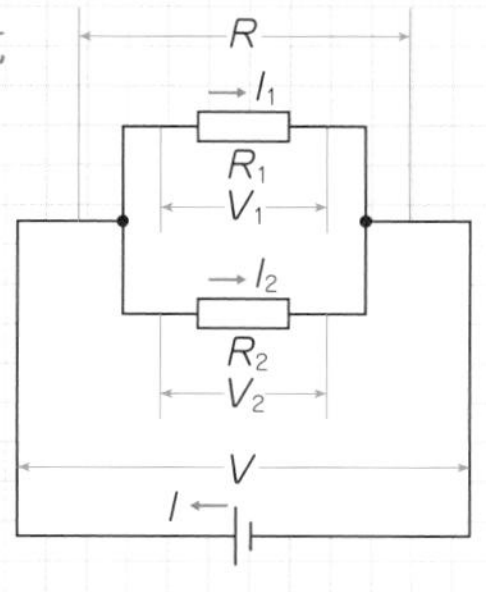

即答チェックの答え　①入射角　②虚像　③高くなる　④12 V　⑤500 J　⑥電磁誘導　⑦逆向き　⑧25Ω

◆凸レンズによる像のでき方をマスターしよう！
◆電流に関する計算問題ができるようになろう！

回路と電流

1．**オームの法則**…電熱線を流れる電流の大きさは，両端に加わる電圧の**大きさに比例する。**

電圧 V〔V〕＝抵抗 R〔Ω〕×電流 I〔A〕

▼オームの法則の式

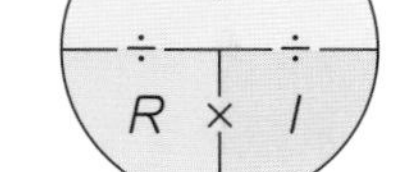

求める部分をかくすと，残った部分に，それを求める式ができる。

2．**電力**…電気器具が１秒間に使う電気エネルギーの量。単位はワット（記号W）。電気器具の能力を表すときにも用いる。

電力〔W〕＝電圧〔V〕×電流〔A〕

3．**電力量**…消費された電気エネルギーの量。単位はジュール（記号J）。

電力量〔J〕＝電力〔W〕×時間〔s〕

注意

電流計と電圧計の接続
- ＋端子を電源の＋極側につなぐ。
- 電流計は回路に直列，電圧計は回路に並列につなぐ。

確認

電気用図記号

電池・直流電源	電球	スイッチ
＋極　－極	⊗	
抵抗器・電熱線	電流計	電圧計
	Ⓐ	Ⓥ

電流と磁界

1．**磁界の向き**…各点で磁針のN極がさす向き。

2．**電流がつくる磁界**…電流のまわりには磁界が発生する。電流が強いほど磁界は強く，電流の向きを逆にすると磁界の向きも逆になる。

3．**電流が磁界から受ける力**…磁界中の電流は，力を受ける。電流や磁界が強いほど力は大きく，電流や磁界の向きを逆にすると力の向きも逆になる。

4．**電磁誘導**…コイルの中の磁界が変化すると電圧が生じ，コイルに**誘導電流**が流れる。磁界の変化が大きいほど，コイルの巻数が多いほど，誘導電流は大きい。

5．**電流の正体**…電流の正体は電子の流れである。電流の向きと電子が移動する向きは逆向きである。

▼直線電流がつくる磁界

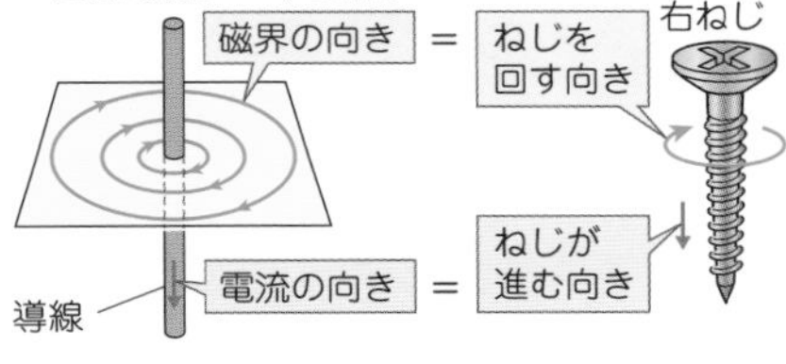

▼コイルがつくる磁界

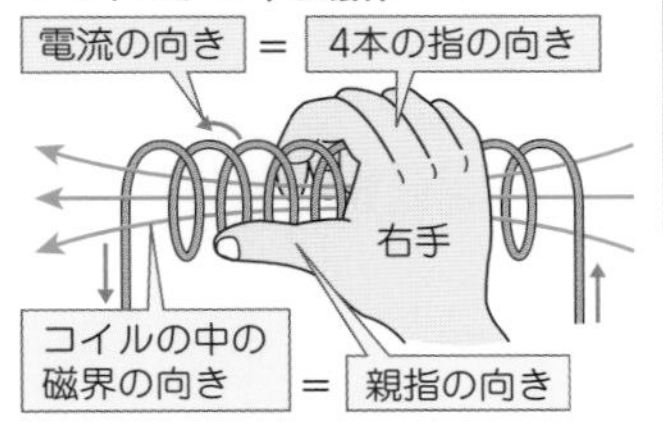

▼電流が磁界から受ける力

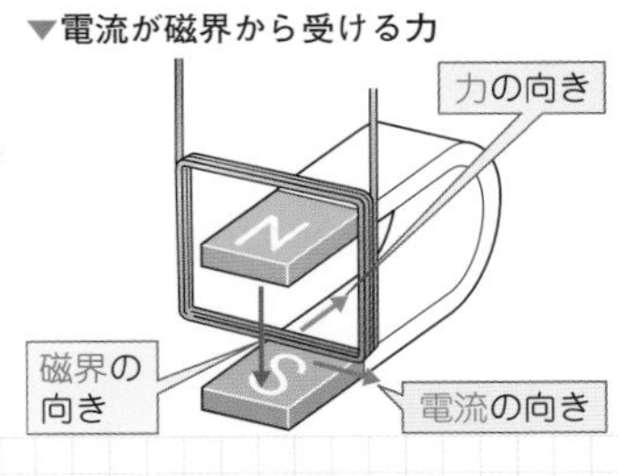

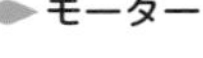

参考

モーター

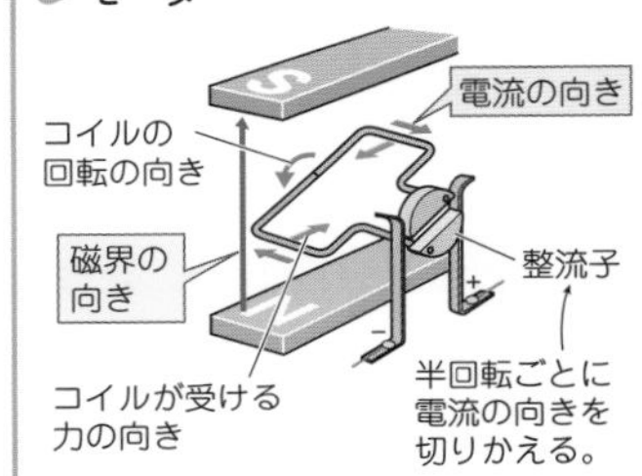

確認

誘導電流の向き
- コイルにN極を近づけるときとS極を近づけるときでは，逆になる。
- 磁石の同じ極をコイルに近づけるときとコイルから遠ざけるときでは，逆になる。

即答チェック

●**わかるかどうかチェックしてみよう！**

□① 光が空気中から水中に斜めに当たるとき，入射角と屈折角のどちらが大きいですか。
□② 物体を凸レンズの焦点の内側に置いたとき，凸レンズを通して見える像を何といいますか。
□③ 音源の振動数が多くなると，音はどうなりますか。
□④ 抵抗が６Ωの電熱線に２Aの電流が流れているとき，電熱線の両端に加わる電圧は何Vですか。
□⑤ 50Wの電力を10秒間使ったときの電力量は何Jですか。
□⑥ コイルの中の磁界の変化によって，コイルに電流が流れる現象を何といいますか。
□⑦ 電流の向きと電子が移動する向きは，同じ向きですか，逆向きですか。
□⑧ 10Ωの抵抗器と15Ωの抵抗器を直列につないだときの合成抵抗は何Ωですか。

05 実力完成テスト

→別冊解答 p.18

／100点

1 凸レンズ (7点×4＝28点)

図１のように，物体（Ｒ字形に発光ダイオードを並べた光源），焦点距離が４cmの凸レンズ，半透明のスクリーン，光学台を用い，スクリーンに実像をうつす実験を行った。次の問いに答えなさい。 〈三重県〉

図１

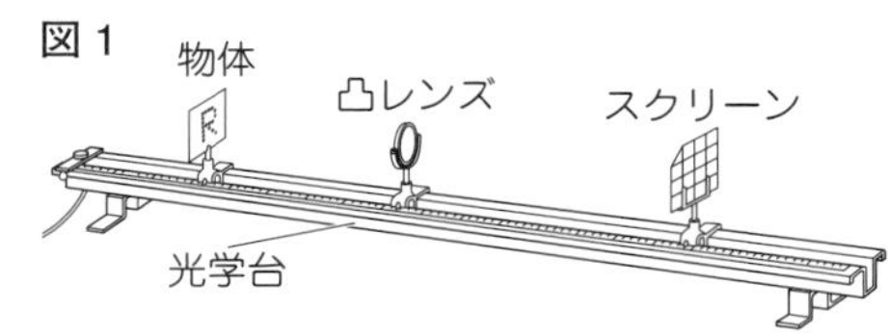

(1) 凸レンズを光学台の中央に固定し，物体とスクリーンを動かして，スクリーンに物体と同じ大きさの実像をうつした。このとき，①凸レンズと物体の距離，②凸レンズとスクリーンの距離は，それぞれ何cmか，書きなさい。 ①（　　　　）②（　　　　）

(2) (1)でスクリーンにうつった実像は，どのように見えるか，最も適切なものを右の**ア～エ**から１つ選び，記号で答えなさい。（　　）

ア　イ　ウ　エ

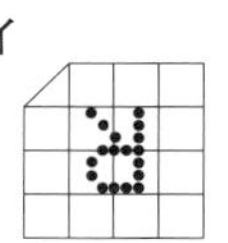

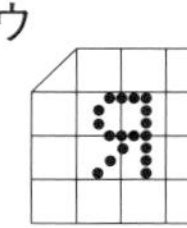

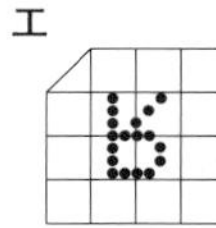

(3) 凸レンズと物体の距離を12cm，凸レンズとスクリーンの距離を6cmにしたとき，スクリーンに実像がうつった。このとき，物体の１点から出て，光軸（凸レンズの軸）と平行に凸レンズに入った光と，焦点を通って凸レンズに入った光について，それぞれが通る物体の１点からスクリーンまでの光の道すじを，**図２**に――を使って表しなさい。ただし，光は凸レンズの中心線上で屈折することとします。

図２

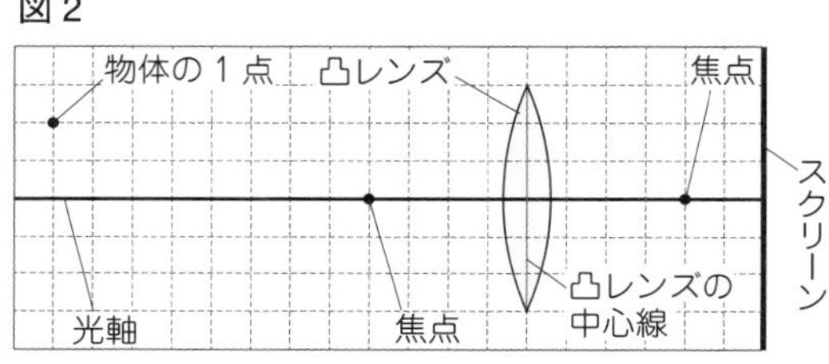

2 回路と電流 (8点×4＝32点)

図１の回路をつくり，電熱線にかかる電圧を変えて，電流の変化を調べる実験を行った。下の表は，その実験の結果である。あとの問いに答えなさい。ただし，電熱線以外の抵抗は考えないものとする。 〈福岡県〉

図１

電圧〔V〕	1.0	2.0	3.0	4.0	5.0
電流〔mA〕	40	80	120	160	200

(1) 表をもとに，電圧と電流の関係を，**図２**にグラフで表しなさい。なお，グラフには測定値を・で示すこと。

図２

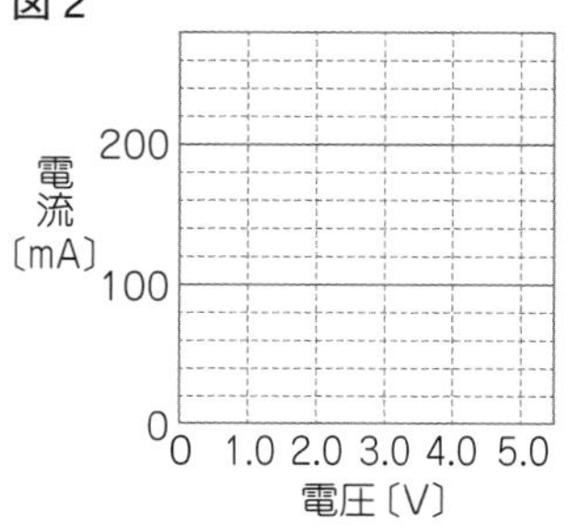

(2) 抵抗の大きさが，この実験で使った電熱線と同じ電熱線を２つ用いて，**図３**や**図４**の回路をつくり，それぞれの電源装置の電圧を同じにして電流を流し，**X**，**Y**，**Z**の各点を流れる電流の大きさをはかった。

① **図３**の回路で，**X**点に流れる電流が120mAであったとき，電源装置の電圧は何Vであったか，求めなさい。（　　　　）

② 各点を流れた電流が大きいほうから順に，X，Y，Zの記号を並べなさい。

（　　→　　→　　）

図3　X

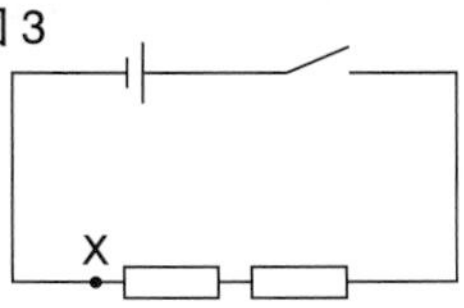

図4　Y　Z

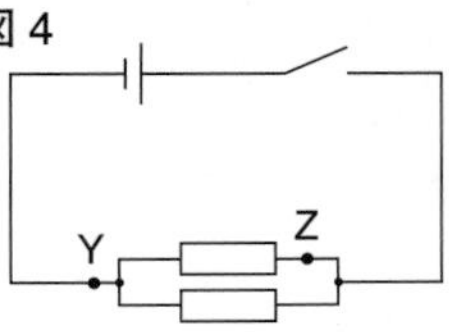

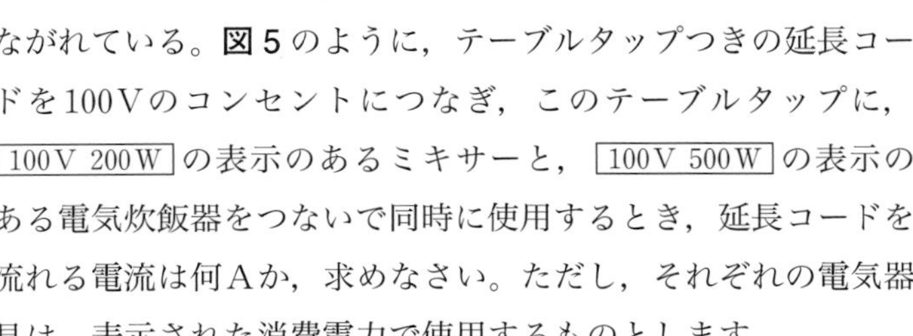

(3) 家庭内の電気配線では，電気器具が並列につながれている。**図5**のように，テーブルタップつきの延長コードを100Vのコンセントにつなぎ，このテーブルタップに，[100V 200W]の表示のあるミキサーと，[100V 500W]の表示のある電気炊飯器をつないで同時に使用するとき，延長コードを流れる電流は何Aか，求めなさい。ただし，それぞれの電気器具は，表示された消費電力で使用するものとします。

（　　　　）

図5

3 電流と磁界 (8点×5=40点)

コイルのはたらきを確認するため，次の実験を行った。あとの問いに答えなさい。 〈岡山県〉

[実験] 右の図のように，静止したコイルの上で棒磁石を動かして，電流が発生するかを調べた。

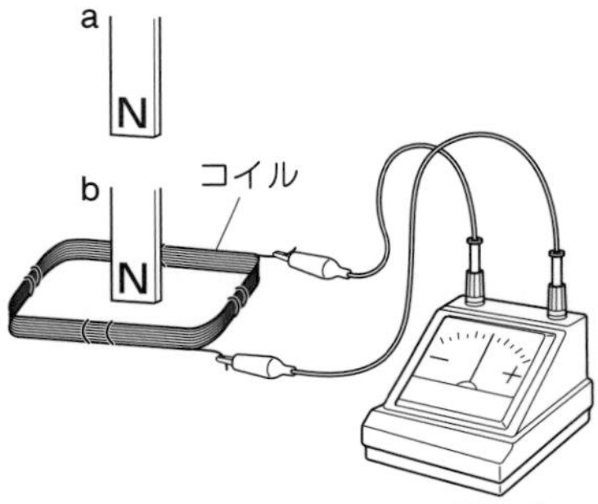

[結果]

- 棒磁石を**a**から**b**の位置に動かすと，検流計の針は右に振れた。
- 棒磁石を**b**から**a**の位置に動かすと，検流計の針は[　X　]。
- 棒磁石のS極を下に向けて**a**から**b**の位置に動かすと，検流計の針は[　Y　]。

a　N　b　N　コイル

検流計

(1) コイルの中の磁界が変化することで電圧が生じ，コイルに電流が流れる現象を何というか，書きなさい。（　　　　）

(2) コイルの中の磁界が変化することで電圧が生じ，コイルに電流が流れる現象を利用したものとして最も適当なものを次の**ア**～**エ**から1つ選び，記号で答えなさい。（　　）

ア モーター　**イ** 電熱線

ウ 電磁石　**エ** 手回し発電機

(3) [　X　]，[　Y　]にあてはまる言葉として最も適当なものを次の**ア**～**ウ**からそれぞれ1つずつ選び，記号で答えなさい。ただし，同じ記号を選んでもよい。　X（　　）Y（　　）

ア 右に振れた

イ 左に振れた

ウ 振れなかった

(4) コイルや棒磁石を変えずに，N極を下に向けた棒磁石を**a**から**b**の位置に動かすとき，流れる電流を大きくするためには，どのような方法があるか，書きなさい。

（　　　　　　　　　　　　　　　　）

06 力・運動・エネルギー

学習日　　月　　日

ポイント整理

力のはたらき

1．**フックの法則**…ばねののびは，ばねに加わる力の大きさに比例する。

2．**2力のつり合いの条件**…同じ物体にはたらいており，
　① 一直線上にある
　② 向きが反対である
　③ 大きさが等しい

▼力の表し方

矢印の始点＝力のはたらく点（作用点）
矢印の長さ＝力の大きさ
矢印の向き＝力の向き

運動の規則性

1．**速さ**…単位時間あたりの移動距離。

$$速さ〔m/s〕=\frac{移動距離〔m〕}{時間〔s〕}$$

2．**等速直線運動**…一直線上を一定の速さで進む運動。

3．**力と運動**…運動の向きと力の向きが，同じときは物体は加速し，逆のときは減速する。はたらく力が大きいほど，物体の速さの変化の割合が大きい。

▼等速直線運動

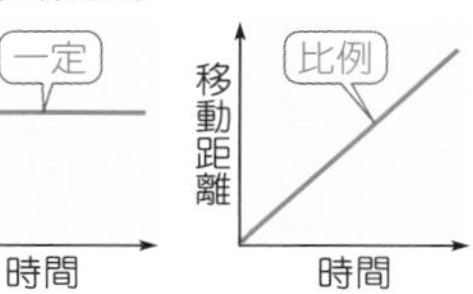

4．**慣性の法則**…物体に力がはたらいていない場合や，物体にはたらく力がつり合っている場合，静止している物体は静止し続け，運動している物体は等速直線運動を行う。

5．**作用・反作用の法則**…物体に力を加えると（作用），物体から同時に，逆向きで大きさの等しい力を受ける（反作用）。

▼2力のつり合いと作用・反作用

A：机が物体を押す力
B：地球が物体を引く力
C：物体が机を押す力
・AとBはつり合いの関係
・AとCは作用・反作用の関係

6．**水圧**…水の重さによって生じる圧力。水深が深いほど，水圧は大きい。

7．**浮力**…水中の物体にはたらく上向きの力。

確認

いろいろな力
・**重力**…地球が物体を地球の中心に向かって引く力。
・**弾性力**…変形した物体が，もとの形にもどろうとして生じる力。
・**垂直抗力**…床などが物体を押し返す力。
・**摩擦力**…物体の運動をさまたげようとする力。

参考

ニュートン（記号N）
力の大きさの単位。1Nは，約100gの物体にはたらく重力の大きさ。

参考

浮力の大きさ
水中部分の体積が大きいほど，浮力は大きい。
浮力〔N〕＝空気中ではかった重さ〔N〕－水中ではかった重さ〔N〕

大切

力の合成と分解
平行四辺形をかいて求める。

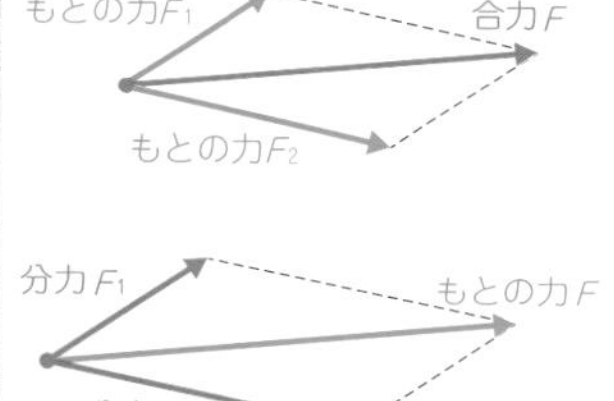

分力F_1　もとの力F　分力F_2

入試必勝ポイント　●斜面を下る台車の運動

記録タイマーは，東日本では0.1秒で5打点，西日本では0.1秒で6打点するよ。

●斜面の傾きが小さいとき

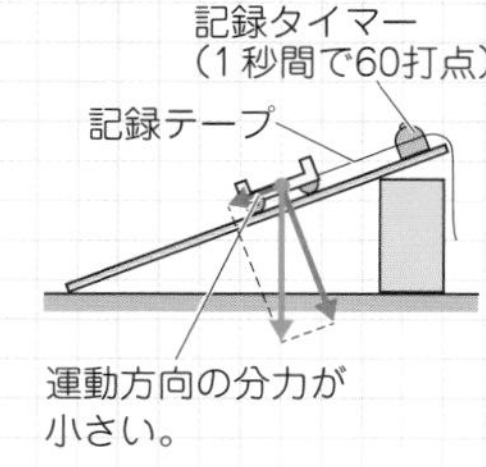

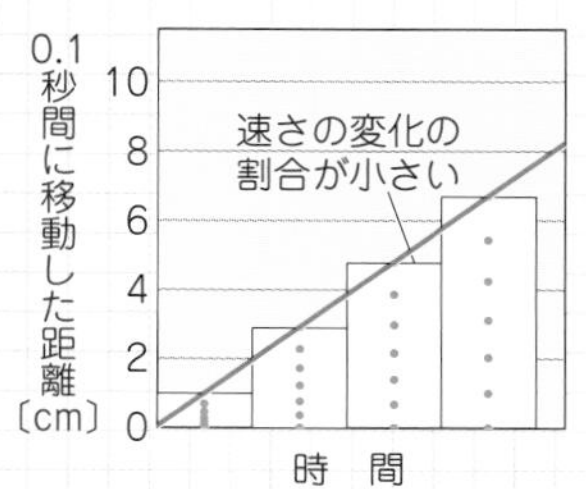

●斜面の傾きが大きいとき

運動方向の分力が大きい。

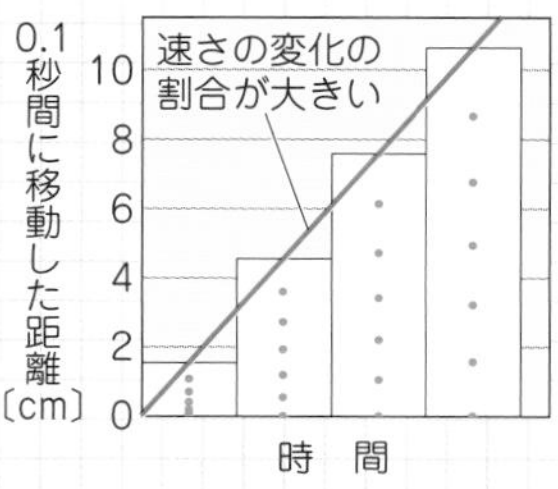

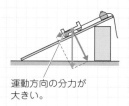

即答チェックの答え　①フックの法則　②等速直線運動　③慣性の法則　④浮力　⑤仕事…200J，仕事率…40W　⑥仕事の原理　⑦再生可能エネルギー　⑧大きくなる

今日スタディ
◆速さや仕事の計算方法をマスターしよう！
◆いろいろな力や運動について理解しよう！

仕事とエネルギー

1. 仕事…物体に力を加えて力の向きに移動させたとき，力が物体に対して仕事をしたという。単位はジュール(記号J)。

仕事〔J〕＝物体に加えた力〔N〕×力の向きに移動した距離〔m〕

攻略

仕事の原理…滑車(かっしゃ)や斜面(しゃめん)を使っても，仕事の大きさは変わらない。

2. 仕事率(しごとりつ)…1秒あたりの仕事の大きさ。単位はワット(記号W)。

$$仕事率〔W〕＝\frac{仕事〔J〕}{かかった時間〔s〕}$$

3. 位置エネルギー…物体の質量と高さに比例する。
4. 運動エネルギー…物体の質量に比例し，速さの2乗に比例する。
5. 力学的エネルギー…位置エネルギーと運動エネルギーの和。たがいに移り変わっても一定に保たれる(力学的エネルギーの保存)。

▼振り子の運動と力学的エネルギー

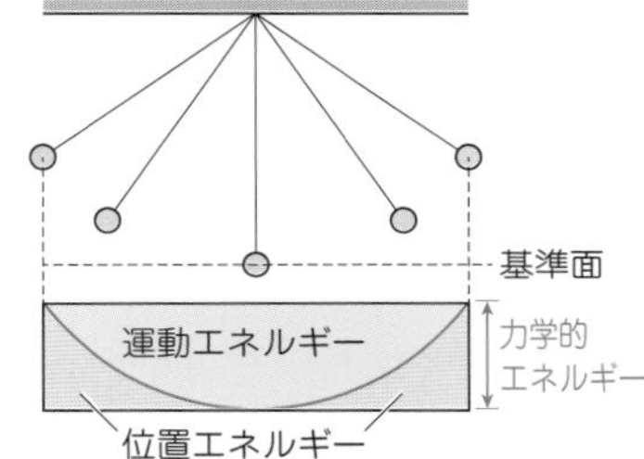

科学技術と自然環境

1. 火力発電…化石燃料の燃焼で発電。発電時に二酸化炭素が発生する。
2. 水力発電…ダムにためた水で発電。ダムによって自然が破壊される。
3. 原子力発電…ウランなどの核燃料で発電。燃料などから出る放射線の管理が難しい。
4. 再生可能エネルギー…資源(しげん)が枯渇(こかつ)せず，環境への悪影響が少ないエネルギー。太陽光，風力，地熱，バイオマスなど。

▼発電のしくみ

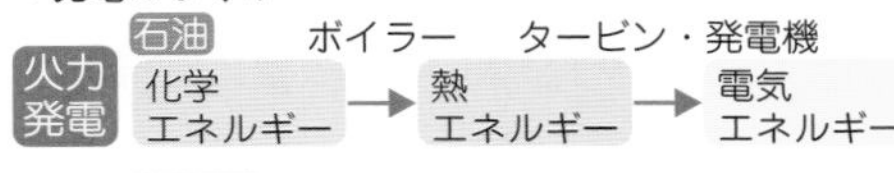

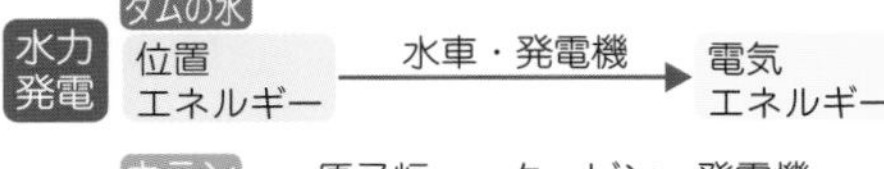

大切

仕事の原理

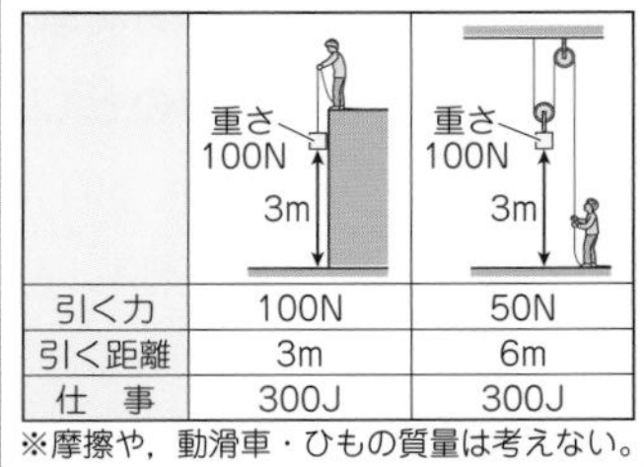

引く力	100N	50N
引く距離	3m	6m
仕　事	300J	300J

※摩擦や，動滑車・ひもの質量は考えない。

注意

力学的エネルギーの保存

摩擦や空気の抵抗(ていこう)があるときは，熱エネルギーや音エネルギーなどにも変換されるため，力学的エネルギーは保存されない。

大切

エネルギーの保存

エネルギーがほかの種類のエネルギーに変換されても，その前後でエネルギーの総量は変化しない。

確認

熱の伝わり方

- 伝導(でんどう)…高温の物体から低温の物体に直接熱が伝わる。
- 対流(たいりゅう)…液体や気体が流動して熱が伝わる。
- 放射(ほうしゃ)…高温の物体から出る赤外線によって熱が伝わる。

参考

コージェネレーションシステム

発電時の排熱を給湯や暖房に利用し，エネルギーの利用効率を上げている。

即答チェック

●わかるかどうかチェックしてみよう！

□① ばねののびが加えた力の大きさに比例することを何の法則といいますか。
□② 一直線上を一定の速さで進む運動を何といいますか。
□③ 物体に力がはたらいていないとき，物体がその運動状態を保とうとすることを何の法則といいますか。
□④ 水中の物体にはたらく上向きの力を何といいますか。
□⑤ 物体に20Nの力を5秒間加え続け，力の向きに10m移動させたときの，仕事と仕事率を求めなさい。
□⑥ 滑車や斜面を使っても仕事の大きさが変わらないことを何といいますか。
□⑦ 太陽光や風力のように，枯渇するおそれがないエネルギーを何といいますか。
□⑧ 台車が斜面を下る運動で，斜面の傾きが大きいほど，台車の速さの変化の割合はどうなりますか。

理科

06 実力完成テスト

→別冊解答 p.18

／100点

1 運動の規則性 （(1)(3)8点×2，(2)10点×2，計36点）

台車の運動を調べる実験を行った。あとの問いに答えなさい。ただし，空気の抵抗や摩擦，テープの質量は考えないものとし，100gの物体にはたらく重力の大きさを1Nとします。 〈徳島県〉

実験 ① 1秒間に60打点する記録タイマーを斜面上部に固定する。斜面の長さぐらいに切ったテープを記録タイマーに通し，一端を質量500gの台車にはりつけ，もう一端に質量300gのおもりをとりつける。

② 図1のように，台車を斜面上部に置き，ゆっくり手をはなすと，台車とおもりは静止した。

③ 記録タイマーのスイッチを入れると同時におもりをテープから切り離して台車を運動させる。テープの端が記録タイマーを通りすぎたら記録タイマーのスイッチを切り，台車を止める。

④ 6打点ごとにテープを切り，左から時間の経過順に下端をそろえてグラフ用紙にはりつけたものが図2である。

図1

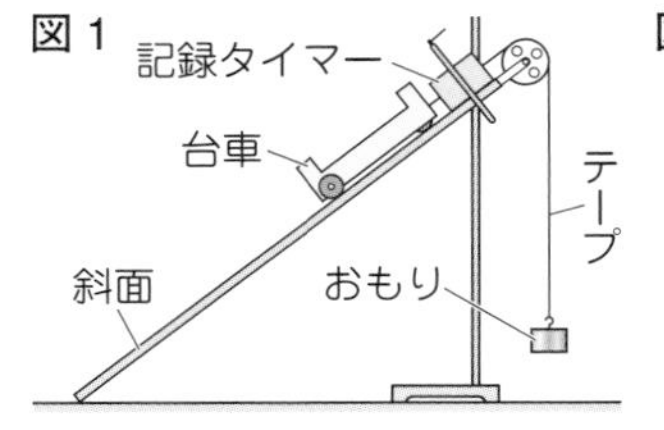

図2

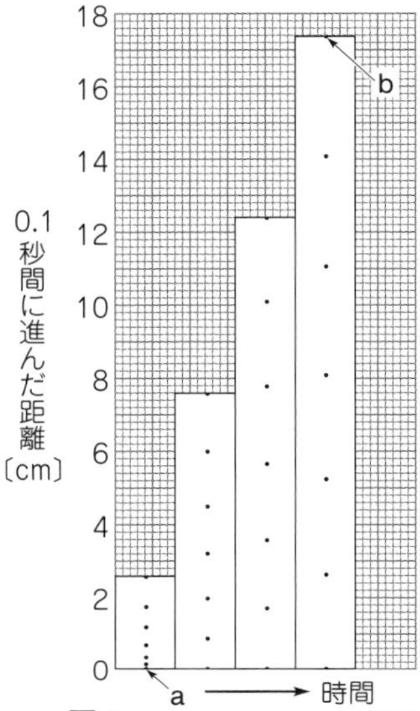

0.1秒間に進んだ距離〔cm〕
0 2 4 6 8 10 12 14 16 18
a
b
時間

図3

斜面

(1) ②のように，台車にはたらく力がつり合っているとき，台車は静止し続ける。物体がもっているこのような性質を何というか，書きなさい。 （　　　　）

(2) 図3は，②のときの台車にはたらく重力を矢印で表したものである。台車にはたらく重力を，斜面に平行な分力と，斜面に垂直な分力に分解し，図3にそれぞれ矢印で表しなさい。また，斜面が台車を押し上げる垂直抗力の大きさは何Nか，求めなさい。 垂直抗力の大きさ（　　　　）

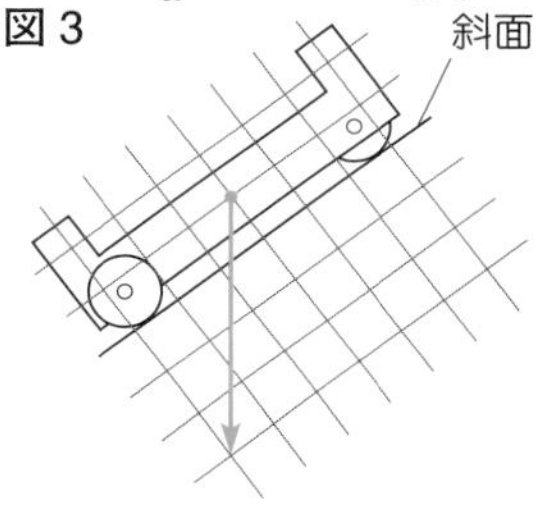

(3) 図2の打点aを記録してから打点bを記録するまでの，台車の平均の速さは何cm/sか，求めなさい。 （　　　　）

2 水圧 （8点×2＝16点）

右の図は，異なる高さに同じ大きさの穴をあけた，底のある容器である。この容器のAの位置まで水を入れ，容器の穴から飛び出る水の様子を観察する。容器の穴から，水はどのように飛び出ると考えられるか。次のア～ウから最も適当なものを選び，記号で答えなさい。また，そのように考えられる理由を，水の深さと水圧の関係がわかるように，簡単に書きなさい。 〈静岡県〉

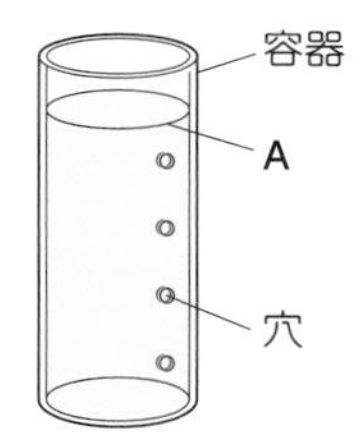

ア 上の穴ほど，水は勢いよく飛び出る。 **イ** 下の穴ほど，水は勢いよく飛び出る。

ウ 穴の高さに関係なく，水はどの穴からも同じ勢いで飛び出る。

記号（　　）　理由（　　　　）

3 仕事 (8点×3=24点)

200gのおもりを0.5m持ち上げる操作を，下の図の装置1～装置3を用いて行った。あとの問いに答えなさい。ただし，100gの物体にはたらく重力の大きさを1Nとし，おもりと斜面との摩擦，定滑車や動滑車と糸との摩擦，およびおもり以外のものの重さは考えないものとします。〈佐賀県〉

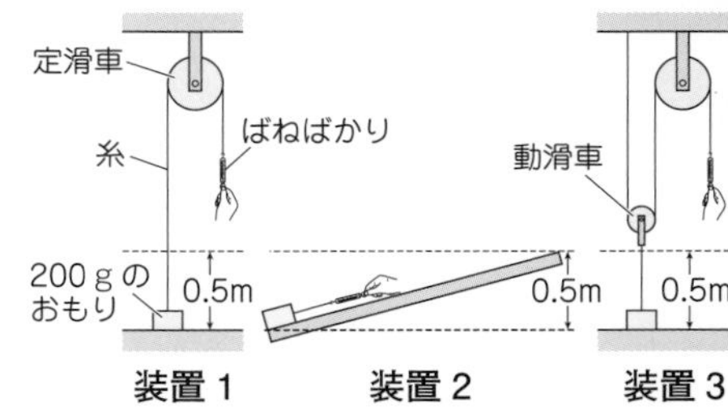

(1) 装置1を用いて，200gのおもりを0.5mの高さまでゆっくりと持ち上げる。このとき必要な仕事は何Jか，書きなさい。( )

(2) 装置2を用いて，200gのおもりを斜面に沿って0.5mの高さまでゆっくりと持ち上げた。おもりを持ち上げているとき，ばねばかりの目盛りの値は0.5Nであった。おもりを斜面に沿って動かした距離は何mか，書きなさい。( )

(3) 装置3を用いて，200gのおもりを0.5mの高さまでゆっくりと持ち上げているとき，ばねばかりの目盛りの値は何Nになるか，書きなさい。( )

4 力学的エネルギー (8点×3=24点)

次の実験を行った。あとの問いに答えなさい。〈群馬県〉

実験 なめらかなレールを用いて図1のような装置をつくり，Aの位置で小球を静かにはなした。BC間は水平であり，AとDは同じ高さである。また，図2はAB間，BC間，CD間の小球の位置エネルギーの変化を表したグラフである。ただし，摩擦や空気の抵抗，小球の大きさは考えないものとする。

図1
小球 A レール D B C

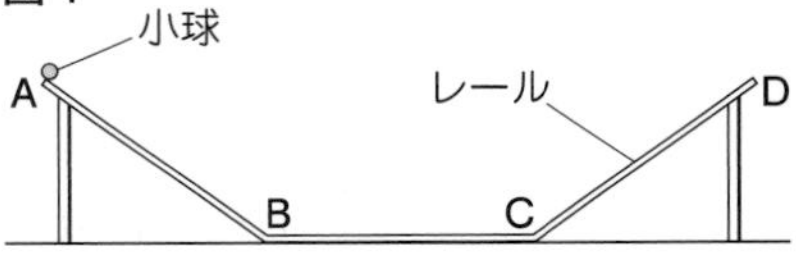

図2
エネルギー 0 A B C D 小球の位置

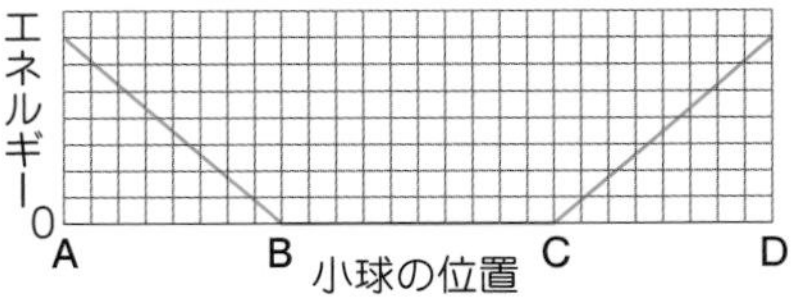

図3
A レール 小球 M B C

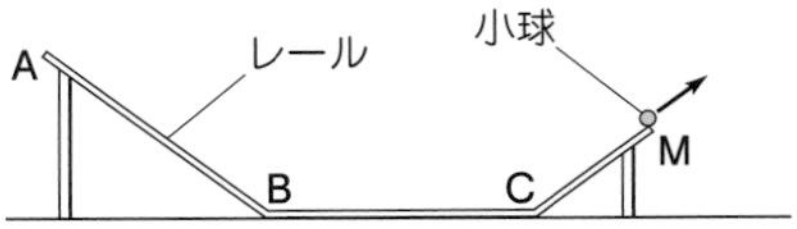

(1) AB間で，小球の運動方向にはたらく力の大きさはどうなるか。次のア～ウから1つ選び，記号で答えなさい。( )

ア しだいに大きくなる。

イ 一定である。

ウ しだいに小さくなる。

(2) この実験における，小球の運動エネルギーの変化を表したグラフを図2にかきなさい。

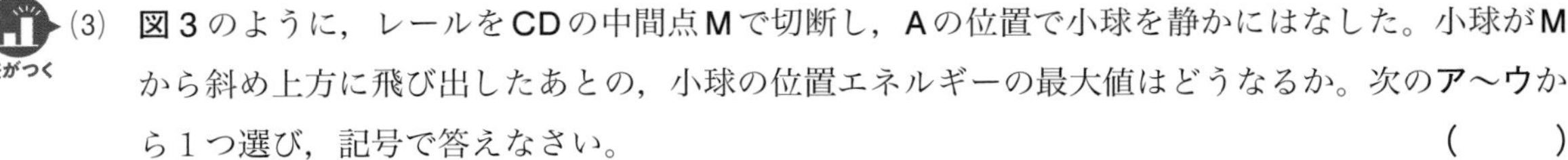

(3) 図3のように，レールをCDの中間点Mで切断し，Aの位置で小球を静かにはなした。小球がMから斜め上方に飛び出したあとの，小球の位置エネルギーの最大値はどうなるか。次のア～ウから1つ選び，記号で答えなさい。( )

ア Aでの位置エネルギーより大きい。

イ Aでの位置エネルギーと等しい。

ウ Aでの位置エネルギーより小さい。

地球と宇宙

学習日　月　日

ポイント整理

◐ 大地の変化

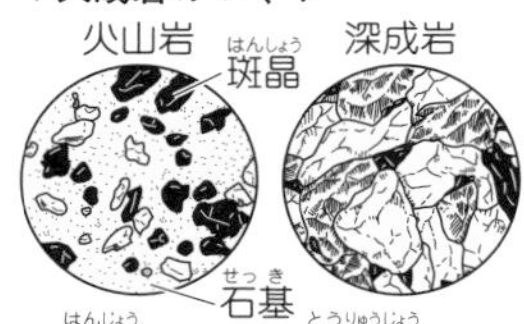

1. **火成岩**…マグマが地表や地表付近で急に冷えてできた**火山岩**と，地下深くでゆっくりと冷えてできた**深成岩**がある。
2. **地震のゆれ**…P波による**初期微動**が先に起こり，S波による**主要動**があとから起こる。
3. **初期微動継続時間**…P波とS波の到達時刻の差。**震源からの距離に比例**。
4. **地層のでき方**…大きい粒ほど河口に近いところに堆積する。
5. **堆積岩**…土砂からなる**れき岩・砂岩・泥岩**，火山噴出物からなる**凝灰岩**，生物の死がいからなる**石灰岩・チャート**がある。
6. **化石**…**示準化石**は地層が堆積した地質年代，**示相化石**は地層が堆積した環境を知る手がかりとなる。

◐ 天気とその変化

1. **圧力**…単位面積あたりにはたらく力。単位はパスカル(記号Pa)。

$$圧力〔Pa〕=\frac{面を垂直に押す力〔N〕}{力がはたらく面積〔m^2〕}$$

※ $1\,Pa = 1\,N/m^2$

2. **飽和水蒸気量**…空気 $1\,m^3$ が含むことのできる最大の水蒸気の質量。
3. **湿度**…

$$湿度〔\%〕=\frac{空気1\,m^3中に含まれる水蒸気量〔g/m^3〕}{その気温での飽和水蒸気量〔g/m^3〕}\times 100$$

4. **露点**…気温が下がったとき，空気中の水蒸気が水滴に変化し始める温度。露点での湿度は100%。
5. **雲の発生**…空気が上昇する。→周囲の気圧が低いため，空気が膨張して気温が下がる。→露点に達する。→空気中の水蒸気の一部が凝結して雲ができる。

▼飽和水蒸気量と露点

飽和水蒸気量〔g/m³〕／飽和水蒸気量／凝結で生じる水滴の量／まだ含むことができる水蒸気量／冷却／冷却／空気中の水蒸気量／0／露点／気温〔℃〕

確認

▶マグマの性質と火山

マグマのねばりけ	小さい ↔ 大きい	
噴火のようす	おだやか ↔ 激しい	
噴出物の色	黒っぽい ↔ 白っぽい	
火山の形	傾斜がゆるやか ↔ ドーム状	

注意

▶震度とマグニチュード

- 震度…各観測地点でのゆれの程度を表す。0～7の10階級。
- マグニチュード…地震の規模を表す(記号M)。

参考

▶地質年代と示準化石

- 古生代…三葉虫，フズリナ
- 中生代…アンモナイト，恐竜
- 新生代…ビカリア，マンモス

確認

▶天気図記号

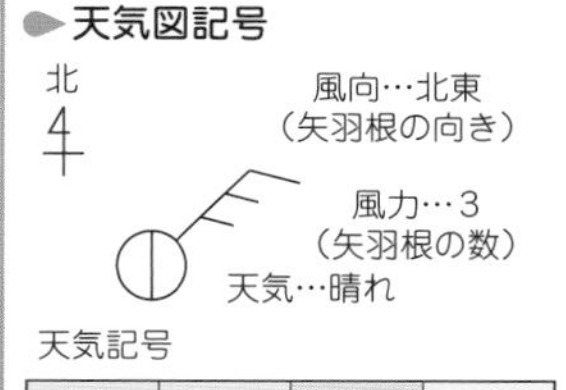

天気記号

快晴	晴れ	くもり	雨
○	◎ではなく⦶	◎	●

入試必勝ポイント ●月と金星の見え方

●月の見え方

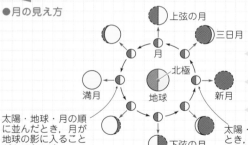

上弦の月／三日月／月／北極／満月／地球／新月／下弦の月／太陽の光

太陽・地球・月の順に並んだとき，月が地球の影に入ることがある(月食)。

太陽・月・地球の順に並んだとき，太陽が月にかくされることがある(日食)。

金星が地球に近づくほど大きく見えるけど，欠け方も大きくなるよ。

●金星の見え方

金星／太陽／地球／夕方の西の空／明け方の東の空

金星は内惑星で，いつも太陽の近くにあるので，真夜中には見えない。

即答チェックの答え　①深成岩　②主要動　③5Pa　④露点　⑤寒冷前線　⑥偏西風　⑦自転　⑧地軸

今日スタディ
◆日本の天気の特徴をマスターしよう！
◆月と金星の満ち欠けのしくみを理解しよう！

6．前線の通過と天気

① 寒冷前線…せまい範囲で強い雨が降る。通過後，気温が下がり，北寄りの風になる。

② 温暖前線…広い範囲でおだやかな雨が降る。通過後，気温が上がる。

▼低気圧と前線

低気圧の中心　積乱雲　乱層雲　暖気　寒気　寒冷前線　温暖前線　寒気

7．日本の天気…偏西風の影響で，西から東へ移り変わる。

攻略

冬…シベリア気団が発達し，西高東低の気圧配置になる。北西の季節風の影響で，日本海側は大雪，太平洋側は晴れるが乾燥する。
夏…小笠原気団が発達し，晴れる。南東の季節風の影響で蒸し暑い。

地球と宇宙

1．日周運動…天体は，東から西へ１時間に約15°移動する。地球の自転による見かけの動き。

▼季節と星座

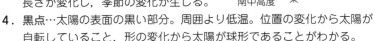

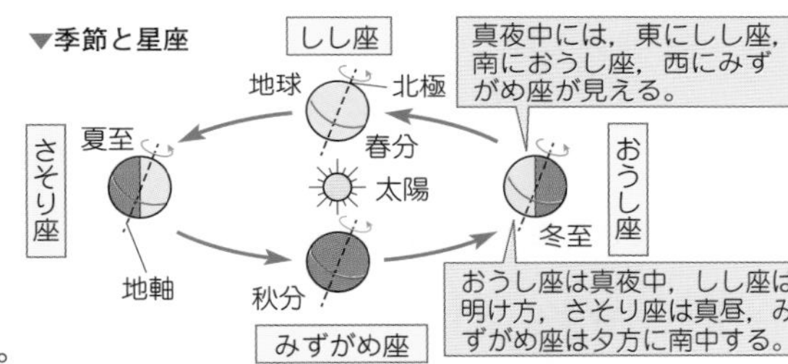

2．年周運動…同時刻に見える星座の位置は，東から西へ１か月で約30°移動する。地球の公転による見かけの動き。

3．季節の変化…地球は地軸を傾けたまま公転しているため，太陽の南中高度や昼の長さが変化し，季節の変化が生じる。

▼太陽の日周運動

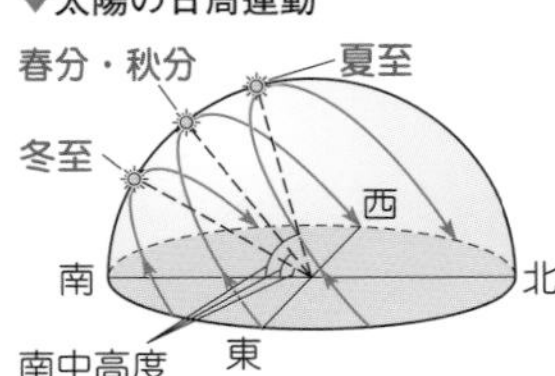

4．黒点…太陽の表面の黒い部分。周囲より低温。位置の変化から太陽が自転していること，形の変化から太陽が球形であることがわかる。

大切

●寒冷前線の通過

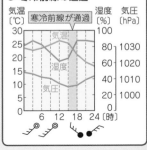

気温〔℃〕　寒冷前線が通過　湿度〔%〕　気圧〔hPa〕

確認

●停滞前線

寒気と暖気の勢力がつり合い，長時間動かない前線。梅雨前線など。

注意

●北天の星

日周運動でも年周運動でも，北極星を中心に反時計回りに移動。

確認

●黄道

天球上での太陽の見かけ上の通り道。星座の間を西から東に移動。

確認

●太陽の南中高度

- 夏至…90°－(緯度－23.4°)
- 春分・秋分…90°－緯度
- 冬至…90°－(緯度＋23.4°)

確認

●天体の分類

- 恒星…自ら光を放つ。
- 惑星…恒星のまわりを公転する。
- 衛星…惑星のまわりを公転する。

即答チェック

●わかるかどうかチェックしてみよう！

□① マグマが地下深くでゆっくりと冷え固まってできた火成岩を何といいますか。

□② S波によって起こる地震のゆれを何といいますか。

□③ 重さが10Nで，底面積が2m²の物体を水平な床に置いたときの圧力は何Paですか。

□④ 気温が下がったとき，空気中の水蒸気が水滴に変わり始めるときの温度を何といいますか。

□⑤ 通過するときにせまい範囲で強い雨が降るのは，寒冷前線と温暖前線のどちらですか。

□⑥ 日本の天気が西から東へと移り変わるのは，何という風の影響ですか。

□⑦ 天体の日周運動は，地球の何という運動による見かけの動きですか。

□⑧ 季節が生じるのは，地球が何を傾けたまま公転しているからですか。

07 実力完成テスト

→別冊解答 p.19

／100点

1 地震のゆれ （(1)(2)6点×3，(3)8点，計26点）

右下の図は，緊急地震速報のしくみを表したものである。次の問いに答えなさい。 〈宮城県〉

(1) ある地震が発生したとき，図の地震計では，はじめに小さなゆれを観測し，そのあとに大きなゆれを観測しました。はじめに観測した小さなゆれのことを何というか，答えなさい。

（　　　　　　　　）

地震計　気象庁　テレビやラジオ，携帯電話など

震源

震源に近い場所にある地震計で，P波による小さなゆれを観測し，気象庁に情報を送る。 → 地震計からの情報をもとに，S波による大きなゆれの到着時間や震度を予測し，緊急地震速報を発信する。 → テレビやラジオ，携帯電話などで緊急地震速報を受信する。

（「気象庁のホームページ」より作成）

(2) 地震の波の発生と，伝わり方について述べた，次の文章が正しくなるように，①のア～ウ，②のエ，オからそれぞれ１つ選び，記号で答えなさい。 ①（　　） ②（　　）

> 震源では①(ア　S波よりP波が先に　　イ　P波とS波が同時に　　ウ　P波よりS波が先に)発生する。観測地点にP波が到着してからS波が到着するまでの時間は，観測地点が震源から離れるほど②(エ　長く　　オ　短く)なる。

(3) ある地震では，震源から42km離れた地震計で観測されたP波をもとに，緊急地震速報が発信された。この地震計がP波を観測してから10秒後に，震源から120km離れたある地点で緊急地震速報を受信した。この地点で緊急地震速報を受信してからS波が到着するまでの時間は何秒か，求めなさい。ただし，P波とS波はそれぞれ一定の速さで伝わり，P波の速さは6km/s，S波の速さは4km/sとする。 （　　　　　）

2 日本の天気 （(1)(3)(4)6点×6，(2)7点，計43点）

図１は１月，図２は４月，図３は８月のある日の天気図である。次の問いに答えなさい。 〈山梨県〉

図１

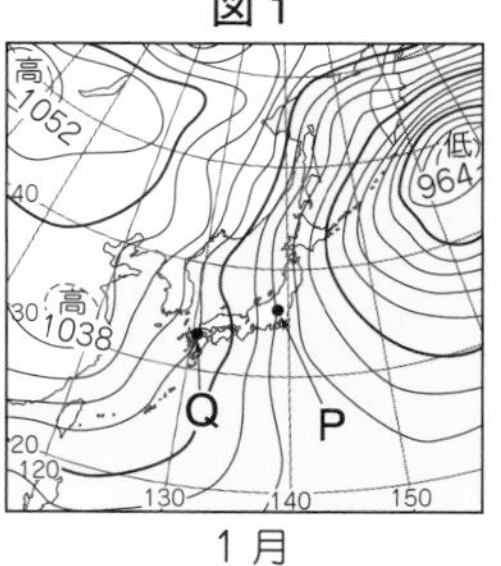

１月

図２

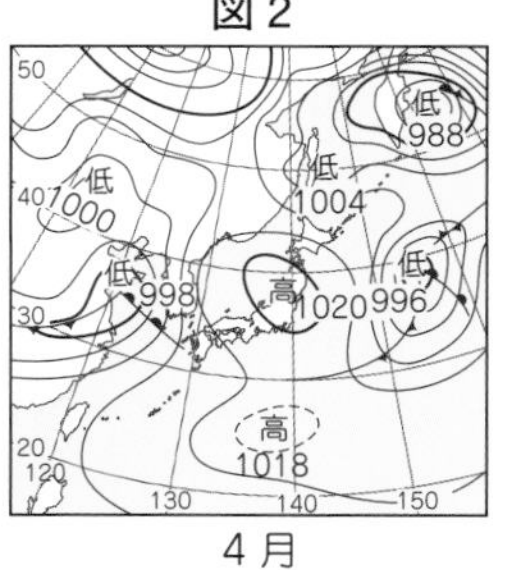

４月

図３

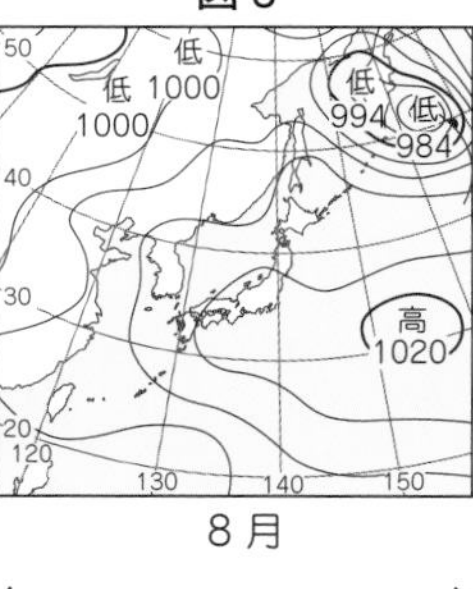

８月

正答率51%

(1) 図１の天気図で，Q点における気圧は1024hPaである。P点における気圧は何hPaか，書きなさい。 （　　　　　）

正答率34%

(2) ４月は，晴れの日とくもりや雨の日が４～６日くらいの短い周期で変わることが多い。図２の天気図を参考にして，短い周期で天気が変わる理由を，簡単に書きなさい。

（　　　　　　　　　　　　　　　　　　　　　　　　）

(3) 日本の夏に特徴的な風がふくことについて述べた，次の文章の①，②にはあてはまるものを，それぞれア，イから１つずつ選び，記号で答えなさい。また，［③］にはあてはまる語句を漢字３字で書きなさい。 ①（　　） ②（　　） ③（　　　　）

日射が強い夏は，ユーラシア大陸があたためられ，大陸上の気温が太平洋の海上よりも大きく上昇する。その結果，ユーラシア大陸上の気圧が①〔ア　高　　イ　低〕く，太平洋上の気圧が②〔ア　高　　イ　低〕くなる。そのため，日本では南東の風がふくことが多い。この風を，夏の［　③　］という。

正答率45%　(4)　図１の天気図をもとに，日本付近における冬の天気の特徴を，図４と［　　］の中の文にまとめた。［　　］の中の①～④は，図４の①～④の場所での，それぞれの天気の特徴を述べた文である。下線部に誤りのある文を①～④から１つ選び，記号で答えなさい。また，選んだ文の下線部を正しく書き直しなさい。

図４

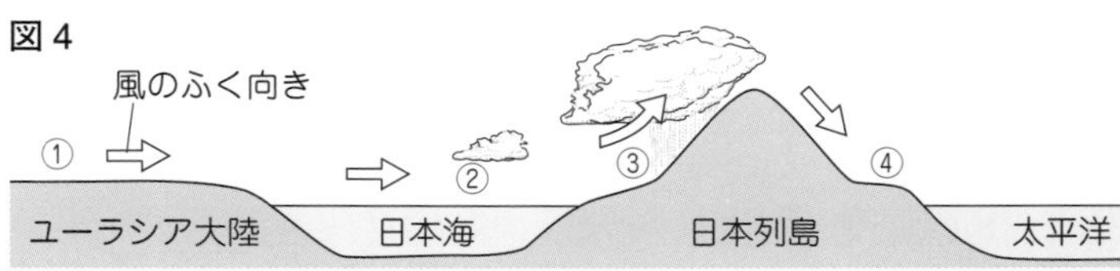

記号（　　）　書き直し（　　　　　　　　　　）

①　ユーラシア大陸にある<u>シベリア気団</u>から風がふき出す。
②　<u>暖流</u>の影響もあり，海面からの熱と多量の水蒸気によって雲ができる。
③　日本列島の日本海側の山沿いに<u>多くの雪</u>が降る。
④　日本列島の太平洋側では<u>温暖で湿った風</u>が北西からふき，晴天が続く。

3　金星の見え方　（(1)7点，(2)～(4)6点×4，計31点）

ある日の明け方，真南に半月が見え，東の空に金星が見えた。次の問いに答えなさい。　〈富山県〉

重要　(1)　金星は朝夕の限られた時間にしか観察することができない。この理由を簡単に書きなさい。
（　　　　　　　　　　　　　　　　　　　　）

(2)　右の図は，静止させた状態の地球の北極の上方から見た，太陽，金星，地球，月の位置関係を示したモデル図である。金星，地球，月は太陽の光が当たっている部分(白色)と影の部分(黒色)をぬり分けている。この日の月と金星の位置はどこと考えられるか。月の位置はA～H，金星の位置はa～cからそれぞれ１つずつ選び，記号で答えなさい。　月（　　）　金星（　　）

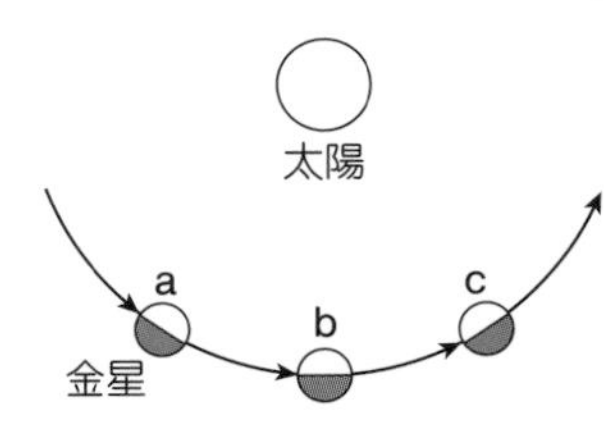

(3)　この日の２日後の同じ時刻に，同じ場所から見える月の形や位置として適切なものを，次のア～エから１つ選び，記号で答えなさい。　（　　）

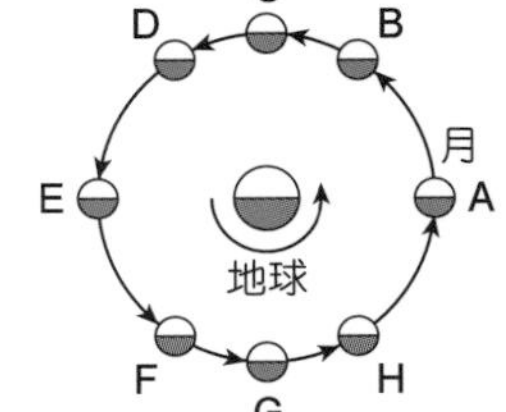

ア　２日前よりも月の形は満ちていて，位置は西側に移動して見える。
イ　２日前よりも月の形は満ちていて，位置は東側に移動して見える。
ウ　２日前よりも月の形は欠けていて，位置は西側に移動して見える。
エ　２日前よりも月の形は欠けていて，位置は東側に移動して見える。

(4)　図において，月食が起こるときの月の位置はどこになるか。A～Hから１つ選び，記号で答えなさい。　（　　）

01 世界の諸地域

学習日　　月　　日

ポイント整理

◐ 世界地図と地球儀

1. **世界地図**　地球を平面で表す。面積，方位，距離，形などを1つの地図にすべて正確に表すことはできない。
2. **地球儀**　陸や島の形や位置，面積を正しく表す。
3. **標準時と時差**
   ① **標準時子午線**…世界各地の時刻の基準(標準時)となる経線。
   ・日本の標準時子午線…兵庫県**明石市**を通る**東経135度**の線。
   ② **時差**…世界各地の標準時のずれ。標準時子午線の経度が**15度**ずれるごとに，**1時間**の時差。

◐ 陸地と海洋(六大陸と三大洋)

陸地と海の面積の割合は，およそ3対7だよ。

◐ 世界のさまざまな国

1. **内陸国**　陸地に囲まれた国。モンゴル，スイス，ボリビア，ザンビアなど。
2. **島国(海洋国)**　海に囲まれた国。日本，イギリス，ニュージーランド，フィリピンなど。
3. **面積の大きい国**　ロシア(連邦)，カナダ，アメリカ(合衆国)。
4. **人口の多い国**　インド，中国，アメリカ(合衆国)。

注意

地図の種類
- **正距方位図法**…中心からの距離と方位が正しい。
- **メルカトル図法**…緯線と経線が直角に交わる。
- **モルワイデ図法**…面積が正しい。

▼地球上の位置を表す基準

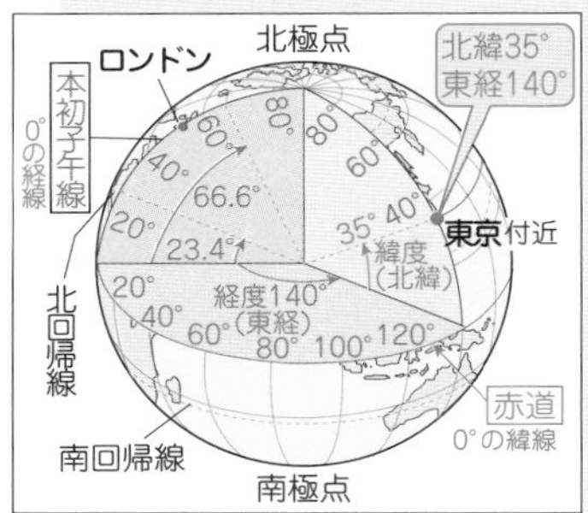

大切

いろいろな国境線

▼川に沿った国境線

▼山脈に沿った国境線

ほかにインド・中国の間のヒマラヤ山脈など。

▼経緯線に沿った国境線

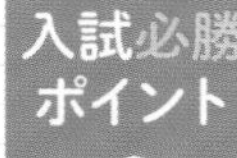

●時差の計算

●明石市とロンドンの時差

明石市は東経135度，ロンドンは東経・西経0度。

135(度) − 0(度) ＝ 135(度) ⇒ 135度差

経度15度で1時間の時差が生じる。

135(度) ÷ 15(度) ＝ 9(時間)

●ロンドンと明石市の時刻…時間は東から西へ進む。

明石市のほうが東にあるので，時刻が早い。

明石市のほうが9時間早い。

即答チェックの答え　①メルカトル図法　②本初子午線　③太平洋　④内陸国　⑤ロシア(連邦)　⑥オセアニア州　⑦西岸海洋性気候　⑧12月31日午後11時

◆時差の計算は必出！　必ず慣れておこう。
◆世界の気候帯では，温帯の特徴についてよく問われる！

世界の気候と人々の生活

1．世界の州区分

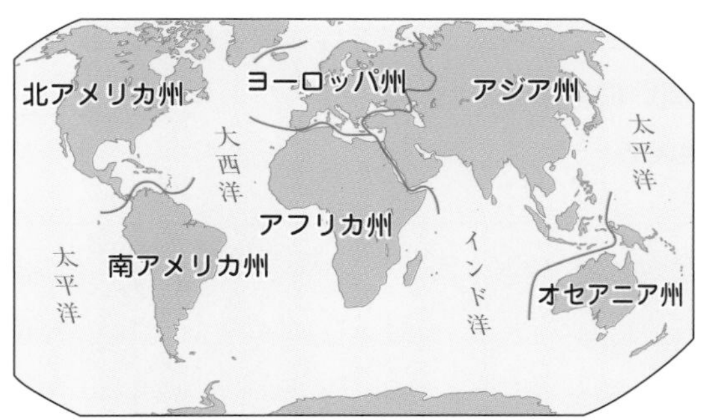

▼各州のおもな産業

アジア州	東部で稲作。ペルシア湾で原油産出
ヨーロッパ州	北部で混合農業，南部で地中海式農業。EU域内で航空機の共同生産。ルール工業地域の重化学工業
アフリカ州	植民地時代にプランテーション。レアメタル(希少金属)の産出
北アメリカ州	アメリカ合衆国の企業的な農業。サンベルトでの先端技術(ハイテク)産業
南アメリカ州	ブラジルでコーヒー栽培
オセアニア州	オーストラリアで石炭・鉄鉱石産出

2．世界の気候帯

寒帯	氷雪気候，ツンドラ気候	1年じゅう気温が低い
乾燥帯	砂漠気候，ステップ気候	雨がほとんど降らない
熱帯	熱帯雨林気候，サバナ気候	1年じゅう気温が高い
温帯	温暖(温帯)湿潤気候，西岸海洋性気候，地中海性気候	比較的温暖(最寒月の平均気温が比較的高い)で，人間がくらしやすい
亜寒帯(冷帯)	冬の寒さが厳しく，冬と夏の気温差が大きい	

▼世界の気候帯

攻略

[温帯の気候区]
・温暖湿潤気候…季節風(モンスーン)により，季節の変化が明瞭。年間を通じての降水量や気温の変化が大きい。
・西岸海洋性気候…降水量や気温の変化が少ない。偏西風の影響大。
・地中海性気候…夏は高温・乾燥。冬は雨が多い。

参考
高山気候
アンデス山脈などの高地の気候。高度が増すほど気温が低くなり，年間の気温の変化は少ない。

▼イグルー(左)とゲル(右)

3．人々の生活

① 世界の住居…イグルー(イヌイット)，高床の家(フィジー)，ゲル(モンゴル)。窓の小さい石造りの家(イタリア・スペイン)など。
② おもな主食…**米**，**小麦**，**いも類**，**とうもろこし**など。
③ 世界の宗教…キリスト教，仏教，イスラム教，ヒンドゥー教など。

即答チェック

●わかるかどうかチェックしてみよう！

□① 緯線と経線が直角に交わるのは，何という図法で描かれた地図ですか。
□② イギリスのロンドンを通る経度0度の経線を何といいますか。
□③ 日本の東側は，何という海洋に面していますか。
□④ モンゴルなど，まわりを陸地に囲まれた国を何といいますか。
□⑤ 世界で最も面積の広い国はどこですか。
□⑥ 世界を5つの州に分けたとき，オーストラリア大陸が属する州はどこですか。
□⑦ 温帯に属し，偏西風の影響を強く受ける気候を何といいますか。
□⑧ 日本が1月1日午前6時のとき，エジプトのカイロ(東経30度)は何月何日何時ですか。

01 実力完成テスト

→別冊解答 p.20

／100点

1 世界の姿 (8点×7＝56点)

次の地図１は，東京からの距離と方位が正しく表された地図，地図２は緯線と経線が直角に交わった地図です。この２つの地図について，あとの問いに答えなさい。

地図１

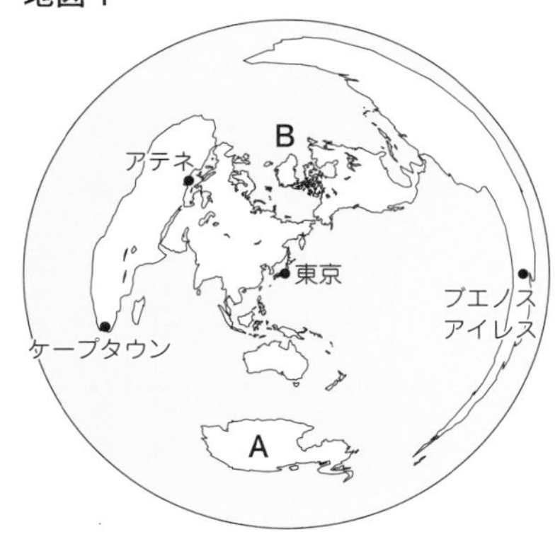

地図２

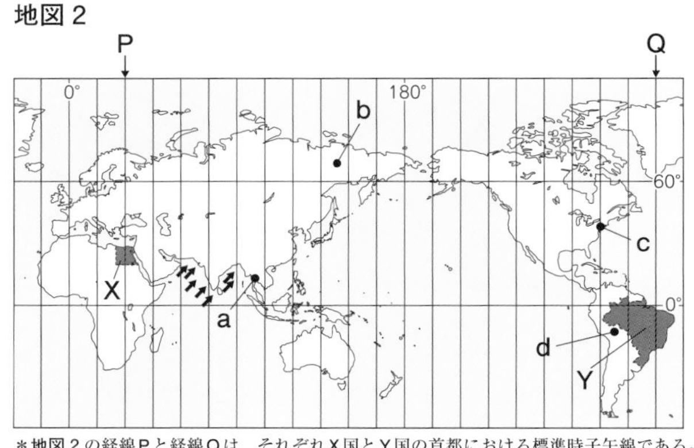

＊地図２の経線Ｐと経線Ｑは，それぞれＸ国とＹ国の首都における標準時子午線である。

(1) **地図１**中の**Ａ**の大陸名を書きなさい。 〈大阪府〉 (　　　　)

(2) **地図１**中の**Ｂ**の海洋名を，次の**ア**～**ウ**から１つ選び，記号で答えなさい。 〈大阪府・改〉

ア 太平洋　**イ** 大西洋　**ウ** インド洋 (　　)

(3) **地図１**中のアテネ，ケープタウン，ブエノスアイレスのうち，東京から最も近い距離に位置する都市はどれか，都市名を書きなさい。 〈大阪府〉 (　　　　)

(4) **地図１**中において，東京から見てブエノスアイレスは，およそどの方位に位置しますか。次の**ア**～**エ**から１つ選び，記号で答えなさい。 〈大阪府〉 (　　)

ア 東　**イ** 西　**ウ** 南　**エ** 北

(5) 次の**ア**～**エ**のグラフは，**地図２**に**ａ**～**ｄ**で示したいずれかの都市における，月別平均降水量と月別平均気温を表したものです。**ａ**の都市を示すグラフを１つ選び，記号で答えなさい。〈三重県・改〉 (　　)

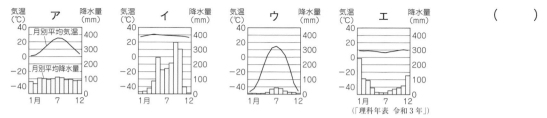

気温(℃)　ア　降水量(mm)　月別平均気温　月別平均降水量　40 20 0 −20 −40　400 300 200 100 0　1月 7 12

気温(℃)　イ　降水量(mm)　40 20 0 −20 −40　400 300 200 100 0　1月 7 12

気温(℃)　ウ　降水量(mm)　40 20 0 −20 −40　400 300 200 100 0　1月 7 12

気温(℃)　エ　降水量(mm)　40 20 0 −20 −40　400 300 200 100 0　1月 7 12

(「理科年表 令和３年」)

(6) **地図２**の**Ｘ**国の首都が３月31日午前３時のとき，**Ｙ**国の首都は何月何日の何時か，午前・午後を明らかにして書きなさい。なお，サマータイムは考えないものとします。 〈石川県〉

(　　　　)

(7) 次の文の［　　］にあてはまる語句を書きなさい。 〈千葉県・改〉 (　　　　)

> **地図２**中の矢印は，海洋から大陸へ風がふいていることを示しており，これは夏の風向きである。この南アジアの地域では，［　　］という夏と冬で風向きが変わる風がふいている。

2 世界の諸地域 （(2)(4)(5)8点×3，(1)(3)10点×2，計44点）

次の各問いに答えなさい。

(1) 次のグラフは，右の**地図**の大陸**A**の西側にあるパリと大陸**A**の東方にある札幌の雨温図です。札幌より高緯度にあるパリの冬の気温が高い理由を説明しなさい。 〈福井県・改〉

地図

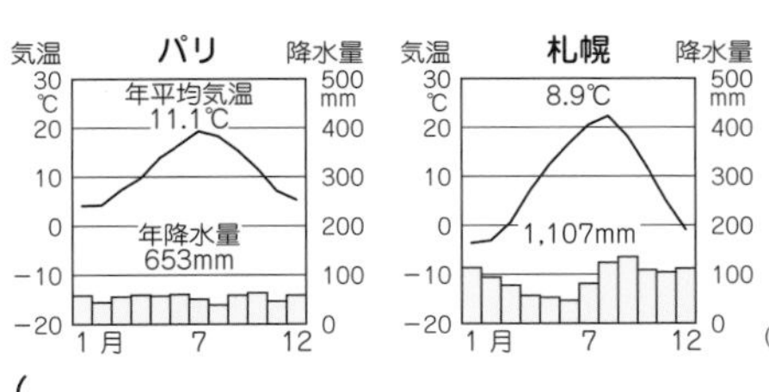

（「理科年表 令和３年」）

（　　　　　　　　　　　　　　　　）

(2) **地図**中の大陸**B**と大陸**D**のいずれかについて述べた次の文の**ア**〜**エ**から，大陸**B**について述べた文を２つ選び，記号で答えなさい。 〈群馬県・改〉（　　・　　）

ア　ほとんどの国で，スペイン語，ポルトガル語が話されている。

イ　大陸南東部の広大な草原では，大規模な肉牛の牧畜や小麦の栽培がさかんである。

ウ　大陸西岸の赤道付近では，カカオ豆栽培がさかんで，おもに輸出用に生産されている。

エ　大陸北部ではおもにイスラム教が信仰され，中部や南部ではキリスト教が広がっている。

(3) **地図**中の大陸**B**には，直線的な国境線が一部に見られます。このような国境線が見られる理由を，「植民地」という語句を用いて，40字以内で説明しなさい。 〈新潟県・改〉

（　　　　　　　　　　　　　　　　）

(4) **地図**中の大陸**C**について述べた次の文の［　　］にあてはまる語句を書きなさい。 〈福井県・改〉

（　　　　　　）

> 1970年代以降，アメリカでは，ほぼ北緯37度より南の地域に工業が発達した。この地域は気温が温暖で［　　］とよばれる。

(5) 右の**資料**は，2017年の米と小麦の生産量，輸出量のそれぞれ上位７か国を示しています。**資料**の読み取りとそれに関連することがらについて述べた次の文の下線部**ア**〜**エ**のうち，適切でないものを１つ選び，記号で答えなさい。 〈兵庫県・改〉

（　　）

> 世界の米と小麦の生産量はほぼ同じであるが，**ア** 輸出量は小麦のほうが多い。米の生産量は，アジア州の国が上位をしめ，米は **イ** 主食として多くの人口を支えている。一方，小麦の生産は，世界のなかで **ウ** 面積の広い国が上位をしめ，企業的な農業が行われている。米に比べ，小麦の生産と輸出の上位の国には重なりが少ないので，これらの国が **エ** 世界の小麦の価格に与える影響は小さい。

資料

米の生産(千t)

中国	212,676
インド	168,500
インドネシア	81,149
バングラデシュ	54,148
ベトナム	42,764
タイ	32,688
ミャンマー	25,625
世界計	769,829

米の輸出(千t)

インド	12,061
タイ	11,616
ベトナム	5,812
アメリカ合衆国	3,266
パキスタン	2,737
中国	1,173
ミャンマー	1,059
世界計	44,519

小麦の生産(千t)

中国	134,334
インド	98,510
ロシア	86,003
アメリカ合衆国	47,380
フランス	38,678
カナダ	29,984
パキスタン	26,674
世界計	773,477

小麦の輸出(千t)

ロシア連邦	33,026
アメリカ合衆国	27,299
カナダ	22,062
オーストラリア	21,986
ウクライナ	17,314
フランス	15,229
アルゼンチン	13,099
世界計	196,789

（「世界国勢図会2020/21」）

02 日本の諸地域

学習日　　月　　日

ポイント整理

日本の領域

1．**日本の領域**　北海道，本州，四国，九州と，その周辺の島々。

2．**領土問題**　北方領土(北海道)をロシアが不法占拠。韓国が竹島(島根県)，中国が尖閣諸島(沖縄県)の領有権を主張している。

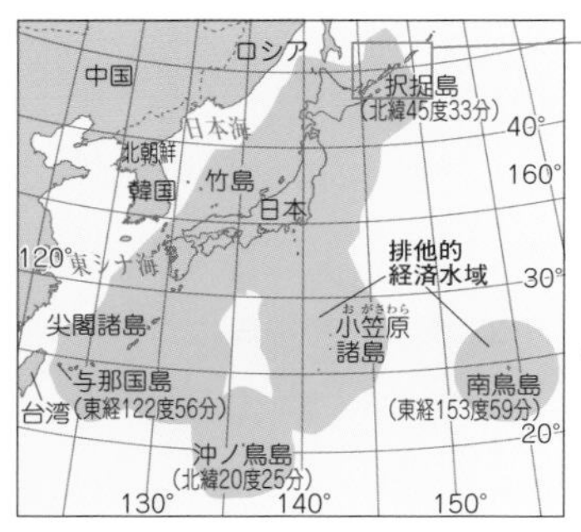

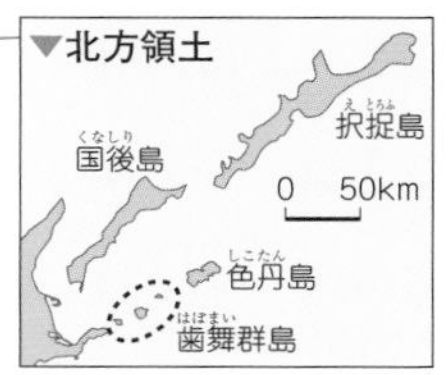

◀日本の領土と周辺の国々

日本の国土面積はおよそ38万km²で，北海道から沖縄までの距離は，およそ3,000kmだよ。

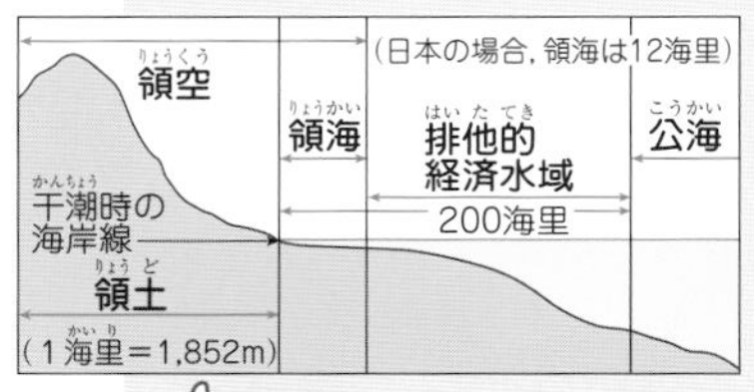

大切

排他的経済水域
海岸線から200海里までの範囲のうち，領海以外の部分。この水域の水産資源や鉱産資源は自国だけで利用できる。

確認

日本の端
東端→南鳥島　西端→与那国島
南端→沖ノ鳥島　北端→択捉島

参考

世界の造山帯(変動帯)
環太平洋造山帯(日本が含まれる)とアルプス・ヒマラヤ造山帯の大きく２つに分けられる。

自然環境から見た日本

1．**地形**　フォッサマグナを境に，東西の２つに分けられる。

① 山地…国土面積の約75％をしめる。火山活動が活発
＝火山噴火や地震などの自然災害が多い。
本州中央部に日本アルプス(飛驒・木曽・赤石山脈)。

② 川…一般的に流れが急で，長さは短い。

③ 海岸線…砂浜海岸のほか，三陸海岸，志摩半島などで，複雑な海岸線のリアス海岸が見られる。

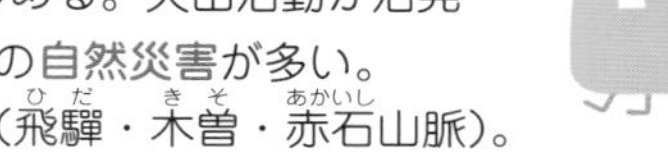

2．**気候**　大部分が温帯で，四季が明確。季節風(モンスーン)の影響を受け，６つの気候に分けられる。

攻略

・年間降水量が少ないのは，瀬戸内(１年じゅう温暖)と中央高地(夏と冬の気温差が大きい)。

・太平洋側は夏，日本海側は冬の降水(雪)量が多い。

入試必勝ポイント

●扇状地と三角州の違い

●扇状地

…山地から流れてきた土砂が，谷口(河川が山地から平地に出るところ)に積もってできる扇形の地形 → **山すそにある。**
水はけがよいため，果樹園などに利用される。

●三角州

…大きな川の河口(河川が海に流れこむところ)付近に，土砂が積もってできる三角形の地形 → **海や湖沿いにある。**
水はけはあまりよくないので，水田などに利用される。

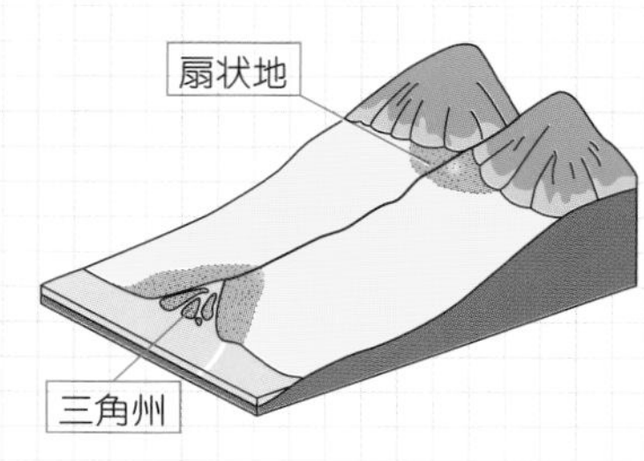

即答チェック の答え　①200海里　②環太平洋造山帯　③日本海側　④火力(発電)　⑤太平洋ベルト　⑥船　⑦1km　⑧扇状地

◆気候では，瀬戸内と中央高地，太平洋側と日本海側のちがいがよく出る！
◆地形，気候，農業は，あわせて問われやすい！

◐ 人口・資源・産業・交通から見た日本

1．**人口**　東京・大阪・名古屋の三大都市圏に人口が集中(過密)する一方，農村部，山間部，離島では過疎が進行。日本全体では，少子化と高齢化が進んだ少子高齢社会で，人口ピラミッドはつぼ型。

2．**資源・エネルギー**
① 火力発電が中心。原油(石油)などの鉱産資源のほとんどを輸入。
② 再生可能エネルギー(太陽光，風力，水力，地熱など)の開発利用が進む。

石油などを燃やす際に出る温室効果ガス(二酸化炭素など)は，地球温暖化の原因になるんだ。

3．**産業・貿易**
① 農業…平野で稲作がさかん。甲府盆地でぶどうやももの栽培。大都市周辺で近郊農業，高知・宮崎平野で促成栽培を行う。
② 漁業…各国が排他的経済水域を設定した影響で以前より衰退。
③ 工業…関東～九州地方までの太平洋ベルトに工業地域を形成。
④ 貿易…石油，機械類，食料品などの輸入が多い。

4．**交通**
① 航空機…軽量品や生鮮品の輸送に適する→精密機械，生花。
② 船…重量品や大きい物の輸送に適する→鉱産資源，機械類。
③ 高速交通路…新幹線，高速道路，航空路の整備が進む。本州四国連絡橋や青函トンネルなどで主要な島が結ばれる。

▼日本の地域区分

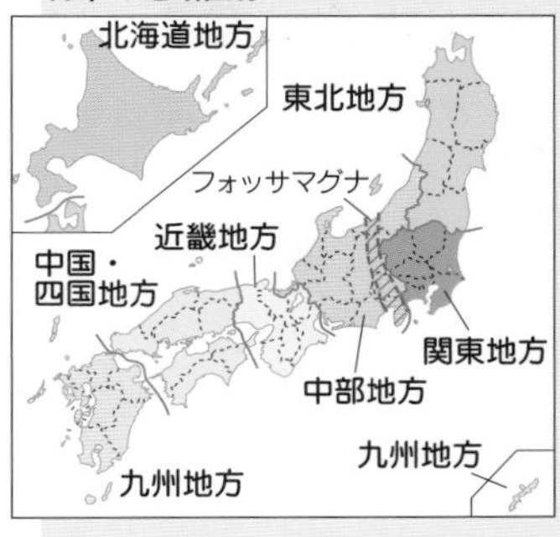

確認
▶産業の分類
- 第一次産業…農林水産業
- 第二次産業…鉱工業，製造業
- 第三次産業…金融・サービス業

大切
▶工業がさかんな都市
- 中京工業地帯…豊田(自動車)
- 京浜工業地帯…横浜(石油化学)，川崎(石油化学，鉄鋼)
- 阪神工業地帯…大阪(石油化学)
- 瀬戸内工業地域…倉敷(石油化学・鉄鋼)，広島(自動車)

◐ 地形図の読み取り方

1．**地形図**　国土地理院が発行。2万5千分の1や5万分の1の地形図など。距離や傾斜のほか，地図記号によって土地利用などがわかる。

2．**実際の距離**　地図上の長さ×縮尺の分母で求められる。

▼おもな地図記号

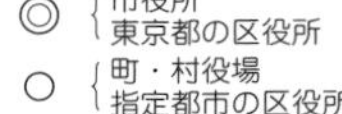

◎	市役所／東京都の区役所	文	小・中学校	⛩	神社
○	町・村役場／指定都市の区役所	⊗	高等学校	卍	寺院
⊗	警察署	血	博物館・美術館	凸	城跡
Y	消防署	🕮	図書館	॥	田
〒	郵便局	仚	老人ホーム	∨	畑
凢	自然災害伝承碑	⊕	病院	ó	果樹園
				Q	広葉樹林
				Λ	針葉樹林
				ıl	荒地

地形図上に方位記号がない場合は，地形図の上が北になるよ。

注意
▶等高線
標高の等しい地点を結んだ線。2万5千分の1の地形図では10mごと，5万分の1の地形図では20mごとに引かれる。間隔がせまいほど，土地の傾斜は急。

即答チェック

●わかるかどうかチェックしてみよう！

☐① 排他的経済水域は，海岸線から何海里までの範囲ですか。
☐② 日本を含む，太平洋を取りまく造山帯を何といいますか。
☐③ 冬に雪が多く降るのは，太平洋側と日本海側のどちらの気候ですか。
☐④ 日本で最も多い発電方法は何ですか。
☐⑤ 関東地方から九州地方までつらなる，人口や工業が集中した地域を何といいますか。
☐⑥ 石油や鉄鉱石などの鉱産資源の輸送に適しているのは，航空機と船のどちらですか。
☐⑦ 縮尺2万5千分の1の地形図上で4cmの場合，実際の距離は何kmですか。
☐⑧ 山から運ばれてきた土砂が，平地に出たところ(谷口)に積もってできる扇形の地形を何といいますか。

02 実力完成テスト

→別冊解答 p.20

／100点

1 日本の領域 (7点×3＝21点)

次の問いに答えなさい。

(1) **図1**は日本の領域と排他的経済水域の範囲を示しています。**図1**の**ア**～**オ**のうち，東京都に属する島で，かつては，満潮の時に2つの岩礁を残して水没していたが，排他的経済水域を守るため大工事が行われた島を1つ選び，記号で答えなさい。〈沖縄県・改〉（　　）

図1

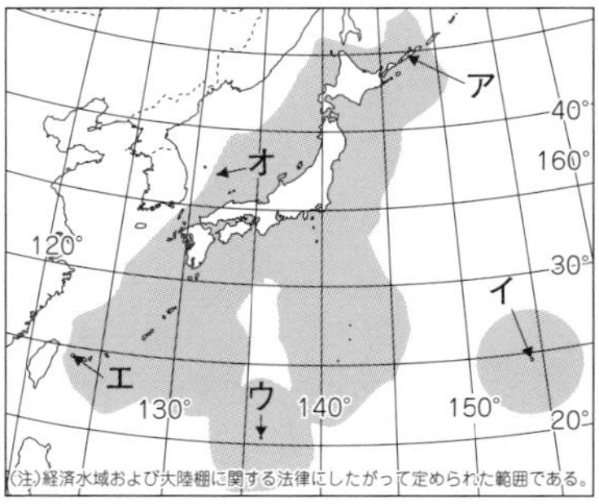

(注)経済水域および大陸棚に関する法律にしたがって定められた範囲である。

(2) **図2**の(　　)の島々のうち，表の**a**～**c**にあてはまる島(群島)を，あとの**ア**～**ウ**から1つずつ選び，記号で答えなさい。(完答)〈北海道〉 a（　　）　b（　　）　c（　　）

図2

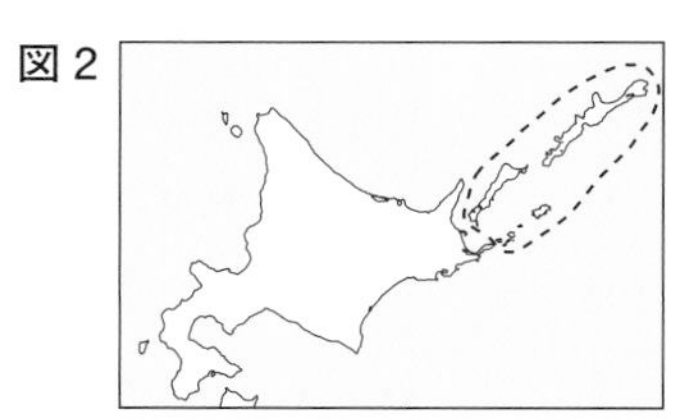

島(群島)	a	色丹島	b	c
面積(km^2)	93	248	1,489	3,167

(「外務省ホームページ」などより作成)

ア　国後島
イ　歯舞群島
ウ　択捉島

(3) 排他的経済水域の範囲を示すものとして適切なものを，**図3**の**ア**～**エ**から1つ選び，記号で答えなさい。〈福井県〉（　　）

図3

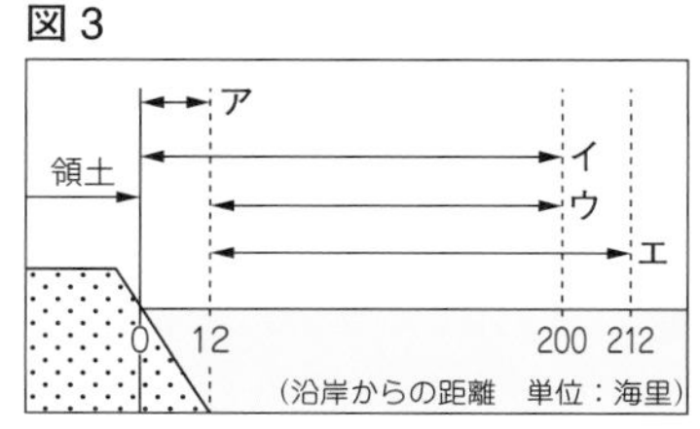

(沿岸からの距離　単位：海里)

2 日本の国土 ((1)～(3)(5)6点×4，(4)①(6)7点×4，(4)②10点，計62点)

地図と資料をもとにして，次の問いに答えなさい。

(1) 日本を7地方に区分したとき，**地図1**の**A**県はどこの地方にふくまれますか。〈石川県〉（　　）

地図1

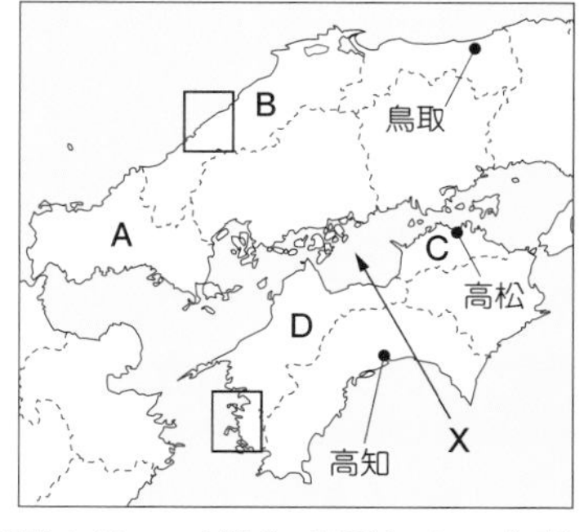

差がつく

(2) **地図1**の**B**県には，過疎化にともなう課題を抱えている地域があります。そのことを示す資料として最も適切なものを，次の**ア**～**エ**から1つ選びなさい。〈石川県〉（　　）

ア　平均寿命の推移　　**イ**　介護施設の数の推移
ウ　人口の推移　　**エ**　外国人登録者の数の推移

差がつく

(3) **地図1**に**X**で示した海の沿岸に広がる工業地域について，下の**資料1**は，工業生産額とその内訳の変化を示したものです。**資料1**から読み取れる内容として適切でないものを，次の**ア**～**エ**から1つ選び，記号で答えなさい。〈石川県〉（　　）

ア　機械の生産額が増えている。
イ　化学の生産額が減っている。
ウ　総額にしめる機械の割合が増えている。
エ　総額にしめる化学の割合が減っている。

資料1

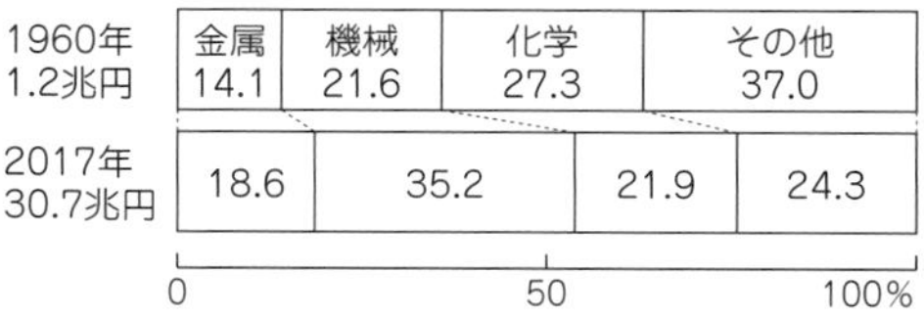

	金属	機械	化学	その他
1960年 1.2兆円	14.1	21.6	27.3	37.0
2017年 30.7兆円	18.6	35.2	21.9	24.3

0　50　100%

(「日本国勢図会2020/21」ほか)

(4)　右のグラフは，**地図１**の鳥取市，高松市，高知市の気温と降水量を表したものです。

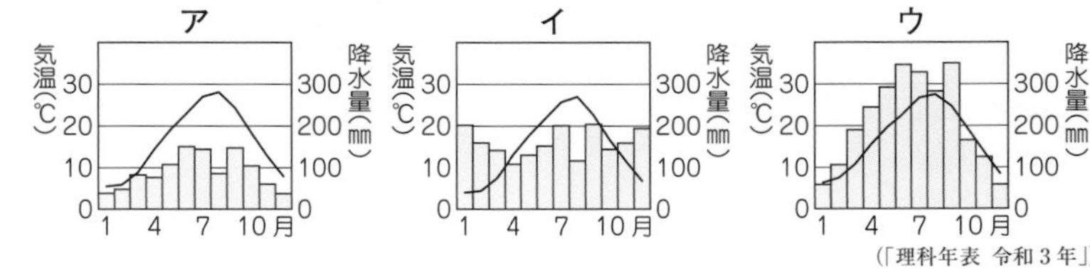

(「理科年表 令和３年」)

①　鳥取市，高松市，高知市の気候を表したグラフとして適切なものを，上の**ア**～**ウ**から１つずつ選び，記号で答えなさい。〈宮城県・改〉鳥取市（　　）　高松市（　　）　高知市（　　）

②　**地図１**の**C**県では，江戸時代以前からつくられていたため池が多く見られます。ため池がつくられた目的を，グラフを参考にして，この地域の気候の特色を含めて説明しなさい。〈石川県〉

（　　　　　　　　　　　　　　　　　　　　　　　　　　　　）

(5)　**資料２**の**ア**，**イ**は，**地図１**の**B**県，**D**県のいずれかです。**D**県にあたるのは**ア**，**イ**のどちらか，**地図２**，**地図３**から判断して書きなさい。なお，**地図２**，**地図３**は，**地図１**の□部分を拡大したものであり，それぞれの県の漁業生産量が多い場所を含んでいます。〈石川県〉（　　）

資料２
２つの県の漁業生産量の比較
(2018年　単位：t)

県	漁業全体	漁業のうち海面養殖業
ア	137,886	62,176
イ	117,788	428

(「データでみる県勢2021」)

地図２
B県の一部

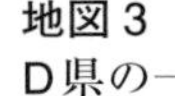
地図３
D県の一部

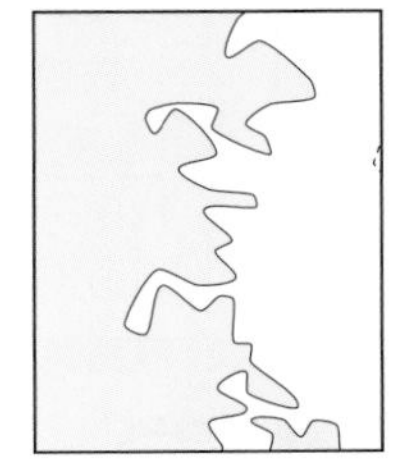

(6)　**資料３**は，日本の海上輸送(2018年)と航空輸送(2019年)の輸出額と輸出量を示したものです。これを見て，次の文の□にあてはまる，輸送されるものの特徴について，金額と量にふれて簡潔に説明しなさい。〈長崎県〉

> **資料３**から，航空輸送で取り扱うものは，海上輸送に比べて□という特徴があることがわかる。

資料３

	輸出額(億円)	輸出量(万t)
海上輸送	574,323	16,164
航空輸送	223,439	146

(「日本国勢図会2020/21」ほか)

（　　　　　　　　　　　　　　　　　　　　　　　　　　　　）

3　地形図の読み取り方　((1)10点，(2)7点，計17点)

まきさんは，元田中駅から御影通にあるXの交差点まで行き，そこから吉田神社のあるY地点まで散策しました。

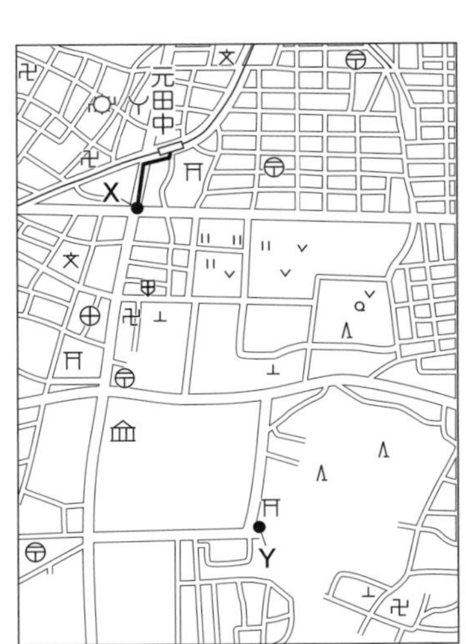

(1)　次の文は，散策時の様子をメモしたものです。まきさんが通ったX—Yのルートの続きを，右の地図にかき入れなさい。〈山口県〉

> 御影通の交差点を南に向かって道なりに歩き，寺院の前を通り過ぎた。博物館の手前の郵便局がある交差点を東に進んだ。大通り沿いの道を進むと，北側に天皇陵がある三叉路(T字の交差点)にさしかかった。その三叉路を南の方向に進み，しばらく歩くと吉田神社に着いた。

(2)　地図中のY̶の地図記号が表すものを，次の**ア**～**エ**から１つ選び，記号で答えなさい。〈静岡県〉（　　）

ア　図書館　　**イ**　官公署　　**ウ**　郵便局　　**エ**　消防署

03 古代～中世の日本

学習日　　月　　日

ポイント整理

古代文明のおこりと日本の古代国家

1．人類の進化と古代文明　猿人→原人→新人。道具や火，言葉の使用。

2．日本の古代国家の形成

① 旧石器時代…打製石器を使用。
② 縄文時代…竪穴住居，縄文土器，貝塚。
③ 弥生時代…米づくりが広まる。弥生土器，高床倉庫。貧富の差が生まれ，「くに」が発生。倭の奴国が後漢，邪馬台国が魏に使い。
④ 古墳時代…前方後円墳などの古墳。渡来人が須恵器，漢字，仏教，儒教などを伝える。大和政権（ヤマト王権）が成立。

3．律令国家の形成と天皇・貴族の政治

① 飛鳥時代…聖徳太子が天皇中心の国づくり。その後中大兄皇子（のちの天智天皇）と中臣鎌足らが大化の改新（645年）→701年，大宝律令。
② 奈良時代…710年，平城京（奈良市）遷都。

攻略

［奈良時代の土地制度］
班田収授法（戸籍にもとづいて口分田を与える）→土地が不足
→743年，墾田永年私財法（開墾した土地の永久私有）→荘園の発生

③ 平安時代…794年，桓武天皇が平安京（京都市）遷都→藤原氏が摂政・関白の地位を独占して摂関政治（藤原道長・頼通父子のころ全盛期）。
④ 武士のおこり…各地の豪族や有力農民が武装→武士団を形成。
⑤ 飛鳥・奈良・平安時代の文化

飛鳥時代（飛鳥文化）	奈良時代（天平文化）	平安時代（国風文化）
法隆寺（現存する最古の木造建築），釈迦三尊像，玉虫厨子。日本で最初の仏教文化。国際色が豊か	東大寺，正倉院，『風土記』，『古事記』，『日本書紀』，『万葉集』。シルクロード（絹の道）を通って伝わった文化の影響	寝殿造（平等院鳳凰堂），仮名文字，『源氏物語』（紫式部），『枕草子』（清少納言）。日本の風土に合った貴族文化

▼世界の古代文明

大切

中国・朝鮮の統一

- 中国…6世紀末に隋，7世紀はじめに唐が統一。大宝律令は，唐の律令（律は刑法，令は行政法のこと）にならってつくられた。
- 朝鮮…7世紀に新羅が唐と結んで百済，高句麗をほろぼす。

▼奈良時代の農民の負担

租	稲（収穫量の３％）
調	絹，真綿，特産物
庸	都での労役のかわりに布
雑徭	地方での労役
兵役	衛士（都で１年），防人（大宰府で３年）

確認

平安時代の仏教

平安時代の初めに天台宗（最澄），真言宗（空海）が伝来。中～後期には浄土信仰が広まる。

入試必勝ポイント

●各時代の重要人物

時代	人名	おもな業績，関係の深いできごと
弥生	卑弥呼	邪馬台国の女王。3世紀前半に魏に使いを送る（魏志倭人伝）
飛鳥	聖徳太子（厩戸皇子）	推古天皇の摂政。冠位十二階（能力に応じて役人に登用），十七条の憲法（役人の心構え），遣隋使（小野妹子ら）の派遣
奈良	聖武天皇	東大寺と大仏，国分寺・国分尼寺を建立
平安	藤原道長	子の頼通とともに，摂関政治の全盛期
鎌倉	北条時宗	元寇（モンゴル軍の襲来。文永の役，弘安の役）で，元軍を退けた
室町	足利義満	南北朝の合一。日明（勘合）貿易の開始。金閣の建立

即答チェックの答え　①ユーフラテス川　②邪馬台国　③中大兄皇子　④藤原頼通　⑤紫式部　⑥御成敗式目（貞永式目）　⑦建武の新政　⑧応仁の乱

◆各時代の重要人物と業績・できごとは，セットでおさえよう！
◆北山文化・東山文化の特徴は，必ずおさえておこう！

武家社会の始まり

1．**院政と平氏政権**　11世紀後半，**白河上皇**が**院政**を開始→12世紀後半，平氏の**平清盛**による政治(武士として初めての**太政大臣**)。

2．**鎌倉時代**

① **源頼朝**…平氏をほろぼす(**壇ノ浦の戦い**)→**鎌倉幕府**を開き，**征夷大将軍**。(1185年)(1192年)

② **執権政治**…頼朝の死後，**北条氏**が実権をにぎる。

③ **承久の乱**…1221年，**後鳥羽上皇**が挙兵→幕府が勝利し，京都に**六波羅探題**を設置して朝廷を監視。

④ **御成敗式目(貞永式目)**…1232年，**北条泰時**が制定した最初の武士法。

⑤ **元寇**…元による2度の襲撃を撃退→御家人に恩賞が出せず**徳政令**。

3．**室町時代**

① **建武の新政と室町幕府の成立**…鎌倉幕府をほろぼしたあと，**後醍醐天皇**の政治→**南北朝の動乱**。**足利尊氏**が京都に幕府を開く→**足利義満**が南北朝を合一。

② **日明(勘合)貿易**…足利義満が開始。倭寇との区別のため**勘合**使用。

③ **応仁の乱**…1467年，8代将軍**足利義政**のあとつぎ争いから戦乱→**下剋上**の風潮が高まり，**戦国大名**が台頭。

④ **鎌倉・室町時代の文化と産業の発達**

	文　化	産業の発達
鎌倉時代	**東大寺南大門**，**金剛力士像**，『**平家物語**』，『**新古今和歌集**』。武士や民衆の成長を背景とする，素朴で力強い文化 鎌倉時代の仏教　**浄土宗**(**法然**)，**浄土真宗**(**親鸞**)，**時宗**(**一遍**)，**日蓮宗**(**日蓮**)，**臨済宗**(**栄西**)，**曹洞宗**(**道元**)	二毛作，商品作物，定期市，貨幣(宋銭)の流通
室町時代	**金閣**，**銀閣**，**能**(**世阿弥**ら)，**狂言**，**水墨画**(**雪舟**)。公家と武家の文化の融合が見られる。民衆にも文化が広まる	**問**(倉庫業)，**馬借**(運送業)，**土倉**，**酒屋**(金融業)→**座**の結成

攻略

・**北山文化**…足利義満の時代。金閣。はなやかな文化
・**東山文化**…足利義政の時代。銀閣。簡素な文化

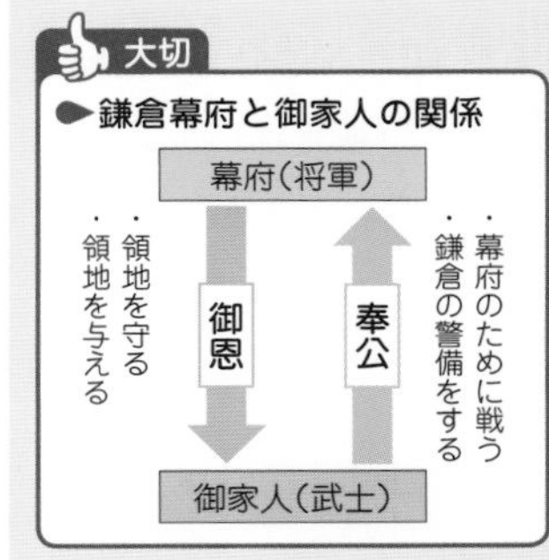

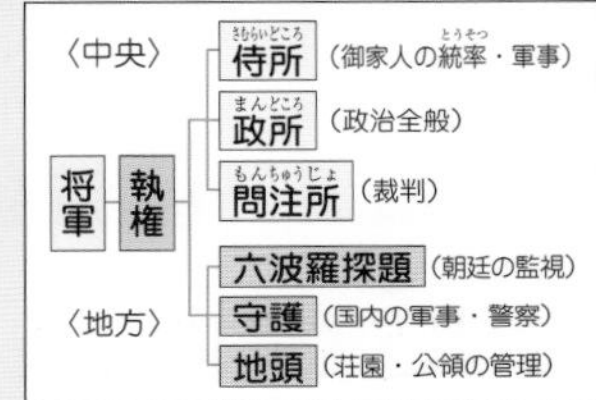

▼室町幕府のしくみ

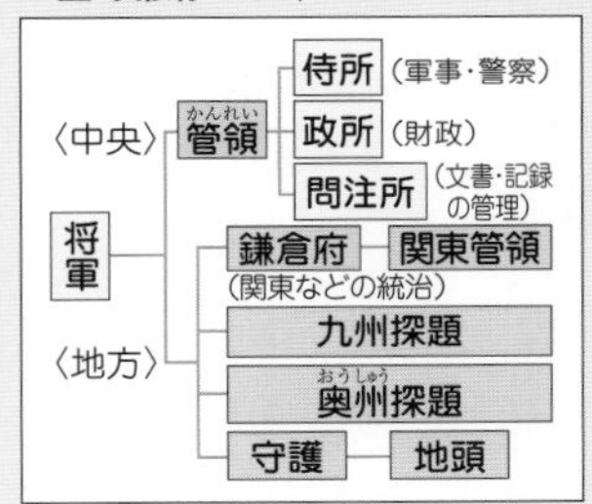

室町時代には，惣(惣村)とよばれる農民の自治組織も発達したよ。

即答チェック

●わかるかどうかチェックしてみよう！

□① メソポタミア文明が発達したのは，チグリス川と何という川の流域ですか。
□② 弥生時代，卑弥呼が治めていた国を何といいますか。
□③ 中臣鎌足らとともに蘇我氏をたおし，大化の改新を進め，のちに天智天皇となった人物はだれですか。
□④ 藤原道長の子で，摂関政治を行うとともに，宇治に平等院鳳凰堂を建立した人物はだれですか。
□⑤ 仮名文字を使って『源氏物語』を書いた人物はだれですか。
□⑥ 1232年に，執権の北条泰時が制定した，初めての武士法を何といいますか。
□⑦ 鎌倉幕府をほろぼしたあと，後醍醐天皇が行った公家中心の政治を何といいますか。
□⑧ 1467年に，将軍のあとつぎ問題などが原因で，京都で始まった戦乱を何といいますか。

03 実力完成テスト

→別冊解答 p.21

／100点

1 世界の古代文明 （8点）

次の写真は古代文明で使用された文字，地図は文明が発生した地域です。古代文明と文字，地域の組み合わせとして適切なものを，表のア～エから１つ選び，記号で答えなさい。 〈沖縄県〉（　　）

写真１

写真２

写真３

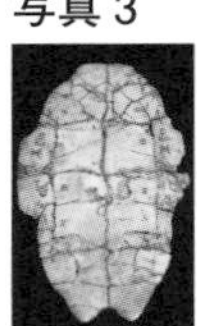

写真４

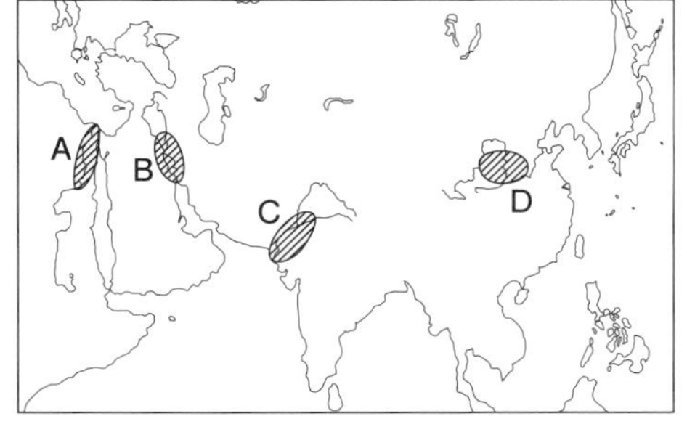

	古代文明の名称	文字	地域
ア	メソポタミア	写真１	C
イ	エジプト	写真２	A
ウ	中国	写真３	D
エ	インダス	写真４	B

2 縄文～弥生時代 （8点×2＝16点）

次の問いに答えなさい。

(1) 縄文時代の末ごろ，日本に稲作が伝えられたとされる地域を，右の地図のア～エから１つ選び，記号で答えなさい。 〈奈良県〉（　　）

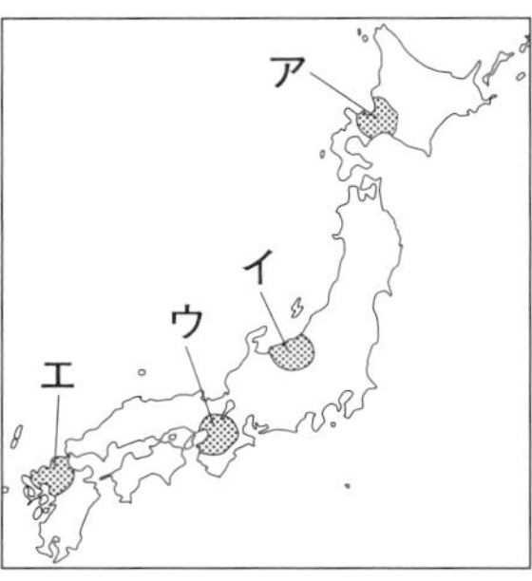

(2) 弥生時代に関連する説明として適切なものを，次のア～エから１つ選び，記号で答えなさい。 〈沖縄県〉（　　）

ア　弥生時代の土器の特徴は，厚さがあり，縄目の模様がついていることである。

イ　弥生時代には，現在の北海道から沖縄まで稲作が行われるようになった。

ウ　『魏志倭人伝』には，倭国の人々が平等にくらしていたことが記されている。

エ　稲作が始まると，土地や水の利用をめぐる争いが起こるようになった。

3 古代～中世の日本と世界 （(1)(2)10点×2，(3)～(9)8点×7，計76点）

次の表を見て，あとの問いに答えなさい。

時代	社会の様子やできごと	農民や農村の様子
古墳～飛鳥	A	
奈良	①聖武天皇は，都に大仏をまつる東大寺を，国ごとに国分寺や国分尼寺を建てた。	６年ごとに作成される戸籍にもとづき，②口分田が与えられた。
平安	藤原氏は，③天皇に代わって政治を動かしたり，天皇の政治を助けたりした。	有力な農民は，貴族・寺社の荘園などの耕作を受け負うようになった。
鎌倉	④武士が台頭して武家政権が成立し，その支配がしだいに全国に広まった。	牛馬耕や草木灰の普及により，農業生産力が高まった。
室町	守護の多くは権限を拡大し，領国の武士を家来として従えた。	農民が団結を強め，支配者に抵抗し，土一揆が各地で起こった。

重要 (1) 表のAの時期に起こった次のア〜ウのできごとを，年代の古い順に並べなさい。 〈岐阜県〉

ア 大宝律令がつくられ，全国を支配するしくみが細かく定められた。 （　→　→　）

イ 大和政権の王は　九州地方から東北地方南部にいたる各地の豪族を従え，大王とよばれた。

ウ 天智天皇が初めて全国の戸籍をつくるなど，政治の改革を進めた。

正答率44% (2) 下線部①について，聖武天皇が，都に大仏をまつる東大寺を建て，国ごとに国分寺や国分尼寺を建てた理由を，「国家」「仏教」の２つの語句を用いて説明しなさい。 〈新潟県・改〉

（　　　　　　　　　　　　　　　　）

(3) 下線部②は，戸籍にもとづいて６歳以上の男女に与えられ，その人が死亡したときは国に返さなければなりませんでした。この制度を何といいますか。 〈徳島県〉（　　　）

重要 (4) 藤原氏が行った，下線部③のような政治を何といいますか。 〈徳島県〉（　　　）

正答率87% (5) 下線部③の地位を得るために藤原氏が行ったこととかかわって，**資料**から読み取れることとして最も適切なものを，次のア〜エから１つ選び，記号で答えなさい。 〈長野県〉（　　）

資料　皇室と藤原氏との関係

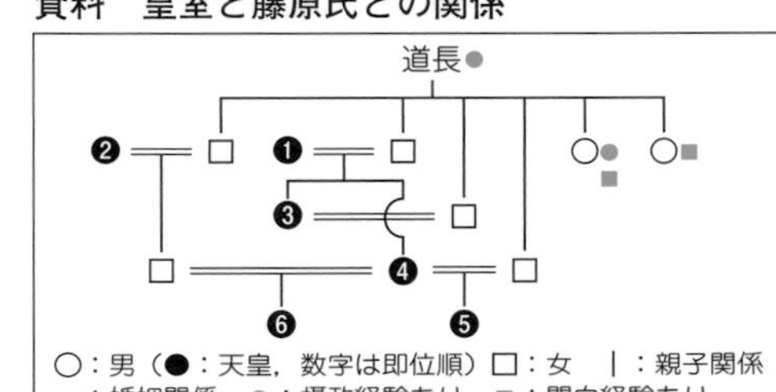

ア 道長には男女合わせて５人の子がいた。

イ 道長の４人のむすめはすべて天皇のきさきとなった。

ウ 道長のむすめの子はすべて天皇になった。

エ 道長と道長の息子はすべて摂政となった。

注意 (6) 下線部④について，鎌倉時代の武士の中には，将軍から，荘園・公領の管理や年貢の取り立てなどを行う役職を与えられた者もいました。この役職を何というか，次のア〜エから１つ選び，記号で答えなさい。 〈徳島県・改〉（　　）

ア 国司　　イ 執権　　ウ 守護　　エ 地頭

正答率44% (7) 日本が鎌倉時代のころに起こった外国のできごととして適切なものを，次のア〜エから１つ選び，記号で答えなさい。 〈鹿児島県・改〉（　　）

ア チンギス＝ハンがモンゴルを統一した。　　イ マゼランの艦隊が世界一周を達成した。

ウ ムハンマドがイスラム教を始めた。　　エ 新羅が朝鮮半島を統一した。

注意 (8) 鎌倉幕府や室町幕府のしくみの説明として適切なものを，次のア〜エから１つ選び，記号で答えなさい。 〈沖縄県・改〉（　　）

ア 鎌倉幕府は，幕府からの「奉公」と御家人からの「御恩」によって支えられた。

イ 源氏が３代で絶えると，北条氏が管領として鎌倉幕府をまとめた。

ウ ３代将軍足利義満は南北朝の内乱をおさめ，室町幕府に政治の権力を集中させた。

エ 有力な守護大名たちは執権として室町幕府を支えた。

差がつく (9) 次のA・Bの文は，室町時代の農業について説明したものです。それぞれの文の正誤の組み合わせとして適切なものを，あとのア〜エから１つ選び，記号で答えなさい。 〈福井県・改〉（　　）

A	二毛作が広がり，麻やくわなどの栽培が広がった。
B	備中ぐわや千歯こきなどの農具が広く使われた。

ア AもBも正しい。　　イ Aは正しい。Bは誤り。

ウ Aは誤り。Bは正しい。　　エ AもBも誤り。

04 近世～現代の日本

学習日　月　日

ポイント整理

武家社会の展開

1．ヨーロッパ人との出会い

① **ヨーロッパ世界の発展**…**十字軍**(11世紀末～)→**ルネサンス**(文芸復興。14世紀ごろ～)→**宗教改革**，**新航路の開拓**。

② **ヨーロッパ人の来航**…1543年に**鉄砲**，1549年に**キリスト教**が伝来。

③ **南蛮貿易**…ポルトガルやスペインとの貿易。

2．安土桃山時代

① **織田信長**…**桶狭間の戦い**→**室町幕府をほろぼす**→**長篠の戦い**。**安土城**下で**楽市・楽座**。明智光秀にそむかれ本能寺で自害(1582年)。

② **豊臣秀吉**…信長の後継者となり，全国統一(1590年)。**太閤検地**・**刀狩**(→**兵農分離**)，**朝鮮侵略**(朝鮮出兵)。

③ **桃山文化**…**姫路城**，**障壁画**(狩野永徳)，茶の湯(**千利休**)。
大名や商人の力を背景にした雄大で豪華な文化。

3．江戸時代

① **江戸幕府の成立**…**関ヶ原の戦い**で勝利した**徳川家康**が幕府を開く。(1600年)(1603年)

② **大名の統制**…**武家諸法度**。3代将軍**徳川家光**は**参勤交代**を制度化。

③ **対外政策**…キリスト教の禁止→**島原・天草一揆**→**鎖国**の完成。外国との窓口は**出島**(オランダ・中国)，**対馬藩**(朝鮮)，**薩摩藩**(琉球王国)，**松前藩**(蝦夷地のアイヌ)。

④ **江戸時代のおもな政治改革**

徳川綱吉の政治	享保の改革(徳川吉宗)	田沼意次の政治	寛政の改革(松平定信)	天保の改革(水野忠邦)
生類憐みの令(→新井白石が廃止)，儒学	新田開発，目安箱，公事方御定書	長崎貿易拡大，株仲間の奨励	朱子学の奨励，倹約令，出稼ぎ禁止	大塩平八郎の乱のあと。株仲間の解散

⑤ **江戸時代の文化**

文化	担い手	代表的な人物・作品
元禄文化(江戸時代前半)	上方(大阪・京都)の町人中心	浮世草子(井原西鶴)，人形浄瑠璃(近松門左衛門)，俳諧(松尾芭蕉)，装飾画(尾形光琳)，浮世絵(菱川師宣)
化政文化(江戸時代後半)	江戸の町人中心	小説(滝沢馬琴，十返舎一九)，俳諧(与謝蕪村，小林一茶)，錦絵(喜多川歌麿，葛飾北斎，歌川広重)

大切

ヨーロッパ人来航の背景
カトリック教会が，ルターらの宗教改革に対抗してアジアや中・南アメリカでの布教をめざしたこと。

▼江戸幕府のしくみ

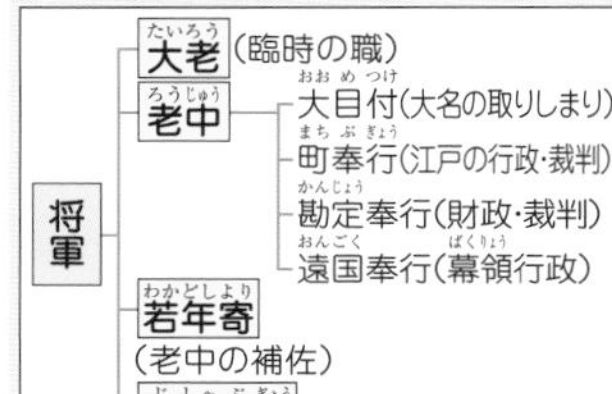

確認

大名の種類
- 親藩…徳川氏の一門
- 譜代大名…古くからの徳川氏の家臣
- 外様大名…関ヶ原の戦い以降の家臣

入試必勝ポイント

●近代のおもな戦争と関連事項

甲午農民戦争(1894年) → **日清戦争** → **下関条約**(1895年) → 三国干渉 → 八幡製鉄所(1901年)

義和団事件(1899～1900年) → 日英同盟(1902年) → **日露戦争**(1904年) → **ポーツマス条約**(1905年) → 韓国併合(1910年)

サラエボ事件(1914年) → **第一次世界大戦** → ロシア革命(1917年) → **ベルサイユ条約**(1919年)

第二次世界大戦(1939年) → 日独伊三国同盟(1940年) → **太平洋戦争**(1941年) → ポツダム宣言(1945年) → **サンフランシスコ平和条約**(1951年)

即答チェック の答え ①安土城　②参勤交代　③オランダ　④版籍奉還　⑤小村寿太郎　⑥ニューディール(新規まき直し)　⑦1931年　⑧サンフランシスコ平和条約

◆世界恐慌による影響について，しっかり理解しよう！
◆近代のおもな戦争と講和条約は，セットでおさえよう！

近代～現代の日本のあゆみ

1．開国と江戸幕府の滅亡

① 開国…1853年，ペリーが来航→日米和親条約(1854年)，日米修好通商条約(1858年)（領事裁判権〔治外法権〕を認め，関税自主権がない不平等条約）。

② 幕府の滅亡…1867年，徳川慶喜(15代将軍)が大政奉還→朝廷は王政復古の大号令。

2．日本の近代化

① 明治維新…五箇条の御誓文→版籍奉還，廃藩置県で中央集権国家。

② 富国強兵・殖産興業…学制，徴兵令，地租改正。富岡製糸場などの官営模範工場。岩倉使節団が欧米諸国を視察。

③ 文明開化…西洋の文化を取り入れる動き。

④ 立憲国家の成立と戦争…自由民権運動→内閣制度(1885年)（初代首相伊藤博文），大日本帝国憲法発布（1889年）。日清戦争，日露戦争。

3．２度の世界大戦と戦後の世界

① 第一次世界大戦…三国同盟対三国協商。日本は日英同盟を理由に参戦。

② 大戦後の世界と日本…国際連盟の成立。日本では大正デモクラシー（護憲運動，民本主義）。1918年，米騒動→本格的な政党内閣（原敬内閣）。普通選挙法・治安維持法（1925年）。

③ 世界恐慌と第二次世界大戦…アメリカでの株価暴落(1929年)→世界的な不況。1939年，第二次世界大戦。日本は満洲事変(1931年)→日中戦争(1937年)→太平洋戦争(1941年)。

攻略

［世界恐慌の各国への影響］
・アメリカ…ニューディール（新規まき直し）で対応（ローズベルト大統領）
・イギリス・フランス…ブロック経済で対応
・イタリア・ドイツ…ファシズムが台頭（ムッソリーニ(イタリア)，ヒトラー(ドイツ)）
・ソ連…社会主義のため影響なし。「五か年計画」で，工業国へと成長

④ 戦後改革と日本の国際社会復帰…財閥解体，農地改革，教育基本法，日本国憲法。サンフランシスコ平和条約(1951年)→日ソ共同宣言(1956年)（→国際連合加盟）。日韓基本条約(1965年)，日中共同声明(1972年)・日中平和友好条約(1978年)。

⑤ 戦後の世界…朝鮮戦争，ベトナム戦争，中東戦争，ソ連解体（冷戦の終結），ヨーロッパ連合（EU）。

大切

欧米の近代化
・イギリス…18世紀後半，世界で初めての産業革命
・アメリカ…1776年，独立宣言（イギリスから独立）→1861年，南北戦争が開始
・フランス…1789年，フランス革命（人権宣言）

確認

不平等条約の改正
・1894年，領事裁判権を撤廃（陸奥宗光外務大臣）
・1911年，関税自主権を回復（小村寿太郎外務大臣）

▼選挙権の拡大

1889年	直接国税15円以上を納める満25歳以上の男子
1925年	満25歳以上の男子
1945年	満20歳以上の男女
2015年	満18歳以上の男女

軍人による事件として，1932年に五・一五事件，1936年に二・二六事件が起こったよ。

即答チェック

●わかるかどうかチェックしてみよう！

□① 織田信長の本拠地は何という城ですか。
□② 大名に，１年おきに江戸と領地を往復させた制度を何といいますか。
□③ 江戸時代に，出島での貿易を許されていたヨーロッパの国はどこですか。
□④ 明治政府が，大名の土地と人民を返還させた政策を何といいますか。
□⑤ 1911年に，アメリカとの交渉で関税自主権の回復に成功した外務大臣はだれですか。
□⑥ 世界恐慌の対策として，アメリカのローズベルト大統領が行った政策を何といいますか。
□⑦ 満洲事変が始まったのは，西暦何年ですか。
□⑧ 日本が独立を回復した1951年の条約を何といいますか。

社会

04 実力完成テスト

→別冊解答 p.22

目標時間 30分 目標点数 80点

／100点

1 戦国時代～江戸時代 (8点×4＝32点)

次の表を見て，あとの問いに答えなさい。

時　代	社会のようすやできごと
戦国時代～②安土桃山時代	・①ザビエルが，キリスト教を伝えるために鹿児島にきた。 ・織田信長が近江に安土城を築いた。
江戸時代	・江戸幕府がキリスト教の信仰や③貿易を制限した。 ・元禄のころを境に，④幕府の財政が悪化していった。

(1) 下線部①と関係の深いできごとを，次のア～エから１つ選び，記号で答えなさい。〈新潟県・改〉

(　　)

ア　人間らしい個性や自由を表現しようとする古代ギリシャ・ローマの文化を理想とした，ルネサンス(文芸復興)とよばれる風潮が，ヨーロッパ各地に広まった。

イ　ドイツのルターが，免罪符の販売を認めたローマ教皇や教会を否定し，聖書にもとづいた信仰の大切さを説き，宗教改革を始めた。

ウ　イスラム教の勢力によってうばわれた聖地エルサレムをうばい返すため，ローマ教皇のよびかけにこたえて十字軍が編成された。

エ　イギリスで，名誉革命によって，議会を尊重する王が立てられ，権利の章典が発布された。

(2) 下線部②について，このころの文化を代表する文化財として適切なものを，次のア～エから１つ選び，記号で答えなさい。〈新潟県・改〉(　　)

ア

イ

ウ

エ

注意

(3) 下線部③について，資料の[X]と[Y]にあてはまる語句として適切なものを，次のア～エから１つ選び，記号で答えなさい。〈秋田県・改〉(　　)

ア　X：長州藩　Y：シャム　　イ　X：長州藩　Y：琉球王国

ウ　X：対馬藩　Y：シャム　　エ　X：対馬藩　Y：琉球王国

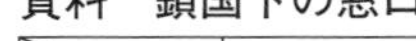

資料　鎖国下の窓口

	相手国(民族)
松前藩	アイヌ民族
X	朝鮮
長崎	中国，オランダ
薩摩藩	Y

(4) 下線部④を解決するために，徳川吉宗が行った政策はどれですか。次のア～エから１つ選び，記号で答えなさい。〈徳島県〉(　　)

ア　座をなくし，自由な営業を認めて，商工業を活発にさせた。

イ　江戸などに出稼ぎに来ていた者を農村に返し，村ごとに米を蓄えさせた。

ウ　商工業者の株仲間に特権を与えるかわりに税を取り立てた。

エ　大名から参勤交代を軽減するかわりに米を献上させた。

2 明治時代〜昭和時代 ((1)〜(5)(7)8点×6，(6)10点×2，計68点)

右の年表を見て，次の問いに答えなさい。

(1) 下線部①について，この使節団の全権大使をつとめた人物はだれですか。〈長崎県〉

( )

(2) Aの期間におけるできごとについて述べた次のア〜ウを，年代の古い順に並べなさい。〈長崎県〉

(→ →)

年表

年	できごと
1871	①使節団が欧米諸国に派遣される。
	↕A
1901	X が操業を開始する。
	↕B
1946	②第22回衆議院議員総選挙が実施される。
③1964	東海道新幹線が開通する。

ア 天皇を国の元首とする大日本帝国憲法が発布された。

イ 板垣退助らが民撰議院設立の建白書を政府に提出した。

ウ 政府を追放された大隈重信が，立憲改進党を結成した。

(3) X は，下関条約で清から得た賠償金などをもとに，政府によって右の**地図**のPに設立され，2015年には，その施設の一部が「明治日本の産業革命遺産」として世界遺産に登録されました。 X にあてはまる語句を書きなさい。〈長崎県〉( )

地図

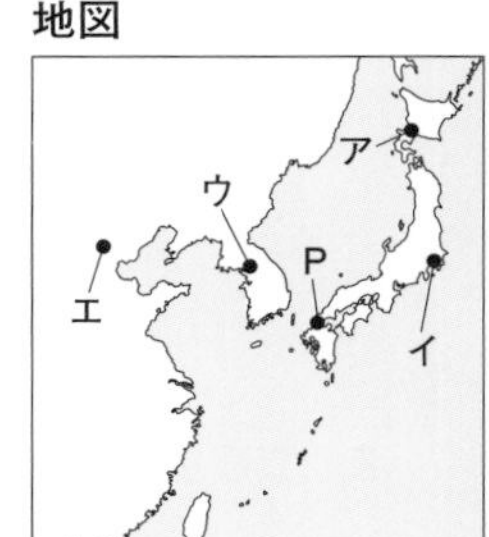

(4) Bの期間におけるできごとについて述べた文として適切なものを，次のア〜エから1つ選び，記号で答えなさい。〈長崎県〉( )

ア 陸奥宗光外相のときに日英通商航海条約が結ばれ，領事裁判権(治外法権)が撤廃された。

イ 田中角栄首相が中国を訪問し，日中共同声明に調印して中国との国交が正常化した。

ウ 寺内正毅内閣が米騒動によって退陣し，本格的な政党内閣である原敬内閣が成立した。

エ 西郷隆盛を中心とした鹿児島の士族などが挙兵し，西南戦争が起こった。

(5) Bの期間におけるできごとについて述べた次のア〜ウを，年代の古い順に並べなさい。

ア 世界恐慌が起こる。〈新潟県・改〉(→ →)

イ ワシントン会議が開かれる。

ウ 日独伊三国同盟が結ばれる。

(6) 下線部②について，右の表は1942年と1946年に実施された衆議院議員総選挙の有権者数と当選者数を男女別に示したものです。表を参考に，1945年に第二次世界大戦が終わったあとに行われた選挙制度の改正と1946年の選挙結果について述べた次の文の Y ， Z にあてはまる内容を，簡潔に書きなさい。〈長崎県〉

	有権者数(万人)		当選者数(人)	
実施(年)	男性	女性	男性	女性
1942	1,459		466	
1946	1,632	2,056	427	39

(総務省資料)

Y ( ) Z ( )

> 1945年の選挙制度の改正により，選挙権が認められる年齢は満20歳以上と定められるとともに，初めて Y ことになった。その改正後に実施された1946年の衆議院議員総選挙では，1942年の選挙結果とは異なり，初めて Z した。

(7) 下線部③の年に，アジアで初めてオリンピックが開催された都市はどこですか。上の**地図**のア〜エから1つ選び，記号で答えなさい。〈長崎県〉( )

05 政治のしくみ

学習日　　月　　日

ポイント整理

人権と日本国憲法

1．人権思想の発達

ロック(イギリス，17～18世紀)	モンテスキュー(フランス，17～18世紀)	ルソー(フランス，18世紀)
『統治二論(市民政府二論)』。抵抗権を提唱	『法の精神』。権力分立を提唱	『社会契約論』。人民主権を主張

① **人権の保障**…アメリカ独立宣言(1776年)や(フランス)人権宣言(1789年)で，平等権・自由権を保障。ドイツのワイマール憲法(1919年)は，世界で最初に社会権を保障。

② **日本の人権思想**…1889年の大日本帝国憲法では，法律の範囲内で認められる「臣民の権利」として保障。

2．立憲主義と日本国憲法

① **立憲主義**…政治権力は憲法によって制限されるという考え方→憲法で，「人権保障」と「政治のしくみ」を規定。

② **日本国憲法**…1946年11月３日公布，1947年５月３日施行。

③ **天皇の地位**…日本国と日本国民統合の象徴。内閣の助言と承認のもと，形式的・儀礼的な国事行為のみを行う(象徴天皇制)。

④ **基本的人権の種類**

平等権	すべての人間が等しくあつかわれる権利
自由権	精神(精神活動)の自由，(生命・)身体の自由，経済活動の自由
社会権	生存権，教育を受ける権利，勤労の権利，労働基本権(労働三権)＝団結権，団体交渉権，団体行動権
人権を守るための権利	参政権…選挙権，被選挙権，請願権，最高裁判所裁判官の国民審査，憲法改正の国民投票，地方公共団体の住民投票 請求権…裁判を受ける権利，国家賠償請求権，刑事補償請求権
新しい人権	知る権利，プライバシーの権利，環境権，自己決定権など

国民の義務として，子どもに普通教育を受けさせる義務，勤労の義務，納税の義務が定められているよ。

大切

人権(基本的人権)
すべての人が生まれながらにもつ，人間としての権利。

確認

日本国憲法の三大原則
国民主権，基本的人権の尊重，平和主義

参考

非核三原則
核兵器を「持たず，つくらず，持ちこませず」という日本政府の原則。

大切

公共の福祉
基本的人権は，社会の大多数の人々の利益のために制限されることがある。このような人権の限界を公共の福祉という。

▼憲法改正の流れ

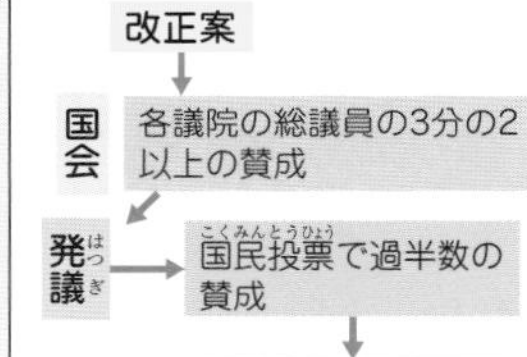

入試必勝ポイント

●衆議院の優越

法律案の議決	衆議院が，出席議員の３分の２以上の多数で再可決したときは成立する
予算の議決，条約の承認	両院協議会で意見が一致しないとき，または30日以内に参議院が議決しないときは，衆議院の議決を国会の議決とする
内閣総理大臣の指名	両院協議会で意見が一致しないとき，または10日以内に参議院が議決しないときは，衆議院の議決を国会の議決とする
予算の先議	予算案は，先に衆議院に提出しなければならない
内閣不信任の決議	衆議院のみが行える。可決されると，内閣は10日以内に衆議院を解散するか，総辞職しなければならない

即答チェックの答え　①ロック　②ワイマール憲法　③国事行為　④生存権　⑤与党　⑥閣議　⑦控訴　⑧衆議院

◆三権分立のしくみは必出！
◆衆議院の優越・議院内閣制・三審制はしっかり理解しよう。

民主主義と政治

1．**地方自治**　地域の政治を住民が行うこと。地方税や地方交付税交付金などを運用。住民は直接請求権をもつ。
　① **地方議会**…条例の制定や予算の議決などを行う。
　② **執行機関**…首長(都道府県知事・市〔区〕町村長)など。

2．**選挙と政党**
　① **選挙制度**…小選挙区制，比例代表制などがある。
　② **政党政治**…政権を担当する与党と，それ以外の野党。

3．**国会・内閣・裁判所のしくみ**
　① **国会**…国権の最高機関であり，国の唯一の立法機関。衆議院と参議院の二院制。国会の種類は，常会(通常国会)，臨時会(臨時国会)，特別会(特別国会)，参議院の緊急集会。
　② **内閣**…行政の最高機関。内閣総理大臣(首相)とその他の国務大臣で構成され，閣議で方針を決定。
　③ **裁判所**…最高裁判所と下級裁判所。違憲審査権(違憲立法審査権，法令審査権)をもつ。

選挙の４原則は，普通選挙，平等選挙，秘密選挙，直接選挙。

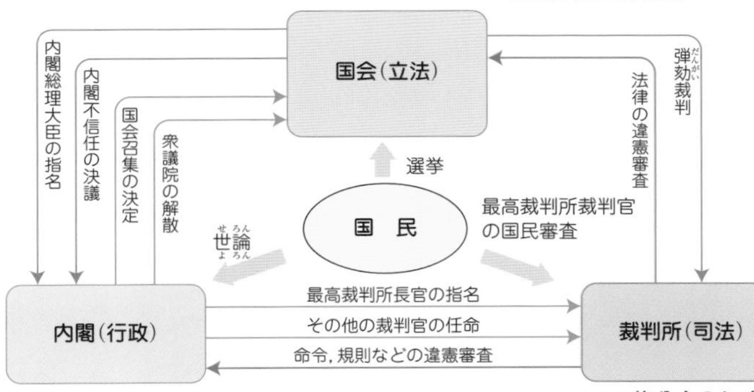

▲三権分立のしくみ

攻略
・議院内閣制…内閣が国会に対して連帯して責任を負うしくみ
・三審制…同じ事件について，３回まで裁判を受けられるしくみ

▼住民の直接請求権

直接請求	法定署名数	請求先
条例の制定・改廃の請求	有権者の50分の１以上	首長
監査請求		監査委員
首長・議員の解職	有権者の３分の１以上	選挙管理委員会
議会の解散		

大切
世論
国民の意見のまとまり。世論の形成にはマスメディアやソーシャルメディアが大きな役割をはたす。

▼衆議院と参議院

	衆議院	参議院
議員数	465人	248人
任　期	４年(解散あり)	６年(３年ごとに半数を改選)
被選挙権	満25歳以上	満30歳以上
選挙区	小選挙区289人 比例代表176人	選挙区148人 比例代表100人

(2022年７月以降)

▼三審制のしくみ

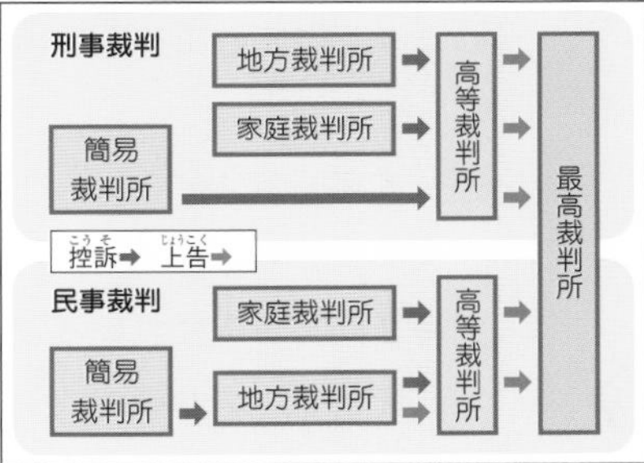

即答チェック

●わかるかどうかチェックしてみよう！

□①『統治二論』で抵抗権を唱えた人物はだれですか。
□②世界で最初に社会権が規定された，ドイツの憲法を何といいますか。
□③内閣の助言と承認にもとづいて行われる，天皇の形式的・儀礼的な行為を何といいますか。
□④生存権，請求権のうち，社会権に属する人権はどちらですか。
□⑤内閣を組織し，政権を担当する政党を何といいますか。
□⑥内閣が，その方針を決定する会議を何といいますか。
□⑦裁判の第一審に不服の場合に，上級の裁判所に対し，裁判のやり直しを求める申し立てを何といいますか。
□⑧内閣不信任の決議を行うことができるのは，衆議院と参議院のどちらですか。

05 実力完成テスト

→別冊解答 p.23

／100点

1 人権と日本国憲法

((1)①②(2)(3)①③5点×6，(1)③8点，(3)②9点，計47点)

私たちのくらしと憲法のかかわりについて調べ，レポートにまとめる際のテーマと項目を右の［　　］に示しました。これについて，次の問いに答えなさい。

テーマ「私たちのくらしと憲法」
1　テーマ設定の理由
2　A基本的人権の尊重とその保障
3　B新しい人権の広がり
4　国会・内閣・裁判所とC三権分立
5　まとめ

(1)　下線部Aに関係した内容について答えなさい。

①　日本国憲法に定められた権利のうち，自由権にあたるものを，次のア～エから1つ選び，記号で答えなさい。〈香川県・改〉(　　)

ア　健康で文化的な最低限度の生活を営むこと　　イ　国に損害賠償を請求すること
ウ　子どもに普通教育を受けさせること　　エ　職業を選択すること

②　資料1は，1919年に世界で初めて社会権を保障した憲法の条文の一部です。この憲法を何といいますか。〈奈良県〉(　　　　　　)

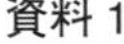
資料1

第151条　経済生活の秩序は，全ての人に，人たるに値する生存を保障することを目指す，正義の諸原則に適合するものでなければならない。(略)

③　日本国憲法が社会権として保障しているものを，次のア～エからすべて選び，記号で答えなさい。〈奈良県〉(　　　　)

ア　請願権　　イ　教育を受ける権利　　ウ　財産権　　エ　労働基本権

(2)　下線部Bの1つである，個人が自分の生き方や生活のしかたについて自由に決定する自己決定の観点から，医師は治療方法などについて患者に十分な説明を行うべきだと考えられています。このような考え方を何といいますか。次のア～エから1つ選び，記号で答えなさい。〈山口県〉

(　　)

ア　メディアリテラシー　　イ　クーリング・オフ
ウ　フェアトレード　　エ　インフォームド・コンセント

(3)　資料2は，日本における下線部Cのしくみを表した図です。

資料2

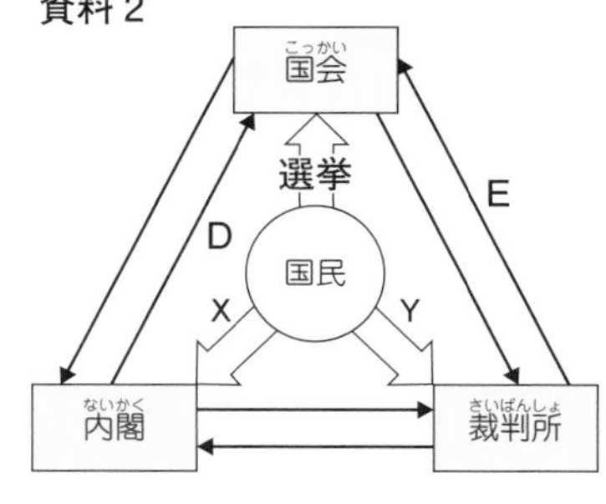

正答率59%
①　資料2中のDにあてはまるはたらきは何ですか。次のア～カから1つ選び，記号で答えなさい。〈奈良県〉(　　)

ア　裁判官の弾劾裁判　　イ　予算案の議決
ウ　国務大臣の任命　　エ　内閣総理大臣の指名
オ　衆議院の解散　　カ　最高裁判所長官の指名

②　資料2中のEは，国会によってつくられた法律が日本国憲法に違反していないかどうかを，裁判所が審査するはたらきを示しています。この審査が行われるのは，法の構成において日本国憲法がどのように位置づけられているからか，簡潔に説明しなさい。〈奈良県〉

(　　　　　　　　　　　　　　　　　　　　)

③　資料2中のX，Yにあてはまる語句を，語群から1つずつ選びなさい。〈和歌山県・改〉

語群	世論	住民投票	国民審査	国政調査権

X(　　　　　)　Y(　　　　　)

2 憲法と政治のしくみ

((1)〜(3)①②(4)〜(6)5点×9，(3)③8点，計53点)

1 班　a 日本国憲法の基本原理
2 班　b 国会・内閣・c 裁判所の役割
3 班　d 選挙のしくみと e 政治参加

授業で，班ごとに右のようなテーマを決めて発表しました。これについて，次の問いに答えなさい。

(1) 下線部aについて，次の条文の[　　]にあてはまる語句を書きなさい。〈長崎県〉(　　　　)

> 第１条　天皇は，日本国の象徴であり日本国民統合の象徴であって，この地位は，[　　]の存する日本国民の総意にもとづく。

正答率36%
(2) 下線部aに定められている天皇の国事行為を，次から１つ選びなさい。〈栃木県・改〉(　　)

ア　法律の制定　　イ　条約の承認　　ウ　国会の召集　　エ　予算の審議

重要
(3) 下線部bについて，次の問いに答えなさい。

① 次の文は，日本国憲法の国会に関する条文の一部です。[X]，[Y]にあてはまる語句を，それぞれ漢字２字で書きなさい。〈静岡県・改〉X(　　　　)　Y(　　　　)

> 国会は，国権の[X]機関であって，国の唯一の[Y]機関である。

正答率57%
② 国会は，法律を制定する権限をもちます。法律の成立過程を表す右の図のA〜Cにあてはまる語句の組み合わせを，次から１つ選びなさい。〈青森県・改〉(　　)

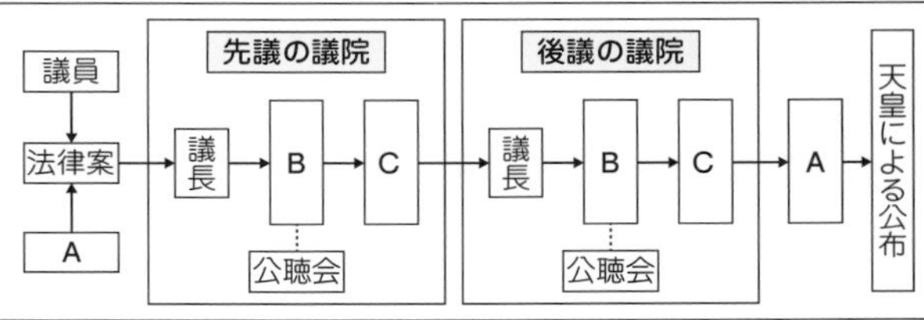

ア　A：委員会　B：本会議　C：内閣　　イ　A：内閣　B：委員会　C：本会議
ウ　A：委員会　B：内閣　C：本会議　　エ　A：内閣　B：本会議　C：委員会

③ 特定の場合において，衆議院は参議院より強い権限が認められています。その理由を，「任期」「解散」「国民の意思」の３つの語句を用いて説明しなさい。〈徳島県・改〉

(　　　　　　　　　　　　　　　　　　　　　　　　　　　　)

注意
(4) 下線部cについて，現在の日本の裁判の説明として適切な文を，次のア〜エから１つ選び，記号で答えなさい。〈長崎県〉(　　)

ア　裁判には，民事裁判と刑事裁判があり，個人の間の争いについての裁判を刑事裁判という。
イ　民事裁判では，裁判官は被告人が有罪の場合に刑罰を言いわたす。
ウ　刑事裁判では，警察官は被疑者を被告人として裁判所に訴えることができる。
エ　被告人には，答えたくない質問について答えることを拒む権利が認められている。

(5) 下線部dについて，日本の衆議院議員選挙について述べた次の文の[ア]，[イ]にあてはまる語句を，それぞれ書きなさい。〈香川県〉ア(　　　　)　イ(　　　　)

> 現在，衆議院議員の選挙は，国民が候補者に投票して，１つの選挙区から１人が選出される[ア]制と，国民が政党に投票して，得票に応じて各政党へ議席が配分される[イ]制の，２つの選挙制度を組み合わせた制度で行われている。

正答率61%
(6) 下線部eについて，地方公共団体の住民には，条例の制定や改廃・首長の解職を請求する権利があります。X市の場合，市長の解職を請求する住民投票を行うためには，最低何人の有効な署名が必要ですか。次のア〜エから１つ選び，記号で答えなさい。〈青森県〉(　　)

X市の人口	36万人
X市の有権者数	30万人

ア　6万人　　イ　10万人　　ウ　12万人　　エ　18万人

06 経済のしくみ

学習日　　月　　日

ポイント整理

◐ 消費と生産のしくみ

1．消費生活と流通

① 経済活動…財・サービスの生産と消費。家計・企業・政府の３つの経済主体によって行われる。

② 家計の支出…消費支出(食料品，衣服，教育など)，非消費支出(社会保険料など)，貯蓄からなる。

③ 消費者保護のための法律や制度

消費者基本法	消費者の権利を明確化
製造物責任法(PL法)	欠陥商品による被害から消費者を救済
消費者契約法	むりに商品を買わされた場合，契約を解除できる
クーリング・オフ	一定の期間内なら，無条件で契約を解除できる

④ 流通…商品が消費者に届くまでの流れ。生産者→商業→消費者。

2．企業の役割と市場経済のしくみ

① 株式会社…株式を発行し，資金を得て運営する。出資者である株主は，利潤の一部である配当を受け取る→株主は，株主総会に出席し，経営方針などに対して議決権をもつ。

② 資本主義経済…企業が自由な競争を通じて，生産活動を行う。

③ 需要量・供給量と価格の関係

価格が300円のとき，供給量と需要量がともに300個で，等しい。

価格が200円のとき，供給量が100個，需要量が400個で，商品は300個足りない。

価格が400円のとき，供給量が400個，需要量が200個で，商品は200個売れずに残る。

価格(円)
需要曲線
供給曲線
400
300
200
100
均衡価格
数量
0 1 2 3 4 5 6(百個)

④ 独占禁止法…少数企業による独占価格の設定などを防ぐための法律。公正取引委員会が運用。

商品が余ると価格は下がり，足りなくなると上がるよ。

参考

消費者の４つの権利
知らされる権利，選ぶ権利，安全を求める権利，意見を反映させる権利，の４つ。アメリカのケネディ大統領が提唱した。

確認

企業の種類
- 公企業…国や地方公共団体が経営。利潤を目的としない。
- 私企業…個人・法人企業。株式会社が多い。利潤を追求。

大切

企業の責任
法律を守る，環境を保全する，情報を公開するなど，企業の社会的責任(CSR)が重視される。

注意

- 市場価格…市場で決定する商品の価格。
- 均衡価格…市場価格のうち，需要量と供給量が一致する価格。

大切

公共料金
国民生活に大きな影響を与える，電気・ガス・水道などの価格。政府や地方公共団体によって認可・決定される。

入試必勝ポイント

●景気変動

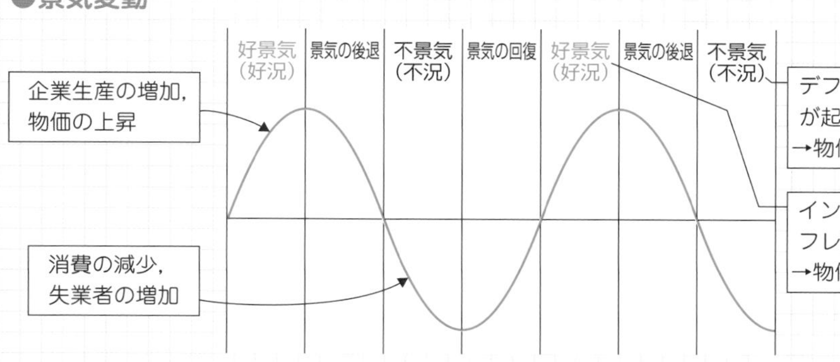

即答チェックの答え ①貯蓄 ②クーリング・オフ ③株主総会 ④公共料金 ⑤公開市場操作 ⑥社会保険 ⑦男女雇用機会均等法 ⑧好景気

◆需要・供給と価格の関係は必出！　グラフでおさえよう！
◆日本銀行と政府が行う景気対策や，景気変動のグラフを理解しよう！

金融機関のはたらき

1．**金融**　資金の貸し借り。企業が株式・債券を発行して資金を集める直接金融と，銀行などの金融機関を介して貸し出される間接金融がある。

2．**日本銀行**　日本の中央銀行。金融政策を行い，市場に出回る資金量を操作することによって，景気や物価を調節する。

	景気過熱時		不況時
金融政策	国債を売る	公開市場操作	国債を買う
	引き上げる	預金準備率	引き下げる
	引き上げる	政策金利	引き下げる

確認
▶日本銀行の役割
- 発券銀行…紙幣(日本銀行券)の発行
- 政府の銀行…政府資金の取り扱い，国債の発行
- 銀行の銀行…普通銀行への貸し出し，金融機関との国債の売買

政府の経済活動と国民の福祉

1．**政府の役割**　資源配分の調整，所得の再分配，景気の安定化。
① 資源配分…社会資本(道路・港湾など)や，サービス(教育・社会保障など)の供給。
② 所得の再分配…累進課税，社会保障などで経済格差を改善。
③ 財政政策…増税や減税，公共事業の増減などで景気を調整。

累進課税とは，所得が多くなるほど税金の割合を高くする課税制度だよ。

攻略
・景気対策
- 日本銀行が行う→金融政策(公開市場操作など)
- 政府が行う→財政政策(税金の増減や公共事業への投資など)

2．**社会保障制度**
① 社会保険…医療保険，年金保険，雇用保険，介護保険，労災保険。
② 社会福祉…障がい者福祉，高齢者福祉，児童福祉，母子・父子・寡婦福祉。
③ 公的扶助…生活保護(生活・住宅・教育・医療などの扶助)。
④ 公衆衛生…感染症対策，上下水道の整備，廃棄物処理など。

大切
▶税の種類
- 直接税…納税者と担税者(税の負担者)が同じである税。所得税・法人税・相続税など
- 間接税…納税者と担税者がちがう税。消費税・酒税・関税など

社会保障給付費は，国の歳出の中で，最大の割合をしめているよ。

労働者の権利と雇用形態

① 労働三法…労働基準法，労働関係調整法，労働組合法。
② 男女雇用機会均等法…職場での男女平等を規定(1985年制定)。
③ 雇用形態の変化…非正規労働者の増加。

確認
▶日本国憲法第25条(1)
すべて国民は，健康で文化的な最低限度の生活を営む権利を有する。
(社会保障制度の根拠となる)

即答チェック

●わかるかどうかチェックしてみよう！
□① 所得から，消費支出と非消費支出を差し引いた残りを何といいますか。
□② 商品の購入後でも，一定の期間内であれば，無条件で契約を解除できる制度を何といいますか。
□③ 株主が出席し，会社の経営方針などを決定する最高機関を何といいますか。
□④ 電気，水道などについて，国や地方公共団体によって決定・認可される料金を何といいますか。
□⑤ 日本銀行が，国債などを売買することで，通貨の供給量を調節する金融政策を何といいますか。
□⑥ 加入者が掛け金を積み立て，病気や失業などの際に給付を受ける社会保障制度を何といいますか。
□⑦ 採用や賃金などについての男女平等を規定する，1985年に制定された法律を何といいますか。
□⑧ インフレーションは，好景気(好況)と不景気(不況)のどちらのときに多く見られますか。

06 実力完成テスト

→別冊解答 p.24

／100点

1 財政と国民生活

((1)〜(3)①(4)(5)7点×6, (3)②10点, 計52点)

次の文を読んで，あとの問いに答えなさい。

> 財政の役割には，道路や港湾・橋・学校などの社会資本や，警察や教育・a社会保障などの公共サービスの提供，経済格差の是正，景気の調整を行って経済の安定をはかったりすることなどがある。日本の財政における歳入(収入)の多くは，国民やb企業が負担するc税金などでまかなわれているが，税収はd景気の変動と大きくかかわっており，不足する歳入を政府が国債を発行するなどして補っている。また，e日本の財政における歳出(支出)の総額は，年々増加傾向にあるため，財源の確保が大きな課題となっている。

(1) 下線部aについて述べた次の文のあ，いの{　　}にあてはまるものを，1つずつ選び，記号で答えなさい。(完答)　〈福岡県〉 あ(　　)　い(　　)

> わが国の社会保障制度の1つには，あ{ ア　20，イ　40 }歳以上の人が加入し，介護が必要になったときに介護サービスを受けられる制度がある。これは，社会保障制度の4つの柱のうち，い{ ウ　社会保険，エ　社会福祉 }に含まれる。

(2) 下線部bについて適切に述べた文を，次のア〜エから1つ選びなさい。　〈愛知県〉(　　)

ア　代表的な私企業である株式会社では，株主が利益の一部を配当として受け取る権利をもつ。

イ　すべての私企業は，生産活動に必要な資金を日本銀行からの直接金融によって調達する。

ウ　地方公共団体が直接経営する公企業には，郵便局や農業協同組合などがある。

エ　公企業は，私企業と同じく，利潤の追求を第一の目的として生産活動を行っている。

(3) 下線部cについて，右の**グラフ1**は，国の2019年度一般会計当初予算(歳入)の項目の内訳を示したものです。

グラフ1

歳入総額 101兆4,571億円	所得税	法人税	消費税	酒税	公債金	その他
	19.6%	12.7%	19.1%	1.3%	32.2%	15.1%

(「日本国勢図会2020/21」)

① **グラフ1**中で，間接税にあたるものを，次の**ア〜オ**からすべて選び，記号で答えなさい。　〈埼玉県・改〉(　　)

ア　所得税　**イ**　法人税　**ウ**　消費税　**エ**　酒税　**オ**　公債金

② 所得税における累進課税の課税方法の特徴を説明しなさい。　〈埼玉県・改〉

(　　　　)

(4) 下線部dについて，一般に好景気(好況)時に見られることについて述べた文として適切なものを，次のア〜エから2つ選び，記号で答えなさい。　〈愛知県・改〉(　　・　　)

ア　消費活動，生産活動がともに停滞する。　イ　消費活動，生産活動がともに活発化する。

ウ　失業者が減少し，物価は上昇する。　エ　失業者が増加し，物価は下落する。

(5) 下線部eについて，**グラフ2**は，国の2019年度予算における歳出の項目の内訳を示したものです。**グラフ2のA・B**にあてはまる項目を，次の**ア〜エ**から1つずつ選び，記号で答えなさい。　〈北海道・改〉

グラフ2

歳出総額 101兆4,571億円	A	B	C	D	その他
	33.6%	23.1%	15.3%	6.8%	21.2%

(「日本国勢図会2020/21」)

A(　　)　B(　　)

ア　国債費　**イ**　社会保障関係費　**ウ**　公共事業関係費　**エ**　地方交付税交付金

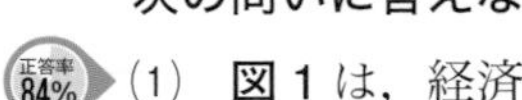

((1)〜(3)(5)7点×4，(4)(6)10点×2，計48点)

次の問いに答えなさい。

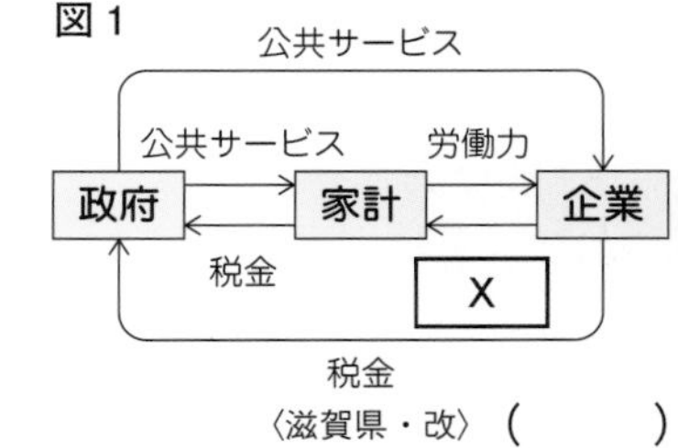

正答率84% (1) 図1は，経済のしくみを表したものです。 X にあてはまる語句を，ア〜エから1つ選びなさい。 〈栃木県〉 (　　)

ア 社会資本　イ 代金　ウ 社会保障　エ 賃金(ちんぎん)

正答率92% (2) 農産物などの商品が生産者から消費者に届くまでの流れを何とよぶか，次のア〜エから1つ選び，記号で答えなさい。 〈滋賀県・改〉 (　　)

ア 資本　イ 流通　ウ 開発　エ 配当

正答率78% (3) 美月さんたちは，消費税の税率引き上げの実施に関して，政府が消費税増税への対策を行う理由について話し合っています。 □ にあてはまる内容を，あとのア〜エから1つ選び，記号で答えなさい。 〈宮崎県〉 (　　)

美月：消費税増税のときに，あるお店ですべての商品の表示価格を上げているニュースを見たよ。
達郎：通常，価格が上がるのは，需要(じゅよう)量や供給(きょうきゅう)量が変化するときだよね。
美月：そうか。今回は，どちらでもないのに，表示価格が上がったことになるよ。価格が上がると通常，需要量は増えないから，図2にある【増税後】の表示価格のときには， □ ね。
直人：そうすると，企業が困るね。通常の市場(しじょう)のはたらきによる価格の変化とはちがうから，政府の対策が必要なんだね。

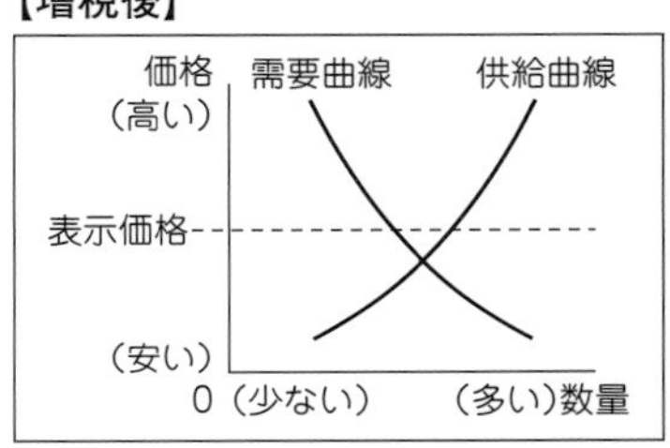

ア 品不足になる　イ 売れ残りになる
ウ 独占価格を設定することになる　エ 公共料金を設定することになる

正答率23% (4) 銀行が利益を得るしくみの1つについて述べた次の文の □ にあてはまる内容を，「預金(よきん)」「利子率(りしりつ)」「貸し出し」の3つの語句を用いて書きなさい。 〈千葉県・改〉

(　　　　　　　　　　　　　　　　)

銀行は家計の貯蓄(ちょちく)などを預金として預かり，資金を必要としている企業や家計などにその預金を貸し出している。この際，銀行は， □ ことで，その差額を利益として得ている。

正答率67% (5) 不景気のときに，政府が行う財政政策について述べた次の文の X ， Y にあてはまる語句の組み合わせとして適切なものを，あとのア〜エから1つ選びなさい。 〈新潟県・改〉 (　　)

政府は，不景気(不況(ふきょう))のときに，公共事業などへの歳出を X たり， Y をしたりするなどして，企業や家計の経済活動を活発にするようにしている。

ア X：増やし　Y：増税　イ X：増やし　Y：減税
ウ X：減らし　Y：増税　エ X：減らし　Y：減税

差がつく (6) 日本銀行が行う金融(きんゆう)政策のうち，公開市場操作(そうさ)について述べた文の □ にあてはまる内容を，「国債」「金融機関の通貨量」の2つの語句を用いて書きなさい。 〈長崎県〉

(　　　　　　　　　　　　　　　　)

日本銀行は，銀行などの金融機関との間で国債(こくさい)などを売買することで金融機関の通貨量を増減させようとする。不景気のときは，日本銀行は □ ことにより，企業や個人がお金を借りやすくする。

英語　数学　理科　社会　国語

07 国際社会のしくみ

学習日　　月　　日

ポイント整理

国際社会と国際連合のしくみ

主権国家は，自国のシンボルとして国旗と国歌をもつよ。

1. **国際社会**　主権国家を中心に構成される。
   ① 国家…国民，領域，主権からなる。
   ② 領域…国の主権がおよぶ範囲。領土・領海・領空。
   ③ 国際法…国際社会のルール(条約や国際慣習法)。
2. **国際連合**　1945年，世界の平和と安全の維持を目的に設立。190か国以上が加盟。本部はアメリカのニューヨークにある。

攻略

・総会…国連の最高機関。全加盟国が参加。1国1票制。多数決。
・安全保障理事会(安保理)…5常任理事国(アメリカ，イギリス，ロシア，フランス，中国)と10非常任理事国からなる。常任理事国のうち，1国でも反対すると採択できない(拒否権)。

参考
国際法の種類
・条約…国家間の合意にもとづく文書による取り決め。
・国際慣習法…暗黙のうちに合意された取り決め。内政不干渉の原則，公海自由の原則など。

▼国際連合の組織

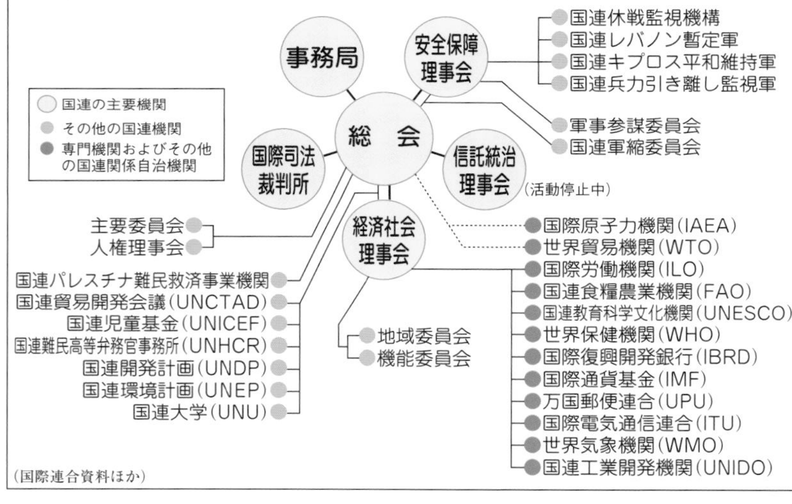

(国際連合資料ほか)

参考
総会と安保理の権限
・総会の決議
　→国際社会の意思表明という意味合いが強く，加盟国は，決議に従わなくてもよい。
・安全保障理事会の決議
　→全加盟国に，従う義務がある。

▼国連分担金の比率

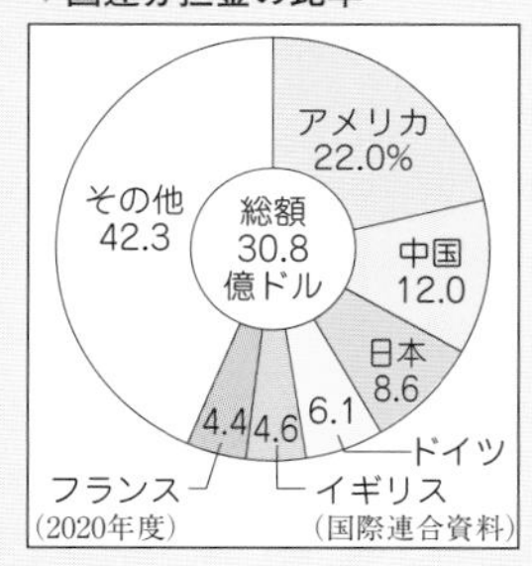

(2020年度)　(国際連合資料)

入試必勝ポイント

●間違えやすいアルファベットの略称

・UNESCO(ユネスコ)…**国連教育科学文化機関**。文化財(世界遺産など)の保護活動などを行う。
・UNICEF(ユニセフ)…**国連児童基金**。飢えや病気，貧困などから世界の子どもたちを守る。

・WTO…**世界貿易機関**。自由貿易の拡大をめざす。
・WHO…**世界保健機関**。保健事業の強化や，感染症対策などをすすめる。

・PKO…**(国連)平和維持活動**。紛争後の平和実現のために，停戦や選挙の監視などを行う国連の活動。
・ODA…**政府開発援助**。先進国が発展途上国に対して行う，資金や技術などの援助。

即答チェックの答え　①主権　②ニューヨーク　③フランス　④リージョナリズム　⑤酸性雨　⑥南北問題　⑦UNESCO　⑧PKO

◆安全保障理事会のしくみや権限は必出！　常任理事国も必ず覚えよう。
◆地球環境問題はよく出る！　解決にむけた取り組みをおさえよう。

国際社会の課題

1. 国際社会の現状

① **地域紛争**…冷戦終結後，地域紛争が多発し，難民が急増→国連難民高等弁務官事務所(UNHCR)が難民の保護。

② **核軍縮**…冷戦中から，核兵器を制限しようとする動きが進行。

③ **地域主義(リージョナリズム)**…特定の地域で，まとまりをつくり，協調や協力を強めようとする動き。

▼地域主義の動き

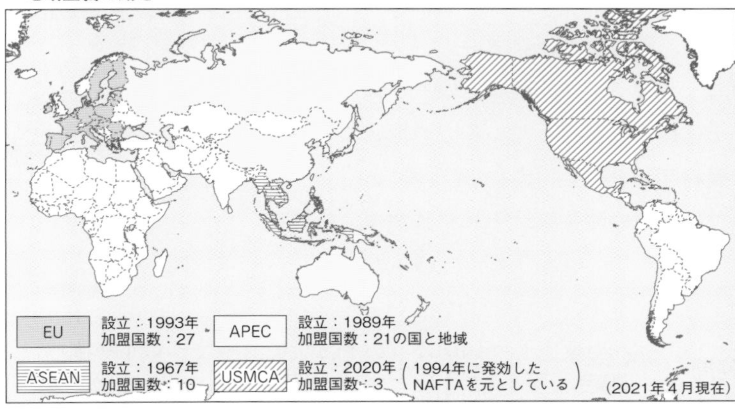

④ **経済格差の問題**…南北問題(発展途上国と先進工業国の格差)や，南南問題(発展途上国間の格差)など。

⑤ **環境問題**…(地球)温暖化，熱帯林の減少，酸性雨，砂漠化，オゾン層破壊，大気汚染など，地球規模で環境問題が発生。

▼環境問題に関する会議

1972年	国連人間環境会議
1992年	国連環境開発会議 (地球サミット)
1997年	地球温暖化防止京都会議 (京都議定書の採択)
2012年	国連持続可能な開発会議
2015年	パリ協定採択

2. 日本の国際協力

政府開発援助(ODA)の実施，国連平和維持活動(PKO)への協力，青年海外協力隊の派遣，非政府組織(NGO)の活動など。

冷戦が終結したのは，1989年だよ。

大切
テロリズム
政治上の目的をはたすために，非合法的な暴力手段を用いること。イスラム過激派による自爆テロなど，国際社会でも大きな問題になっている。

1963年	部分的核実験停止条約
1968年	核拡散防止条約
1987年	中距離核戦力全廃条約*
1996年	包括的核実験禁止条約

＊2019年に失効。

▲核軍縮の動き

大切
日本では，地球規模の環境問題に対処するため，1993年に環境基本法が制定された。

1992年以降，日本もPKOに参加しているよ。

即答チェック

●わかるかどうかチェックしてみよう！

□① 国家が成立するための条件として，国民，領域と，あと１つ何が必要ですか。

□② 国際連合の本部がおかれている，アメリカの都市はどこですか。

□③ 国際連合の安全保障理事会の常任理事国は，アメリカ，ロシア，イギリス，中国と，あと１国はどこですか。

□④ EUやASEANなどの地域主義の動きを，英語で何といいますか。

□⑤ 工場の排煙などにふくまれる窒素化合物などがとけこみ，森林を枯らしたりする雨を何といいますか。

□⑥ 先進国と発展途上国との経済格差の問題を何といいますか。

□⑦ 国連教育科学文化機関を，アルファベットの略称で何といいますか。

□⑧ 国連が，紛争後の平和回復や再発防止などのために行う活動を，アルファベットの略称で何といいますか。

07 実力完成テスト

→別冊解答 p.24

／100点

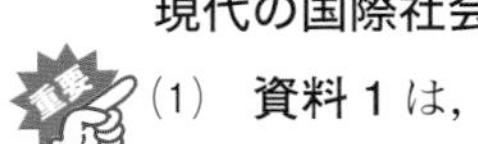

1 現代の国際社会 （(1)①②(3)5点×3，(2)(4)①7点×3，(4)②8点，計44点）

現代の国際社会について，次の問いに答えなさい。

資料１

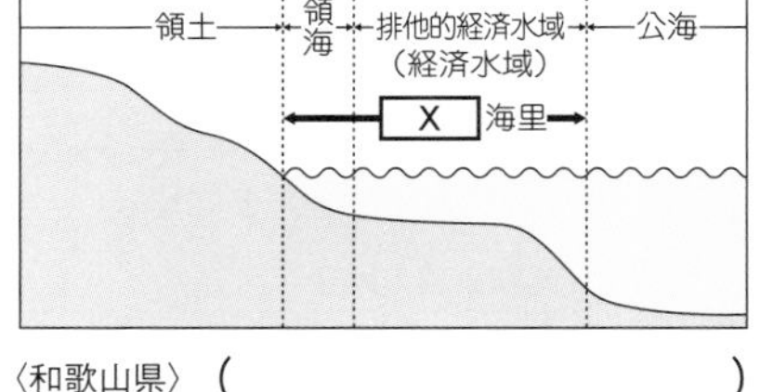

(1) **資料１**は，国家の領域を模式的に表したものです。

① **資料１**中の［ X ］にあてはまる数字を書きなさい。

〈和歌山県〉（　　　　）

② 国家の主権がおよぶ範囲について適切なものを，次の**ア**～**オ**からすべて選び，記号で答えなさい。

〈和歌山県〉（　　　　）

ア 領土　**イ** 領海　**ウ** 排他的経済水域　**エ** 公海　**オ** 領空

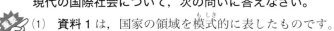

(2) 国際的な協定，会議または機構に参加している国や地域がわかるように示した**資料２**の（ ア ），（ イ ）にあてはまる協定，会議または機構の略称を，それぞれアルファベットで書きなさい。

〈北海道〉

ア（　　　　）　**イ**（　　　　）

資料２

USMCA
アメリカ合衆国，カナダ，メキシコ
（ ア ）
（ イ ）
インドネシア，マレーシア，フィリピン，シンガポール，タイ，ベトナム，ブルネイ
ラオス，ミャンマー，カンボジア
日本，オーストラリア，ニュージーランド，韓国，中国，チリ，ペルー，パプアニューギニア，ロシア連邦，台湾，香港

注意

(3) 経済のグローバル化について述べた文として適切なものを，次の**ア**～**エ**から１つ選び，記号で答えなさい。

〈愛知県・改〉（　　）

ア サミットは従来，新興国を含む20か国で行われていたが，これに加えて，世界経済と金融の安定化について話し合うG7(G8)サミットが開かれるようになった。

イ 2国間以上で自由貿易協定などを結び，関税を引き上げて貿易を推進する動きがさかんである。

ウ 太平洋沿岸地域では，APECが共通通貨を導入して，この地域が１つの大きな市場となった。

エ 2008年に起こった世界金融危機は，世界経済に大きな影響をおよぼし，世界の金融市場が一体化していることを明らかにした。

(4) 日本の国際社会への貢献について，次の問いに答えなさい。

資料３

資料４　資料３の国々のおもな経済協力国とおもな言語

国　名	おもな経済協力国	おもな言語
スーダン	アメリカ，<u>イギリス</u>，日本	アラビア語，英語
モーリタニア	<u>フランス</u>，ドイツ，日本	アラビア語，フランス語
ギニアビサウ	イタリア，<u>ポルトガル</u>，アメリカ	ポルトガル語
ジブチ	<u>フランス</u>，日本，アメリカ	アラビア語，フランス語
マラウイ	アメリカ，<u>イギリス</u>，ノルウェー	英語，チュワ語

（外務省資料ほか）

① **資料３**に示したような日本の経済協力は，政府開発援助の一部として行われています。政府開発援助の略称を，アルファベット３字で書きなさい。

〈鹿児島県〉（　　　　）

② **資料４**の下線部の国々は，歴史的にどのような関係にあった国に経済協力を行っているか，**資料４**を参考にして説明しなさい。

〈鹿児島県・改〉

（　　　　　　　　　　　　　　　　）

2 国際連合 （(1)(3)(4)5点×4，(2)9点，計29点）

国際連合について，次の問いに答えなさい。

正答率76% (1) 次の文の［X］，［Y］にあてはまる語句を，あとの**ア**～**エ**から１つずつ選び，記号で答えなさい。

〈新潟県・改〉 X（　　）　Y（　　）

> 国際連合の本部は，［X］におかれている。この機関の中で，世界の平和と安全の維持に強い権限をもつのが［Y］であり，［Y］の決定に加盟国は従わなければならない。

ア　ロンドン　**イ**　ニューヨーク　**ウ**　安全保障理事会　**エ**　総会

差がつく (2) 国際連合において，常任理事国だけがもつ「拒否権（きょひ）」について，「反対」または「賛成」のいずれかの語句を用いて説明しなさい。〈佐賀県・改〉

（　　　　　　　　　　　　　　　）

差がつく (3) 右の表は，国際連合の通常予算分担額の上位５か国である，日本，ドイツ，アメリカ，イギリス，中国の分担額を示したものです。

順位	1位	2位	3位	4位	5位	分担額の世界総額（千ドル）
国名	ア	イ	ウ	ドイツ	エ	
分担額（千ドル）	678,614	370,307	264,166	187,853	140,874	3,084,608

〔2020年度〕（「世界国勢図会2020/21」）

日本にあたるものを，表の**ア**～**エ**から１つ選び，記号で答えなさい。〈三重県・改〉（　　）

(4) 国際連合の機関の１つであるUNICEF（ユニセフ）の仕事に含まれるものを，次の**ア**～**ウ**から１つ選び，記号で答えなさい。〈石川県・改〉（　　）

ア　貴重な自然環境や建造物を世界遺産として登録すること。

イ　難民（なんみん）の保護と救済活動を通して，難民問題の永続的解決を促進すること。

ウ　発展途上国（はってんとじょうこく）の児童のために，学校での教育活動への支援などを行うこと。

3 国際社会の課題 （(1)(3)5点×2，(2)7点，(4)10点，計27点）

国際社会における諸問題について，次の問いに答えなさい。

差がつく (1) 2017年における日本の１人あたりの二酸化炭素排出量（はいしゅつ）は約8.9トンでした。2017年における日本の二酸化炭素総排出量を示すものを，**資料１**の**A**～**D**から１つ選び，記号で答えなさい。〈山口県・改〉（　　）

資料１　おもな国の二酸化炭素総排出量（2017年）

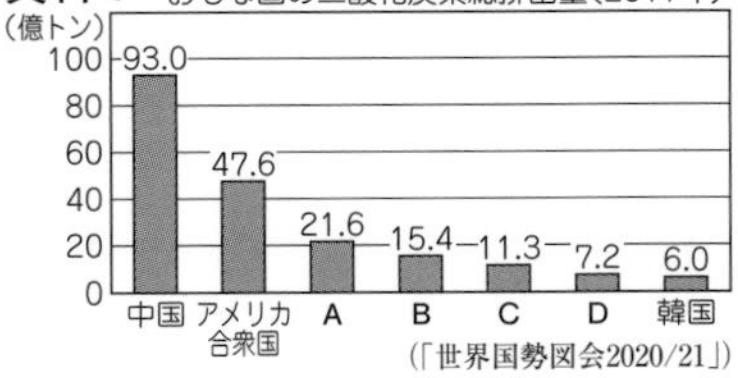

（「世界国勢図会2020/21」）

(2) **資料２**は，1997年に開かれた国際会議において採択された議定書のおもな内容です。この議定書の名を，会議の開催地名を入れて書きなさい。〈岐阜県・改〉（　　　　）

資料２

> 2008～2012年の間に，1990年比で先進工業国全体で温室効果ガスの排出量を5.2%削減（さくげん）する。

正答率71% (3) **資料３**を参考にして，「リサイクル」について述べた文を，次の**ア**～**エ**から１つ選び，記号で答えなさい。〈青森県・改〉（　　）

ア　買い物をするときには，エコバックを持参する。

イ　回収した牛乳びんを，洗浄（せんじょう）・殺菌（さっきん）してくり返し使う。

ウ　シャンプーは，つめ替えできるものを選ぶ。

エ　廃棄（はいき）される電子機器から，希少（きしょう）金属を回収する。

資料３

> ・リデュース（ごみの発生の抑制（よくせい））
> ・リユース（使えるものの再使用）
> ・リサイクル（資源としての再生利用）

差がつく (4) 南南問題とはどのような問題か，簡潔に説明しなさい。〈石川県・改〉

（　　　　　　　　　　　　　　　）

英語　数学　理科　社会　国語

ざれば、道しるべの人を頼みて越ゆべきよし（こと）を申す。さらば（それでは）と言ひて、人を頼みはべれば、究竟（くつきやう）の若者（頼もしげな若者）、反脇指（そりわきざし）をよこたへ（刀身が反り返った刀を腰に差し）、樫（かし）の①つゑをたづさへて、われわれが先に立ちて行く。②けふこそ必ずあやふきめにもあふべき日なれと、辛（から）き思ひをなして、うしろについて行く。③あるじの言ふにたがはず、④高山森々（かうざんしんしん）として一鳥声聞かず。木の下闇（こしたやみ）茂りあひて、夜行くがごとし。

（松尾芭蕉（まつおばしょう）「おくのほそ道」より）

(1) ――線部①「つゑ」、②「けふ」を、現代仮名づかいに直して、すべてひらがなで書きなさい。

①「つゑ」（　　　）

②「けふ」（　　　）

(2) 注意 ――線部③「あるじの言ふ」とあるが、「あるじ」が芭蕉に伝えた内容がわかる部分を本文中からさがし、それを含む一文の最初の五字を書きなさい。

□□□□□

(3) ――線部④「高山森々として一鳥声聞かず。木の下闇茂りあひて、夜行くがごとし」が表している様子として最も適切なものを次の**ア**～**エ**から一つ選び、記号で答えなさい。

ア にぎやかで落ち着かない様子。

イ ゆったりとして穏やかな様子。

ウ 自然豊かでのどかな様子。

エ 静まりかえってまっ暗な様子。

（　　　）

漢詩の形式・返り点

3 次の漢詩と書き下し文を読んで、あとの問いに答えなさい。〈10点×2＝20点〉〈大分県・改〉

山行示ス二同志ニ一

路（みち）ハ入ツテ二羊腸ニ一滑ラカニ二*石（せき）苔（たい）一

*風ハ従（より）シテ鞋（あい）底（てい）掃（はら）ツテ雲ヲ廻（めぐ）ル

登レルハ山ニ*恰（あたか）モ似（に）タリ書生ノ業

一（いっ）歩（ぽ）歩（ほ）高クシテ光景開ク

（草場佩川（くさばはいせん）「佩川詩鈔（しょう）」より）

〈書き下し文〉

山行同志に示す

路は羊腸に入つて石苔滑らかに

風は鞋底よりして雲を掃つて廻る

山に登るは恰も似たり書生の業

一歩歩高くして光景開く

*石苔…石の上に生えた苔（こけ）。

*風従鞋底掃雲廻…風は足下からふき起こり、雲をはらうようにして山肌をふきめぐる。

*恰似書生業…ちょうど学生が勉学に励むことに似ている。

(1) この漢詩の形式を漢字四字で書きなさい。

□□□□

(2) 差がつく ――線部に、書き下し文の読み方になるように返り点を付けなさい。

風　従　鞋　底　掃　雲　廻

実力完成テスト

→別冊解答 p.28

目標時間 30分
目標点数 80点

／100点

歴史的仮名づかい・主語

1 次の古文を読んで、あとの問いに答えなさい。（10点×4＝40点）〈秋田県・改〉

むかし、天智天皇と申すみかどの、野にいでて鷹狩*（たかがり）せさせ給ひけるに（鷹狩をなさっていたところ）、御鷹、風にながれてうせにけり。むかしは、野を*まもる者ありけるに、召して（呼んで）、「御鷹うせにたり、たしかにもとめよ」と仰せられければ、^Aかしこまりて、「御鷹は、かの岡の松のほつえに（上の枝）、南にむきて、しか（そのように）侍る」と申しければ、おどろかせ給ひにけり。「そもそもなんぢ、地にむかひて、かうべを地に^Bつけて、ほかを見る事なし。いかにして、こずゑに①ゐたる鷹のあり所を知る」と^C問はせ給ひければ、野守のおきな「民は、公主におもてをまじふる事なし。しばのうへ（草の生えているあたり）にたまれる水を、かがみとして、かしらの雪をもさとり、おもてのしわをもかぞふるものなれば、そのかがみをまぼりて（見つめて）、御鷹の木居*（こゐ）を知れり」と^D申しければ、そののち、野の中にたまれりける水を、野守のかがみとはいふなり、とぞいひ②つたへたる。
（「俊頼髄脳」より）

＊鷹狩…飼い慣らした鷹を放って小動物を捕らえさせる猟。
＊野をまもる者…皇室が所有する狩猟用の野原の番人。野守。
＊木居…木の枝にとまっていること。

(1) ═線部①「ゐたる」、②「つたへたる」を現代仮名づかいに直して、すべてひらがなで書きなさい。

正答率97%
① 「ゐたる」（　　　　）

正答率91%
② 「つたへたる」（　　　　）

正答率59%
(2) ──線部A〜Dのうち、主語がほかと異なるものを一つ選び、記号で答えなさい。（　　　　）

正答率71%
(3) 〜〜線部「おどろかせ給ひにけり」について、天智天皇が驚いた理由として最も適切なものを、次のア〜エから一つ選び、記号で答えなさい。

ア 鷹狩に使うほどの強い鷹が、風に流されてしまったから。
イ 野守が身分のちがいをわきまえず、とっさに口を開いたから。
ウ 野守が頭を地につけたままで、鷹の居場所を言ったから。
エ 風に流されていなくなった鷹が、実際は近くにいたから。

（　　　　）

歴史的仮名づかい・会話

2 次の古文を読んで、あとの問いに答えなさい。（10点×4＝40点）〈長野県・改〉

あるじ（主人）のいはく、これより出羽（でわ）の国に、大山を隔てて、道さだかなら

【古文】主語のとらえ方

①助詞の「の」に着目する。→「が」に置き換えてみる。

例 紫だちたる雲の（が）ほそくたなびきたる。
（紫だちたる＝紫がかった）

②助詞の省略に注意する。

例 三寸ばかりなる人、（が）いとうつくしうてゐたり。
（いとうつくしうてゐたり＝かわいらしい様子で座っていた）

③尊敬や謙譲を表す古語に着目する。→身分の高い人物が主語。

例 この事を帝（みかど）（が）聞こしめして、竹取が家に御使つかはさせ給ふ。
（聞こしめして＝お聞きになって　つかはさせ給ふ＝派遣なさる）

助詞「の」が主語を表すことがあるのに注意！

【古文】会話文のとらえ方

①「言ふやう」「いはく」（言うことには）→このあとから会話文が始まる。

②「と」「とて」（と言って）→直前の会話文を受けている。

③「言ふ」「申す」「のたまふ」などの動詞が使われている。

例 翁（おきな）言ふやう、「我朝ごと夕ごとに見る竹の中におはするにて知りぬ。子になりたまふべき人なめり。」とて、手にうち入れて、家へ持ちて来ぬ。
（子になりたまふべき人なめり＝おなりになる運命の人のようだ）

【漢文】訓読文

漢文に返り点や送り仮名を付けて、訓読できるようにした文。

①返り点…漢字の左下に付けて読む順番を示す。

レ点…下から上に一字返って読む。

一・二点…一から二に返って読む。

②送り仮名…漢字の右下に、歴史的仮名づかい・カタカナで付ける。

例 百聞ハ不ズレ如シカ二一見一。

攻略　返り点の付け方

①書き下し文に従って、漢字を読む順番を考える。

②すぐ上の漢字に返る場合はレ点を、漢字を飛び越えて返る場合は一・二点を付ける。

例 百聞は一見に如かず。

百(1) 聞(2) 不(6)レ 如(5)二 一(3) 見(4)一。

大切　主語の省略

前に出てきた同じ人物が主語になる場合は、省略されることが多い。これは現代文と同じである。前後の文脈から主語をおさえよう。

注意　助詞の「が」

助詞「が」が使われていても主語とは限らない。

例 義経が弓といはば
→「義経の弓」という意味。

参考　和歌の表現技法

①枕詞（まくらことば）…特定の語を導き、調子を整える。通常は五音。

例 草枕（くさまくら）→旅
ひさかたの→光、天

②掛詞（かけことば）…一つの語に二つの意味を重ねる。

例 あき（秋・飽き）
ながめ（眺め・長雨）

大切　漢詩の形式

漢詩は句数と字数で分類する。一句の字数で五言（ごごん）（五字）か七言（しちごん）（七字）か、句数で絶句（ぜっく）（四句）か律詩（りっし）（八句）かを分類する。

- **五言絶句**（五字×四句）
- **五言律詩**（五字×八句）
- **七言絶句**（七字×四句）
- **七言律詩**（七字×八句）

即答チェック

次の各問いに答えなさい。

□① 次の古語を現代仮名づかいに直して、すべてひらがなで書きなさい。

a をりふし
b いひける
c いづれ
d よそほひ
e まゐる

□② 次の古語の意味をあとから選びなさい。

a うつくし
ア 悲しい　イ かわいらしい
ウ まぶしい　エ 好ましい

b あやし
ア 危険だ　イ 不安だ
ウ 不思議だ　エ 高貴だ

□③ 次の——線部のように、文末が変化する表現のことを何というか。答えなさい。

・聞きしにも過ぎて、尊くこそおはしけれ。
（聞いていたよりもさらに、尊くていらっしゃる。）

即答チェックの答え
① a…おりふし　b…いいける　c…いずれ　d…よそおい　e…まいる　② a…イ　b…ウ　③ 係り結び

古典

今日スタディ
◆古文の歴史的仮名づかいの決まりを覚えよう！
◆漢文の訓読の決まりを覚え、返り点を付けられるようになる！

学習日　月　日

ポイント整理

●【古文】歴史的仮名づかい

①語頭と助詞以外の「ハ行(は・ひ・ふ・へ・ほ)」は、「ワ行(わ・い・う・え・お)」に直す。
例「おもひて(思ひて)」→「おもいて」「くふ(食ふ)」→「くう」「かへす(返す)」→「かえす」

②「ゐ・ゑ・を」は、「い・え・お」に直す。(助詞の「を」は直さない)
例「ゐる(居る)」→「いる」「こゑ(声)」→「こえ」「をとこ(男)」→「おとこ」

③「ぢ・づ」は、「じ・ず」に直す。
例「なんぢ」→「なんじ」「よろづ」→「よろず」

④「くわ・ぐわ」は、「か・が」に直す。
例「くわし(菓子)」→「かし」「ぐわん(願)」→「がん」

⑤「あう・いう・えう」は、「おう・ゆう・よう」に直す。(ア行以外も同じ)
例「あうぎ(奥義)」→「おうぎ」「うつくしうて」→「うつくしゅうて」「せうそこ(消息)」→「しょうそこ」

＊「いふ(言ふ)」は「いう」。「ゆう」にはしない。

●【古文】古文特有の語

①現代語と形が同じなのに意味が違う古語
- **あはれなり**…しみじみとした趣がある。
- **をかし**…趣がある。風情(ふぜい)がある。
- **あやし**…不思議だ。身分が低い。
- **うつくし**…かわいらしい。
- **ありがたし**…めったにない。
- **ののしる**…大声で騒ぐ。

②現代では使われない古語
- **いみじ**…はなはだしい。
- **わろし**…よくない。
- **つれづれなり**…所在ない。
- **げに**…本当に。なるほど。
- **いらふ**…答える。
- **ゆかし**…見たい。聞きたい。知りたい。

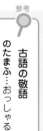

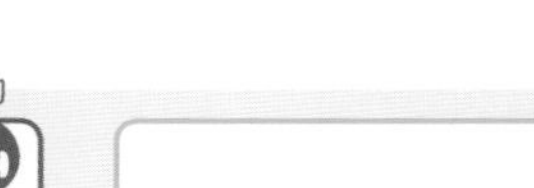

注意

歴史的仮名づかい

歴史的仮名づかい「**あふ・いふ・えふ**」は「**おう・ゆう・よう**」に直す。上の①と⑤の決まりが合わさった形である。

例 たふ(塔)→たう→とう
きふ(急)→きう→きゅう
てふ(蝶)→てう→ちょう

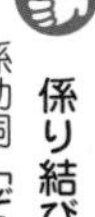

大切

係り結び

係助詞「**ぞ・なむ・や・か・こそ**」が用いられると、文末の形が変わる。「ぞ・なむ・こそ」は強調、「や・か」は疑問・反語の意味を表す。

例 男ありけり。(元の形)
男ぞありける。
男やありける。
男こそありけれ。

参考

古語の敬語

のたまふ…おっしゃる
聞こしめす…お聞きになる
給(たま)ふ…お与えになる・～なさる
申す・聞こゆ…申し上げる
奉(たてまつ)る…差し上げる
侍(はべ)り・候(さぶら)ふ…お仕えする・～です・～ます

入試必勝ポイント

●古文の読解

古文は現代文と比べて、主語や助詞などの省略が多く、ひとつの文が長いという特徴がある。古文を読解する際には、次のようなことに注意する。

①省略されている語(主語・助詞など)を補いながら読む。
②主語をとらえる。長い一文で、途中で主語が変わることがあるので注意する。
③会話部分をとらえ、誰の言葉かをおさえる。

●漢文の読解

漢文の訓読文は、漢字だけで書かれた中国の文章を、古文の形で読めるように、送り仮名や返り点を付けたものである。入試では、訓読文だけでなく、書き下し文や解説文が一緒に出ることが多い。書き下し文や解説文を訓読文と対応させながら読むようにする。

「あー、そうだね。そんなふうに見えたんだね。ある意味では、イエス……かな。中たらないと、面白くないでしょう、弓って」
「それはそうですけど……」
「あなたは、弓道に向いてるのかもしれない。真面目で、素直で、根性がある。中たりがなかなか出なくても、ぐっとこらえて教本通りの練習を続けられる。――でもね、学校の部活でやってる人たち、みんながみんなそうじゃないの。基本的にはみんな、今三年間、もしくは大学であと数年。それだけだよ。長いように感じるかもしれないけど、あっという間。チームスポーツも大体そうだろうけど、一人でもできるはずの弓も、学校出ちゃったらなかなかやる人はいない。誰でも行ける弓道場もそんなに沢山はないしね。それが現実。あなたは多分、高校だけでやめようなんて、思ってないんだよね」
「はい」

（我孫子武丸「凜の弦音」より）

正答率82%

(1) ――線部「凜はずっと訊きたかったことを思い切って訊いてみることにした」とあるが、このときの「凜」の心情の説明として最も適切なものを、次の**ア**～**エ**から一つ選び、記号で答えなさい。

ア 情けない一面を見せた吉村先生を意外に思い、本当に自分に本心を語ってくれるのか、先生を試そうと思っている。
イ 自身の弱さを率直に話してくれた吉村先生に親近感を覚え、踏み込んだ質問をしても答えてくれそうだと思っている。
ウ 普段と違う一面を見せた吉村先生に自分への真剣な思いを感じとり、自分も弱さを見せなければならないと思っている。
エ 吉村先生の話から、先生が自分の弱い部分を隠していたことを知り、今なら先生をやり込められそうだと思っている。

（　　）

表現

3 **次の文章を読んで、あとの問いに答えなさい。**（40点）　〈秋田県〉

「ワカ」
声に出して名を呼ぶ。ワカは近づかない。まるで知らない馬のように、風の中で立ち尽くしている。残った牝馬は和子から一歩逃げる。そのまま踵を返し、地を蹴り走り去ってしまった。ワカは首を曲げてその方向を見ている。月光をわずかに反射して光る目はこれまで和子の知るワカのものではなかった。このままあの牝馬を追ってしまうのではないか。そう直感し、和子は思わず口を開いて制する。
「行くんでねえぞ。あんたは、うちの馬だ。一緒に帰るんだ」
断固とした主人の物言いに、ワカは弾かれたように首を上げ、和子に近づいてきた。鼻先を撫でてやると、ぶふうと熱い鼻息が吹きかかった。いつもの甘ったれだ。良かった、戻ってきた。
「心配かけさせて、この、この馬鹿たれがぁ……」
身を寄せたワカの体温に安堵し力が抜けそうになるが、和子は身を奮い立たせて綱を取り出した。

（河﨑秋子「颶風の王」より）

正答率77%

(1) ――線部「まるで知らない馬のように」とあるが、和子の知るふだんのワカの様子を表現した語句を、本文中から四字で抜き出しなさい。

実力完成テスト

→別冊解答 p.28

目標時間 30分　目標点数 80点

／100点

場面

1 次の文章を読んで、あとの問いに答えなさい。（30点）〈静岡県・改〉

*架橋には、ちょうど真ん中に操作室があって、大型の船が入り江に入るときに水平可動する仕組みになっていた。その操作室の屋根に風見と風力計が取りつけてある。羽根車が勢いよく回転する日は、白ウサギの跳躍に似た波が海面を走る。すると、紺野先生の受け持つ生徒のひとりが、必ず学校を休んだ。

少年は、岬の一部をちぎって投げたような、目と鼻の先にある小さな島に住んでいた。しかし、波が荒い日は渡し船が通わず、少年は島から一歩も出ることができないのである。ひと家族しか住んでいない小さな島で、定期船はなく、渡し船は少年の祖父が*操舵する。

「先生、あの卵、あすには孵るかもしれませんね。」

「そうだね、そろそろだから。」

学校の飼育器では、人工孵化をしている*チャボの卵が、もうすぐ孵るはずだった。祖父の船で島へ帰る間際、少年はしきりに翌日の天候を気にしていた。暮れなずむ天は、うす紫と*藍にそまり、たなびく夕もやを突き抜けて火炎の帯が一筋走っている。無線から、快晴だが強風であるとの予報が流れた。春の海風は気まぐれで、風向きは安定しない。少年の祖父も予想がつかないと苦笑いした。

（長野まゆみ「夏帽子」より）

*架橋…ここでは、入り江に架けられた橋。
*操舵…船を進めるためにかじを操作すること。
*チャボ…小形の鶏。　*藍…濃い青色。

注意

(1) ――線部のように「少年」が翌日の天候を気にしているのは、いくつかの状況をふまえてのものである。その状況として**適切でないもの**を次のア～エから一つ選び、記号で答えなさい。

ア　強い風がふいて波が高くなること。
イ　飼育器の卵がもうすぐ孵りそうだということ。
ウ　祖父が操舵する渡し船が出なくなりそうだということ。
エ　入り江の架橋が閉鎖され遠回りをすること。

（　　）

心情

2 次の文章を読んで、あとの問いに答えなさい。（30点）〈長崎県〉

「……先生にも、スランプありましたか」

おずおずとそう聞くと、吉村先生はぶはっ、と豪快に笑った。

「あった、あった。当たり前じゃん。泣きそうになった――てか泣いたこともあるよ。悔しくて、自分が情けなくて。これからはもう泣かないなんて自信もないし」

気力と自信に満ちあふれた様子の今の先生からはとてもそんな姿は想像できなかったが、多分本当のことなのだろう。

少し本音が聞けた気がして、凜はずっと訊きたかったことを思い切って訊いてみることにした。

「――先生は、わたしたちは……高校生は、試合に勝てばいいって考えられてるんですか。中たりがあればいいって」

ちらりとこちらを見て微笑むと、再び前を向く。

例「今度は絶対に負けないからな。」→決意を表す。
そういえば彼には何度も助けられたな。→感謝の気持ちを表す。

攻略

複雑な心情のとらえ方

たとえば、同じ「笑う」場面でもさまざまで、喜びや楽しさの程度にちがいがあり、まったく異なる感情を表す場合もある。状況や登場人物どうしの関係などから正確に読み取る。

例 涙を流して笑いころげた。→心の底から笑う様子。
笑いをかみ殺した。→笑ってはいけないと我慢する様子。
鼻で笑われた。→相手にばかにされた様子。

表現

文学的文章では、表現にさまざまな工夫が凝らしてある。そういう表現をとらえることも重要である。

①**語り手・視点**…誰の視点から語られるか。
- 一人称…登場人物である「私(僕)」の視点で語られる。
- 三人称…第三者の客観的な視点で語られる。

例 おやじは、ちっとも俺をかあいがってくれなかった。母は、兄ばかりひいきにしていた。→一人称 (夏目漱石「坊っちゃん」)

②**文末表現**…常体(である調)か敬体(です・ます調)か。現在形か過去形か。

例 昔、ある国に有名な陶器師がありました。代々陶器を焼いて、その家の品といえば、遠い他国にまで名が響いていたのであります。→敬体 (小川未明「殿様の茶わん」)

③**文の長さ**…短い文はリズムやスピード感を生み出す。

例 僕は走りだす。思い切り腕を振る。ぐんぐんスピードが上がる。

④**表現技法**…比喩、擬人法、倒置、体言止めなどがよく用いられる。

例 海を見ると、子供のようにはしゃいだ。→比喩
五月の風がやさしく僕に話しかけてきた。→擬人法
いったいなんなのだろう、この胸の痛みは。→倒置
真夏の陽射しを浴びてきらきらと輝く大海原。→体言止め

筆者の表現の工夫をとらえよう。

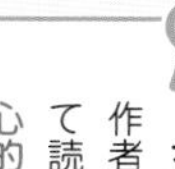

参考

主題

作者(筆者)が、その作品を通して読者に伝えようとしている中心的な考えを「**主題**」という。

参考

表現方法と印象

文章は表現方法によって、印象が変わる。
- 短い文を続ける…リズムを生み出す。
- 漢語を多用する…硬く重厚な印象を与える。
- 現在形の文末を続ける…臨場感をかもし出す。

注意

心情を象徴するもの

音楽や絵画などを描くことによって、心情を象徴させることもある。そういう箇所を抜き出させる出題も多いので、要注意。

大切

随筆文の読み方

架空の登場人物を描く小説文に対して、筆者の体験や見聞をもとに書かれたものを**随筆文**という。

随筆文を読むときには、筆者が体験・見聞した出来事(**事実**)と筆者が思ったこと(**印象・感想**)を区別して読むようにする。

筆者の思い(主題)は、最初か最後に書かれることが多いので、そこに注目して読む。

即答チェック

次の各問いに答えなさい。

□① 次の文が表す心情として適切なものをあとから選びなさい。
a 新しい靴をはくと、なんだか、歩みも軽くなるようだった。
b テレビからあふれる、はずむような笑い声から逃げるように部屋を出た。
ア 明るく浮き立つ心情。
イ ひどく退屈している心情。
ウ 悲しみに沈む心情。

□② 次の文に用いられている表現技法をあとから選びなさい。
a この道を行くと、いつもひまわりの笑顔に迎えられる。
b つねに、私の心はここにある。たとえ、どこにいようとも。
ア 反復　イ 擬人法
ウ 倒置　エ 対句

□③ ( )にあてはまる言葉を答えなさい。
- 文学的文章の表現として、語り手が、「私」や「僕」などのように( )の視点で語る方法がある。

即答チェックの答え
① a…ア　b…ウ
② a…イ　b…ウ　③ 一人称

文学的文章の読解

◆場面の展開や登場人物の心情をおさえよう!
◆文章表現の特徴をとらえる!

学習日　　月　　日

ポイント整理

場面

文学的文章の読解は、場面をおさえることが基本となる。「時」「場所」「登場人物」という要素に着目する。

- 時……時代、季節、月日、時刻など。
- 場所…都市か地方か(地名)、建物の中か外かなど。
- 登場人物…主人公の人物像、人物どうしの関係(親子、兄弟、友人など)、年齢、名前など。

情景が描かれている箇所にも着目する。自然の風景や天候などが表すイメージが、登場人物の心情を間接的に表すことがある。

例 黒い雲、雨降り→不安な気持ち、憂鬱な気持ちなどを表す。
青空、日差し→活発で明るい気持ちなどを表す。

「時」「場所」「登場人物」に着目!

心情

登場人物の心情をとらえるには、次のような表現に着目する。

① **心情が直接表されている表現**
「〜と思う」「〜と感じる」「〜な気持ち」「うれしい」「悲しい」などの表現がそのまま書かれている。

② **心情が間接的に表されている表現**
登場人物の行動・態度によって、心情を類推することができる。
例 ドアをたたきつけるように閉めた。→怒りの気持ちを表す。
自然と足どりも軽くなる。→明るい気分を表す。

③ **会話や心の中の思いが表される表現**
「 」のある会話文や心の中で考えたことにも心情が表れることがあるので、着目する。

場面の変化のとらえ方

場面がどのように変化しているかをおさえることも重要。「**時**」「**場所**」「**登場人物**」**が大きく変化している箇所**をとらえる。別の日になる、場所を移動する、別の人物が現れるなどの変化を見のがさない。

回想場面

小説文などでは、過去の場面が「**回想**」として挿入されることがある。どこまでが現在で、どこからが過去の回想場面なのかを注意しておさえる。登場人物の年齢や周辺人物との関わり、時代背景を示す描写などに着目して見分ける。

リード文(前書き)

入試問題では、本文の前に「**リード文**」(**前書き**)が書かれていることがある。ここには、物語の時代背景や場面、登場人物やその関係が書かれている。リード文がある場合には、しっかりと読む。

入試必勝ポイント

場面と心情の関係

場面の描写だけが続いている箇所からも心情を推し量れることはある。自然の風景や天候などが表すイメージをとらえて、登場人物の心情を読み取る。

例 はるか向こうに小さく、シラクスの町の塔楼(とうろう)が見える。塔楼は、夕日を受けてきらきら光っている。(太宰治(だざいおさむ)「走れメロス」)
→「(塔楼は)きらきら光っている」は、それを見ているメロスの心にある「希望」を表している。

擬人法の読み取り方

人でないものを、人にたとえる擬人法は、文学的文章ではたびたび使われる表現技法である。

例 濁流は、メロスの叫びをせせら笑うごとく、ますます激しく踊り狂う。(太宰治「走れメロス」)
→濁流がまるで生きているように表現されることで、場面の緊迫感が増す。メロスを脅(おびや)かす試練の厳しさが伝わる。

3 次の文章を読んで、あとの問いに答えなさい。

（(1)20点、(2)30点　計50点）〈栃木県・改〉

1 ヨーロッパでは中世になると、人々が集まって暮らす都市が各地で生まれてくる。耕作地で生産された食糧が都市へ運び込まれ、そこで消費されるようになる。そうすると、そこで生じた排泄物は田畑に返されることなく、都市で処理される。つまり、生産と消費が切り離されてしまったのだ。栄養のリサイクル・システムが成り立たなくなると、田畑は徐々に痩せていった。痩せた田畑では、植物が成長するための養分が足りず、十分な質と量の作物が育たなくなる。

2 このような悪循環によって、持続可能な農業は足元から崩れはじめた。増え続ける人口を支えきれなくなってくるのである。実際に、一七〜一八世紀までは当時の先進国であっても、ちょっとした異常気象や疫病が引き金となって飢饉が発生した。現在、急激に人口が増加している発展途上国でも飢饉が起きるから、これは現在進行形の問題でもある。

3 農作物の生育にともなって耕作地から欠けやすい順に、窒素・リン・カリウムという三つの元素であることを明らかにしたのは、一九世紀半ばのドイツの化学者ユストゥス・リービッヒである。それ以来、田畑から収穫量を上げるためには、まずは窒素肥料が必須であることは広く知られるようになった。

4 それから一世紀近く後の話だが、海でも同様に、窒素がもっとも早く枯渇する栄養であることが明らかにされた。だから窒素は、この地球上に繁茂するあらゆる植物の量を決める元素といえる。植物の量は食物連鎖を経て私たち動物にとって使用可能なエネルギーを決める。つまり、窒素こそが地球の定員を決めている元素なのである。

（大河内直彦『地球のからくり』に挑む」より）

(1) **3**段落について説明したものとして、最も適切なものを次のア〜エから一つ選び、記号で答えなさい。

ア　**2**段落までに論じられてきた歴史的な事実をもとに、今後生じるおそれのある諸問題が示されている。

イ　**2**段落までに論じられてきた問題解決策に代わって、筆者の提案する独自の解決方法が述べられている。

ウ　**2**段落までに論じられてきた現象について、それらを引き起こした原因や背景を多角的に考察している。

エ　**2**段落までに論じられてきた問題に対して、その状況の改善につながる科学的事実が挙げられている。

（　　）

差がつく

(2) ──線部「窒素こそが地球の定員を決めている元素なのである」とあるが、筆者がこのように考えるのはなぜか。六十字以内で書きなさい。

実力完成テスト

→別冊解答 p.27

目標時間 30分　目標点数 80点

／100点

指示語

1 次の文章を読んで、あとの問いに答えなさい。（25点）〈京都府〉

まずは私たちが日常的に使っている貨幣から考えてみよう。私たちはそれらでパンや珈琲（コーヒー）を買う。これを言いなおせば、私たちは自分でパンや珈琲をつくるのではなく、各々の技能に応じてモノやサービスを生産し、その見返りとして貨幣をもらい、その貨幣と交換で他人がつくったパンや珈琲を手に入れるということである。つまりモノとモノとを、貨幣を介して間接的に交換しているわけだ。

ここでは貨幣があいだに入ることが決定的に重要である。もし貨幣がなかったらと想像してみよう。人類学者である私はお腹（なか）が減ったら、ラーメン屋で「人類学の本と交換にラーメンを食べさせてくれ」と頼まねばならない。もちろん断られるだろう。

（深田淳太郎（ふかだじゅんたろう）「文化人類学の思考法」より）

注意 (1) ――線部「ここ」が示す内容として最も適切なものを次のア～エから一つ選び、記号で答えなさい。

ア　自分が生産したモノを差し出す見返りとして貨幣を手に入れる場面。

イ　貨幣を使用してモノを買うことで、間接的に相手の貨幣を受け取る場面。

ウ　各個人の能力や技術によってつくり出されたモノがやりとりされる場面。

エ　生活に必要で誰もが求めるモノを、貨幣を用いることで入手する場面。

（　　）

接続語

2 次の文章を読んで、あとの問いに答えなさい。（25点）〈福井県〉

もともと「日本人女性の生き方」というテーマそのものが、実際どのようなものなのかは当初からよくわからなかったようなのだが、そのことがインタビューを通じて、徐々に明らかになってくる。［A］、こうしたテーマを立てる段階で、すでに「日本人女性」という社会通念の枠にザビーネ*はとらわれていたのだ。

留学生寮の管理人であるRさんにインタビューするうちに、このRさんが自分の描いていた「日本人」のイメージとは少し違う人であることにザビーネは気づきはじめる。［B］、物事をはっきり言うタイプだとか、自分の生家を出て日本の各地で生活した経験を持っている、とかである。こうしたRさんの性格や経歴は、今までザビーネが描いてきた「日本人女性」のイメージとはかなり異なる人物であることがインタビューを通じて明確になってくる。

（細川英雄（ほそかわひでお）「言語・文化・アイデンティティの壁を越えて」より）

*ザビーネ…ドイツの大学で「日本学」を学び、日本語の習得をめざして日本に留学してきた学生。

(1) ［　］A・Bに入る言葉の組み合わせとして最も適切なものを次のア～エから一つ選び、記号で答えなさい。

ア　A　つまり　B　たとえば　　イ　A　そして　B　しかし

ウ　A　なぜなら　B　それとも　　エ　A　ところで　B　いわゆる

（　　）

段落構成

文章の段落構成は、「序論→本論→結論」が基本である。

- **序論**…導入。文章で扱う話題や問題を提起する。
- **本論**…中心になる部分。具体例や理由などを述べて説明する。
- **結論**…まとめ。筆者の意見をまとめる。

段落構成の型には、次のようなものがある。

①**頭括型**…結論が最初にくる。結論→説明という展開。
②**尾括型**…結論が最後にくる。説明→結論という展開。
③**双括型**…結論が最初と最後にくる。結論→説明→結論という展開。
④**起承転結**…起(発端)→承(展開)→転(転換)→結(結び)という展開になる。

段落構成のとらえ方

①形式段落ごとに書いてある内容の要点をとらえる。
例 [1]問題提起 [2]具体例 [3]具体例の説明 [4]筆者の意見

②内容につながりのある形式段落をまとめ、意味段落を作る。
例 [1] [2]・[3] [4]

③意味段落どうしの関係をとらえる。
例 [1]序論 [2]・[3]本論 [4]結論

序論と結論の箇所を見つけるのがポイント!

要旨

要旨とは、筆者が文章を通して述べようとしている**中心的な内容**のこと。最も重要な意見が含まれる。要旨をとらえることが説明的文章の読解において最も大切な要素である。

段落構成をふまえ、**くり返し出てくる言葉**(キーワード)や**筆者が意見を述べている文末表現**(「思う。」「ではないだろうか。」など)に注意しながら、要旨をとらえよう。

参考 段落

形式段落…始まりを一字下げて表す段落。
意味段落…内容につながりのある形式段落をまとめた大きな段落。

大切 段落どうしの関係

段落のはじめにある接続語に注目する。

- **しかし・だが**(逆接)…あとに重要な事柄が述べられることが多い。
- **たとえば**(説明・補足)…具体例を示す。
- **したがって・つまり**(説明・補足)…結論を述べる。
- **さて・ところで**(転換)…話題を変える。

大切 要旨のとらえ方

①文章中にくり返し出てくる言葉(キーワード)に着目する。
②論理の中心(結論)となる段落を見つけ、その段落の中にある中心的な一文に着目する。
③筆者が意見を述べている文末表現に着目する。
例「〜と思う。」「〜だろうか。」「〜と考える。」「〜ではないだろうか。」

これらを頼りに、筆者の考えが述べられた中心的な内容(要旨)をとらえる。

即答チェック

次の各問いに答えなさい。

□① ――線部の指示語が指し示している言葉を、単語で抜き出しなさい。

a 図書館で小説を借りた。それは、とてもおもしろかった。

b ずいぶんたくさん鳥がいますね。あれはすずめですか。

□② ( )にあてはまる接続語をあとから選びなさい。

a わからない言葉を辞書で調べた。( )、結局わからなかった。

b 果物を使ったデザートを作ろう。( )、りんごやみかんならここにあるよ。

ア だから　イ または　ウ つまり　エ だが　オ たとえば

□③ ( )にあてはまる言葉をあとから選びなさい。

- 段落のはじめに、「たとえば」がある場合は(a)が、「つまり」がある場合は(b)が述べられていると考えてよい。

ア 序論　イ 具体例　ウ 結論　エ 別の話題　オ 理由

即答チェックの答え ① a…小説　b…鳥　② a…エ　b…オ　③ a…イ　b…ウ

英語　数学　理科　社会　国語

国語

04 説明的文章の読解

今日スタディ
◆指示語・接続語の働きを理解する！
◆文章を読みながら、段落構成と要旨をとらえよう！

学習日　月　日

ポイント整理

●指示語

文中の語句や内容、文全体などを、代名詞や連体詞などを使って指し示したもの。「こそあど言葉」ともいう。

例 昨日、ペンを買いました。これはとても便利です。（ペン＝指示内容、これ＝指示語）

指示語が指す内容は、ふつうは指示語よりも前にあるので、さかのぼって探す。

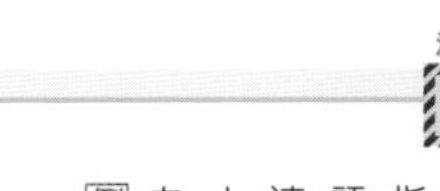

●接続語

語句と語句、文と文、段落と段落をつなぐ言葉。おもに接続詞が接続語になる。

①順接	例 今日は雨だ。だから、試合は延期だ。	それで・だから・すると
②逆接	例 今日は雨だ。しかし、試合は行われる。	しかし・けれども・ところが
③累加（るいか）・並立（へいりつ）	例 今日は雨だ。しかも、風も強い。	それから・しかも・また
④対比・選択	例 今日は雨が降るだろうか。それとも、曇りだろうか。	または・あるいは・それとも
⑤説明・補足	例 試合は中止だ。なぜなら、雨がやまないからだ。	つまり・たとえば・なぜなら
⑥転換	例 今日は雨だ。ところで、明日はどうだろう。	ところで・さて・では

段落のはじめにある接続語は、段落どうしの関係を表すので、文章の構成を考えるうえでの手がかりになる。

注意
指示語の例外
例外として、指示語が後ろの部分を指している場合もある。
例 祖父がこう言った。人に迷惑をかけてはいけないと。（こう＝指示語、人に迷惑をかけてはいけない＝指示内容）

注意
指示内容
指示語が指すものは、いつも単語や文節とは限らない。一文、連続したいくつかの文、場合によっては段落全体を指すこともある。
例 一日かけて山に登った。たいへんな思いをした。しかし、それは何ものにも代えがたい経験だった。

参考
意見と事実の読み分け
説明的文章の読解では、筆者の意見(主観的内容)なのか、事実(客観的内容)なのかの見極めが大切である。
「たとえば」などの接続語のあとは、具体例が示されているというように、接続語が読解の手助けとなることがある。

入試必勝ポイント

●指示内容を問う問題の解き方

①指示内容に見当をつけたら、その語句を指示語にあてはめてみて、意味が通るか必ず確認する。

例 向こうで手を振っている人がいる。あれがぼくの兄だ。
→「向こうで手を振っている人がぼくの兄だ。」とあてはまる。

②ぴったりあてはまらない場合は「〜こと」などの言葉を補う。

例 毎日練習をした。それが勝利の要因だ。
→「毎日練習をしたことが勝利の要因だ。」と指示内容に「こと」を補う。

●接続語を補う問題の解き方

①空所の前後の関係を読み取る。

例 実験は失敗した。□、諦めない。（対立する内容）

②前後の関係に合う接続語を空所にあてはめてみて、意味が通るか必ず確認する。

例 実験は失敗した。しかし（逆接）、諦めない。

単語の分類・活用・識別

正答率59%

7 「寒さ」という単語を、次のように説明した。〔A〕〔B〕に入る品詞として適切なものを、あとのア〜エからそれぞれ一つずつ選び、記号で答えなさい。（6点×2＝12点）〈秋田県〉

> 「寒さ」は「寒い」という〔A〕の語幹「寒（さむ）」に、接尾語の「さ」が付いて、〔B〕に変わった単語である。

ア 動詞　イ 形容詞　ウ 形容動詞　エ 名詞

A（　　）　B（　　）

8 「富士でも描こうか」は、どのような品詞の語で組み立てられているか。〈例〉にならって示したとき、最も適切なものをア〜エから一つ選び、記号で答えなさい。（8点）〈京都府・改〉

〈例〉花が咲く……〈答え〉名詞＋助詞＋動詞

ア 名詞＋助詞＋動詞＋助詞
イ 名詞＋助詞＋動詞＋助動詞＋助詞
ウ 名詞＋助詞＋動詞＋助動詞＋助動詞
エ 名詞＋助詞＋助詞＋動詞＋助詞

（　　）

注意

9 次の――線部に含まれている動詞の終止形を書きなさい。（7点×2＝14点）〈兵庫県・改〉

① 緊張を強いられる。（　　）
② 欲求が満たされる。（　　）

10 次の――線部「の」と同じ用法のものをあとのア〜エから一つ選び、記号で答えなさい。（8点）〈富山県・改〉

・すべての動物は、呼吸しています。

ア その人は有名だ。
イ 両親の育てた花だ。
ウ 学ぶのは大切だ。
エ 北国の厳しい冬だ。

（　　）

敬語

11 次の――線部の敬語と同じ種類の敬語を含む文をあとのア〜エから一つ選び、記号で答えなさい。（7点）〈宮崎県・改〉

・先生から言葉をいただきました。

ア 先生のおっしゃった言葉が印象に残っています。
イ 私の母がそのように申しています。
ウ ご卒業まことにおめでとうございます。
エ まもなくお客様がお着きになります。

（　　）

正答率96%

12 次の――線部を適切な敬語表現に改める場合、正しい組み合わせはどれか。あとのア〜エから一つ選び、記号で答えなさい。（8点）〈栃木県〉

① 「温かいうちに食べてください。」（客に手料理を勧める場面）
② 「荷物を持ちます。」（ホテルの従業員が客に話しかける場面）

ア ①いただいて　②お持ちになり
イ ①召し上がって　②お持ちになり
ウ ①いただいて　②お持ちし
エ ①召し上がって　②お持ちし

（　　）

実力完成テスト

↓別冊解答 p.26

目標時間 30分　目標点数 80点

／100点

文節と単語

1 「自分のペースがこわれてしまうのだ」を文節に区切ったものとして適切なものを次のア～エから一つ選び、記号で答えなさい。（6点）〈三重県・改〉

ア　自分の／ペースが／こわれてしまうのだ
イ　自分の／ペースが／こわれて／しまうのだ
ウ　自分の／ペースが／こわれて／しまう／のだ
エ　自分／の／ペース／が／こわれ／て／しまう／の／だ

（　　）

2 「本はあまり読みません」を単語に区切ったものとして適切なものを次のア～エから一つ選び、記号で答えなさい。（6点）〈茨城県・改〉

ア　本／は／あま／り／読み／ません
イ　本は／あま／り／読みま／せ／ん
ウ　本／は／あまり／読み／ませ／ん
エ　本は／あまり／読み／ま／せん

（　　）

文の成分

3 ——線部「ふと」が直接かかるのは、どの言葉か。一文節で抜き出して書きなさい。（6点）〈石川県・改〉

・彼女は、ふと弾くのをやめて、こちらをふりかえった。

（　　）

差がつく

4 ——線部「かつて」が修飾している一文節を抜き出して書きなさい。（6点）〈佐賀県・改〉

・かつて、コンコルドなどの超音速旅客機の開発が競って行われた時代がありました。

（　　）

5 次の文の主語と述語に当たる一文節を、それぞれそのまま抜き出して書きなさい。（6点×2＝12点）〈愛媛県・改〉

・茶の湯のもてなしは、西洋のサービスとはいささか異なります。

主語（　　）
述語（　　）

正答率62%

6 ——線部「運んでいる」の「運んで」と「いる」の二つの文節はどのような関係にあるか。あとのア～エから一つ選び、記号で答えなさい。（7点）〈高知県・改〉

・縁側に座って針を運んでいる。

ア　接続の関係
イ　並立の関係
ウ　補助の関係
エ　修飾・被修飾の関係

（　　）

品詞の種類

品詞……単語は、文法的な働きや形によって、次の十品詞に分類される。

- ①**名詞**（主語になる）　例 山・世界・これ
- ②**副詞**（修飾語になる）　例 とても・もし
- ③**連体詞**（修飾語になる）　例 この・大きな
- ④**接続詞**（接続語になる）　例 しかし・だから
- ⑤**感動詞**（独立語になる）　例 あら・いいえ
  （①〜⑤ 活用がない）
- ⑥**動詞**（述語になる）　例 書く・話す
- ⑦**形容詞**（述語になる）　例 美しい・白い
- ⑧**形容動詞**（述語になる）　例 静かだ・変だ
  （⑥〜⑧ 活用がある）
  （①〜⑧ 自立語）
- ⑨**助詞**　例 が・から　→活用がない
- ⑩**助動詞**　例 だ・れる　→活用がある
  （⑨⑩ 付属語）

動詞の活用

活用の種類	基本形	語幹	未然形	連用形	終止形	連体形	仮定形	命令形
五段活用	書く	か	か・こ	き・い	く	く	け	け
上一段活用	起きる	お	き	き	きる	きる	きれ	きろ・きよ
下一段活用	受ける	う	け	け	ける	ける	けれ	けろ・けよ
カ行変格活用	来る	○	こ	き	くる	くる	くれ	こい
サ行変格活用	する	○	し・せ・さ	し	する	する	すれ	しろ・せよ
あとに続く主な語			ない・う（よう）	ます・た	〈言い切り〉	こと	ば	〈命令する〉

敬語

①**尊敬語**…動作する人を高めて言う言葉。
例 いらっしゃる・お読みになる・話される

②**謙譲語**…自分の動作を控えめに言う言葉。
例 うかがう・お話しする

③**丁寧語**…丁寧な言い方をする言葉。
例 私です・こちらでございます

攻略

敬語の使い方
相手の動作には尊敬語を、自分の動作には謙譲語を用いる。
例 先生（相手）がいらっしゃる（尊敬語）。
私（自分）がうかがう（謙譲語）。

大切

動詞の活用の見分け方
「ない」を付けて上に接続する音を確かめる。
- 飛ばない（飛ぶ）
  ア段に接続→五段活用
- 落ちない（落ちる）
  イ段に接続→上一段活用
- 食べない（食べる）
  エ段に接続→下一段活用

確認

単語の識別
ない…①時間がない。（形容詞）
②手が届かない。（助動詞）
③つまらない本。（形容詞の一部）
に…①学校に行く。（格助詞）
②立派になる。（形容動詞の活用語尾）
③すぐに行く。（副詞の一部）
④光のように速い。（助動詞の一部）

注意

間違えやすい敬語表現
①自分の身内の動作には謙譲語を用いる。
×母が明日来られます。
○母が明日参ります。
②敬語を重ねすぎない。
×先生がおっしゃられる。
○先生がおっしゃる。

即答チェック

次の各問いに答えなさい。

□① 正しく文節に区切ったものを選びなさい。
ア 午後／から／雨が／降る／らしい。
イ 午後から／雨が／降るらしい。
ウ 午後／から／雨が／降るらしい。
エ 午後から／雨が／降る／らしい。

□② 正しく単語に区切ったものを選びなさい。
ア 新しい／靴／を／はい／て／いく。
イ 新しい／靴を／はいて／いく。
ウ 新しい／靴／を／はいて／いく。
エ 新しい／靴を／はい／て／いく。

□③ 次の――線部の語の品詞名を答えなさい。
・もうすぐ約束の時間だ。

□④ 次の――線部の動詞の活用の種類をあとから選びなさい。
・もうすぐ料理ができる。
ア 五段活用　イ 上一段活用
ウ 下一段活用　エ カ行変格活用
オ サ行変格活用

□⑤ 敬語が正しく使われているものを選びなさい。
ア 先生がそちらにうかがう。
イ 母にお渡しになっておきます。
ウ 父が申しております。
エ 校長先生が差し上げます。

即答チェックの答え　①イ　②ア　③助動詞　④イ　⑤ウ

03 文法・敬語

今日スタディ
◆文節や単語について理解し、単語の品詞を正しく判別しよう！
◆敬語の正しい使い方を理解する！

学習日　月　日

ポイント整理

●文節と単語

文節…意味がわかる範囲で、文をできるだけ短く区切ったまとまり。「ネ」「ヨ」を入れて、不自然にならないところ。

例 私は／学校へ／行く。（／が文節の切れ目。全体で文。）

単語…文節をさらに細かく分けて、意味や働きの上で最小になるまで区切った単位。

例 私｜は｜学校｜へ｜行く。（｜が単語の切れ目。）

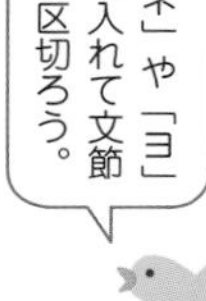

●文の成分

主語……「何が(は)」「誰が(は)」に当たる文節。「は・が・も・さえ・こそ・しか」などが付く。

述語……「どうする・どんなだ・何だ」に当たる文節。文の最後にくることが多い。

修飾語…「いつ・どこで・何を・どのように」など、ほかの文節の内容を詳しく説明する文節。

接続語…文と文や、文節と文節をつなぐ働きを持つ文節。

独立語…ほかの文節とは直接関係のない文節。

例 私は（主語）／学校へ（修飾語）／行く。（述語）／そして、（接続語）／勉強を（修飾語）／する。（述語）

●連文節…二つ以上の連続した文節が文の成分として働くとき、そのまとまりを連文節という。その場合は「主部」「述部」など「～部」とよぶ。

例 私の／妹は、（主部）／小学生だ。（述語）

参考
文章・段落・文
文章…最も大きな言葉の単位。
段落…文章を内容ごとに区切ったまとまり。
文…ひと続きの言葉。句点(。)で終わる。

注意
間違えやすい文節
「見て／いる」「やって／みる」「飛んで／いく」などは、二文節なので注意。「見てネいるヨ」と区切ることができる。

注意
接続語の注意点
「そして」「だから」などだけでなく、「～ので」「～ば」などの形で接続語になることもある。
例 暑いので、上着を脱いだ。

大切
文節どうしの関係
①主・述の関係
例 私は 学校へ 行く。
②修飾・被修飾の関係
例 赤い りんごが ある。
③並立の関係
例 りんごと ももが ある。
④補助の関係
例 空が 晴れて くる。

入試必勝ポイント

●文節分けの確認法

文節は「意味がわかる範囲」で短く区切ったまとまり。一文節には、それだけで意味のわかる語(自立語)が必ず最初に一つだけある。文節分けをしたら、自立語が一つになっているか確認する。

例 赤い／花が／咲いた。
■…意味がわかる語(自立語)

自立語のあとに付いて意味を添える語(付属語)は、一文節に一つもないこともたくさん付くこともある。

例 赤い／花は／咲いただろうか。
■…意味を添える語(付属語)

●主語の見つけ方

①まず述語を見つける。述語はふつう文の最後にある。
②その述語を手がかりにして、その動作を「誰(何)」がするのかを考えて主語を探す。

例 日曜日に弟も母を手伝った。
「手伝った」のは誰か

7 次の慣用句の意味として最も適切なものをあとのア～エから一つ選び、記号で答えなさい。（6点×2＝12点）

① 「目を光らす」〈群馬県〉

ア 感心して見る。
イ じっと見つめる。
ウ 注意して見る。
エ 一通り見渡す。
（　　）

② 「固唾（かたず）を呑む」〈静岡県〉

ア あれこれ疑い迷って決断をためらう。
イ 目の前にあるものが欲しくてたまらない。
ウ 事の成り行きが気がかりで、緊張している。
エ 物事が思うように進まず、もどかしい。
（　　）

注意

8 次のア～ウの――線部の慣用句のうち、使い方が適切なものを一つ選び、記号で答えなさい。（6点）〈兵庫県・改〉

ア 彼女は気がおけない友人なので、二人でいるのは苦手だ。
イ 失言に気を付けないと、彼の二の舞を演じることになるよ。
ウ 水泳大会の直前に急に練習を始めても立て板に水で効果はない。
（　　）

9 ――線部が慣用句になるように、（　）に体の一部を表す言葉を漢字一字で書き、文を完成させなさい。（6点×3＝18点）〈兵庫県〉

① 彼女の華麗なピアノの演奏に、クラス全員が（　　）を巻いた。 □

② 本校の卒業生からノーベル賞受賞者が出て、私は（　　）が高い。 □

③ 練習後も黙々と素振りを続ける彼の姿には、（　　）が下がる。 □

ことわざ

差がつく

10 次の文章の内容を表すことわざとして、最も適切なものをあとのア～エから一つ選び、記号で答えなさい。（8点）〈鳥取県〉

文化祭に向けて、私は合唱練習のリーダーに選ばれたのだが、これまでリーダーの経験がなく、練習をうまく引っ張っていけるかどうか心配だった。しかし、実際に練習を始めてみると、準備していたとおりに指示を出すことができ、みんなもそれに応えてくれた。そして本番では満足のいく合唱となった。

ア 案ずるより産むが易（やす）し
イ 論より証拠
ウ のど元過ぎれば熱さを忘れる
エ 雨降って地固まる
（　　）

故事成語

11 次の【会話】の□にあてはまる言葉として、最も適切なものをあとのア～エから一つ選び、記号で答えなさい。（8点）〈茨城県〉

【会話】

山田 昨日のテレビドラマの最終回、すごくおもしろかったね。
大野 そうだね。でも、最後のシーンがなければ、もっと想像が膨らんでよかったと思うな。
山田 たしかに、あのシーンは□だったね。

ア 圧巻　イ 余地　ウ 蛇足　エ 推敲（すいこう）
（　　）

02 実力完成テスト

→別冊解答p.25

目標時間 30分　目標点数 80点

／100点

対義語

1 次の語の対義語を漢字二字で書きなさい。（7点×2＝14点）

①「偶然」〈京都府〉

②「抽象」〈香川県・改〉

注意すべき語句

正答率45%

2 「至極」の意味として最も適切なものを次のア～オから一つ選び、記号で答えなさい。（6点）〈新潟県〉

ア　たしかに　イ　ほんの　ウ　このように

エ　この上なく　オ　どうしても

（　　）

正答率39%

3 「精進を重ねる」の意味を国語辞典で調べたところ、「精進」「重ねる」は次のような意味だとわかった。これを参考にして「精進を重ねる」の意味を書きなさい。（10点）〈滋賀県・改〉

しょうじん【精進】（名）	かさ・ねる【重ねる】（他動・下一段）
①ひらすら仏道修行に励むこと。 ②心身を清め行いを慎むこと。 ③肉食せず、菜食すること。 ④懸命に努力すること。	①物の上に更に物をのせる。 ②事の上に事を加える。くり返す。 ③月日・年齢を積む。

（　　　　　　　　　　）

慣用句

4 （　）にあてはまる言葉として、最も適切なものをあとのア～エから一つ選び、記号で答えなさい。（6点）〈茨城県・改〉

・（　）を呑むほど美しい。

ア　気　イ　涙　ウ　息　エ　水

（　　）

5 次の――線部は体の一部を用いた「（　）を引っ張る」という慣用句で、「妨げる」という意味である。（　）にあてはまる漢字一字を書きなさい。（6点）〈佐賀県・改〉

・エースのお前が（　）を引っ張ってどうするんだ。

□

正答率62%

6 （　）にあてはまる慣用句をあとのア～エから一つ選び、記号で答えなさい。（6点）〈秋田県・改〉

・今回の大会での彼の活躍には（　）ものがある。

ア　目を見張る

イ　目を抜く

ウ　目を配る

エ　目をかける

（　　）

ことわざ

昔から言いならわされてきた教訓や生活の知恵などを含んだ短い言葉。

例 **急がば回れ**…遠回りでも着実な道を行ったほうが早い。
猿も木から落ちる…どんな名人でも失敗はある。

○意味の似ているものや反対のものをまとめて覚えよう。

例 **猿も木から落ちる≒弘法にも筆の誤り≒河童の川流れ**
（どれも「名人でも時には失敗することもある」という意味。）
好きこそものの上手なれ⇔下手の横好き
（好きなことは上達が早い。）（下手なのに好きである。）

攻略 間違えやすい慣用句・ことわざ

的を射る…的確に要点をとらえる。
（「的を得る」ではない。）

気が置けない…気を遣わなくてよい。
（「油断できない、気が許せない」という意味ではない。）

敷居が高い…不義理や面目ないことがあり訪問しづらい。
（「高級すぎたり上品すぎたりして入りにくい」という意味ではない。）

情けは人のためならず…人に親切にしておくと、自分にもよいことがある。
（「情けをかけることはその人のためにはならない」という意味ではない。）

故事成語

昔からの言い伝えや歴史的な出来事（故事）をもとにしてできた言葉。特に中国の古典によるものが多い。

例 **矛盾**…つじつまが合わないこと。

いわれ 商人が、どんなものも突き通す矛とどんなものでも突き通すことができない盾とを売っていた。客が「それではその矛でその盾を突いたらどうなるか」と問われて、答えられなかった。

漁夫の利…二者が争ううちに第三者が利益を横取りすること。

いわれ しぎが貝を食べようとしたところ、貝が殻を閉じて口ばしをはさんだ。しぎと貝が争っている間に漁師が両方をつかまえてしまった。

もとになった昔の話（いわれ）も一緒に覚えよう。

確認 頻出の慣用句

目が高い…ものを見抜く力がすぐれている。
腕が立つ…技能がすぐれている。
腹を割る…本心を打ち明ける。
気がとがめる…やましく感じる。
馬が合う…気が合う。
猫の額…非常に狭い場所のたとえ。
途方に暮れる…手段が尽きて、困り果てる。
油を売る…むだ話などをして仕事を怠ける。

確認 頻出のことわざ

泣き面に蜂…不幸の上に更に不幸が重なる。
灯台下暗し…身近なことはかえってわかりにくい。
帯に短したすきに長し…中途半端で役に立たないこと。
立つ鳥跡を濁さず…立ち去るとき、あとが見苦しくないように始末をする。

確認 頻出の故事成語

五十歩百歩…たいしたちがいはないこと。
蛇足…余計なもの。なくてもよいもの。
四面楚歌…周囲がみな敵であること。孤立すること。
背水の陣…決死の覚悟で敵に向かうこと。

即答チェック

次の各問いに答えなさい。

□① 「需要」の対義語を選びなさい。
ア 消費　イ 生産
ウ 市場　エ 供給

□② 「おもむろに」の意味を選びなさい。
ア 急に。にわかに。
イ 公然と。おおやけに。
ウ ゆっくりと。
エ こっそりと。

□③ 次の意味を表す慣用句をあとから選びなさい。
・ほんのわずかであること。
ア 鶴の一声　イ 手に余る
ウ すずめの涙　エ うり二つ

□④ 次のことわざと似た意味のことわざをあとから選びなさい。
・弱り目にたたり目
ア 豚に真珠　イ 泣き面に蜂
ウ ぬかに釘　エ 石の上にも三年

□⑤ 次の意味を表す故事成語をあとから選びなさい。
・詩や文を練り直してよいものにすること。
〈推敲　呉越同舟　背水の陣　四面楚歌〉

即答チェックの答え ①エ　②ウ　③ウ　④イ　⑤推敲

語句

今日スタディ
◆対義語や多義語の使い方をマスターしよう！
◆慣用句・ことわざ・故事成語の意味、使い方を覚えよう！

学習日　月　日

ポイント整理

●対義語
反対の意味を持つ語。
例 直接⇔間接　寒冷⇔温暖　義務⇔権利

●多義語
一つの語で多くの意味を持つ語。
例 切れる
①糸が切れる。→離れ離れになる。
②期限が切れる。→続いていたものがとだえる。
③在庫が切れる。→尽きてなくなる。
④彼は切れる人だ。→うまく処理できる。
○ほかに、意味を間違えやすい語句の出題なども多いので注意。

●慣用句
二つ以上の語が結びついて本来とは違う意味を表す言葉。
例 足が棒になる…疲れて足がこわばる。（本当に棒になるわけではない。）
①体の一部を用いた慣用句
例 **肩を持つ**…どちらか一方の味方をする。ひいきをする。
耳を疑う…聞き間違いかと驚く。
手を焼く…うまく処理できずに困る。もてあます。
②動物を用いた慣用句
例 **すずめの涙**…ごく少ないことのたとえ。
虎の子…大切にして手放さないもの。
猫をかぶる…本性を隠しておとなしそうに見せる。

文章中の語句の意味や対義語を問う問題がよく出るよ。

参考
対義語の種類
①一字が反対になる
例 楽観⇔悲観
②それぞれの字が反対になる
例 希薄⇔濃厚
③全体として反対になる
例 興奮⇔冷静

大切
多義語の意味の判別
前後の文脈から読み取り、ほかの言葉に置き換える。
例 重い
荷物が重い。→重量が多い。
重い役目につく。→大切な
病気が重い。→ひどい。
気が重い。→心が晴れない。

注意
注意すべき語句
いぶかる…あやしむ。疑う。
すこぶる…たいそう。
いたずらに…むだに。
確信犯…正しいと信じて行う犯罪。
役不足…実力に比べて役や役目が軽いこと。
辛酸…つらく苦しい思い。
失笑…こらえきれずふき出すこと。

入試必勝ポイント

●熟語における漢字の意味
多くの意味を持つ漢字がある。その意味を判別する場合には、熟語の意味から考えるとよい。
例 明暗・明月→あかるい。
明白・明言→はっきりしている。
明日・明年→あくる日。あくる年。
明君・賢明→すぐれている。

●慣用句やことわざの覚え方
普段使い慣れない慣用句やことわざは、意味を覚えにくい。そういう場合は、「一日中立ちっぱなしだったので足が棒になった」というように、例文を作ってみるとよい。例文ごと覚えると使い方も覚えられる。
また、慣用句やことわざを使った文を書くと表現の幅が広がる。作文の問題で慣用句やことわざを正しく使えると、印象がよくなることもある。

部首

注意

6 次の□の中のA～Dの漢字について、正しく楷書で書いた場合、部首が同じ画数になる組み合わせを、あとのア～カから一つ選び、記号で答えなさい。（7点）〈和歌山県〉

A 笑　B 閉　C 績　D 詞

ア AとB　イ AとC　ウ AとD
エ BとC　オ BとD　カ CとD

（　　）

二字熟語の組み立て

正答率48%

7 次のA～Dの——線部を漢字に直したとき、「善悪」と熟語の構成が同じになるものを一つ選び、その漢字を書きなさい。（7点）〈北海道〉

・「善悪」

A 約束の時間をげんしゅする。
B かんだんの差が激しい地域である。
C ケーキをきんとうに分ける。
D 富士山のとうちょうに成功する。

□

三字熟語の組み立て

8 「無意味」は、「意味がない」ということを漢字三字の熟語で言い換えたものである。次のア～エをそれぞれ——線部の漢字を用いて漢字三字の熟語に言い換えるとき、「無」で始まる熟語に言い換えられるものを一つ選び、記号で答えなさい。（7点）〈京都府・改〉

ア 一致していない　イ 体験していない
ウ 関心がない　エ 常識がない

（　　）

四字熟語

9 次は「それぞれに違う個性を持った」というような意味を持つ四字熟語である。□に入る同じ漢字を書き、その四字熟語の読み方をひらがなで書きなさい。（5点×2=10点）〈宮崎県・改〉

・□人□色

漢字□　読み方（　　）

10 「悪□苦闘」が、「困難な状況の中で、苦しみながら努力すること」という意味の四字熟語になるように、□にあてはまる最も適切な漢字一字を書きなさい。（7点）〈愛媛県・改〉

□

漢和辞典の引き方

11 「闊」の読み方がわからない場合の、漢和辞典で調べる方法を、用いる索引の種類を示し、具体的に一つ書きなさい。（10点）〈石川県・改〉

（　　）

01 国語

実力完成テスト

↓別冊解答 p.25

目標時間 30分　目標点数 80点

／100点

同音の漢字

1 次の――線部の漢字と同じ漢字を含むものを、あとのア～エから一つ選び、記号で答えなさい。（6点×4＝24点）〈兵庫県・改〉

① サイ限なく進む。
ア サイ心の注意を払う。　イ 無病息サイを願う。
ウ サイ算がとれない。　エ 卒業後も交サイが続く。
（　　）

② 人気トウ票を行う。
ア 単トウ直入に尋ねる。　イ 意気トウ合して語り明かす。
ウ 対策を検トウする。　エ 会員としてトウ録する。
（　　）

③ 有エキな情報。
ア 趣味と実エキを兼ねる。　イ エキ晶テレビを視聴する。
ウ 不エキと流行。　エ エキ伝で優勝する。
（　　）

④ 複雑な階ソウ構造。
ア 準備に奔ソウする。　イ ソウ意工夫を凝らす。
ウ 石油を輸ソウする。　エ 深ソウ心理がわかる。
（　　）

画数・筆順

2 「敬」の総画数を答えなさい。（7点）〈島根県〉（　　画）

差がつく

3 行書で書かれたA～Eについての説明のうち、最も適切なものをあとのア～エから一つ選び、記号で答えなさい。（7点）〈福井県〉

A 拓　B 雲　C 樹　D 草　E 者

ア A・Bでは、どちらにも点画の省略が見られる。
イ B・Cでは、どちらにも点画の省略が見られる。
ウ C・Dでは、どちらにも筆順の変化が見られる。
エ D・Eでは、どちらにも筆順の変化が見られる。
（　　）

正答率56%

4 楷書のときとは、筆順が変化している行書の漢字を、次のア～エから一つ選び、記号で答えなさい。（7点）〈千葉県・改〉

ア 光　イ 球　ウ 花　エ 染

（　　）

5 左は、「必」という漢字を楷書体で書いたものである。黒ぬりのところは何画目か、答えなさい。（7点）〈佐賀県・改〉

（　　画目）

二字熟語の組み立て

①上下の漢字の意味が似ている
例 豊富・永久・思考

②上下の漢字の意味が対になる
例 軽重・攻守・公私

③上下の漢字が主語と述語の関係になる
例 国立・雷鳴・日照

④上の漢字が動詞、下の漢字が目的や対象になる
例 作文・提案・就職

⑤上の漢字が下の漢字を修飾する
例 国宝・美談・急増

⑥その他
例 非凡・不足（接頭語）　知的・強化（接尾語）
特急（「特別急行」の略）・国連（「国際連合」の略）

攻略　二字熟語の組み立ての見分け方

①善良…「善い」「良い」で似た意味。
②苦楽…「苦しい」「楽しい」で対。
③市営…「市が営む」と主語になる。
④開会…「会を開く」と下から上に。
⑤暖流…「暖かい流れ」と下を修飾。

三字熟語の組み立て

①三字が対等な関係にある
例 市町村・松竹梅・衣食住

②一字＋二字熟語
例 桜並木・初対面
＊接頭語（不・非・無・未）がついたもの　例 無関係・未経験

③二字熟語＋一字
例 案内係・臨場感
＊接尾語（性・的・化）がついたもの　例 積極的・温暖化

四字熟語の組み立て

①四字が対等な関係にある
例 起承転結・喜怒哀楽・春夏秋冬

②二字熟語＋二字熟語
例 完全無欠・質疑応答・読書週間

三字熟語・四字熟語の中に二字熟語が含まれてないか確かめよう。

大切　接頭語

熟語を構成する接頭語に「不・非・無・未」があるが、これらはどの言葉にどの接頭語が付くかが決まっているので、注意して覚える。「不足」「不自然」という熟語はあるが、「非足」や「未自然」などという熟語はない。正しい接頭語を付けさせる問題が出ることもある。

確認　頻出の四字熟語

一石二鳥（いっせきにちょう）…一つのことで二つの利益をあげること。
右往左往（うおうさおう）…あわてふためいて混乱すること。
自画自賛（じがじさん）…自分のしたことを自分でほめること。
針小棒大（しんしょうぼうだい）…小さなことを大げさに言うこと。
大器晩成（たいきばんせい）…大人物は、遅れて大成するということ。

注意　漢字に注意する四字熟語

○異口同音　×異句同音
○以心伝心　×意心伝心
○意味深長　×意味慎重
○危機一髪　×危機一発
○五里霧中　×五里夢中
○自画自賛　×自我自賛
○絶体絶命　×絶対絶命
○単刀直入　×短刀直入
○無我夢中　×無我無中

即答チェック

次の各問いに答えなさい。

□① 次の――線部「コウ」と同じ漢字を含む熟語を選びなさい。
・薬のコウ能を確かめる。
ア 講演　イ 口頭　ウ 効果　エ 傾向

□② 行書で書かれた次の漢字を、楷書で書いたときの画数を答えなさい。
・補

□③ 行書で書かれた次の漢字を、楷書で書いたときの部首を選びなさい。
・茶
ア まだれ　イ くさかんむり　ウ れっか　エ しんにょう

□④ 上下の漢字の意味が対になる熟語を選びなさい。
ア 主従　イ 青空　ウ 就職　エ 日没

□⑤「多くの人の意見が一致していること」という意味の四字熟語を選びなさい。
ア 大同小異　イ 支離滅裂　ウ 馬耳東風　エ 異口同音

即答チェックの答え　①ウ　②十二画　③イ　④ア　⑤エ

漢字・熟語

今日スタディ

◆画数・筆順・部首を答えられるようになろう！
◆熟語の構成について理解する！

学習日　月　日

ポイント整理

●同音の漢字・形の似ている漢字

漢字の書きは、何らかの形で必ず出題される。特に、同音の漢字や形の似ている漢字がねらわれることが多い。

例　カン…生還―環境　イ…偉人―相違

●画数・筆順

画数…漢字を作る点や線の数。
筆順…漢字を書くときの順番。

書体が変わると画数や筆順が変わることがあるよ。

●書体

楷書（かいしょ）…点や線をくずさずに正確に書く書き方。　例　漢字
行書…点や線をややくずして書く書き方。　例　漢字

●部首

漢字を組み立てている部分のうち、分類の基準になるところ。漢字のおおまかな意味を表している。

●おもな部首

部首	例	例
へん	信（にんべん）	技（てへん）
つくり	部（おおざと）	助（ちから）
かんむり	茶（くさかんむり）	宇（うかんむり）
かまえ	困（くにがまえ）	関（もんがまえ）
あし	然（れっか）	悲（こころ）
にょう	辺（しんにょう）	延（えんにょう）
たれ	序（まだれ）	原（がんだれ）

注意

画数・筆順

①間違えやすい画数
了…二画　阝…三画
己…三画　与…三画
氏…四画　糸…六画

②間違えやすい筆順
区…一 フ ヌ 区
世…一 十 廾 廿 世
飛…飞 飞 飞 飞 飞 飛
発…ノ ク ダ 癶 癶 発

注意

行書の書体の注意点

①点や線がつながったり省略されたりする。
例　林→林　練→練

②しめすへん（ネ）とところもへん（ネ）の形が同じになる。
例　祝→祝　補→補

③楷書と筆順が違う場合がある。
例　楷書　草…一 十 艹 草
　　行書　草…ソ ソ 草

参考

漢和辞典の引き方

①部首がわかる場合→部首索引
②読みがわかる場合→音訓索引
③どちらもわからない場合→総画索引

入試必勝ポイント

●行書で書かれた漢字の画数

行書で書かれた漢字と楷書で書かれた漢字の形のちがいを理解する。行書から楷書に書き直して、画数を確認する。

例　行書　校…「木へん」部分が三画。
　　楷書　校…「木へん」部分が四画。

●二字熟語の組み立てを見分ける

漢字のつながり方を確認する。
上段左ページ「二字熟語の組み立て」の「④上の漢字が動詞、下の漢字が目的や対象になる」と「⑤上の漢字が下の漢字を修飾する」の区別がつきにくい場合、訓読みで読んでみて、漢字の順が逆になるかどうかで判断する。逆になるのは④である。

例　着席→席に着く
　　…逆になっているので④
　　温泉→温かい泉
　　…逆になっていないので⑤

時間 45 分　目標 75 点　→別冊解答 p.30

英語 入試模擬テスト

学習日　　月　　日

／100点

1 次の文の（　）内に入る最も適切な語(句)を選び，記号で答えなさい。（1 点×8＝8 点）

(1) 私はネコを２匹飼っています。

I (　　) two cats.

ア have　イ has

ウ had　エ am having

(2) メグはいつ日本に来たのですか。

(　　) did Meg come to Japan?

ア What　イ Why　ウ When　エ How

(3) 私は彼にＥメールを送りました。

I sent an e-mail (　　) him.

ア in　イ for　ウ on　エ to

(4) だれがこの絵を描いたか知っていますか。

Do you know who (　　) this picture?

ア did you paint　イ painted

ウ you painted　エ was painted

(5) 彼女はちょうど夕食を食べたところです。

She has (　　) eaten dinner.

ア already　イ yet　ウ just　エ ever

(6) あなたはアメリカに行ったことがありますか。

Have you ever (　　) to the U.S.?

ア left　イ come　ウ been　エ got

(7) これは彼が撮った写真ですか。

Is this a photo (　　) he took?

ア this　イ that　ウ who　エ where

(8) それは英語で何と言いますか。

What is it called (　　) English?

ア with　イ by　ウ on　エ in

(1)		(2)	
(3)		(4)	
(5)		(6)	
(7)		(8)	

2 次の日本文に合うように，（　）内に入る適切な語を答えなさい。（1 点×9＝9 点）

(1) 彼らは今，英語を勉強しています。

They (　　) (　　) English now.

(2) そのくつはいくらでしたか。

(　　) (　　) were those shoes?

(3) 失敗することをおそれてはいけません。

(　　) (　　) afraid of making mistakes.

(4) その歌を聞いて，私たちは興奮しました。

The song (　　) (　　) excited.

(5) マイクはギターを弾くのが得意です。

Mike is good (　　) (　　) the guitar.

(6) 私に一輪車の乗り方を教えてください。

Show me (　　) (　　) ride a unicycle.

(7) メグはまだ帰宅していません。

Meg (　　) not come home (　　).

(8) 私はすべての中でリンゴがいちばん好きです。

I like apples (　　) (　　) all.

(9) 歌を歌う人もいれば，踊る人もいました。

(　　) sang songs, and (　　) danced.

(1)		
(2)		
(3)		
(4)		
(5)		
(6)		
(7)		
(8)		
(9)		

3 次の（　）内の語を適切な形に変えて書きなさい。

（2点×4＝8点）

(1) That is not my bike. It's (he).

(2) This is the song (sing) all over the world.

(3) Jim has (be) in the library for three hours.

(4) My sister is looking forward to (meet) her old friend.

(1)		(2)	
(3)		(4)	

4 次の（　）内の語(句)を並べかえて，英文を完成させなさい。

（2点×5＝10点）

(1) 今度の週末にあなたは何をするつもりですか。
(do / are / what / going / to / you) next weekend?

(2) 今日は何曜日ですか。
(it / today / is / what / day)?

(3) 私は彼がどのくらいの間日本に滞在するのか知りません。
(don't / how / will stay / know / long / I / he) in Japan.

(4) だれがその犬をポチと名付けたのですか。
(Pochi / who / dog / the / named)?

(5) ベンチに座っている女の子は私の友だちです。
(the bench / the girl / is / on / sitting) my friend.

(1)	
(2)	
(3)	
(4)	
(5)	

5 次の各組の文がほぼ同じ意味を表すように，（　）内に入る適切な語を答えなさい。

（2点×5＝10点）

(1) He wants some food now.
He wants (　　) to (　　) now.

(2) This car isn't as old as that one.
This car is (　　) (　　) that one.

(3) The book written by him was interesting.
The book (　　) (　　) was interesting.

(4) If you leave home right now, you'll arrive in time.
(　　) home right now, (　　) you'll arrive in time.

(5) Meg and Ken must clean the room.
Meg and Ken (　　) (　　) clean the room.

(1)		
(2)		
(3)		
(4)		
(5)		

6 次のようなとき，英語でどのように言いますか。（　）内の語を使って，〈　〉内の語数の英語で書きなさい。

（4点×3＝12点）

(1) 試着してよいかたずねるとき。(it)〈5語〉

(2) 電話をかけてきた相手に，間違い電話であることを伝えるとき。(have)〈5語〉

(3) サッカーをしようと，相手を誘うとき。(why)〈5語〉

(1)	
(2)	
(3)	

7 次の対話文は，高校生のトモキが，道で，ある女性と話をしているときのものです。対話文を読んで，あとの問いに答えなさい。

（(1)5点，(2)8点，(3)10点，計23点）

A woman : Excuse me. How can I get to the Wakaba Hotel?

Tomoki : I'm going to the post office near the hotel. I'll go there with you.

A woman : Thank you.

(They start walking to the Wakaba Hotel.)

Tomoki : Are you traveling in Japan?

A woman : Yes. I'm from Canada. I went to Kyoto yesterday. I was excited to see the old temples and shrines there. This morning, I left Kyoto and arrived in this city. One of my friends lives here. She came to Japan six months ago. I'll see her soon.

Tomoki : (　　　)

A woman : She's also from Canada. She teaches English at a high school in this city.

Tomoki : Do you know the name of the school?

A woman : She told me the name in her e-mail, but I don't remember it. Well .... The school has the largest number of students in this city.

Tomoki : Oh, that's my school! Is her name Alice Green?

A woman : Yes! Is she your English teacher?

Tomoki : Yes. Her English class is interesting.

A woman : She joins the English club after school every Monday, right?

Tomoki : Yes. I'm in the English club. Last Monday, she asked about some restaurants in this city. So I told her about my favorite Japanese restaurant.

A woman : I like Japanese food.

Tomoki : She said to me, "I want to go to your favorite Japanese restaurant with my friend."

A woman : Really? I'll enjoy Japanese food there with her.

Tomoki : <u>I hope you will.</u>

(注) Canada「カナダ」
the largest number of ～「いちばん多くの～」

(1) (　　　)に入る文として，最も適当なものを１つ選び，記号で答えなさい。(5点)

ア Where is she from?
イ What is she going to do?
ウ Where does she want to go?
エ What language does she learn?

(2) 下線部に I hope you will. とあるが，Tomoki は，だれが，どこで，どのようなことをすることを望んでいるのか，その内容を具体的に日本語で書きなさい。(8点)

(3) 対話文の内容に合う文として，最も適当なものを１つ選び，記号で答えなさい。(10点)

ア Tomoki asked the woman the way to the Wakaba Hotel, and she showed it to him.
イ The woman could tell Tomoki the name of his school because Alice told her about it.
ウ Alice is one of the woman's friends and teaches English at Tomoki's school.
エ The woman will ask about some Japanese restaurants in the English club at Tomoki's school.

(1)	
(2)	
(3)	

8 孝男さんの学級では，英語の授業で，毎時間1人ずつ英語でスピーチをします。孝男さんは，「私の夢」というテーマでスピーチをしました。次は，孝男さんのスピーチの内容です。これを読んで，あとの問いに答えなさい。

（5点×4＝20点）

【孝男さんのスピーチ】

My dream is to be a tour guide. I have had this dream since I met Bobby last summer. He is one of my father's friends from Australia, and came to stay with my family for two weeks.

When he arrived, I was very excited and soon started a conversation with him. He talked to me in easy English. At first, I thought the conversation was easy, but soon it became (①) because of two things. First, I didn't have enough knowledge. For example, when he asked me, "What's the history of *sumo*?" I didn't know what to say. Second, I couldn't explain the reasons for my opinions well. For example, when I said, "I like English the best," he asked, "Why?" But I couldn't give him a clear reason. Such things happened many times, so our conversations often had to stop.

Meeting Bobby was a great experience for me. I learned important things from talking with him. I felt that I should [②] and think deeply to have clear reasons for my opinions. I also found great joy in communication with someone from abroad, so I decided to become a tour guide in the future.

Well, Bobby taught me one more thing. That's friendship. My father met Bobby when he was young, and they ③(been / friends / have / for / good) a long time. Like my father, I want to become friends with people from abroad, so I hope to have more chances to meet them. I also hope to work as a volunteer interpreter in the Olympic and Paralympic Games in Tokyo. I hope to have a lot of foreign friends.

（注） conversation「会話」 knowledge「知識」
sumo「相撲」 opinion「意見」
clear「はっきりとした」 experience「経験」
deeply「深く」 friendship「友情」
volunteer interpreter「ボランティアで通訳する人」
the Olympic and Paralympic Games in Tokyo「東京オリンピック・パラリンピック」

(1) (①)に入る最も適当なものを1つ選び，記号で答えなさい。

ア difficult　イ exciting
ウ easier　エ necessary

(2) 孝男さんのスピーチの[②]の中には，どのような内容が入りますか。最も適当なものを1つ選び，記号で答えなさい。

ア ask more people to visit Japan
イ try to speak in easy English
ウ study how to make a foreign friend
エ learn a lot of things to tell others

(3) 下線部③の( )内の語を，意味が通るように並べかえなさい。

(4) 孝男さんがスピーチをしたあとで，陽子さんが質問をして孝男さんが答えました。次はその質問と答えです。( )に入る適切な英語2語を書きなさい。

【陽子さんの質問と孝男さんの答え】

Yoko : ( ) was your father when he met Bobby for the first time?
Takao : He was nineteen.

(1)		(2)	
(3)			
(4)			

時間 45 分　目標 75 点　→別冊解答 p.32

数学 入試模擬テスト

学習日　月　日

／100点

1 次の計算をしなさい。

(3 点× 5 = 15 点)

(1) $6\div\left(-\frac{2}{3}\right)+(-5)^2$

(2) $9x^3\div3x\times(-x)^2$

(3) $3\left(\frac{1}{2}x-\frac{2}{3}y\right)-\frac{1}{2}x-y$

(4) $\sqrt{28}+\frac{21}{\sqrt{7}}$

(5) $(\sqrt{3}+\sqrt{5})(3\sqrt{3}-\sqrt{5})$

(1)		(2)	
(3)		(4)	
(5)			

2 次の各問いに答えなさい。

(3 点× 5 =15 点)

(1) $2x(x+3)-(x+3)^2$ を因数分解しなさい。

(2) 等式 $a=\frac{2b+c}{3}$ を c について解きなさい。

(3) $\frac{\sqrt{72n}}{7}$ が自然数となるような整数 n のうち，最も小さい値を求めなさい。

(4) 連立方程式 $\begin{cases} x+2y=-5 \\ 0.2x-0.15y=0.1 \end{cases}$ を解きなさい。

(5) 2 次方程式 $2x^2-3x-1=0$ を解きなさい。

(1)			
(2)		(3)	
(4)			
(5)			

3 次の表は，ある中学 3 年生の 40 人について，身長を測定し，その結果を度数分布表に表したものである。次の(1)，(2)の問いに答えなさい。

(3 点× 2 = 6 点)

階級(cm)	度数(人)	相対度数
以上 145.0～150.0 未満	2	*
150.0～155.0	*	0.10
155.0～160.0	*	□
160.0～165.0	*	0.30
165.0～170.0	*	0.20
170.0～175.0	*	0.10
計	40	1.00

(1) 表中の□にあてはまる数を求めなさい。

(2) 身長が 160.0cm 以上の生徒は何人いるか，求めなさい。

(1)		(2)	

4 1 から 6 までの目が出る大小 1 つずつのさいころを同時に 1 回投げる。

大きいさいころの出た目の数を a，小さいさいころの出た目の数を b とするとき，$3a+2b$ の値が 6 の倍数になる確率を求めなさい。

ただし，大小 2 つのさいころはともに，1 から 6 までのどの目が出ることも同様に確からしいものとする。　(3 点)

5 右の図で，2 つの線分 AB，CD は点 O で交わっており，AB=7cm, CD=8cm, OA=4cm, OC=2cm である。また，4 点 P, Q, R, S はそれぞれ線分 AB，BC，CD，DA の中点である。次の(1)，(2)の問いに答えなさい。

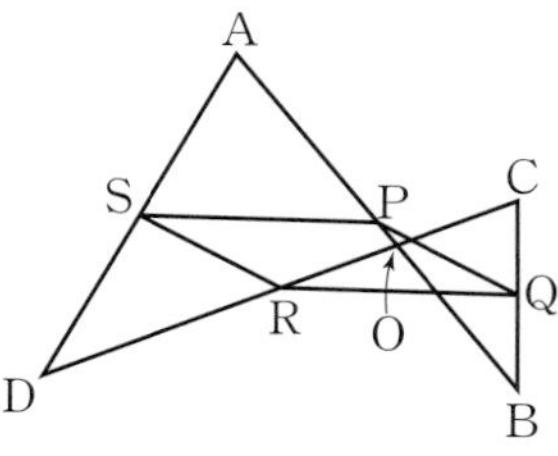

（(1) 5 点，(2) 4 点，計 9 点）

(1) 四角形 PQRS は平行四辺形であることを証明しなさい。

(2) 四角形 PQRS の面積は △OAD の面積の何倍か。

6 右の図のように，関数 $y=ax^2$ のグラフ上に 2 点 A，B がある。点 A の座標は (−2, 2)，点 B の x 座標は t とし，直線 AB と x 軸との交点を C とする。ただし，$t>2$ とする。このとき，次の(1)〜(3)の各問いに答えなさい。

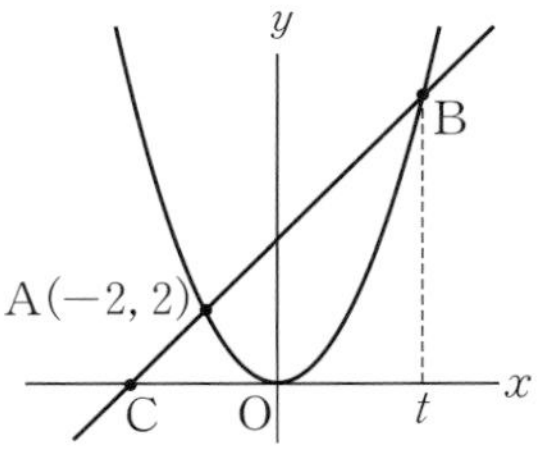

（4 点 × 6 = 24 点）

(1) a の値を求めなさい。

(2) $t=4$ となる点 B をとる。このとき，(ア)〜(ウ)の各問いに答えなさい。

(ア) 点 B の y 座標を求めなさい。

(イ) 直線 AB の式を求めなさい。

(ウ) △OAB の面積を求めなさい。

(3) △OCB の面積が △OCA の面積の 9 倍となるように点 B をとる。このとき，(ア)，(イ)の問いに答えなさい。

(ア) 点 B の座標を求めなさい。

(イ) 直線 AB と y 軸との交点を通り，△OAB の面積を 2 等分する直線の式を求めなさい。

(1)				
(2)	(ア)			
	(イ)			
	(ウ)			
(3)	(ア)		(イ)	

7 右の図のような，1辺の長さが$2\sqrt{3}$ cmの正三角形ABCを底面とし，他の辺の長さが4cmの正三角錐(せいさんかくすい)がある。辺BCの中点をMとし，辺OC上に線分ANと線分NBの長さの和が最も小さくなるように点Nをとる。このとき，次の(1)～(3)の各問いに答えなさい。

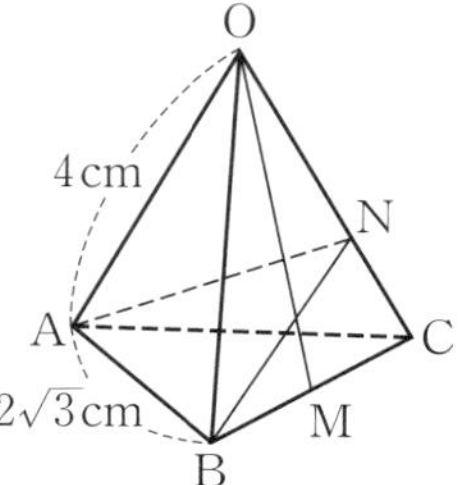

（4点×3＝12点）

(1) 線分OMの長さを求めなさい。

(2) 線分ONと線分NCの長さの比を求めなさい。

(3) 面OABと点Nとの距離を求めなさい。

(1)	
(2)	
(3)	

8 **図1**のような，AB＝9cm，AD＝8cm，AE＝12cmの直方体ABCD−EFGHがある。点PはAを出発し，長方形ABFEの辺上を毎秒3cmの速さでA→B→F→Eの順に進み，Eで停止する。点Qは点Pが出発すると同時にAを出発し，長方形ADHEの辺上を毎秒2cmの速さでA→D→Hの順に進み，Hで停止する。点PがAを出発してからx秒後の三角錐AEPQの体積を$y$cm^{3}とする。

図1

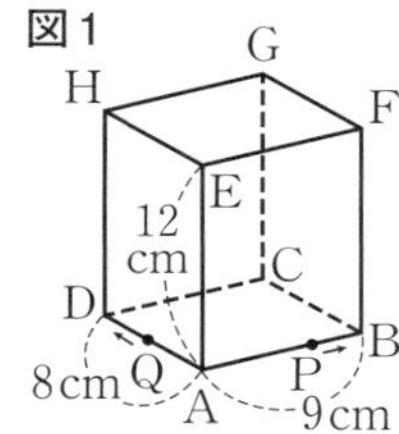

図2

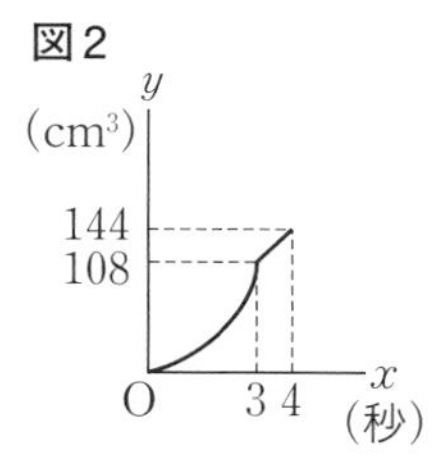

ただし，点PがAまたはEにあるときはy=0とする。**図2**は点PがAを出発してから4秒後までのxとyの関係を表したグラフである。このとき，次の(1)～(4)の各問いに答えなさい。

（4点×4＝16点）

(1) 点PがAを出発してから2秒後の三角錐AEPQの体積を求めなさい。

(2) 点PがAを出発してから3秒後から4秒後までのxとyの関係を式で表しなさい。

(3) 点PがAを出発してから7秒後までのxとyの関係を表すグラフとして適するものを，(ア)～(エ)のうちから1つ選んで記号で答えなさい。

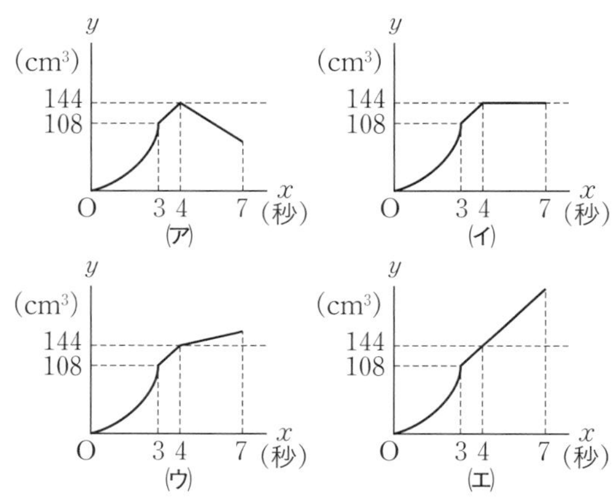

(4) 三角錐AEPQの体積が直方体ABCD−EFGHの体積の$\frac{1}{32}$になるのは，点PがAを出発してから何秒後か。すべて求めなさい。

(1)	
(2)	
(3)	
(4)	

理科 入試模擬テスト

学習日　月　日

／100点

1 **下の図は，ある植物で受粉が起きたあとのめしべの断面を模式的に表したものである。次の問いに答えなさい。** (4点×4＝16点)

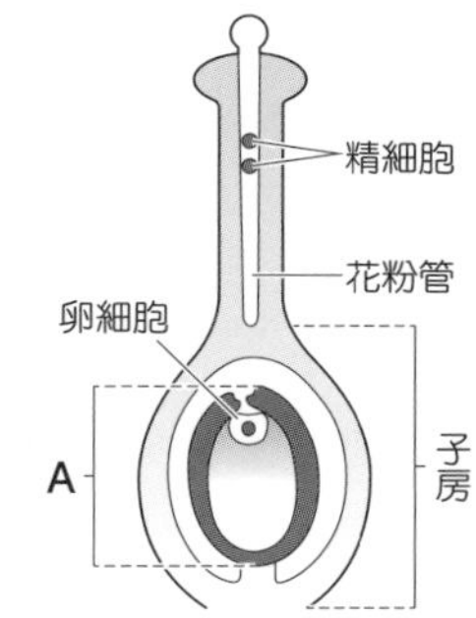

(1) 図のようなめしべのつくりをもつ植物を，次のア～エから1つ選び，記号で答えなさい。

ア 被子植物
イ 裸子植物
ウ シダ植物
エ コケ植物

(2) 図のAは，受精すると発達して種子になる部分である。Aの名称を答えなさい。

(3) この植物において，減数分裂を行う前の細胞1個に含まれる染色体の数が16本であるとき，卵細胞1個に含まれる染色体の数と，受精卵1個に含まれる染色体の数はそれぞれ何本ですか。

(1)		(2)	
(3)	卵細胞		受精卵

2 **下の図は，ヒトの血液の循環を模式的に表したものである。次の問いに答えなさい。** (3点×3＝9点)

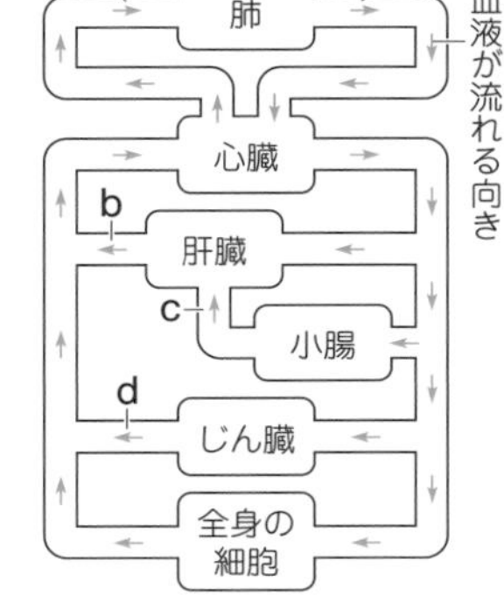

(1) 図のXで示した血管について述べたものとして，最も適切なものを次のア～エから1つ選び，記号で答えなさい。

ア 肺動脈といい，動脈血が流れる。
イ 肺動脈といい，静脈血が流れる。
ウ 肺静脈といい，動脈血が流れる。
エ 肺静脈といい，静脈血が流れる。

(2) 体内で生じた有害なアンモニアを害の少ない尿素に変える器官を，図中から1つ選び，名称を書きなさい。

(3) 図中のa～dで示した血管のうち，尿素の濃度が最も低い血液が流れているものを1つ選び，記号で答えなさい。

(1)		(2)		(3)	

3 **金属と酸素が結びつくときの質量の関係を調べるために，次の実験を行った。あとの問いに答えなさい。** (4点×3＝12点)

実験 ① マグネシウム粉末の質量を測定し，ステンレス皿にのせた。次に，図1の装置でじゅうぶんに加熱したあと，できた酸化マグネシウムの質量を測定した。

図1
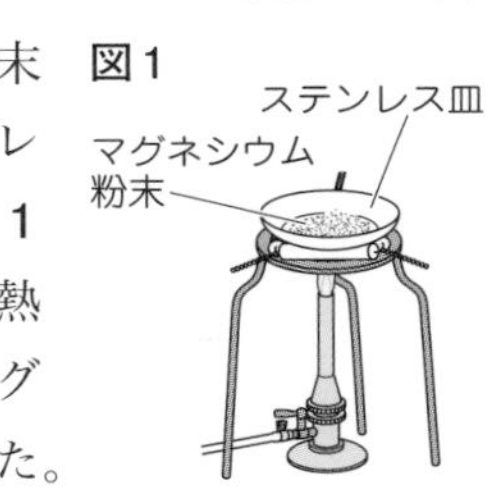

② マグネシウム粉末の質量を変えて，同じ実験を行った。図2は，マグネシウム粉末の質量と酸化マグネシウムの質量の関係をグラフに表したものである。

図2
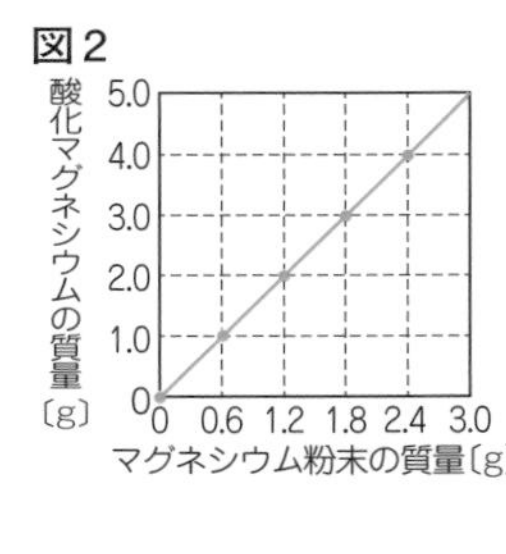

(1) マグネシウムから酸化マグネシウムになる化学変化を，化学反応式で書きなさい。

(2) マグネシウムの質量と結びついた酸素の質量の比を，最も簡単な整数の比で書きなさい。

(3) マグネシウム粉末と酸化マグネシウムの混合物2.5gを加熱し，すべてを酸化マグネシウムにしたところ，質量は3.1gとなった。最初の混合物2.5gに含まれていた酸化マグネシウムの質量はいくらか，求めなさい。

(1)			
(2)	マグネシウム：酸素＝	(3)	

4 酸とアルカリの水溶液を混ぜ合わせた水溶液の性質を調べるため，次の実験を行った。あとの問いに答えなさい。 (4点×3＝12点)

実験　2つのビーカーに濃度の異なる塩酸が10 cm^3ずつ入っている。それぞれ塩酸A，塩酸Bとする。右の図のようにBTB溶液を数滴加えたあと，ガラス棒でよくかき混ぜながら，うすい水酸化ナトリウム水溶液を1滴ずつ加えていった。下の表は，ビーカー内の水溶液が中性になるまでに加えた水酸化ナトリウム水溶液の体積である。

	塩酸A	塩酸B
加えた水酸化ナトリウム水溶液の体積〔cm^3〕	6	10

(1)　酸の水溶液とアルカリの水溶液を混ぜ合わせると起こる，たがいの性質を打ち消し合う反応を何というか，漢字2文字で答えなさい。

(2)　塩酸Aに水酸化ナトリウム水溶液を加えた実験では，6 cm^3を加えたところで水溶液の色が変化し，中性になったことがわかった。中性になるまでのビーカー内の水溶液の色の変化を，次のア～エから1つ選び，記号で答えなさい。

ア　黄色から緑色　　イ　青色から緑色
ウ　緑色から黄色　　エ　緑色から青色

(3)　塩酸Bに水酸化ナトリウム水溶液を加えた実験で，ビーカー内の水溶液のOH^-の数の変化を表したグラフとして，最も適切なものを次のア～エから1つ選び，記号で答えなさい。ただし，水酸化ナトリウム水溶液は中性になったあとも加え続けたものとする。

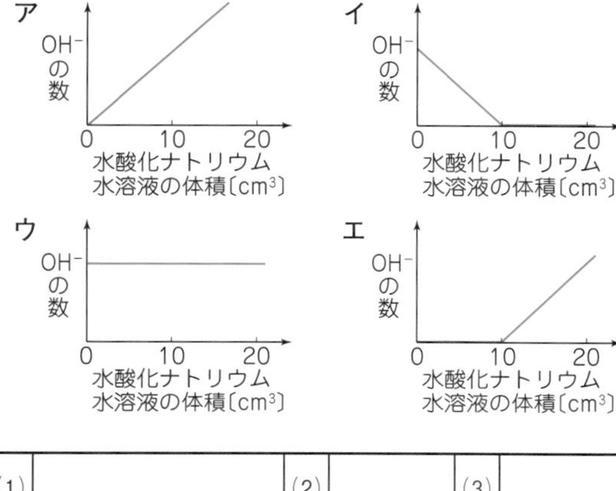

(1)		(2)		(3)	

5 電気に関して次の実験を行った。あとの問いに答えなさい。 (3点×6＝18点)

実験1　図1のPQ間の［　　］部に，ア～エをつなぎ，PQ間の電圧を変えながら，電流の大きさを測定した。図2は，アをつないだときの電圧と電流の関係である。ただし，抵抗器Bの抵抗の大きさは，抵抗器Aの2倍である。

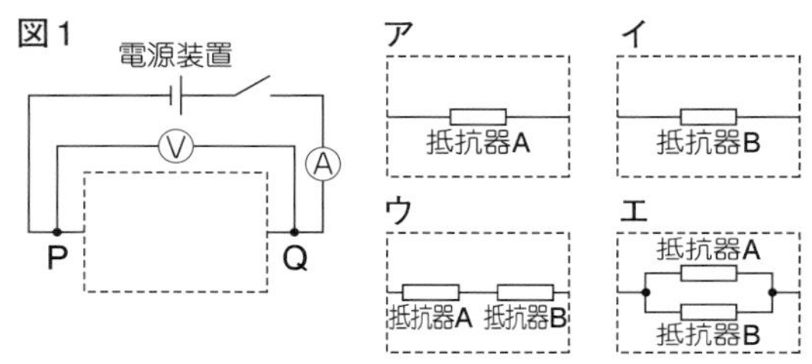

図2
電流〔A〕 0 0.02 0.04 0.06 0.08 0.10
電圧〔V〕 0 1 2 3 4 5

(1)　図2より，抵抗器Aの抵抗は何Ωか，求めなさい。

(2)　図1にウをつないだ場合，PQ間に加わる電圧と流れる電流のグラフを図2にかき加えなさい。

(3)　図1にア～エをつなぎ，PQ間の電圧が同じときの電流の大きさをくらべた。電流計の示す値の小さいほうから順に，記号を並べなさい。

実験2　図3のように，コイルに棒磁石のN極を近づけたり遠ざけたりし，その後，S極を下にして同じように動かした。棒磁石のN極を近づけるとき，検流計の針は－の向きに振れた。

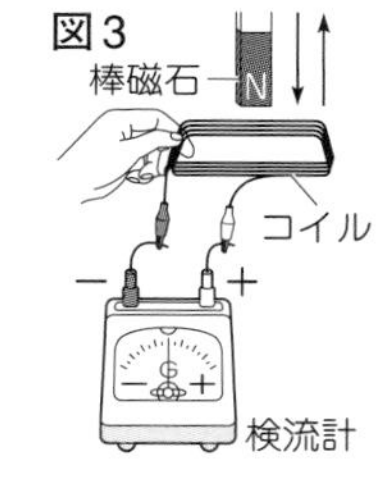

(4)　次の①，②のときの針の振れる向きを，あとのア～ウからそれぞれ1つずつ選び，記号で答えなさい。

①　N極を遠ざける　　②　S極を近づける
ア　＋の向き　　イ　－の向き　　ウ　振れない

(5)　この検流計の針を大きく振れるようにする方法を1つ書きなさい。

(1)		(2)	図2に記入	
(3)		(4)	①	②
(5)				

6 天井から糸でおもりをつるし，図１のような振り子をつくった。おもりをBの位置から5cm高いAの位置まで持ち上げて，静かに手をはなしたところ，おもりはBの位置を通り，Aの位置と同じ高さのCの位置まで上がった。空気の抵抗や摩擦を考えないものとして，次の問いに答えなさい。 （4点×2＝8点）

⑴ おもりが図１のAの位置からCの位置まで移動する間に，おもりの力学的エネルギーはどのように変化するか。その様子を表したグラフとして最も適切なものを，次の**ア**～**オ**から１つ選び，記号で答えなさい。ただし，グラフの縦軸は力学的エネルギーを，横軸は手をはなしてからの時間を表す。

図1

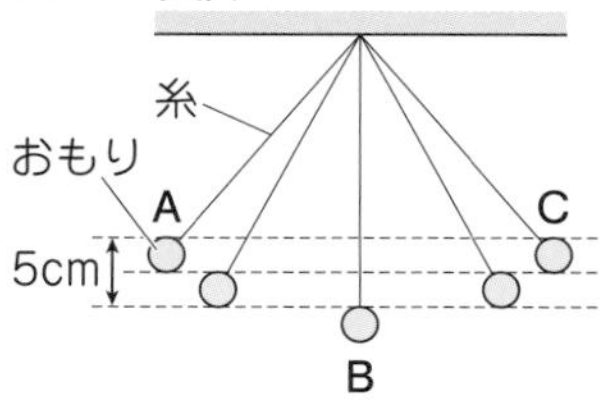

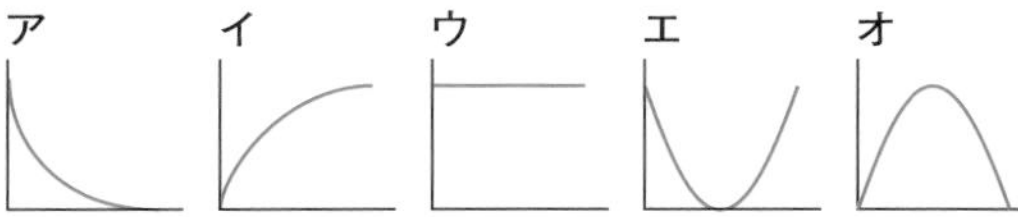

⑵ 図２のように，Bの位置から高さ10cmのPの位置にくいを打った。次に，おもりをAの位置まで持ち上げて静かに手をはなしたところ，糸がくいにひっかかったあと，おもりはある高さまで上がった。その高さは，Bの位置から何cmか，書きなさい。

図2

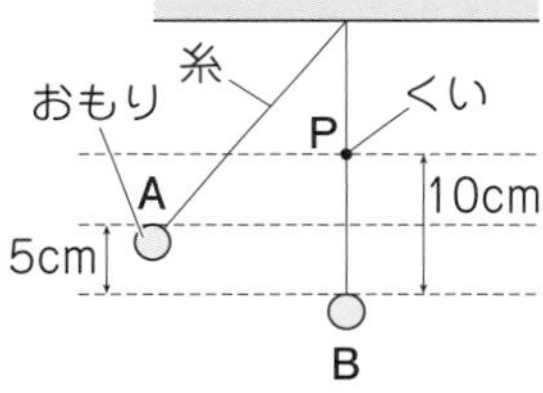

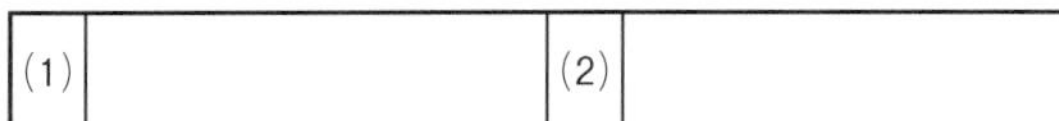

⑴		⑵	

7 右の図は，ある火成岩の表面をルーペで観察し，スケッチしたものである。次の問いに答えなさい。 （3点×3＝9点）

⑴ 図の火成岩のつくりを何組織というか，書きなさい。

⑵ 次の文は，図の火成岩のでき方を説明したものです。文中の①，②から，それぞれ適切なものを選んで，記号で答えなさい。

> マグマが①(**ア** 地表近く **イ** 地下の深いところ)で，②(**ウ** ゆっくりと **エ** 急に)冷え固まってできた。

⑴		⑵	①	②

8 図１は，ある気象台で観測された，ある年の３月12日から14日にかけての気象要素をまとめたものである。あとの問いに答えなさい。 （4点×4＝16点）

図1

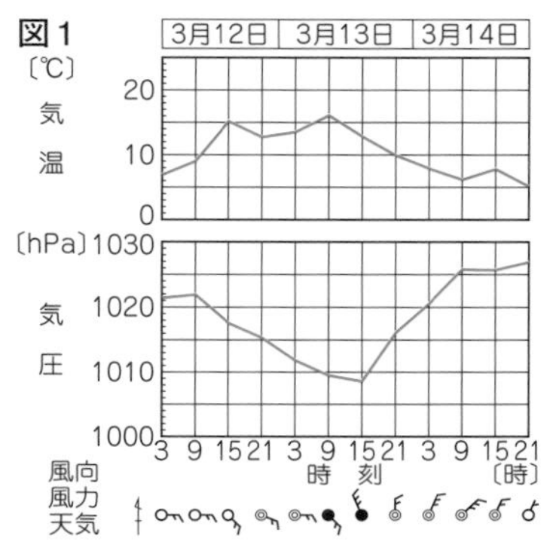

図2

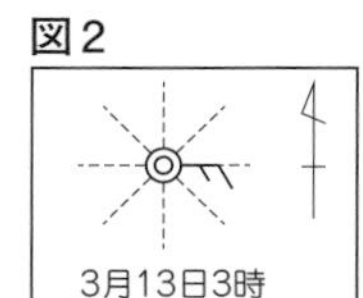

⑴ **図２**は，**図１**の３月13日３時の風向と風力，天気記号を拡大して表したものである。**図２**について述べた次の文の①，②にはあてはまる方位を，③にはあてはまる天気を書きなさい。

> 風は［ ① ］から［ ② ］へふいており，天気は［ ③ ］である。

⑵ **図１**の３月13日９時から21時の間に，この観測を行った気象台を前線が通過した。通過した前線付近の寒気と暖気の境界の様子を模式的に表した図として最も適切なものを，次の**ア**～**エ**から１つ選び，記号で答えなさい。

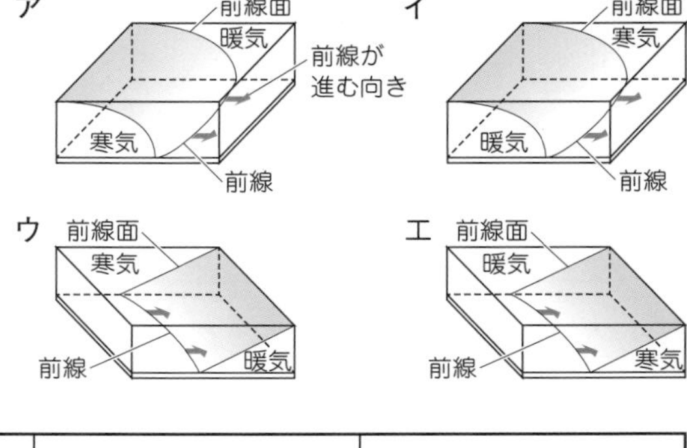

⑴	①	②	
	③	⑵	

社会 入試模擬テスト

学習日　　月　　日

／100点

1 次の地図を見て，あとの問いに答えなさい。

((1)〜(5)2点×5，(6)1点×4，計14点)

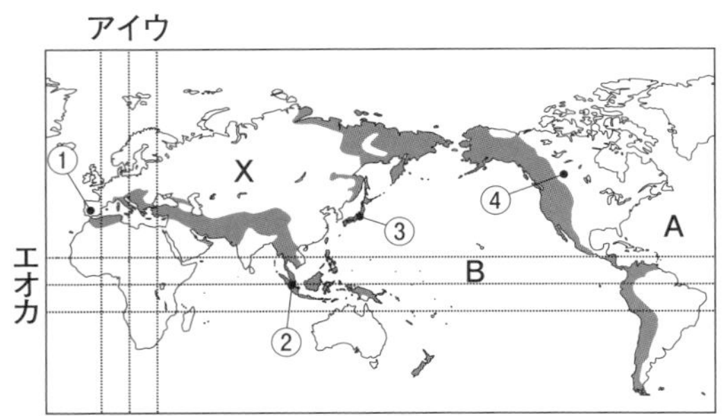

(1) 地図中のA，Bの海洋を何といいますか。(完答)

(2) 六大陸のうち，地図中のXにあてはまる大陸を何といいますか。

(3) 地図中のア〜カのうち，赤道を示している線を，1つ選びなさい。

(4) 地図中に▬で示した造山帯のうち，日本列島を含む造山帯を何といいますか。

(5) 日本が，1月3日の午前11時のとき，東経30度のエジプトは何月何日の何時ですか。午前，午後をつけて答えなさい。

(6) 地図中の①〜④の都市の気温と降水量を示すグラフを，次のア〜エから1つずつ選びなさい。

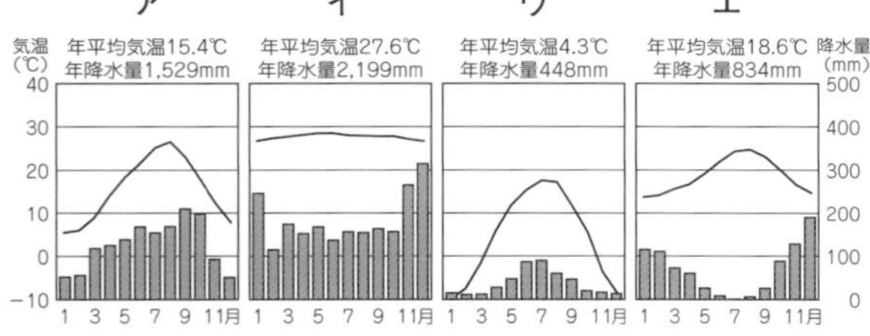

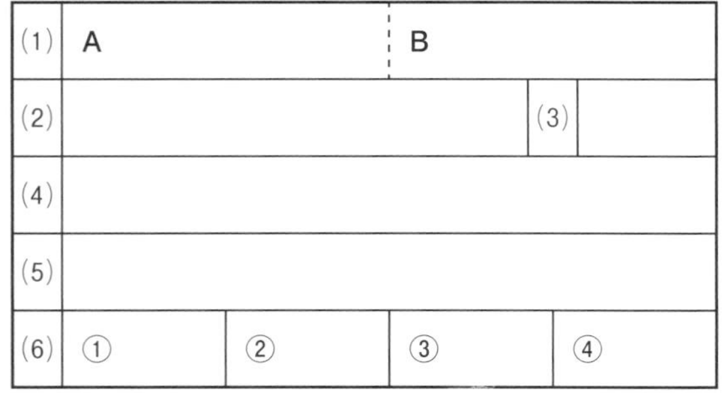

(1)	A	B		
(2)		(3)		
(4)				
(5)				
(6)	①	②	③	④

2 右の地図を見て，次の問いに答えなさい。(2点×7＝14点)

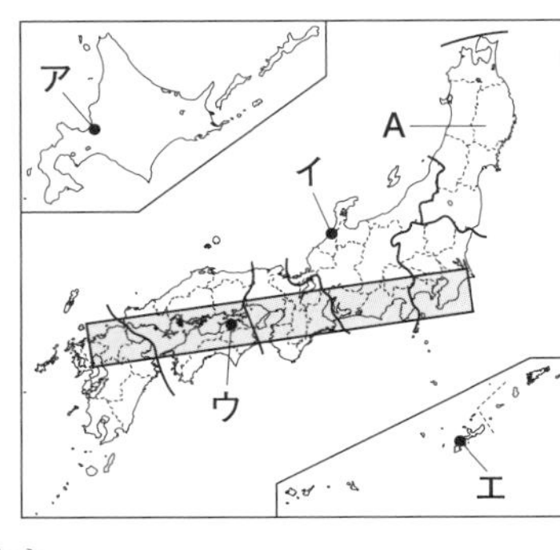

(1) 日本列島を7地方に区分したとき，A県がある地方を何といいますか。

(2) 資料1の気候の特色を示す都市を，地図中のア〜エから1つ選びなさい。

資料1

気温(℃)　降水量(mm)

16.3℃ 年平均気温

年降水量 1,082mm

(3) 日本の川の特色を，「長さ」「流れ」という語句を使って説明しなさい。

(4) 資料2が示す地形は何ですか。次のア〜エから1つ選びなさい。

ア 三角州　イ 扇状地

ウ 砂丘　エ 砂浜海岸

資料2

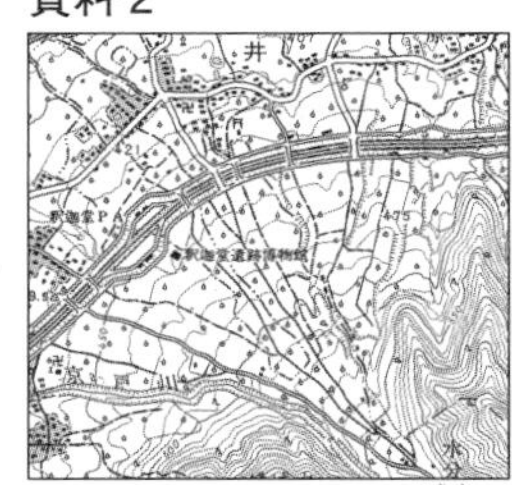

(2万5千分の1 地形図「石和」)

(5) 資料2で見られる♁の地図記号は何を表していますか。次のア〜エから1つ選びなさい。

ア 畑　イ 田　ウ 果樹園　エ くわ畑

(6) 地図中に▭で示した，帯状に形成された工業地域を総称して何といいますか。

(7) 効率的に商品を運ぶために，①航空機で輸送されるもの，②船で輸送されるものを，次のア〜エから2つずつ選びなさい。(完答)

ア 原油　イ 鮮魚　ウ IC　エ 鉄鉱石

(1)		(2)			
(3)					
(4)		(5)		(6)	
(7)	①	②			

3 次の年表を見て，あとの問いに答えなさい。

（2点×14＝28点）

時代	できごと
古墳	①大和政権の統一が進む
飛鳥	②冠位十二階が定められる
奈良	都が平城京に移される
平安	摂関政治が始まる
鎌倉	鎌倉幕府が成立する
室町	↕A
安土桃山	③全国統一が完成する
江戸	④ペリーが浦賀にくる
明治	⑤明治維新が始まる
大正	⑥第一次世界大戦に参戦する
昭和	⑦太平洋戦争が起こる

(1) 下線部①について，次の文のX，Yにあてはまる語句を，あとの〔　〕から1つずつ選んで，書きなさい。

資料1　資料2

> 資料1は，武具を身につけた［X］で，各地の古墳から出土している。資料2の鉄剣は，関東地方の古墳から出土したもので，［Y］の名が記されており，大和政権の発展を推測させる。

〔　土偶　埴輪　大王　執権　将軍　〕

(2) 下線部②を定めた人物はだれですか。また，定めた目的を，次のア～エから1つ選びなさい。

ア　政治の心構えを説く。
イ　大陸の進んだ文化を取り入れる。
ウ　国が土地と人民を支配する。
エ　能力や功績のある人物を役人に取り立てる。

(3) 年表中のAの期間に起こったできごとについて，次のア～エを，年代の古い順に並べなさい。（完答）

ア　応仁の乱　　イ　承久の乱
ウ　南北朝の動乱　エ　元寇

(4) 下線部③を行った人物の外交政策として適切なものを，次のア～エから1つ選びなさい。

ア　宣教師を国外追放したが，貿易は続けた。
イ　禁教や貿易統制の体制を確立した。
ウ　少年使節をローマ教皇のもとへ派遣した。
エ　禁教を強化し，日本人の海外渡航やスペイン船の来航を禁止した。

(5) 下線部④以降，日本が欧米諸国と締結した不平等な条約の内容を2つ書きなさい。

(6) (5)の条約の改正が完全に達成された時期として適切なものを，右のア～エから1つ選びなさい。

> 岩倉使節団派遣
> ↓ア
> 第1回帝国議会
> ↓イ
> 日清戦争
> ↓ウ
> 日露戦争
> ↓エ
> 国際連盟発足

(7) 下線部⑤について，次の文は，明治政府が行った改革について述べたものです。A～Cにあてはまる語句や数字を書きなさい。

> 1872年に定められた［A］にもとづき，多くの小学校が設立された。また，1873年に土地所有者が地価の［B］％を［C］でおさめる税制度の改正も行われた。

(8) 下線部⑥の講和会議が開かれた都市を，右の地図中のア～エから1つ選びなさい。

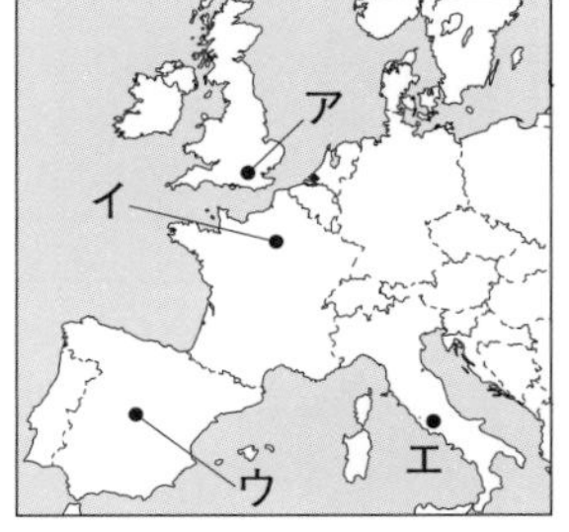

(9) 下線部⑦までに起こったできごとについて，次のア～エを，年代の古い順に並べなさい。（完答）

ア　ニューヨークの株式市場で，世界恐慌のきっかけとなる株価の大暴落が起こった。
イ　日本軍がハワイの真珠湾を奇襲攻撃した。
ウ　盧溝橋で日本軍と中国軍が武力衝突した。
エ　柳条湖で，日本軍による南満州鉄道の線路の爆破事件が起きた。

(1)	X	Y	(2)	人物	記号	(3)	→　→　→
(4)		(5)					
(6)		(7)	A	B	C	(8)	(9) →　→　→

4 日本の政治のしくみについて，次の問いに答えなさい。

（2点×8＝16点）

(1) 次の図は，日本国憲法の改正の流れを示したものです。図中のA～Cにあてはまる語句を，あとのア～カから1つずつ選びなさい。

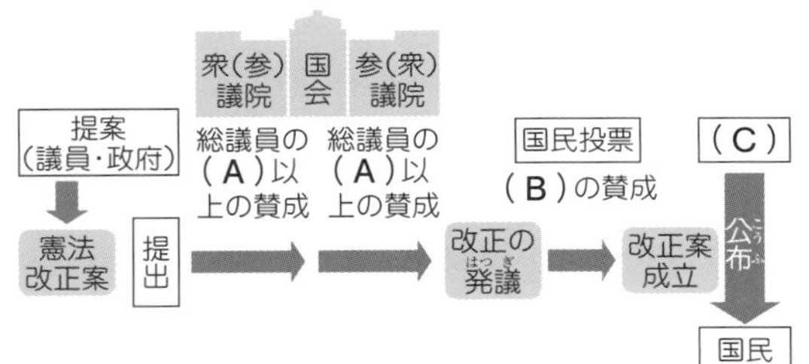

ア 3分の1　　イ 3分の2　　ウ 過半数
エ 天皇　　オ 国会　　カ 内閣

(2) 国会について，衆議院の優越が認められる場合として適切でないものを，次のア～エから1つ選びなさい。

ア 予算の議決　　イ 国政調査権
ウ 法律案の議決　　エ 内閣総理大臣の指名

(3) 日本国憲法で規定されている，内閣は国会の信任にもとづいて成立し，国会に対して連帯責任を負う，というしくみを何といいますか。

(4) 次の文は，司法権の独立を規定した日本国憲法の条文です。X，Yにあてはまる語句を，あとのア～カから1つずつ選びなさい。

> 日本国憲法　第76条3項
> すべて裁判官は，その［X］に従ひ独立してその職権を行ひ，この憲法及び［Y］にのみ拘束される。

ア 思想　　イ 法律　　ウ 信条
エ 条約　　オ 良心　　カ 権力

(5) 地方公共団体の長である首長はどのように選ばれますか。次のア～エから1つ選びなさい。

ア 条例にもとづく住民投票
イ 住民による直接選挙
ウ 地方議会での指名
エ 内閣総理大臣による任命

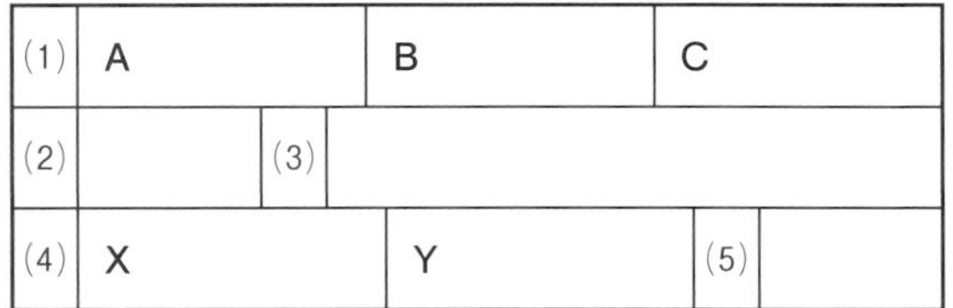

(1)	A		B		C
(2)		(3)			
(4)	X		Y	(5)	

5 日本の経済と国際社会のしくみについて，次の問いに答えなさい。

（2点×5＝10点）

(1) 右のグラフは，市場でのある商品の需要と供給の関係を表したものです。

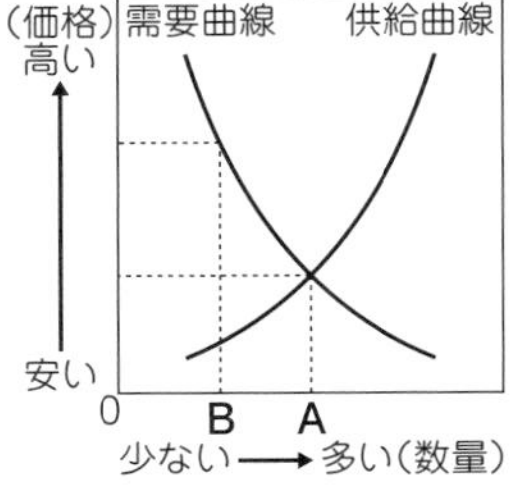

① 商品の出荷量がAからBに変化したときの価格について説明した文として適切なものを，次のア～エから1つ選びなさい。

ア 需要量<供給量となり，価格は上がる。
イ 需要量<供給量となり，価格は下がる。
ウ 供給量<需要量となり，価格は上がる。
エ 供給量<需要量となり，価格は下がる。

② 需要と供給の関係で変化する価格に対し，国や地方公共団体が決定や認可などをする価格(公共料金)の例として適切なものを，次のア～エから1つ選びなさい。

ア 水道料金　　イ クリーニング料金
ウ 新聞代　　エ 書籍代

(2) 日本の社会保障制度のうち，感染症予防や廃棄物処理は，次のア～エのうちどれに含まれますか。

ア 公的扶助　　イ 社会保険
ウ 社会福祉　　エ 公衆衛生

(3) 右の図は，国際連合のおもな機関を示したものです。

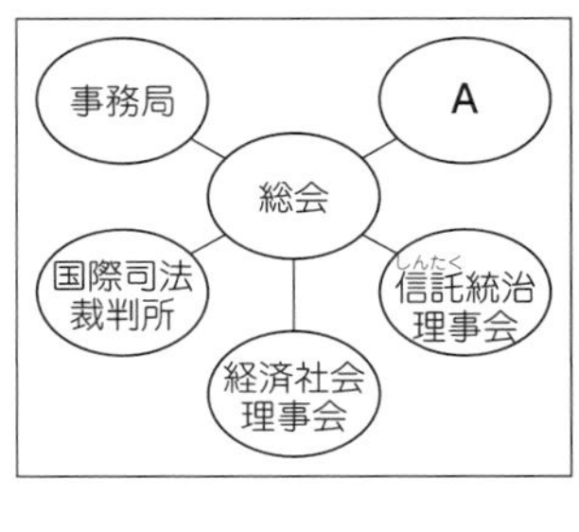

① 常任理事国と非常任理事国から構成され，平和維持に関する決定を行うAの機関を何といいますか。

② Aの機関などの決議にもとづいて行われる，紛争地域での停戦の監視や地雷の除去などの活動を総称して何といいますか。

(1)	①	②	(2)	
(3)	①			
	②			

6 次の地図を見て，あとの問いに答えなさい。
(2点×9＝18点)

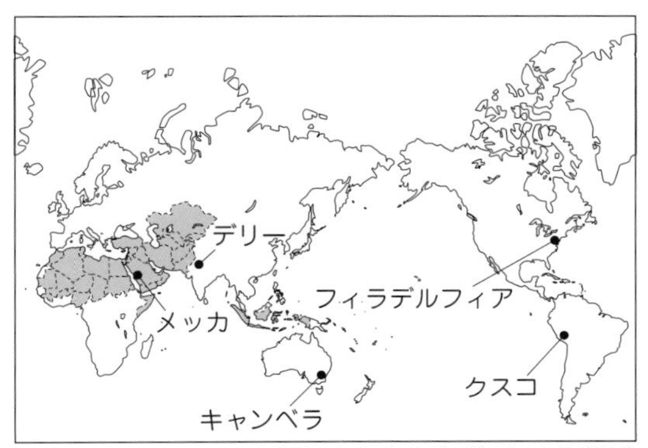

(「データブック オブ・ザ・ワールド 2021」)

(1) 地図中の●で示した都市のうち，その位置が南緯，西経で表される都市を1つ選びなさい。

(2) 地図中の［ ］でぬられた国では，人口の50%以上の人々が，メッカで7世紀におこった宗教を信仰しています。この宗教を，次のア～エから1つ選びなさい。また，この宗教を開いた人物はだれですか。

ア 仏教　**イ** イスラム教
ウ キリスト教　**エ** ヒンドゥー教

(3) 地図中のデリーは，インドの首都です。17世紀から19世紀までのインドとイギリスの間で起こったできごとを記した次のA～Dのカードを，年代の古い順に並べなさい。(完答)

A	イギリスの支配に不満をかかえた人々が，インド大反乱を起こした。
B	産業革命が始まったイギリスから，大量の綿織物がインドへ流入した。
C	インドの帝国が滅亡し，イギリス政府により，直接の植民地支配を受けた。
D	インド産の綿織物の需要が高まったイギリスへ，綿織物を大量に輸出した。

(4) 地図中のキャンベラは，オーストラリアの首都です。オーストラリアについて説明した文として適切なものを，次のア～オから2つ選びなさい。(完答)

ア 内陸部では降水量が少なく，草原や砂漠が広がっている。
イ 15世紀末に，バスコ＝ダ＝ガマが来訪した。
ウ フランスの植民地であったが，20世紀に独立した。
エ アボリジニが独自の文化を築いてきた。
オ APECとASEANの加盟国である。

(5) 地図中のフィラデルフィアは，1776年に，ある宣言が発表された場所です。ある宣言とは何か，次のア～ウから1つ選びなさい。

ア ポツダム宣言　**イ** 世界人権宣言
ウ アメリカ独立宣言

(6) 次の**資料1**は(5)の宣言の一部，**資料2**は日本国憲法の条文です。**資料1・2**中の**A**～**C**に共通してあてはまる語句を，あとの〔　〕から1つずつ選びなさい。

資料1　(5)の宣言の一部

> われわれは，以下のことを自明の真理であると信じる。つまり，人間はみな［A］につくられていること，ゆずりわたすことのできない［B］を創造主によって与えられていること，その中には，生命，［C］，および幸福追求が含まれていること，である。

資料2　日本国憲法第97条

> この憲法が日本国民に保障する基本的人権は，人類の多年にわたる［C］獲得の努力の成果であつて，これらの［B］は，過去幾多の試錬に堪へ，現在及び将来の国民に対し，侵すことのできない永久の［B］として信託されたものである。

〔 権利　財産　自由　平等　平和 〕

(1)		(2)	記号	人物
(3)	→ → →	(4)		
(5)		(6)	A	B	C

(3) ――線部②「そんな人間の力を信じられるよ」とあるが、「そんな人間の力」を持った人物として日吉京介と脇田千春について次のようにまとめた。□a〜dにあてはまる言葉を、（　）の字数で本文中から抜き出しなさい。

康平に、晴れた日の凪いだ海を思い浮かべさせるもの	周りに及ぼす影響
日吉京介の[a]（八字）	日吉京介の[a]が穏やかさに包まれており、そのことが、[b]（十三字）いる。
脇田千春の[c]（六字）	半年前までは、脇田千春の[c]が、営業部の人たちの[d]（十二字）いた。

(1)	(2)	(3) a	b	c	d

---

3 次の古文を読んで、あとの問いに答えなさい。（(1)5点、(2)10点、(3)15点　計30点）

よく物を心にとめてわすれぬ（記憶して忘れない）ものが、「むかしいづこの山にのぼりしが（どこかの山に登ったが）、かかる峰に松のいくもと（数本）ありて、そのうちにかく枝たれたるに、いま一本は高くそびえてたてり。そのかたはら（そば）に、まき（ひのき）の大きやかなるが、横ざまに生いでて、青つづら（つた）のかかりしさま」などとかたるに、「いとこまやかにおぼえ給ふ（覚えていらっしゃる）物かな。君が□も、その山によりて（その山をまねて）つくり給ひしや。松のあるなかにまきのみえたるが、姿はいかにありしや」などたづぬれば、「わが庭にもまきのありしや。つね見はべれば（見ておりますので）わすれたり」といひし。

（松平定信「花月草紙」より）

(1) ――線部「いづこ」を現代仮名づかいに直して、すべてひらがなで書きなさい。

(2) □にあてはまる言葉を、古文の中から抜き出しなさい。

(3) 授業で右の古文を学習したAさんは、この話の内容には、「灯台下暗し」ということわざに通じるものがあると考えた。Aさんは本文のどのような内容からそのように考えたのか。四十字以内で答えなさい。

(1)	(2)	(3)

「変わったと思うか？」
と訊いた。
「うん、一緒にいる人間を安心させてくれる顔だよ」
「へえ、そんなこと言われたのは初めてだよ」
日吉は皿を洗いかけていた手を止めて、康平の前に戻って来ると、そう言った。その瞬間、康平は、日吉のそれと同種類の、晴れた日の凪いだ海のようなものを持つ人間が誰であったのかを思いだした。脇田千春だった。
人相のなかに共通する何かがあるというのではなく、脇田千春の場合は、その存在そのものが周りを穏やかにさせたのだ。
そうか、脇田千春が辞めたあと、営業一部に長く漂っている喪失感の根はそれだったかと康平は思った。
「息子が生まれたとき、どんなことがあっても、この子の前ではいつも笑顔でいようって女房と約束したんだ。でも、楽しくもなくおかしくもないのに笑顔を作るってのは、ほんとに難しいよ。俺、鏡の前に立って、何度も笑顔の練習をしたよ。最初のうちは、そんなことをしてる自分が馬鹿みたいに思えたけど、一年二年とたつうちに、自然に笑顔が浮かべられるようになったんだ。そしたら、息子の前だけじゃなく、店でお客さんと接してるときでも笑顔になっちゃうんだ。意味もなく笑顔を浮かべるってのは、客に対して失礼かもしれないって気になってきて、店ではやめようと思うんだけど、顔がもうそういうふうになっちゃったんだなァ」
と日吉は言った。
照れ隠しで冗談ぽく言っているが、ここに至る四年間には、①他の人間にはわからない自己訓練があったのだなと康平は思った。
[A]ビストロ・バー「ルーシェ」の料理はおいしい。ビルのオーナー夫人のお陰だ。[B]、「ルーシェ」を繁盛させている理由の半分は、マスターが醸しだす穏やかさと安心感なのだ。
小野建設機械リースの営業部にこの半年余り沈殿しているかすかな寂寥感が、脇田千春という無口で地味な女子社員の退社によるものだと気づいている者はいないだろう。
脇田千春には、とりたてて目に見える特徴があったわけではない。仕事ぶりも、他の事務系女子社員のなかで秀でていたわけでもない。にもかかわらず、あの子の存在そのものは、殺気立った営業の最前線で働いている者たちの心をなごませ、鎮めさせていたのだ。
康平は、そんな思いに浸ったあと、脇田千春のことを日吉に話して聞かせた。
「おととい、若い連中と飲みに行ったとき、どうも営業部全体が寂しくなったって誰かが言ったんだ。うちの社はいよいよ悪戦苦闘の嵐のなかに入って、みんな必死だし、営業本部長の病気は重いし、営業部が殺伐とするのは無理もないが、この寂寥感、喪失感の根本の原因は何だろうって。みんな、気合いを入れ直せって、そいつが酔った勢いでわめいたから、俺は俺が責められてる気がして、みんなに謝ったんだ。そしたら全員が、次長のせいじゃないって。営業部、とりわけこの営業一部から何かが無くなったんだけど、その何かが何なのかわからないって。そうかァ。脇田千春だ。あの子は営業一部の片隅で、存在そのものだけで、みんなを安心させてたんだ。癒やしてたんだ。だけど、誰もそのことに気づいてなかったんだ」
康平の言葉に、
「うん、俺は、②そんな人間の力を信じられるよ」
と日吉は言った。

（宮本輝「田園発　港行き自転車」より）

---

(1) 本文中の[A]、[B]にそれぞれあてはまる言葉の組み合わせとして最も適切なものを次のア～エから一つ選び、記号で答えなさい。
ア（A きっと　B すなわち）　イ（A 確かに　B しかし）
ウ（A やはり　B なぜなら）　エ（A 例えば　B だから）

(2) ――線部①「他の人間にはわからない自己訓練」とあるが、日吉京介は、自分がどのような自己訓練をし、その結果、どのように変化したと述べているか。本文中の言葉を使い四十字以上四十五字以内で書きなさい。

動物たちは何も食べられないので、生きていけません。

しかし、植物たちは、そのようになることを望んでいないでしょう。「少しぐらいなら、動物にからだを食べられてもいい」と思っているはずです。なぜなら、植物たちは、「動物に生きていてほしい」からです。

植物たちは、花粉を運んでもらうのに、虫や鳥などの動物の世話になります。また、動物のからだにくっついてタネを運んでもらいます。動物に実を食べてもらうのも大切なことです。食べてもらえば、実の中にあるタネを糞といっしょにどこか遠くに排泄してもらえます。あるいは、食べ散らかすようにしてタネをどこかに落としてもらえます。

（田中修「植物のあっぱれな生き方」より）

(1) ——線部①「られる」と用法・働きが同じものはどれか。適切なものを次の**ア**～**エ**から一つ選び、記号で答えなさい。

ア 校長先生が、駐車場から歩いて来られる。
イ 学校の図書室では、五冊まで借りられる。
ウ この言葉は、若者たちによく用いられる。
エ 彼女の言動からは、優しさが感じられる。

(2) ——線部②「側芽は、頂芽がさかんに伸びているときには伸びません」とあるが、頂芽がさかんに伸びているときに、側芽が伸びないのは、頂芽でつくられる物質がどのように作用しているからか。その物質名を明らかにして、本文中の言葉を使って、三十字以上四十字以内で書きなさい。

(3) 本文中の□にあてはまる言葉として、最も適切なものを次の**ア**～**エ**から一つ選び、記号で答えなさい。

ア つまり　**イ** 例えば　**ウ** だから　**エ** 一方

(4) この文章の内容に合うものとして、最も適切なものを次の**ア**～**エ**から一つ選び、記号で答えなさい。

ア ヒマワリのような、発芽してどんどん成長を続ける植物は、葉っぱのつけ根にある頂芽を伸ばしながら、枝分かれしていく。
イ 植物が動物に食べられたとき、食べられた茎の下方に側芽がある限り、一番先端になった側芽が頂芽となって伸びだす。
ウ 頂芽を切り取ったあとの切り口にオーキシンを与えると、側芽の成長を抑制するサイトカイニンがつくられる。
エ 植物たちは、生活の場を移動したり広げたりするために、動物たちに実を食べられないようなしくみを身につけている。

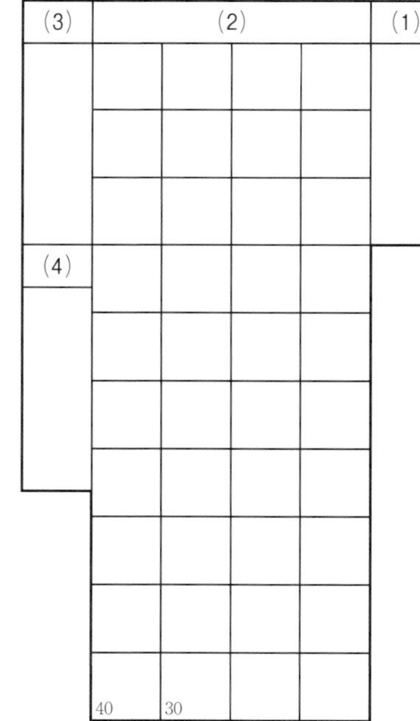

2 次の文章を読んで、あとの問いに答えなさい。（(1)(3)5点×5、(2)15点　計40点）

康平は、日吉京介の人相が以前とはまったく異なっていることに気づいた。何がどう変わったのか具体的に言葉にはできなかったが、顔の芯を成すものが、晴れた日の凪いだ海のような穏やかさに包まれているように感じた。

この日吉の人相と同じ種類の何物かを持つ人間と接したことがあったが、それが誰だったのか康平には思い出せなかった。

「お前の顔、何かが変わったな。富山県の岩瀬から魚津までの二十キロを歩いてから少しずつ変わったのかな」

と康平は言った。

日吉は調理場からしばらく康平を見つめてから、

入試模擬テスト

時間45分　目標75点　↓別冊解答 p.38

学習日　　月　　日

／100点

1 **次の文章を読んで、あとの問いに答えなさい。** (1)(3)(4)5点×3、(2)15点　計30点

「動物に食べ①られる」という宿命にある植物たちも、食べられるだけでは滅びてしまいます。そこで、食べられても、その被害があまり深刻にならないような、巧妙な性質を備えています。身近に見ている植物たちの成長の仕方に、その性質は隠されています。

発芽してどんどんと成長を続ける植物は、茎の先端にある芽が背丈を伸ばしながら、次々と葉っぱを展開します。茎の先端にある芽を「頂芽」といいます。枝分かれしないヒマワリやアサガオでは、上にグングン伸びていく頂芽だけがよく目立ちます。

しかし、芽は、茎の先端にあるだけでなく、すべての葉っぱのつけ根にもあります。その芽を「頂芽」に対して、「側芽」といいます。②側芽は、頂芽がさかんに伸びているときには伸びません。頂芽だけがグングン伸び、側芽が伸びない性質を「頂芽優勢」といいます。

動物に食べられたときに、この性質が威力を発揮します。頂芽を含めて植物の上の方の部分が食べやすく、やわらかな若い葉なので、動物に食べられることが多いでしょう。そのあとで、植物たちはどんな成長をはじめるでしょうか。

食べられた下には、多くの側芽があります。どの位置まで食べられるかはわかりませんが、頂芽があったときには、下の方の側芽であったもののどれかが一番先端になります。すると、その側芽が次の頂芽となり、「頂芽優勢」の性質で伸びはじめます。

食べられた茎の下方に側芽がある限り、一番先端になった側芽が頂芽となり伸びだすのです。上の芽と葉っぱが動物に食べられても、茎が折られて上の方の芽と葉っぱがごっそりなくなっても、茎の下方に側芽がある限り、一番先端になった側芽が頂芽となって伸びるのです。そのため、食べられて、しばらくすると、何ごともなかったかのように、食べられる前と同じ姿に戻ることができます。これが、「頂芽優勢」という性質の威力です。

頂芽優勢という現象は、「オーキシン」とよばれる物質に支配されていると考えられています。この物質は、頂芽でつくられます。そして、頂芽を切り取ると、側芽が成長をはじめることから、「頂芽でつくられるオーキシンが、茎を通って下の方に移動し、側芽の成長を抑えている」と考えられているのです。

でも、これだけではオーキシンの作用とは決められません。芽から茎に移動してくる物質は、オーキシンだけとは限らないからです。そこで、頂芽を切り取ったあと、その切り口にオーキシンを与えてみます。すると、頂芽がないにもかかわらず、側芽の成長が抑えられます。そのため、「頂芽でつくられるオーキシンが、茎を通って下の方に移動し、側芽の成長を抑えている」ということになります。

頂芽となった芽の成長は、「サイトカイニン」という物質で促されます。これは、植物の〝若返りホルモン〟といわれ、芽の成長などを促します。この物質は、側芽のそばの茎の部分でつくられます。そして、そばの側芽に供給されて、側芽の成長が促されます。［　　］、頂芽から移動してくるオーキシンは、サイトカイニンがつくられるのを抑えます。そのため、側芽は成長ができないのです。頂芽が切り取られると、オーキシンの抑制が取り除かれて、サイトカイニンがつくられ、側芽が成長をはじめます。

「もし植物たちが動きまわることができたら、逃げることもできるので、動物に食べられないのに、動きまわれないから食べられてしまう」と思われるかもしれません。でも、もし植物たちが完全に逃げまわることができたら、

□ 執筆協力　㈱アポロ企画　間宮勝己
□ 編集協力　㈱アポロ企画　鹿島由紀子　河本真一　小南路子　田中浩子　出口明憲
　冨田有香　西澤智夏子　待井容子　矢守那海子
□ 英文校閲　Bernard Susser
□ 本文デザイン　山口秀昭（Studio Flavor）
□ DTP　㈱明友社
□ 写真提供　DNP（TNM Image Archives）　PIXTA（CLICK　Daikegoro）
　アフロ（Bridgeman Images　New Picture Library　Panorama Media（Beijing）　水口博也）
　宮内庁三の丸尚蔵館　埼玉県立さきたま史跡の博物館
□ 図版作成　㈲デザインスタジオエキス．㈱ユニックス　㈱明友社

シグマベスト
今日からスタート高校入試
5科

編　者　文英堂編集部
発行者　益井英郎
印刷所　中村印刷株式会社
発行所　株式会社文英堂
〒601-8121　京都市南区上鳥羽大物町28
〒162-0832　東京都新宿区岩戸町17
(代表)03-3269-4231

●落丁・乱丁はおとりかえします。

③

今日からスタート高校入試

5科

解答・解説

★本体から取り外して，お使いいただけます。

実力完成テスト 英語

01 現在・過去・未来・進行形

1 (1) イ (2) エ (3) イ
2 (1) will, next week (2) cooking
(3) doesn't like, much
(4) wasn't practicing (5) broke
3 (1) are you looking for
(2) What are you going
(3) I was in the first grade
4 (1) I'm going to (2) runs
(3) won't (4) had
5 (1) left (2) old Japanese temples
6 (1) He wants a dog.
(2) What were you doing at eight (o'clock) last night?
(3) It will be rainy in Kyoto tomorrow.
(4) I go to the library on Wednesdays.

解説

1 (1) 主語はOne of my friends「私の友だちの１人」で３人称単数。**liveの３人称単数現在形**を選ぶ。
(2) Do you ～？の疑問文には，Yes, I[we] do. / No, I[we] don't[do not]. で答える。
(3) 疑問文とその応答文。疑問文の主語はyour music class（３人称単数）。

2 (1) 未来の文。空所の数からwillを用いる。
(2) 現在進行形の文。cookの～ing形が適する。
(3) 主語がJim（＝３人称単数）で現在の否定文なので，主語のあとにdoesn'tを置く。「あまり～が好きではない」＝don't[doesn't] like～very much
(4) 日本語から，**過去進行形の否定文**だとわかる。空所の数から，**was not**の短縮形を用いる。
(5) 「壊れる」breakの過去形はbroke。

3 (1) 疑問詞で始まる現在進行形の疑問文。**〈疑問詞＋be動詞＋主語＋動詞の～ing形～？〉**の語順。
(2) 疑問詞で始まる未来の疑問文。**〈疑問詞＋be動詞＋主語＋going to＋動詞の原形～？〉**の語順。
(3) 「私は小学１年生だった」という意味になる。

4 (1) be going toを使って未来を表す。空所の数から，ここでは，**I am**の短縮形を用いる。
(2) 「ケンは速いランナーです。」を「ケンは速く走ります。」と言いかえる。
(3) 〈be動詞＋not going to〉をwill notに言いかえる。空所の数から**will not**の短縮形を用いる。
(4) 「昨年冬にたくさん雪が降りました。」を，Weを主語にして言いかえる。

5 (1) 前に**bought（buyの過去形）**があるのがヒント。同様に，leaveも過去形にする。
(2) 「ビルはなぜ東京に行きたかったのですか。」という質問。本文３～４行目に注目する。

英文の意味

その男の人は切符を買い，タダシとその男の人は東京駅に向けていっしょに出発しました。電車の中で，彼らは多くのことを話しました。その男の人の名前はビルでした。彼はほんの数日前にオーストラリアから日本にやって来ました。彼は古い日本の寺に興味がありました。彼はそれらについての本を何冊か買うために東京を訪れたいと思っていました。彼らが東京駅に到着したとき，「あなたと話をして楽しかった。よい１日を。」とタダシは言いました。「あなたも。」とビルは言いました。

6 (1) 主語はhe（３人称単数）。「ほしいと思う」のwantを３人称単数現在形にする。
(2) 「何」とあるので，whatで始まる過去進行形の疑問文。「８時に」＝at eight (o'clock)
(3) 未来の文。**天候を表す文なので主語をit**として，そのあとにwillを続ける。「京都（で）は」＝in Kyoto
(4) 「毎週～曜日に」は**〈on＋曜日を表す語の複数形〉**で表す。

02 疑問詞・いろいろな文

1 (1) エ (2) ア (3) ア (4) イ
2 (1) エ (2) カ (3) ウ
3 (1) for us
(2) How about going [Shall we go]
(3) There is (4) Don't speak (5) to us
4 (1) remember where it is
(2) send me the book after（mineが不要）
(3) know which season Kana likes
(4) Be kind to other
5 (1) some books about birds (2) ア
6 (1) My friends call me Hiro.
(2) Do you know how many times he has been to Kyoto?

解説

1 (1) Bの発言から，所有者をたずねる**whose**が適切。
(2) あとに続く内容から，頻度をたずねる疑問文だと考える。
(3) Bの２つ目の発言 I did. から，人をたずねる**who**が適切。
(4) 「あなたは～についてどう思いますか。」＝**What do you think about～？**

2 (1) 「あなたはたいていどのようにして学校に来ますか。― 自転車です。」
(2) 「だれが窓を割ったのですか。― ボブです。」
(3) 「あなたのお姉さん［妹さん］の職業は何ですか。― 彼女は看護師です。」

3 (1) SVOO → SVO への書きかえ。**made**（**make**の過去形）はあとに〈**for**＋人〉をとる動詞。
(2) 相手を誘う表現は，**Let's～. / Shall we～? / How about ~ing ...?**などで表すことができる。
(3) 「～がある」を**There is[are]～.**の文で表す。
(4) **must not**は禁止を表す。上の文は「このクラスで日本語を話してはいけません。」という意味なので，否定の命令文〈Don't＋動詞の原形～.〉で言いかえる。
(5) SVOO → SVO への書きかえ。**told**（＝**tell**の過去形）はあとに〈**to**＋人〉をとる動詞。

4 (1) 間接疑問の否定文。動詞**remember**のあとに〈疑問詞＋代名詞＋動詞〉を続ける。
(2) SVOO の疑問文。〈**send**＋人＋もの〉の語順。
(3) which season で間接疑問を始める。
(4) 〈**Be**＋形容詞～.〉の命令文。

5 (1) 「それらからハチドリについていくつかのことを学びました。」の「それら」は，本文第１文目にある「買ったもの」を指す。
(2) 適する間接疑問を答える。直後の文に注目する。「ハチドリが何を食べるか」のアが適切。

英文の意味

私は大阪に帰ったあと，鳥についての本を何冊か買いました。私はそれらからハチドリについていくつかのことを学びました。ハチドリの中で最も小さな種はおよそ6センチメートルの長さです。その重さはおよそ２グラムです。

あなたはハチドリが何を食べるか知っていますか。多くのほかの鳥のように，ハチドリは昆虫を食べます。花のみつも食べます。花のみつをとるとき，ハチドリはたいてい空中の一点に留まり，くちばしを花の中に突っ込みます。

6 (1) 「AをBとよぶ」は〈**call**＋**A**＋**B**〉で表す。**A**に人称代名詞がくるときは目的格。
(2) know の目的語に間接疑問を用いる。「何回」から，〈how many times＋主語＋動詞～〉で表す。

03 不定詞・動名詞・分詞

1 (1) ウ (2) エ (3) ウ
2 (1) to be[become] (2) warm[hot] to eat
(3) to buy (4) excited to
3 (1) important to think about
(2) wants me to come
(3) by reading books written in
4 (1) playing (2) too, me to
(3) It is, to
5 ① イ ② エ ③ ア
6 (1) He didn't[did not] know what to do next.
(2) The boy standing on your left is my brother.

解説

1 (1) 「窓のそばで眠っている少年」なので，現在分詞を選ぶ。
(2) 「建てられた寺」なので，過去分詞を選ぶ。
(3) **in**のあとには名詞（相当語句）が続くので，動名詞を選ぶ。listen to～「～を聞く」

2 (1) 名詞的用法の不定詞が補語の文。
(2) 「何か温かい食べ物」は**something warm to eat**で表す。
(3) 「買いに」は「買うために」と考える。
(4) 「試合を見て」は「興奮した」の原因を表す。「～して…」は，不定詞の副詞的用法（感情の原因）を使って表すことができる。「興奮して」は**excited**，「興奮させる」の**exciting**と間違えないように注意すること。

3 (1) 「～することは…だ」を〈**It is**＋形容詞＋**to**＋動詞の原形～〉で表す。
(2) 〈**want(s)**＋人＋**to** ～〉で，「（人）に～してもらいたい」の意味になる。
(3) 〈by＋動名詞〉で「～することによって」。名詞 books のあとに〈過去分詞＋語句〉を続ける。

4 (1) 名詞的用法の不定詞を動名詞に言いかえる。2文とも，「彼女はテニスをすることが好きです。」という意味を表す。
(2) 〈**so ... that**＋主語＋**can't**＋動詞～〉＝〈**too ... for**＋人＋**to**＋動詞の原形～〉 上の文は「その箱はとても重かったので，私はそれを運べませんでした。」，下の文は「その箱は私が運ぶには重すぎました。」という意味を表す。
(3) 動名詞が主語の文を〈**It is**＋形容詞＋**to**＋動詞

の原形...〉に言いかえる。２文とも，「地球温暖化を解決することは困難です。」という意味を表す。

5 ① あとに続くジャックの発言が，マラソン大会の会場にいた「理由」を述べている。

② あとに続くジャックの発言が，彼がマラソン大会でボランティアとして働いたときにしたことを述べている。

③ 直前でエミが，自分もマラソン大会のボランティアをやりたい，と言っているのがヒント。

英文の意味

ジャック：この前の日曜日に，君はマラソンランナーたちを応援していたよね？
エミ：ええ。どうしてそのことを知ったの？
ジャック：ボランティアとして，その大会で働いていたんだ。
エミ：本当？ どんな仕事をしたの？
ジャック：ランナーたちに食べ物や飲み物を渡したり，通りを清掃したりしたよ。きつい仕事だったけど，仕事をしている間，多くの人たちがぼくにほほえみかけてくれたよ。彼らの中には「ありがとうございます。」と声をかけてくれる人もいたんだ。それを聞いてとてもうれしかったよ。
エミ：すごい！ 私もボランティアとしてマラソン大会で働きたいな。
ジャック：来年ぼくといっしょに働くのはどう？ ほかの人たちのために働くのはすばらしいことだよ。
エミ：おもしろそうね。

6 (1) 「何をするべきか」は **what to do** で表す。

(2) 「少年は私の兄です。」が中心となる文。「あなたの左に立っている」が主語の「少年」を修飾する。

04 現在完了形・受け身

1 (1) イ (2) イ (3) エ
2 (1) built (2) been
(3) surprised at (4) known to
(5) made from
3 (1) is made in
(2) never watched such an exciting
(3) Have you cleaned your room
4 (1) has been, for (2) were, by
(3) I've lost
5 (1) エ (2) ウ
6 (1) How many times has he seen the movie?
(2) Tomorrow's breakfast will be cooked by Ben.

解説

1 (1) 現在完了の文。過去分詞を選ぶ。

(2) この It は前の *Kusamakura* を指す。「～によって書かれました」という過去の受け身になる。

(3) 〈**Have[Has]＋主語＋過去分詞～yet?**〉で「もう～しましたか」という意味の疑問文になる。

2 (1) 「建てられました」を受け身で表す。

(2) 継続を表す現在完了の文。We are good friends. を現在完了の文に書きかえる。

(3) 「～に驚く」＝**be surprised at～**

(4) 受け身の否定文。「～に知られている」は **be known to～** で表す。

(5) 受け身の疑問文。「～［原料］からできている」は **be made from～** で表す。「～［材料］でできている」の **be made of～** と混同しないように注意。

3 (1) 受け身の文。〈be 動詞＋過去分詞〉の語順。

(2) 〈**have never＋過去分詞**〉の形にする。

(3) 完了を表す現在完了の疑問文。〈Have[Has]＋主語＋過去分詞～ yet?〉の語順。

4 (1) 「３年前に日本に来て，今も日本にいる」ということは，「３年間ずっと日本にいる」ということ。

(2) 能動態の文を受け身の文に書きかえる。受け身の文の主語は複数であることに注意。

(3) 「かぎをなくして，今それを持っていない」を完了の現在完了で表す。空所の数から **I've（I have の短縮形）** とすることに注意。

5 (1) 挿入する文は「ボートに乗るのもすてきです。」という意味。空所エのあとの１文がヒントになる。

(2) 第２，３段落は室戸阿南海岸国定公園の豊かな自然について具体的に述べられている。

英文の意味

「室戸阿南海岸国定公園」は1964年に（国定公園に）指定されました。公園の一部は徳島の南部にあります。この地域はそのすばらしい自然で有名です。夏には多くの人たちが訪れます。

その地域は美しい浜辺とウミガメで知られています。そこの水はとてもきれいです。サーフィンや海水浴でとても人気があります。その海で泳ぐと，サンゴ礁やかわいい魚たちを見ることができます。ボートに乗るのもすてきです。そうすることによって島々を訪れることができます。

そこでキャンプをすれば，夜には空にたくさんの明るい星を見ることができます。朝には波の音で１日を始めることができます。この地域は豊かな自然にあふれているのです。

6 (1) 回数をたずねる疑問文となるので，〈**How many times＋have[has]＋主語＋過去分詞～?**〉が適する。

(2) 未来の受け身〈**will be＋過去分詞**〉となる。

05 比較・関係代名詞

1 (1) イ (2) ウ (3) エ
2 (1) the best of (2) tall as Mika
(3) most, that
3 (1) is more difficult than
(2) building is the oldest in
(3) the book that I have to read
(4) things he said will come
4 (1) the longest / longer, any
(2) heavy as / heavier than
(3) which[that] was / sang
5 ① number of students who said
② is the thing you usually
6 (1) Which do you like better, math or science?
(2) Kinkaku-ji is one of the most famous temples in Kyoto.
(3) The best city that I've[I have] ever visited is Sapporo.

解説

1 (1) 比較の文。**副詞 early の比較級を選ぶ。**
(2) 「私が今まで見た最高のもの（＝映画）」となる。
(3) 先行詞は**「人」**で**「複数」**。これらに適する主格の関係代名詞と be 動詞の組み合わせを選ぶ。

2 (1) 最上級の文。「5人の中で」には **of** を用いる。
(2) 「…と同じくらい背が高い」ので，as tall as ... を用いる。
(3) **先行詞に最上級の形容詞がついているので，関係代名詞は that が好まれる。**

3 (1) 〈be 動詞＋more＋原級＋than ～〉の語順。
(2) 最上級の文。in our city「私たちの都市で」
(3) 関係代名詞を使った文。先行詞は the book。「私が読まなければならない本」となる。
(4) the things のあとに he said を続けて，「彼が言ったこと」の意味。come true「実現する」

4 (1) 「ナイル川よりも長い川は世界にはありません。」という文を，最上級と，比較級を使った別の表現に言いかえる。2つ目の文は，than がないことと in the world に注目する。最上級を使って「ナイル川は世界で最も長い川です。」という文にする。3つ目の文は，than と other に注目する。「ナイル川は世界のどんな川よりも長い。」という文にする。「どんな～よりも…」は，**〈比較級＋than any other＋単数名詞〉**で表す。
(2) この **lighter** は「軽い」の **light** の比較級。2つ目の文は，**not as** に注目する。〈as ～ as ...〉の否定文で，「…ほど～ではない」の形になると考える。1つ目の文の意味から「～」には，light の反意語の heavy が入る。3つ目の文は，1つ目の that one が主語になっていることに注目する。「この箱はあの箱よりも軽い。」ということは「あの箱はこの箱よりも重い。」ということなので，light の反意語の heavy の比較級を使って比較の文をつくる。
(3) **主格の関係代名詞を使った表現**と，**目的格の関係代名詞を省略した表現**に言いかえる。2つ目の文は，空所以外は1つ目の文と同じである。〈名詞＋過去分詞の形容詞用法～〉を〈名詞（＝先行詞）＋主格の関係代名詞＋be 動詞＋過去分詞～〉に書きかえる。3つ目の文は，空所の前の Meg と，1つ目の文の sung に当たる語がないことに注目する。目的格の関係代名詞の省略だと考え，空所には文の意味から sing の過去形 sang を入れる。

5 ① 主格の関係代名詞を使って，「『3時間』と言った生徒の数は60人でした。」という文にする。
② 目的格の関係代名詞の省略を用いて，「それは『自由時間にあなたがたいていすることは何ですか。』でした。」という文にする。

英文の意味

メグ：私は生徒の自由時間について調査をしました。私たちの学年には120人の生徒がいます。私は生徒全員に2つの質問をしました。これを見てください。
ポール：あなたは何の質問をしたのですか。
メグ：最初の質問は「1週間にどれくらい自由時間がありますか。」です。このグラフが見えますか。「3時間」と言った生徒の数は60人でした。
ポール：わかりました。2つ目の質問は何でしたか。
メグ：それは「自由時間にたいていすることは何ですか。」でした。この表を見てください。55人の生徒が音楽を聞き，32人の生徒が買い物に行くということがこちらを見てわかります。

6 (1) 「AとBでは，あなたはどちらがより好きですか。」＝**Which do you like better, A or B?**
(2) 「最も～な…の1つ」＝**〈one of the＋最上級＋複数名詞〉**
(3) 「最高の都市」を先行詞とし，**目的格の関係代名詞 that** を使って「私が今までに訪れた」と修飾する。

06 いろいろな品詞（名詞・代名詞・接続詞・前置詞）

1 (1) ウ　(2) イ　(3) ウ　(4) ア
2 (1) Because of　(2) two sheets
3 (1) very useful when we travel
(2) left the classroom without saying
(3) meet in front of
4 (1) or　(2) As soon as
(3) so, that, couldn't
5 (1) else can we do if we use water in different
(2) ここにその質問に対する答えの１つがあります。
(3) Because
6 (1) Yumi and I have known each other for six years.
(2) I think that he'll[he will] come here at ten o'clock.
(3) Shall we go to the[a] museum if you're [you are] free tomorrow? / If you're [you are] free tomorrow, shall we go to the[a] museum?

解説

1 (1) 所有代名詞のmine（私のもの）を使って表す。
(2) 疑問文の主語you and Keitaは，応答文では「私たち」となる。
(3) **Some ~ , and others ...** は決まった表現として覚えること。
(4) 「(~時) に」は**at**~で表す。
2 (1) 「~のために」=**because of**~
(2) 「1枚の紙」=**a sheet of paper**　枚数が複数になるときは，**〈数を表す語+sheets of paper〉**。
3 (1) 「…が~するとき」は〈when+主語+動詞~〉で表す。「海外旅行をする」=**travel abroad**
(2) 「~することなしに」=**without ~ ing**
(3) 「~の正面に」=**in front of** ~
4 (1) 上の文は「すぐに起きなさい，そうすれば始発電車に間に合いますよ。」という意味の文。下の文では，上の文の**catch**「~に間に合う」が**miss**「~に乗り遅れる」に変わっていることに注目。空所に**or**を入れて「すぐに起きなさい，さもないと始発電車に乗り遅れますよ。」という文にする。**〈命令文 , and[or] ~〉**は，「~」の内容がよいことであればand，悪いことであればorになることが多い。
(2) 上の文は「私たちが家に着いたあとすぐに雨が降り始めました。」の意味。「~したあとすぐに」の部分を，連語の接続詞であるas soon as ~ で書きかえる。**〈as soon as+主語+動詞~〉**は，ここではもう1つの文の前に置かれているが，後ろに置くこともできる。
(3) 上の文は「そのコーヒーは私には熱すぎて飲めませんでした。」という意味を表す。下の文のIに注目して，「とても~なので，…は—できない［できなかった］」の〈so ~ that+主語+can't [couldn't]+動詞＿〉で書きかえる。**〈too ~ for ＿ to ...〉=〈so ~ that ＿ can't[couldn't] ... 〉**
5 (1) 「もしほかの方法で水を使うとしたら，ほかに何ができるようになるでしょうか。」という文になる。what else「ほかに何が」，in different ways「ほか［別］の方法で」
(2) **Here is ~ .**「(ここに) ~があります。」，〈one of+複数名詞〉「~の1つ」
(3) 本文最後の「原因, so+結果」の1文を，「**Because+原因，結果**」の文に言いかえる。

英文の意味

水はさまざまな目的や状況で便利です。私たちの日常生活では，洗うために水の中にものを入れます。冷やすために冷たい水の中にものを入れます。農業のためや工場でも水を使います。もしほかの方法で水を使うとしたら，私たちはほかに何ができるようになるでしょうか。
ここにその質問に対する答えの1つがあります。水を使うことで，私たちは電気を得ることができます。この場合，電力をつくるために水は発電機とともに働きます。日本では，多くの川の水は流れが速いので，電気をつくるために人々は川を使ってきました。

6 (1) 継続を表す現在完了の文。主語がYumi and Iと複数になるので，そのあとに続くのはhaveであることに注意する。「おたがい」=**each other**，「~年間」=**for ~ year(s)**
(2) 「~だと思う」=think (that) ~　接続詞thatのあとは「10時に来るだろう」と未来のことを表すので，will comeとなることに注意する。
(3) 「もし~」=〈if+主語+動詞~〉，「ひまである」=**be free**　Shallを使って相手を誘うときの表現は，Shall we ~ ? で表す。

07 助動詞・仮定法・会話表現

1 (1) イ　(2) イ　(3) ウ
2 (1) must　(2) may　(3) Can, can
(4) will be able　(5) must not
(6) would like　(7) Would, like
3 (1) have to take it
(2) ask her to call me
4 (1) ウ→イ→エ→ア
(2) イ→ア→ウ→エ
(3) エ→ウ→ア→イ
5 (1) ① イ　② ア
(2) 多くの博物館［美術館］を訪れること。／新聞を毎日読むこと。

解説

1 (1) 「～してもよいですか」と許可を求める表現。
(2) 主語はThe foodなので受け身の文となる。「～されるべきである」＝**〈should be＋過去分詞〉**
(3) 「～しましょうか」と提案する表現。

2 (1) 「～にちがいない」＝**must**
(2) 「～かもしれない」＝**may**
(3) 「～（することが）できる」＝**can**
(4) 「～できるだろう」＝**will be able to ～**
(5) 「～してはいけない」＝**must not[mustn't]**，または**〈Don't＋動詞の原形～〉**
(6) 「～したい」はwant to ～ または**would like to ～**で表す。空所の数から後者を選ぶ。would like to ～ はwant to ～ よりもていねいな表現。
(7) 「～はいかがですか」は**Would you like ～ ?**で表す。「～をもう1杯［1つ］」には**another**を使うことも覚えておくこと。

3 (1) don'tのあとにhave to ～ を続けて，「～する**必要がない**」という文にする。
(2) 「折り返し私に電話するように彼女に伝えていただけますか。」という文にする。

4 (1) ウ「もしもし。ブラウン氏の事務所です。」
→イ「こちらはトム・スミスです。ブラウンさんをお願いできますか。」
→エ「申し訳ございません。彼はただ今，たて込んでおります。」
→ア「わかりました。後ほどかけ直します。」
(2) イ「今日はどうされましたか。」
→ア「昨日からずっと具合が悪くて，今は寒気がします。」
→ウ「わかりました。こちらでお待ちください。お名前が呼ばれましたら，7号室へ向かってください。」
→エ「ありがとうございます。」
(3) エ「私たちは学校の制服の着用をやめるべきだと思います。」
→ウ「どうしてそう思うのですか。」
→ア「自分の服を着て学校へ来たいからです。」
→イ「残念ながら，あなたには同意できません。」

5 (1) ① ア「それはよい夢ですね。」 イ「あなたは何の教科を教えたいのですか。」 ウ「あなたはなぜ教師になりたいのですか。」 エ「あなたはきっとよい教師になると思います。」 あとに続くマリの発言に注目。
② 助言を求められているので，提案する**Why don't you ～ ?**「～してはどうですか。」が適切。
(2) 本文4行目のマリの発言（I want to visit many museums）と，6行目のヨウコの発言（Why don't you read newspapers every day ～ ?）の中にある。

英文の意味

ヨウコ：あなたは将来，何になりたいですか。
マリ：ええと，教師になりたいです。
ヨウコ：おお。何の教科を教えたいのですか。
マリ：ええと，社会です。だから私は多くの博物館を訪れたいです。ほかに私がすべきことはありますか。教えてください。
ヨウコ：世界で何が起こっているのかを知るために，新聞を毎日読むのはどうですか。
マリ：わかりました。やってみます。

実力完成テスト 数学

01 数と式の計算

1 (1) 7　(2) -1　(3) -6
(4) 71　(5) 9　(6) $\frac{13}{6}$

2 (1) $12x^2y$　(2) $3x+2y$
(3) $2a+11b$　(4) $\frac{5x-9y}{14}$
(5) $3x^2-7xy-6y^2$　(6) $-6x+25$

3 (1) $3xy(2x+y)$　(2) $(x-6)(x+1)$
(3) $(x-7)^2$　(4) $(x+8)(x-8)$
(5) $(x-4)(x+5)$　(6) $(x-8)(x-9)$
(7) $(x+3)(x-5)$　(8) $(3x+7)(3x-7)$

4 (1) $2\sqrt{2}$　(2) $7\sqrt{2}$
(3) $4\sqrt{3}$　(4) $\frac{2\sqrt{6}}{3}$

5 (1) $2\sqrt{6}$　(2) 4
(3) $-4+3\sqrt{6}$　(4) 6

6 (1) 24　(2) $8\sqrt{7}$　(3) $x=\frac{5y+7}{2}$
(4) $a^2+6a=6$　(5) $a=6,\ 7$
(6) 4 個　(7) $3a+b>700$

7 (1) 12 枚　(2) $\frac{4n+1}{3}$ (枚)

解説

6 (4) $9<15<16$ より，$3<\sqrt{15}<4$
よって，$\sqrt{15}$ の整数部分は 3，$\sqrt{15}$ の小数部分 a は，$a=\sqrt{15}-3$
よって　$a^2+6a=(\sqrt{15}-3)^2+6(\sqrt{15}-3)$
$=15-6\sqrt{15}+9+6\sqrt{15}-18=\mathbf{6}$

(5) 条件式の辺々を 2 乗すると $5<a<8$ だから
$a=6,\ 7$

(6) $\sqrt{3n}$ が整数となるのは，$n=3m^2$ (m は正の整数)のときに限る。$1\leqq n\leqq 50$ より　$1\leqq 3m^2\leqq 50$
これを満たす m は　$m=1,\ 2,\ 3,\ 4$
(それぞれ n は 3，12，27，48)
よって，**4 個**。

7 1～3 行目で現れるパターンを A とする。A の中に黒タイルが 4 枚含まれる。
(1) 9 行目までではＡが 3 回くり返される。
$4\times3=$**12 (枚)**

(2) n 行目の左から 3 枚目が黒色なので，$(n+1)$ 行目で A が終わり，$(n+1)$ 行目までに黒タイルは $\frac{4(n+1)}{3}$ 枚含まれている。$(n+1)$ 行目の左から 2 枚目で 1 枚の黒タイルが現れるので $\frac{4(n+1)}{3}-1$
$=\frac{4n+1}{3}$ **(枚)**の黒タイルが必要である。

02 方程式

1 (1) $x=6$　(2) $x=-3$　(3) $x=-2$
(4) $x=-5$　(5) $x=12$　(6) $x=1$

2 (1) $x=1,\ y=5$　(2) $x=-5,\ y=1$
(3) $x=3,\ y=-2$　(4) $x=-1,\ y=2$
(5) $x=-\frac{14}{3},\ y=10$　(6) $x=4,\ y=-1$

3 (1) $x=0,\ 3$　(2) $x=-3,\ 4$
(3) $x=-1\pm6\sqrt{2}$　(4) $x=\frac{3\pm\sqrt{29}}{10}$
(5) $x=\frac{4\pm\sqrt{10}}{2}$　(6) $x=-2,\ 3$

4 (1) $a=3,\ b=4$
(2) $a=-6$　もう 1 つの解(かい)　$x=2$

5 (1) 38 人　(2) 大人 25 人　子ども 45 人
(3) 男子 180 人　女子 200 人
(4) 2 秒後と 8 秒後
(5) ① 24 個　② $n=11$

解説

2 (5) $\begin{cases} x+\frac{1}{2}y=\frac{1}{3} & \cdots① \\ \frac{1}{2}x+\frac{1}{3}y=1 & \cdots② \end{cases}$ とすると
①×6，②×6 として係数を整数にして解(と)く。

(6) $\begin{cases} 0.3x+0.2y=1 & \cdots① \\ \frac{1}{2}x+y=1 & \cdots② \end{cases}$
①×10，②×2 として係数を整数にして解く。

3 (3) $(x+1)^2=72$　$x+1=\pm6\sqrt{2}$ より求める。
(5) $2x^2-x-15=7x-18$　$2x^2-8x+3=0$
「解の偶数(ぐうすう)公式」で解くと（ふつうに解の公式を使ってもよい。）
$x=\frac{-(-4)\pm\sqrt{(-4)^2-2\times3}}{2}=\mathbf{\frac{4\pm\sqrt{10}}{2}}$

(6) $2x^2-3x-5-(x^2-2x+1)=0$
$x^2-x-6=0$　$(x+2)(x-3)=0$
$x=-2,\ 3$

4 (1) 与えられた方程式に $x=2,\ y=1$ を代入して
$\begin{cases} 2a+b=10 \\ -a+2b=5 \end{cases}$　これを解いて　**$a=3,\ b=4$**

(2) $x^2+ax+8=0$ に $x=4$ を代入して

$16+4a+8=0$　　$a=-6$

$x^2-6x+8=0$ より　$(x-2)(x-4)=0$

もう１つの解は　$x=2$

5 (1) このクラスの人数を x 人とすると

$300x+2600=400x-1200$

（$+2600$：不足する分をたす。-1200：余る分をひく。）

これを解くと　$x=38$

よって，クラスの人数は **38人**

(2) 参加した大人の人数を x 人，子どもの人数を y 人とすると

$\begin{cases} y=2x-5 & \cdots① \\ 600x+300y=28500 & \cdots② \end{cases}$

（①←人数を表す式，②←入園料を表す式）

これより $x=25$，$y=45$ となり，

大人25人，子ども45人

(3) 昨年度の男子を x 人，女子を y 人とすると

$\begin{cases} x+y=380 & \cdots① \\ 0.05x+0.03y=15 & \cdots② \end{cases}$

（②←増減を表す式）

①の両辺を３倍，②の両辺を100倍して

$\begin{cases} 3x+3y=1140 & \cdots①' \\ 5x+3y=1500 & \cdots②' \end{cases}$

①′，②′より　$x=180$，$y=200$

よって，昨年度の**男子180人，女子200人**

(4) x 秒後に題意を満たすとすると，PC$=2x$，QD$=3x$ と表せる。

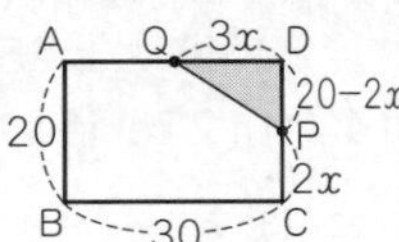

DP$=20-2x$ より

$\triangle PDQ=\frac{1}{2}\times 3x\times(20-2x)$

よって　$\frac{1}{2}\times 3x\times(20-2x)=48$

$3x^2-30x+48=0$　　$x^2-10x+16=0$

$(x-2)(x-8)=0$　　$x=2,\ 8$

$0 \leqq x \leqq 10$ より，ともに適する。

よって，**2秒後と8秒後**

(5) ① １段目と７段目，１列目と７列目にそれぞれ黒い碁石が７個ずつ置かれているが，角の４個は重複しているので　$7\times4-4=$**24(個)**

② n 段 n 列のマス目に，この規則にしたがって置かれた黒い碁石の数は　$n\times4-4=4n-4$(個)

n 段 n 列のマス目は n^2(個)あるから，置かれた白い碁石の数は　$n^2-(4n-4)=n^2-4n+4$(個)

よって　$\underbrace{n^2-4n+4}_{白}-\underbrace{(4n-4)}_{黒}=41$

$n^2-8n+8=41$　　$n^2-8n-33=0$

$(n+3)(n-11)=0$　$n>0$ より　$n=11$

03 関数

1 (1) $y=-3$　(2) $y=-\frac{6}{x}$

(3) $y=3x-5$　(4) $y=2x^2$

2 (1) (ア) -6　(イ) 9　(2) $-1 \leqq y \leqq 2$

(3) $a=0$，$b=48$

3 (1) -3　(2) $a=-3$

4 (1) 420m　(2) $y=200x-1400$

(3) 午後１時７分30秒

5 (1) 1　(2) (4，4)

(3) $y=\frac{1}{2}x+2$　(4) $\left(\frac{4}{3},\ \frac{8}{3}\right)$

解説

1 (4) $y=ax^2$ に $x=-3$，$y=18$ を代入。$a=2$

2 (1) この双曲線は原点の右下にあるから，右のようなグラフになり，(1，−18)を通る。

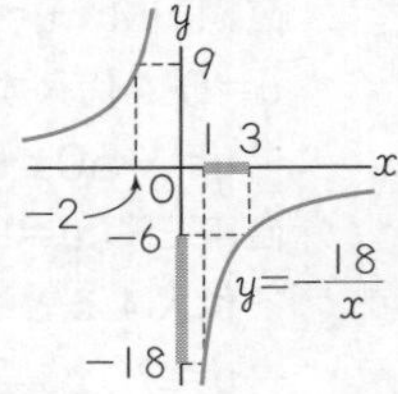

$y=\frac{a}{x}$ に，$x=1$，$y=-18$ を代入して　$a=-18$

(3) $y=3x^2$ のグラフは上に開いた放物線(ほうぶつせん)だから，x の変域に０を含む場合，最小値は $x=0$ のときの $y=0$ になることに注意。

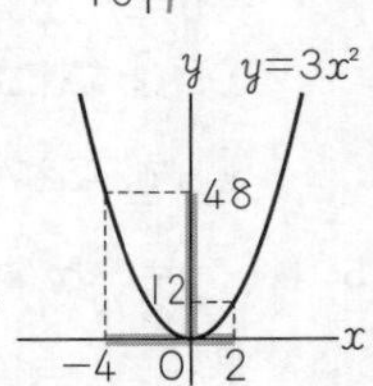

よって　$a=0$，$b=48$

3 (1) $x=3$ のとき $y=-3$，$x=6$ のとき $y=-12$ なので，変化の割合は　$\frac{-12-(-3)}{6-3}=$**−3**

本冊 p.43［参考］の公式を使うと $-\frac{1}{3}\times(3+6)=-3$

(2) $x=1$ のとき $y=a$，$x=4$ のとき $y=16a$ であるから　$\frac{16a-a}{4-1}=-15$　　$5a=-15$

よって　$a=-3$　←本冊 p.43［参考］の公式を使うと $a(1+4)=-15$　$a=-3$

4 (1) 分速140mで３分間走るので　$140\times3=$**420(m)**

(2) 速さの変わり目がグラフの折れる部分になるので，図のようにE，F，Gとおくと，E(5，700)，Fは出発してから15分間で進む距離が $700+90\times10=1600$(m)よりF(15，1600)である。Gも同様に $1600+200\times7=3000$(m)より　G(22，3000)

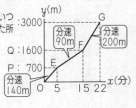

グラフの傾(かたむ)きは，速さを表すから

$y=200x+b$　これに $x=15$，$y=1600$ を代入して　$b=-1400$　　$y=200x-1400$

(3) 妹がQ地点に着いたのは午後0時54分である。Q地点からAさんに追いつかれる地点までに歩いた道のりは $3000-1600=1400$(m)，かかった時間は $6+22=28$(分)である。

よって，妹の速さは $\dfrac{1400}{28}=50$(m/分)である。

妹がQ地点から家にもどるまでにかかる時間は，(Aさんに出会わないとすると)

$1600\div50$
$=32$(分)

よって，妹がQ地点から家にもどるまでのグラフは赤い実線のようになる。

↑Hは妹が午後0時54分にQ地点にいたことを示し，Mは妹がAさんに出会わずに家まで歩いた場合の家への到着を示している(家に着くのは午後1時26分)。

直線HM：$y=-50x+b$ とおいて，$x=26$，$y=0$ を代入すると　$b=1300$

$y=-50x+1300$　…①

直線EF：$y=90x+c$ とおいて，$x=5$，$y=700$ を代入すると　$700=90\times5+c$　　$c=250$

$y=90x+250$　…②

①，②を連立させて解くと　$x=\dfrac{15}{2}=7\dfrac{1}{2}$

よって，Aさんが妹と出会うのは午後1時7分30秒

5 (1) $y=\dfrac{1}{4}x^2$ に $x=-2$ を代入して　$y=1$

よって，点Aの y 座標は1

(2) 点Bの y 座標は $1+3=4$ ←Aの y 座標より3大きい。

$y=\dfrac{1}{4}x^2$ に $y=4$ を代入して　$x=\pm4$

点Bの x 座標は正より　$x=4$

よって，B(4，4)

(3) 直線ABの傾きは $\dfrac{4-1}{4-(-2)}=\dfrac{1}{2}$ だから，

$y=\dfrac{1}{2}x+b$ とおける。

これに $x=-2$，$y=1$ を代入して

$1=\dfrac{1}{2}\times(-2)+b$　$b=2$

よって　$y=\dfrac{1}{2}x+2$

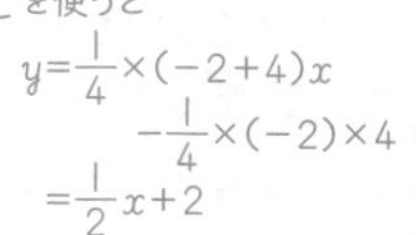
本冊p.43〔参考〕の公式を使うと
$y=\dfrac{1}{4}\times(-2+4)x-\dfrac{1}{4}\times(-2)\times4$
$=\dfrac{1}{2}x+2$

(4) 点Pの x 座標を t $(0<t<4)$ とすると

$P\left(t,\ \dfrac{1}{2}t+2\right)$

線分PQは y 軸と平行だから，点Qの x 座標は t で，点Qは関数①のグラフ上にあるから

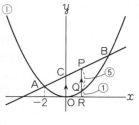

$Q\left(t,\ \dfrac{1}{4}t^2\right)$

PQの延長と x 軸の交点がRであるから　R$(t, 0)$

PQ：QR＝5：1 より

$\left(\dfrac{1}{2}t+2-\dfrac{1}{4}t^2\right):\dfrac{1}{4}t^2=5:1$

これを解くと

$\dfrac{5}{4}t^2=\dfrac{1}{2}t+2-\dfrac{1}{4}t^2$　　$3t^2-t-4=0$

$t=\dfrac{-(-1)\pm\sqrt{(-1)^2-4\times3\times(-4)}}{2\times3}$

$=\dfrac{1\pm\sqrt{49}}{6}=\dfrac{1\pm7}{6}$　　$t=\dfrac{4}{3}$，-1

$0<t<4$ より　$t=\dfrac{4}{3}$　　よって　$P\left(\dfrac{4}{3},\ \dfrac{8}{3}\right)$

04 図形の計量

1 (1) ① $\angle x=129°$　② $\angle x=20°$
(2) ① $\angle x=120°$　② $\angle x=80°$
(3) ① $\angle x=115°$　② $\angle x=117°$

2 (1) $\dfrac{3}{2}\pi\text{cm}^2$　(2) $\angle x=150°$

3 (1) ① $\angle x=18°$　② $\angle x=24°$　③ $\angle x=54°$
(2) 180°

4 (1) 27cm²　(2) $9\pi\text{cm}^3$
(3) $h=\dfrac{27}{4}$　(4) 1：2

解説

1 (1) ①

↑$\ell /\!/ m$ より，平行線の同位角は等しい。三角形の内角と外角の関係より
$\angle x=54°+75°=129°$

②

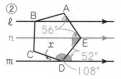

↑正五角形の1つの内角は
$\dfrac{180°\times(5-2)}{5}=108°$
$\ell /\!/ m /\!/ n$ となる直線 n をひく。
$\angle x=180°-(108°+52°)$
$=20°$

(2) ①

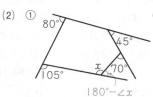

↑多角形の外角の和は360°であるから
$80°+105°+(180°-\angle x)+70°+45°=360°$
よって　$\angle x=120°$

②

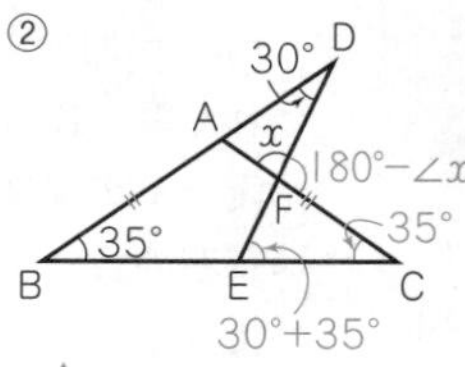

↑〔ブーメラン型〕により
$180°-\angle x$
$=30°+35°+35°$
よって　$\angle x=80°$
または△FECの内角の和より考えてもよい。

(3) ①

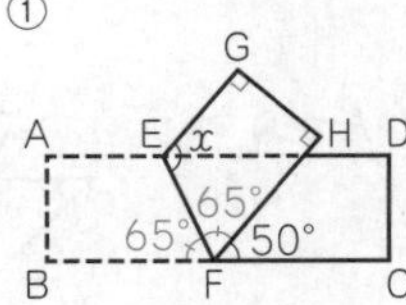

↳折り返しの角は等しい。

$\angle EFH=\frac{1}{2}\times(180°-50°)$

$=65°$

四角形 EFHG の内角の和について

$\angle x+65°+90°+90°=360°$　$\angle x=115°$

②

↳PD∥BC より　$\angle PDB=54°$

折り返しの図形なので

$\triangle ADC\equiv\triangle PDC$

よって

$\angle PDC=\angle ADC=\angle x$

$\angle BDA=180°$ より

$\angle x-54°+\angle x=180°$

よって　$\angle x=117°$

2 (2)　$2\times\pi\times12\times\frac{x}{360}=2\times\pi\times5$

よって　$\angle x=$**150°**

3 (1) ①

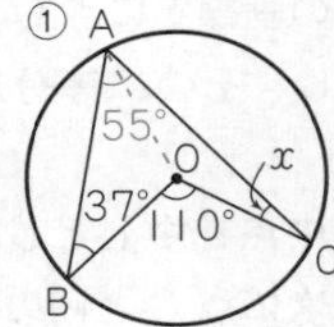

$\angle BAC=\frac{1}{2}\angle BOC$

$=55°$

〔ブーメラン型〕

だから

$55°+37°+\angle x$

$=110°$

よって　$\angle x=$**18°**

↳AO をひいて 2 つの二等辺三角形をつくって考えてもよい。$37°+\angle x=55°$ より求める。

②

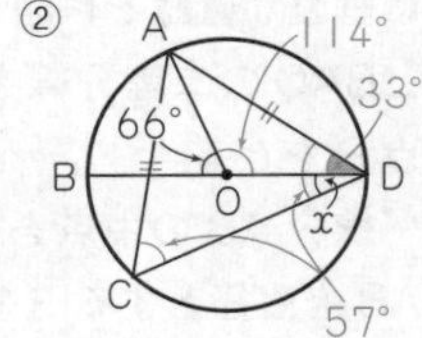

$\angle AOD=180°-66°$

$=114°$

円周角(えんしゅうかく)の定理により

$\angle ACD=\frac{1}{2}\times114°=57°$

$\angle ADB=\frac{1}{2}\times66°=33°$

$\triangle ACD$ は AC=AD の二等辺三角形だから　$\angle ADC=57°$

$\angle x=57°-33°=$**24°**

③

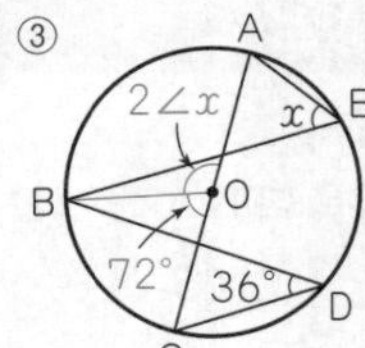

$\angle AOB=2\angle AEB=2\angle x$

$\angle BOC=2\angle BDC=72°$

よって　$2\angle x+72°=180°$

これより　$\angle x=$**54°**

〔ブーメラン型〕であるので，$\angle a+\angle b+\angle c+\angle d+\angle e+\angle f+\angle g$ は図の色の三角形の内角の和に等しい。よって，180°としてもよい。

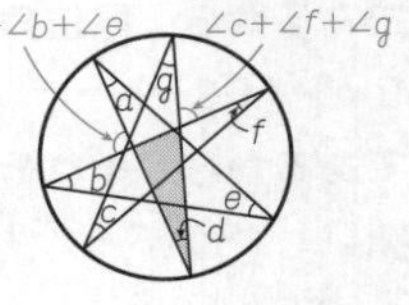

(2)

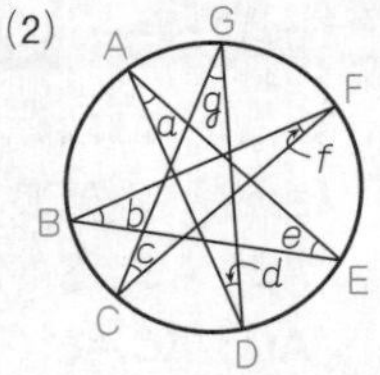

図のように，円周上に A～G の記号をつけると，

$\angle a=\overset{\frown}{DE}$ の円周角，

$\angle b=\overset{\frown}{EF}$ の円周角，

$\angle c=\overset{\frown}{FG}$ の円周角，…

より，弧を合わせると円周 1 周分である。

円周全体に対する円周角の合計は，中心角の合計の半分だから **180°**

4 (1)　2 つの立体において $\triangle BDE$ の面積は，どちらの表面積にも加わるので，表面積の差に影響しない。

($\triangle BDE$ を除いた小さい立体の表面積)

$=3\times\triangle ABD=3\times\frac{1}{2}\times3\times3=\frac{27}{2}\,(cm^2)$

($\triangle BDE$ を除いた大きい立体の表面積)

$=$(立方体の表面積)$-\frac{27}{2}=54-\frac{27}{2}=\frac{81}{2}\,(cm^2)$

よって，(2 つの表面積の差)$=\frac{81}{2}-\frac{27}{2}=$**27(cm²)**

(2)　$\frac{4}{3}\pi\times3^3\times\frac{1}{2}-\frac{1}{3}\times\pi\times3^2\times3=18\pi-9\pi$

$=$**$9\pi\,(cm^3)$**

(3)　(アの立体の体積)$=\frac{1}{3}\times\pi\times4^2\times h=\frac{16}{3}\pi h\,(cm^3)$

(イの立体の体積)$=\frac{4}{3}\pi\times3^3=36\pi\,(cm^3)$

これら 2 つの立体の体積が等しいので

$\frac{16}{3}\pi h=36\pi$　　よって　**$h=\frac{27}{4}$**

(4)　AO=BO=r，CO=h とおくと

(半球の体積)$=\frac{1}{2}\times\frac{4}{3}\pi r^3=\frac{2}{3}\pi r^3$

(円錐(えんすい)の体積)$=\frac{1}{3}\times\pi r^2\times h=\frac{1}{3}\pi r^2h$

これらが等しいので　$\frac{2}{3}\pi r^3=\frac{1}{3}\pi r^2h$

よって　$h=2r$　　これより　$r:h=1:2$

以上より　**AO：CO=1：2**

05 作図と証明

1 (1) **$\frac{5\sqrt{2}}{9}\pi$cm**　　(2) **130°**

2 (1)

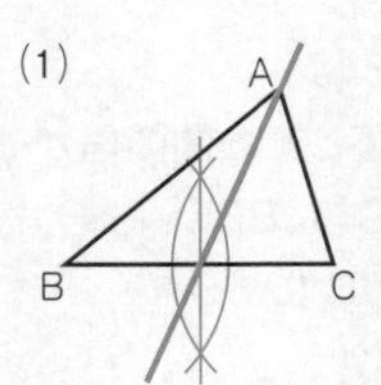

(2)

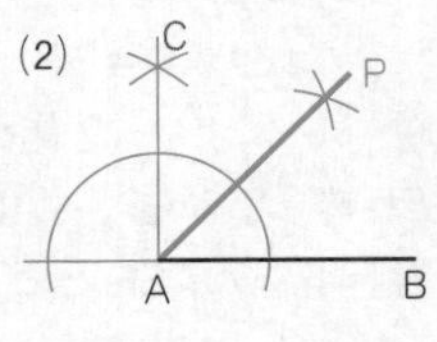

(3)

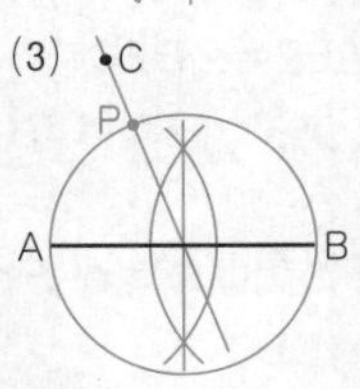

(4)

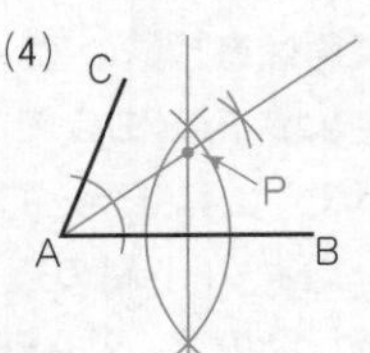

(5)

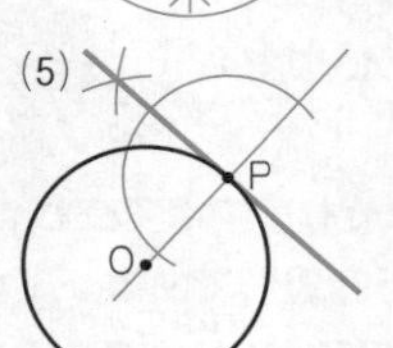

(6)

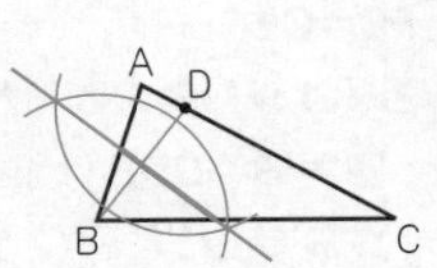

3　（証明）　折り返した図形であるから

∠BAC＝∠CAF

AB∥DC より，錯角が等しいので

∠BAC＝∠ACF　　よって　∠CAF＝∠ACF

2 つの角が等しいので，△ACF は FA＝FC の二等辺三角形である。（終）

4　(1)（証明）　△ABD と △ACF において

仮定より △ABC は ∠BAC＝90° の直角二等辺三角形であるから　AB＝AC　…①

仮定より四角形 ADEF は正方形であるから

AD＝AF　…②

また ∠BAD＝90°－∠CAD＝∠CAF　…③

①～③より，2 組の辺とその間の角がそれぞれ等しいので　△ABD≡△ACF　（終）

(2)（証明）　△CDG と △ECH において

∠CGD＝∠EHC＝90°　…①

仮定より四角形 ABCD，四角形 FGCE は合同な長方形であるから　CD＝EC　…②

FG∥EC より，錯角が等しいので

∠GDC＝∠HCE　…③

①～③より，直角三角形において，斜辺と 1 つの鋭角がそれぞれ等しいので

△CDG≡△ECH　（終）

5　(1)（証明）　△ADF と △BFE において

仮定より　AB＝CE　…①，BC＝BF　…②

ここで，AF＝BF－AB　…③

BE＝BC－CE　…④

①～④より　AF＝BE…⑤

四角形 ABCD は平行四辺形なので，平行線の同位角は等しく　∠DAF＝∠FBE　…⑥

また，平行四辺形の対辺は等しいから

AD＝BC　…⑦

②，⑦より AD＝BF　…⑧

⑤，⑥，⑧より，2 組の辺とその間の角がそれぞれ等しいから　△ADF≡△BFE　（終）

(2)（証明）　△AEF と △DEC において

仮定より　AE＝DE　…①

対頂角は等しいので　∠AEF＝∠DEC　…②

仮定より FA∥DC であるから，錯角は等しい。

よって　∠FAE＝∠CDE　…③

①～③より，1 組の辺とその両端の角がそれぞれ等しいので　△AEF≡△DEC

対応する辺の長さは等しいので

FE＝CE　…④

①と④より対角線がそれぞれの中点で交わるので，四角形 ACDF は平行四辺形である。（終）

1　(1)　$OB=5\times\sqrt{2}=5\sqrt{2}$ だから

$2\times\pi\times5\sqrt{2}\times\dfrac{20}{360}$

$=\dfrac{5\sqrt{2}}{9}\pi$ (cm)

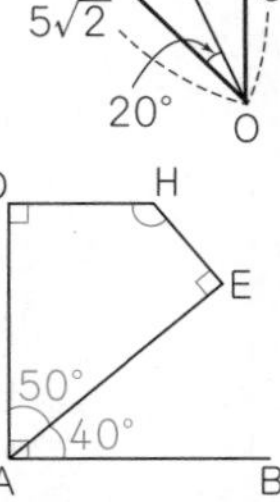

(2)　∠DAE＝90°－40°＝50°

四角形 AEHD の内角の和より

∠DHE

＝360°－(90°＋50°＋90°)

＝130°

2　(1)　線分 BC の中点を作図によって求め，A と結ぶ。

(2)　線分 AB を A の側に延長し，A を通って直線 AB に垂直な直線を作図し，その垂線上に点 C をとる。∠BAC の二等分線を作図し，その二等分線上に点 P をとる。

(3)　線分 AB の中点を求め，中点を中心とし，線分 AB を直径とする円をかく。次に点 C と円の中心を結んだ直線をひく。その直線と円との交点のうち，C に近い方が P である。

(4)　線分 AB の垂直二等分線と，∠BAC の二等分線との交点が P である。←2 直線までの距離が等しい点の集まりが角の二等分線

(5)　直線 OP をひき，P を通ってこの直線と垂直な直線をひく。←円の接線は，接点を通る半径に垂直である。

(6)　線分 BD をひき，線分 BD の垂直二等分線を作図する。

06 相似と三平方の定理

1　(1)（証明）　△AED と △ABC において

AE : AB＝8 : 24＝1 : 3　…①

AD : AC＝6 : 18＝1 : 3　…②

共通な角であるから　∠EAD＝∠BAC　…③

①～③より，2 組の辺の比とその間の角がそれぞれ等しいので　△AED∽△ABC　（終）

(2) 22cm^2

2　16 倍

3　(1)（証明）　△ABC と △ACF において

共通な角であるから　∠BAC＝∠CAF　…①

仮定より BE∥CD であるから，同位角は等しい。よって　∠ABE＝∠AFC

仮定より $\overset{\frown}{AB}=\overset{\frown}{AE}$ であるから，それぞれの弧に対する円周角が等しい。

よって　∠ACB＝∠ABE

したがって　∠ACB＝∠AFC　…②

①，②より，２組の角がそれぞれ等しいので

△ABC∽△ACF　(終)

(2) ① $\frac{9}{2}$cm　② 36：49

4 例

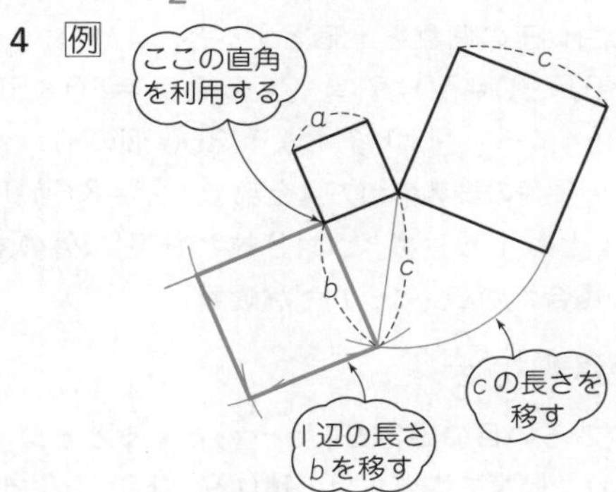

5　2πcm²

6　(1) 144πcm²　(2) $\frac{512}{3}$cm³

7　(1) $r=\frac{3}{2}$　(2) $3\sqrt{2}$ cm　(3) $4\sqrt{2}\,\pi$cm

解説

2　DP＝PE，DQ＝QC だから，中点連結定理により　PQ∥EC，$PQ=\frac{1}{2}EC$

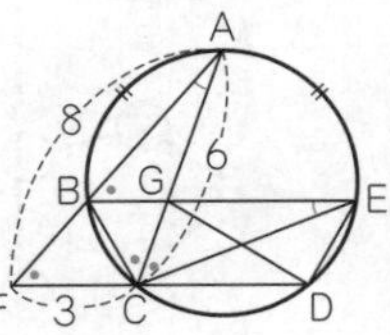

よって，３組の辺の比がすべて等しいので　△DPQ∽△DEC

相似比は PQ：EC＝1：2 であるから，面積比は

△DPQ：△DEC＝1^2：2^2＝1：4

△DPQ＝S とおくと，△DEC＝$4S$ と表せる。

BE＝EC より　△DBE＝△DEC

よって　△DBC＝△DBE＋△DEC＝$8S$

また，AD＝DB より　△DBC＝△ADC

よって　△ABC＝△DBC＋△ADC＝$16S$

したがって，△ABC の面積は△DPQ の面積の **16倍**。

3　(2) ①　△ABC∽△ACF より

AB：AC＝AC：AF

AB：6＝6：8

8AB＝36　AB＝$\frac{9}{2}$ (cm)

②　△EGD＝△EGC より，まず△ABC と △EGC の面積を比べる。

△ABC と △EGC において

$\overset{\frown}{AB}=\overset{\frown}{AE}$ より　∠ACB＝∠ECG

$\overset{\frown}{BC}$ に対する円周角より　∠BAC＝∠GEC

２組の角がそれぞれ等しいので

△ABC∽△EGC

ところで，BE∥CD より　AB：BF＝AG：GC

AB＝$\frac{9}{2}$ より　$\frac{9}{2}:\left(8-\frac{9}{2}\right)=(6-GC):GC$

すなわち，9：7＝(6−GC)：GC より　GC＝$\frac{21}{8}$

また　$S:T=BC^2:GC^2$

ここで，△ABC∽△ACF より AB：BC＝AC：CF

よって　$\frac{9}{2}$：BC＝6：3　これより　BC＝$\frac{9}{4}$

$S:T=\left(\frac{9}{4}\right)^2:\left(\frac{21}{8}\right)^2=$**36：49**

4　小さい方の正方形の１辺の長さを a，大きい方の正方形の１辺の長さを c とすると，求める正方形の１辺の長さ b との関係は　$b^2=c^2-a^2$

すなわち，$a^2+b^2=c^2$

よって，３辺の長さが a，b，c で斜辺(しゃへん)が c となる直角三角形を作図する。

5　正六角形の１つの内角の大きさは

$\frac{180°\times(6-2)}{6}=120°$

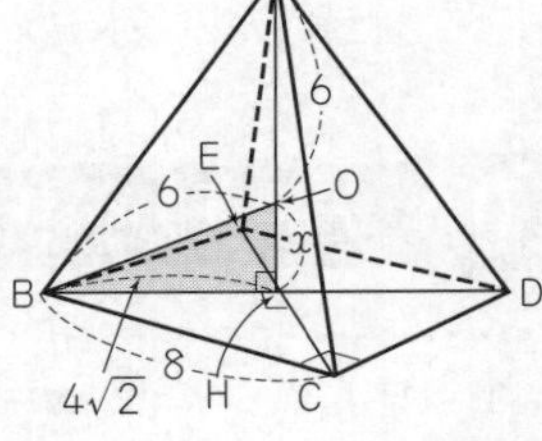

△CDB は頂角 120°，底角 30°の二等辺三角形である。

頂点 C から BD に垂線 CH をひくと，△CBH は鋭角が 30°，60°の直角三角形であるから　BH＝$\sqrt{3}$

よって　BD＝$2\sqrt{3}$

また　∠BDF＝120°−30°×2＝60°　よって

(おうぎ形 DBF の面積)

$=\pi\times(2\sqrt{3})^2\times\frac{60}{360}=\pi\times12\times\frac{1}{6}=$**$2\pi$ (cm²)**

6　(1)　$4\pi\times6^2=$**144π (cm²)**

(2)　A から底面 BCDE に垂線 AH をひく。図形の対称性(たいしょうせい)から H は BD の中点である。△BCD は ∠C＝90°の直角二等辺三角形だから

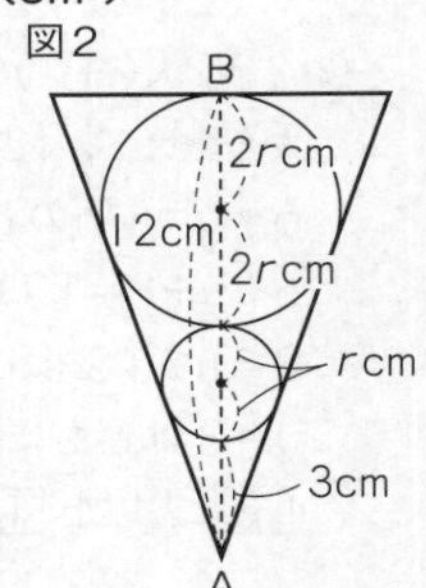

BD＝$8\sqrt{2}$

よって　BH＝$8\sqrt{2}\div2=4\sqrt{2}$

球の中心を O とすると，O は AH 上にある。

OH＝x とすると，△OBH において，三平方(さんへいほう)の定理により　$OH^2+BH^2=OB^2$　よって　$x^2+(4\sqrt{2})^2=6^2$

$x>0$ より　$x=\sqrt{36-32}=2$

よって　AH＝AO＋OH＝6＋2＝8　これより

(正四角錐(せいしかくすい) ABCDE の体積)

$=\frac{1}{3}\times8\times8\times8=$**$\frac{512}{3}$ (cm³)**

7　(1)　右の図より

AB＝$6r+3$ (cm)

AB＝12cm だから

$6r+3=12$　**$r=\frac{3}{2}$**

図2

(2)　大きい球の中心を C，C から容器の側面にひいた垂線を CD とすると

$AC=3+\frac{3}{2}\times2+3=9\,(cm)$，$CD=3cm$

右の図の △ACD において，図2
三平方の定理より

$AD=\sqrt{9^2-3^2}$

$=6\sqrt{2}\,(cm)$

△ACD∽△AEB
だから

$AD:AB=CD:EB$

$6\sqrt{2}:12=3:EB$

$EB=\frac{6}{\sqrt{2}}=3\sqrt{2}\,(cm)$

よって，容器の底面の半径は **$3\sqrt{2}$cm**

(3) 右の図の △ABE において，三平方の定理より　図2

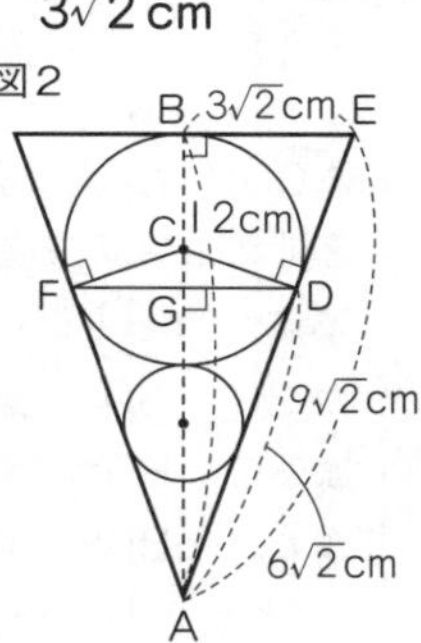

$AE=\sqrt{12^2+(3\sqrt{2})^2}$

$=9\sqrt{2}\,(cm)$

図のように点Fをとり，線分ABとFDの交点をGとすると，GD∥BE より

$AD:AE=GD:BE$

$6\sqrt{2}:9\sqrt{2}=GD:3\sqrt{2}$

$GD=2\sqrt{2}\,(cm)$

よって，求める長さは，半径 $2\sqrt{2}$cm の円周の長さに等しく，$2\times\pi\times2\sqrt{2}=$**$4\sqrt{2}\pi$(cm)**

07 データの分析と確率

1 (1) 4点　(2) $x=6$，$y=12$
(3) ア 3　イ 11

2 (エ)　**3** (エ)　**4** (イ)

5 (1) $\frac{7}{8}$　(2) $\frac{1}{9}$　(3) $\frac{2}{5}$　(4) $\frac{7}{10}$

6 (1) $\frac{5}{8}$　(2) $\frac{5}{18}$

解説

1 (2) $\begin{cases}2+x+9+y+6=35\\2+2x+27+4y+30=3.4\times35\end{cases}$ これを解く。

(3) 35人(奇数)の場合の中央値だから，得点が高い方から数えて，18番目の生徒が3点となる場合である。

$6+y=17$ のとき　$y=11$

$6+y+8=17$ のとき $y=3$

$0\leqq y\leqq18$ より $y=11$，

$y=3$ はともに適するので

[3]人以上[11]人以下。
↑ア　↑イ

3 最小値10台，第1四分位数16台，第2四分位数 $\frac{21+23}{2}=22$(台)，第3四分位数30台，最大値35台だから，正しい箱ひげ図は(エ)である。

4 箱の中の白い玉の個数を x 個とすると，

$(x+80):80=50:9$　$9(x+80)=80\times50$

$x\fallingdotseq364.4\cdots$　より，およそ360個の(イ)

5 (1) 3枚の硬貨の表裏の出方は全部で　$2^3=8$(通り)
「少なくとも1枚は裏」とは「3枚とも表」以外のすべての場合だから　$8-1=7$(通り)

求める確率は　$\frac{7}{8}$

(2) さいころの目の出方を(大，小)とすると全部で36通り。題意を満たす目の積は9，18，36で，(3，3)，(3，6)，(6，3)，(6，6)の4通り。

よって，求める確率は　$\frac{4}{36}=\frac{1}{9}$

(3) $\frac{b}{a}$ が整数になるのは表の○印で，全部で10通り。2枚のカードの取り出し方は全部で25通り。

←表にして書き上げてもよい。

a＼b	1	2	3	4	5
1	○	○	○	○	○
2		○		○	
3			○		
4				○	
5					○

よって，求める確率は　$\frac{10}{25}=\frac{2}{5}$

(4) 赤玉を①，②，③，白玉を①，②で表す。同時に2個を取り出すときの取り出し方は組合せなので，表の右上だけを使う。少なくとも1個は白玉を含む場合は7通りある。2個の玉の取り出し方は全部で10通り。

	①	②	③	①	②
①		×	×	○	○
②			×	○	○
③				○	○
①					○
②					

よって，求める確率は　$\frac{7}{10}$

6 (1) 硬貨の表裏の出方は全部で $2^3=8$(通り)　そのうち表が出た金額の合計が100円以上になるのは，下の樹形図より全部で5通り。

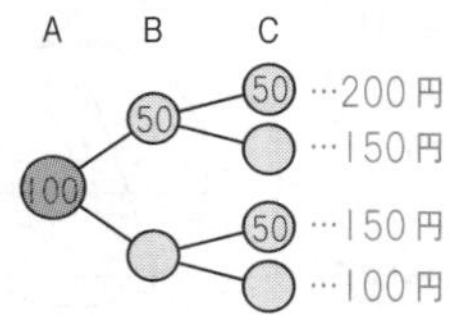

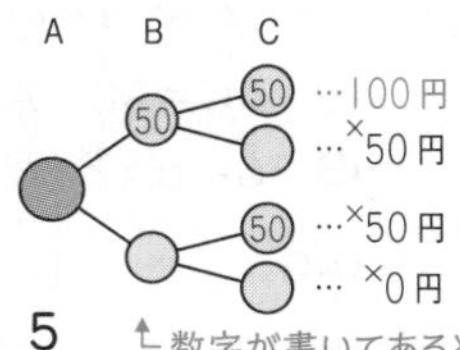

よって，求める確率は　$\frac{5}{8}$

↑数字が書いてあるところは表が出ている硬貨

(2) CがDより右側になる交換の仕方と目の出方は次のようになり，全部で10通りの場合がある。

A↔D⇒$(a,\ b)=(1,\ 4)$，$(4,\ 1)$

B↔D⇒$(a,\ b)=(2,\ 4)$，$(4,\ 2)$

C↔D⇒$(a,\ b)=(3,\ 4)$，$(4,\ 3)$

C↔E⇒$(a,\ b)=(3,\ 5)$，$(5,\ 3)$

C↔F⇒$(a,\ b)=(3,\ 6)$，$(6,\ 3)$

さいころの目の出方は全部で36通り。

よって，求める確率は　$\frac{10}{36}=\frac{5}{18}$

実力完成テスト

理科

01 植物と動物のつくりとはたらき

1 (1) エ (2) ① デンプン ② 葉緑体
(3) 例 光合成による二酸化炭素の吸収量のほうが，呼吸による二酸化炭素の放出量よりも多くなり，溶液がアルカリ性となったから。
2 (1) 単子葉類 (2) ア，イ
3 (1) イ (2) BとD
(3) 例 食物を体内に吸収されやすい状態に変えること。
4 (1) ア (2) h (3) b，c

解説

1 (1) AとC，BとDでそれぞれ異なる条件は，オオカナダモがあるかないかなので，結果のちがいがオオカナダモのはたらきによるものであることがわかる。このような実験を**対照実験**という。
(2) Aではオオカナダモに光が当たり，光合成が行われてデンプンができたと考えられる。**光合成は細胞の葉緑体という緑色の小さな粒で行われる。**
(3) **BTB溶液は，酸性で黄色，中性で緑色，アルカリ性で青色を示す。**青色のBTB溶液に二酸化炭素をふきこんだり，植物の呼吸によって二酸化炭素が放出されたりすると，溶液が酸性になり，溶液の色は黄色に近づく。一方，光合成によって溶液中の二酸化炭素が使われると，溶液がアルカリ性になり，溶液の色は青色になる。植物に光が当たると，光合成と呼吸の両方が行われるが，**呼吸によって出入りする気体の量よりも，光合成によって出入りする気体の量のほうが多い**ため，全体としては二酸化炭素を吸収して酸素を放出している。
2 (1) **被子植物**は，**子葉が1枚の単子葉類**と，**子葉が2枚の双子葉類**に分けられる。トウモロコシは，葉脈が**平行脈**で，根は**ひげ根**なので，**単子葉類**である。
(2) タンポポとエンドウは双子葉類である。
3 (1) ブドウ糖やブドウ糖がいくつかつながったものがある液にベネジクト液を入れて加熱すると，**赤褐色の沈殿**ができる。
(2) ベネジクト液による反応が，デンプン溶液にだ液を入れた試験管Bではあり，水を入れたDではないことから，ベネジクト液が反応するものがだ液によってできたことがわかる。なお，試験管AとCを比較すると，だ液によってデンプンがなくなったことがわかる。よって，この実験から，**だ液にはデンプンをブドウ糖がいくつかつながったものに分解するはたらきがある**ことがわかる。
(3) 食物に含まれている栄養分は大きな分子でできていることが多く，そのままでは吸収できない。そのため，消化液によって栄養分を分解し，吸収されやすい状態に変えている。
4 (1) ブドウ糖やアミノ酸は，**小腸で吸収**されて毛細血管の中に入る。その後すぐに肝臓へ送られ，一部がたくわえられてから，全身へ運ばれる。よって，器官Xは肝臓である。
(2) **尿素**は，**じん臓で血液中からこし出され**，尿として体外へ排出される。よって，じん臓を通った直後の血管を選べばよい。(1)より器官Xは肝臓，器官Yは小腸である。また，器官Wは，心臓と肺動脈(a)，肺静脈(b)でつながっているので肺である。残った器官Zがじん臓となる。
(3) **酸素を多く含む血液を動脈血**といい，**二酸化炭素を多く含む血液を静脈血**という。血液は肺で酸素を取り入れて二酸化炭素を出すので，bとcには動脈血が流れ，aとdには静脈血が流れている。

02 生物のふえ方とつながり

1 (1) ア (2) D→A→C→B
(3) 例 先端付近で細胞分裂して細胞がふえ，ふえた細胞が大きくなって根がのびる。
2 (1) ア→エ→オ→イ→ウ
(2) ① 減数分裂 ② 11 ③ 22
(3) イ，ウ
(4) 例 親の染色体をそのまま受けつぐため。
3 (1) 受精 (2) エ (3) X 3：1 Y エ
4 (1) 食物網 (2) エ

解説

1 (1) **塩酸**には，**細胞を1つ1つ離れやすくする**はたらきがある。
(2) 細胞分裂は，次のような順に進む。①染色体が見えるようになる(D)。→②染色体が細胞の中央に並ぶ(A)。→③染色体が分かれて移動する(C)。→染色体が集まって核をつくる(B)。

(3) 多細胞生物の体は，**細胞分裂によって細胞の数がふえるとともに，ふえたそれぞれの細胞が大きくなる**ことによって成長していく。

2 (2) **卵**や**精子**などの**生殖細胞**は，**染色体の数がもとの細胞の半分になる減数分裂**が行われてできる。カエルの体をつくる細胞の染色体は22本なので，卵と精子の染色体はそれぞれ半分の11本，卵と精子が受精してできた受精卵の染色体は22本である。

(3) カエルのように，**受精によって子をつくるふえ方を有性生殖**というのに対し，**受精を行わずに子をつくるふえ方を無性生殖**という。イのミカヅキモなどの単細胞生物は，細胞分裂によって体が2つに分かれることによってふえる。ウのジャガイモは，体の一部から新しい個体がつくられ，このような無性生殖を**栄養生殖**という。

3 (2) 子葉を黄色にする遺伝子をY，緑色にする遺伝子をyとすると，黄色の純系と緑色の純系を交配させてできた受精卵のもつ遺伝子の組み合わせは，右上の表のようにすべてYyとなり，子はすべて子葉が黄色の種子になる。

	Y	Y
y	Yy	Yy
y	Yy	Yy

(3) Yyの遺伝子をもつ子どうしの交配なので，孫に現れる遺伝子の組み合わせは右の表のようになり，YY：Yy：yy＝1：2：1の割合になる。YYとYyは子葉が黄色の種子になり，yyは子葉が緑色の種子になるので，孫に現れる形質の割合は，黄色：緑色＝3：1となる。また，子葉を緑色にする遺伝子yをもつ種子は$\frac{3}{4}$の割合でできるので，孫にあたる種子が8000個できた場合，遺伝子yをもつ種子は$8000\times\frac{3}{4}=6000$で，約6000個であると考えられる。

	Y	y
Y	YY	Yy
y	Yy	yy

4 (1) 生態系での「食べる・食べられる」の関係を線でつないでいくと，複雑に入り組んだ網のようになるため，そのようなつながりを**食物網**という。

(2) 光合成によって有機物をつくる生物(おもに植物)を**生産者**といい，ほかの生物を食べて有機物を得る生物(草食動物や肉食動物)を**消費者**という。**分解者**は，消費者の中でも，土の中の小動物や微生物などのように，生物の遺がいやふんなどから栄養分を得る生物のことである。

03 物質の性質と化学変化

1 (1) ア (2) 記号 A 物質名 エタノール
(3) 蒸留

2 (1) Fe ＋ S ⟶ FeS
(2) ア，ウ

3 (1) ア (2) ウ

4 (1) 右図
(2) 0.6g
(3) X 炭素
Y 二酸化炭素
(4) イ

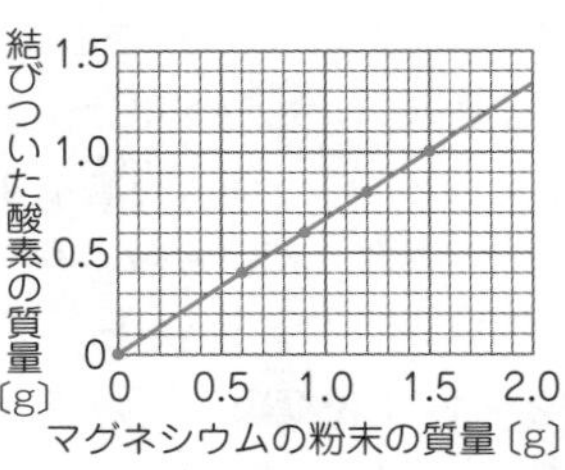

1 (1) **図2**で，グラフの傾きがゆるやかになったところで，沸騰が始まる。

(2) エタノールの沸点は78℃で，水の沸点100℃より低いため，エタノールを多く含んだ気体が先に出てくる。

2 (1) 鉄(Fe)と硫黄(S)の粉末の混合物を加熱すると，鉄と硫黄が結びついて**硫化鉄**(FeS)ができる。

(2) アでは鉄の酸化，ウではマグネシウムの燃焼が起こり，どちらの反応も熱を発生する**発熱反応**である。イでは**アンモニアが発生**する。この反応は周囲の熱を吸収する**吸熱反応**である。

3 (1) 石灰石にうすい塩酸を加えると二酸化炭素が発生する。イは酸素，ウは塩素，エは水素を表す化学式である。

(2) 二酸化炭素を水にとかした水溶液は炭酸水で，**酸性**を示す。よって，青色リトマス紙が赤色に変わる。

4 (1) 結びついた酸素の質量〔g〕＝加熱後の物質の質量〔g〕－マグネシウムの質量〔g〕

(2) 結びついた酸素の質量は，2.6g－1.8g＝0.8g
(1)で**図2**に表したグラフより，0.8gの酸素と反応するマグネシウムの質量は1.2gである。よって，反応せずに残っているマグネシウムの質量は，
1.8g－1.2g＝0.6g

(3) **実験2**では，酸化銅が還元されて銅になり，炭素が酸化されて二酸化炭素になる。
酸化銅 ＋ 炭素 ⟶ 銅 ＋ 二酸化炭素
$2CuO + C \longrightarrow 2Cu + CO_2$

(4) 酸化銅は水素でも還元され，銅と水ができる。
酸化銅 ＋ 水素 ⟶ 銅 ＋ 水
$CuO + H_2 \longrightarrow Cu + H_2O$

04 水溶液とイオン

1 (1) C
(2) ミョウバン→硝酸カリウム→硫酸銅
(3) 18.0%
2 (1) 25g (2) 水素
(3) 例 発生した気体が水にとけたから。
3 (1) 亜鉛板 $Zn \longrightarrow Zn^{2+} + 2e^-$
銅板 $Cu^{2+} + 2e^- \longrightarrow Cu$
(2) a (3) ウ
4 (1) 酸性 (2) ウ
(3) ① 水素 ② 水酸化物
(4) $HCl + NaOH \longrightarrow NaCl + H_2O$

解説

1 (1) **表1は50gの水にそれぞれの物質を40gとかしたときの結果であり，図のグラフは100gの水にとける物質の質量を表している。表1より，ミョウバンは，50℃と60℃では50gの水に40gより小さい質量だけとけるので，100gの水には80gより小さい質量だけとけると考えられる。また，70℃では50gの水に40g以上とけるので，100gの水には80g以上とけると考えられる。よって，図のCのグラフがミョウバンであるとわかる。硫酸銅と硝酸カリウムも同様に考えると，Aが硝酸カリウム，Bが硫酸銅であるとわかる。**

(2) **表1より，70℃では，すべての物質が50gの水に40gとけている。よって，図のグラフで，10℃での溶解度が小さいC→A→Bの順に，出てくる結晶の質量が大きい。**

(3) **表2より，10℃で100gの水にとける硝酸カリウム(A)の質量は22.0gなので，50gの水にとける質量は22.0g÷2＝11.0g。よって，10℃まで冷やして結晶が現れたとき，50gの水に11.0gの硝酸カリウムがとけている。この硝酸カリウム水溶液の質量パーセント濃度は，**

$$\frac{11.0\text{g}}{50\text{g}+11.0\text{g}} \times 100 = 18.03\cdots \rightarrow 18.0\%$$

2 (1) **0.30%の塩酸300gにとけている塩化水素の質量は，**

溶質の質量〔g〕
＝溶液の質量〔g〕× $\frac{\text{質量パーセント濃度〔\%〕}}{100}$

$$=300\text{g} \times \frac{0.30}{100} = 0.90\text{g}$$

求める塩酸の質量をxとすると，

$$x \times \frac{3.6}{100} = 0.90\text{g} \qquad x = 25\text{g}$$

(2)(3) **塩酸を電気分解すると，陰極から水素が発生し，陽極から塩素が発生する。**塩素は水にとけやすいため，集まる量が少ない。

3 (1) 亜鉛板では，**亜鉛が電子を失い，亜鉛イオンとなって水溶液中にとけ出す。**また，銅板では，**水溶液中の銅イオンが電子を受け取って銅となり，**銅板の表面に付着する。

(2) 電子は亜鉛板から銅板へ移動している。**電流の向きは電子の移動する向きと逆向き**なので銅板から亜鉛板に流れている。

(3) 一般に，2種類の金属が電極となる電池では，**イオンになりやすいほうが－(マイナス)極になる。**亜鉛とマグネシウムでは，マグネシウムのほうがイオンになりやすいので，硫酸銅水溶液のかわりに硫酸マグネシウム水溶液，銅板のかわりにマグネシウム板を使うと，マグネシウム板が－極になり，図のときと電流の向きが変わる。よって，モーターの回転する向きも逆向きになる。

マグネシウム板 $Mg \longrightarrow Mg^{2+} + 2e^-$
亜鉛板 $Zn^{2+} + 2e^- \longrightarrow Zn$

4 (1) **BTB溶液は，酸性で黄色，中性で緑色，アルカリ性で青色を示す。**BTB溶液が黄色になったことから，塩酸は酸性であることがわかる。

(2) 表より，水酸化ナトリウム水溶液を6cm^3加えたとき，水溶液は青色になったことから，水溶液はアルカリ性である。pHは，**中性のときが7で，7より小さいと酸性，7より大きいとアルカリ性**を示す。

(3)(4) 塩酸に水酸化ナトリウム水溶液を加えると，水素イオンと水酸化物イオンが結びついて水になり，塩化物イオンとナトリウムイオンが結びついて塩化ナトリウムができる。塩化ナトリウムのような，**中和**してできた水以外の物質を**塩**(えん)という。

$HCl \longrightarrow H^+ + Cl^-$
$NaOH \longrightarrow Na^+ + OH^-$
NaCl　H_2O

05 光・音・電流

1 (1) ① 8cm　② 8cm　(2) イ

(3)

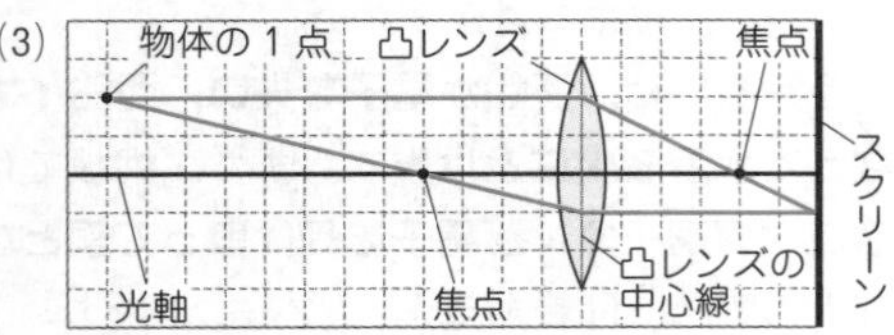

2 (1)

電流〔mA〕 200 100 0
0 1.0 2.0 3.0 4.0 5.0
電圧〔V〕

(2) ① 6.0 V　② Y → Z → X　(3) 7 A

3 (1) 電磁誘導　(2) エ

(3) X イ　Y イ

(4) 例 棒磁石をより速く動かす。

解説

1 (1) **物体と同じ大きさの実像**ができるのは，凸レンズに対して物体とスクリーンがそれぞれ**焦点距離の2倍の位置**にあるときである。

(2) スクリーンの形から，凸レンズのないほうから**実像**を見ていることを判断する。

(3) 光軸(凸レンズの軸)に平行な光は，凸レンズで屈折して反対側の焦点を通り，物体側の焦点を通った光は，凸レンズで屈折して光軸に平行に進む。

2 (1) グラフは原点を通る直線になるから，**電熱線を流れる電流は電圧に比例している**ことがわかる。

(2) 電熱線の抵抗は，

$$抵抗〔\Omega〕=\frac{電圧〔V〕}{電流〔A〕}=\frac{5.0\ V}{0.2\ A}=25\ \Omega$$

① **直列回路全体の抵抗は，各部分の抵抗の和に等しい**ので，図3の回路全体の抵抗は，

$25\ \Omega+25\ \Omega=50\ \Omega$

よって，電源の電圧は，

電圧〔V〕＝抵抗〔Ω〕×電流〔A〕

$=50\ \Omega\times0.12\ A=6.0\ V$

別解 **直列回路を流れる電流の大きさはどの点でも同じ**であるので，各電熱線にはそれぞれ120 mAの電流が流れている。(1)のグラフ(表)より，この電線1つに120 mAの電流が流れるときの電圧は3.0 Vであり，**電源の電圧は各電熱線に加わる電圧の和に等しい**ので，電源の電圧は，

$3.0\ V+3.0\ V=6.0\ V$

② 並列回路では各電熱線に加わる電圧が電源装置と等しくなるが，直列回路では各電熱線に加わる電圧の和が電源装置と等しくなる。よって，電熱線1個に加わる電圧は図3＜図4となり，流れる電流はX点＜Z点となる。また，並列回路では各電熱線に流れる電流の和が全体と等しくなるから，流れる電流はZ点＜Y点である。よって，流れる電流は，Y点＞Z点＞X点である。

(3) $電流〔A〕=\frac{電力〔W〕}{電圧〔V〕}$ より，

ミキサーに流れた電流は，$\frac{200\ W}{100\ V}=2\ A$

電気炊飯器に流れた電流は，$\frac{500\ W}{100\ V}=5\ A$

ミキサーと電気炊飯器は並列につながれているので，延長コードを流れる電流は，

$2\ A+5\ A=7\ A$

3 (3) 電磁誘導によって流れる電流を**誘導電流**という。誘導電流の向きは，磁石の動かし方(近づけるか遠ざけるか)を変えたり，磁石の極を変えたりすると，逆になる。

(4) 誘導電流の大きさは，コイルの巻数が多いほど，磁石の磁力が強いほど大きくなる。また，磁界の変化が大きい(磁石を速く動かす)ほど，大きくなる。

06 力・運動・エネルギー

1 (1) 慣性

(2) 分力 右図

垂直抗力の大きさ 4 N

(3) 100 cm/s

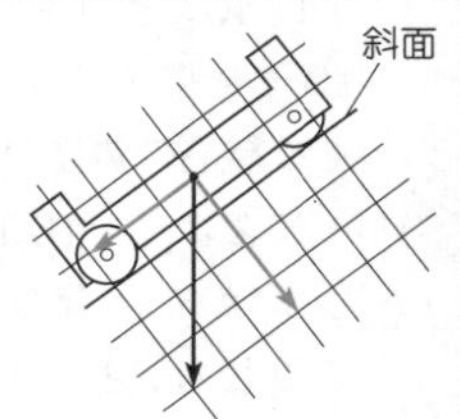

2 記号 イ

理由 例 水の深さが深いほど水圧が大きくなるから。

3 (1) 1 J　(2) 2 m　(3) 1 N

4 (1) イ

(2)

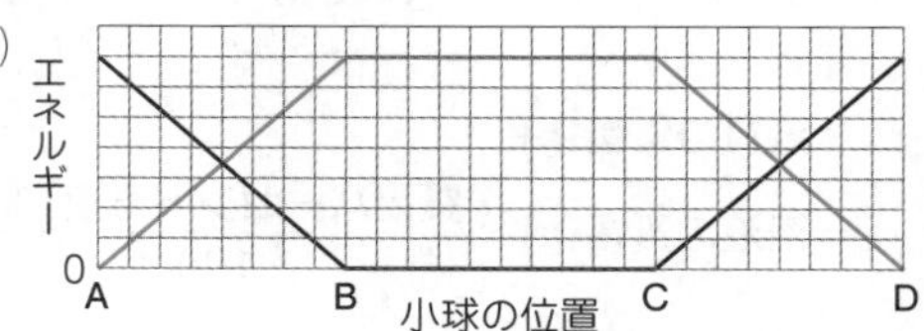

(3) ウ

解説

1 (2) 図3で，台車にはたらく重力5Nの矢印の長さは$\sqrt{4^2+3^2}=5$で，5目盛り分になるので，1目盛りは1Nを表す。**斜面が台車を押し上げる垂直抗力は，重力の斜面に垂直な分力とつり合っている**ので，4Nである。

(3) 打点aを記録してから打点bを記録するまでにかかった時間は，0.1 s×4＝0.4 s，移動した距離は4本のテープの長さの合計なので，

2.6 cm＋7.6 cm＋12.4 cm＋17.4 cm＝40 cm

よって，台車の平均の速さは，

$\dfrac{40\ \text{cm}}{0.4\ \text{s}}=100\ \text{cm/s}$

2 水圧は**水深が深いほど大きくなる**ので，下にある水ほど強く押されて，穴から勢いよく飛び出る。

3 (1) 仕事〔J〕＝力の大きさ〔N〕×移動した距離〔m〕

＝2 N×0.5 m＝1 J

(2) 仕事の原理より，装置2を用いて持ち上げるのに必要な仕事も，(1)と同じ1 Jなので，

1 J÷0.5 N＝2 m

(3) **動滑車を図のように使うと，糸を引く力は$\dfrac{1}{2}$倍になり，引く距離は2倍になる。**

4 (1) 同じ斜面上では，物体が斜面のどこにあっても，物体にはたらく斜面方向の力の大きさは同じである。

(3) 飛び出したあとの小球は，最高点に達したときも運動エネルギーをもっているので，位置エネルギーの最大値は，小球のもつ運動エネルギーの分だけ，Aでの位置エネルギーよりも小さくなる。

07 地球と宇宙

1 (1) 初期微動　(2) ① イ　② エ

(3) 13秒

2 (1) 1012 hPa

(2) 例　高気圧と低気圧が交互にやってくるから。

(3) ① イ　② ア　③ 季節風

(4) 記号 ④　書き直し 寒冷で乾いた風

3 (1) 例　金星は地球より内側を公転するため。

(2) 月 A　金星 c

(3) エ　(4) G

解説

1 (3) 震源から42 km離れた地点までP波が到着するのにかかった時間は，

$\dfrac{42\ \text{km}}{6\ \text{km/s}}=7\ \text{s}$

つまり，緊急地震速報を発信する7秒前に地震が発生したことになる。

したがって，地震が発生してから，震源から120 km離れた地点で緊急地震速報を受信するまでの時間は，

7 s＋10 s＝17 s

一方，地震が発生してから，震源から120 km離れた地点にS波が到着するまでの時間は，

$\dfrac{120\ \text{km}}{4\ \text{km/s}}=30\ \text{s}$

よって，震源から120 kmの地点で，緊急地震速報を受信してからS波が到着するまでの時間は，

30 s－17 s＝13 s

2 (1) **等圧線は，1000 hPaを基準に4 hPaごとに引かれている。**P点の気圧はQ点より等圧線3本分低くなっているので，

1024 hPa－12 hPa＝1012 hPa

(2) 春によく見られる移動する高気圧を，**移動性高気圧**という。

(3) 空気があたためられると**上昇気流**ができて気圧が低くなり，冷やされると**下降気流**ができて気圧が高くなる。

(4) 冬にシベリア気団からふき出す大気は，もともと**冷たく乾燥**しているが，暖流の流れる日本海上を通過する間に多量の水蒸気を含んで雲をつくり，**日本海側に多くの雪**を降らせる。雪を降らせて水蒸気を失った大気は，冷たく乾燥した風になって太平洋側にふく。そのため，**太平洋側では乾燥した晴れ**の天気が多い。

3 (2) 観測地が明け方のときは，太陽がある方向が東になるので，真南に見える月の位置はAである。また，東の空に見える金星の位置はcである。aは夕方の西の空に見える金星の位置で，bの位置にあるときは，地球からは太陽の光が当たっている部分が見えないので，観測することができない。

(3) 月は約29.5日かけて，新月(C)→三日月(D)→上弦の月(E)→満月(G)→下弦の月(A)→新月と満ち欠けする。また，**同じ時刻に見た月の位置は，1日につき約12°西から東に移動する。**

(4) **月食**は，月が地球の影に入る現象で，**太陽－地球－月の順で一直線上に並ぶときに起こる。**

実力完成テスト

社会

01 世界の諸地域

1 (1) 南極大陸　(2) イ
(3) アテネ　(4) ア
(5) イ　(6) 3月30日午後10時
(7) 季節風[モンスーン]

2 (1) 例 暖流の北大西洋海流と偏西風の影響を受けるため。
(2) ウ・エ
(3) 例 ヨーロッパの国々が経線や緯線をもとに引いた植民地の境界線が国境となっているため。(40字)
(4) サンベルト
(5) エ

解説

1 (1) 六大陸のうち，最も**南**に位置している。

(3)(4) **地図1**は，中心からの**距離**と**方位**が正しく表された地図である。よって，中心である東京からそれぞれの都市までの長さをはかると，アテネが東京に最も近いことがわかる。また，地図では，特に記載がなければ，上が北である。

(5) aはタイのバンコクで，熱帯雨林気候に属することから，年間を通じて気温が高く，夏が雨季にあたるイ。bはロシアのシベリア地域(オイミャコン)で，夏と冬の気温差が大きく，冬の気温が低い亜寒帯(冷帯)のウ。cはアメリカ東海岸(ニューヨーク)で，年間を通して暖かい温暖(温帯)湿潤気候のア。dはアンデス山脈の高地に位置するボリビアの都市(ラパス)で，赤道の近くだが，標高が高いため緯度のわりにすずしいエ(高山気候)。

(6) **地図2**中の経線は0～180°の間で，12に分けられており，経線は15度ごとに引かれている。よって，Pは東経30度，Qは西経45度。**経度15度で1時間**の時差が生じるので，時差は，東経30度＋西経45度→75度÷15＝5時間。西経よりも東経のほうが時刻が進んでいるので，Y国は，3月31日午前3時の5時間前，つまり3月30日午後10時となる。

(7) 南アジアの**季節風(モンスーン)**は，夏に海洋から内陸へ，冬は内陸から海洋へ向けてふく。

2 地図中の，Aはユーラシア大陸，Bはアフリカ大陸，Cは北アメリカ大陸，Dは南アメリカ大陸を示す。

(1) 大陸西側に暖流の**北大西洋海流**が流れる。その上をふく**偏西風**が暖かい空気を運ぶため，寒さがやわらぐ。

(2) ア．南アメリカ大陸の国々の多くが，かつてスペインやポルトガルの植民地だった。イ．南アメリカ大陸の南東部には，**パンパ**とよばれる草原が広がる。ウ．カカオ豆の生産量は，アフリカ西岸のコートジボワール，ガーナが多くの割合をしめている。エ．アフリカ大陸では，北部でイスラム教，中南部でキリスト教が広く信仰される。南アメリカ大陸ではキリスト教の信者が多い。

(3) 民族や文化を考えず，経線や緯線をもとに国境線が引かれたので，現在でも**民族紛争**が絶えない。

(4) 土地が安いことと，人口が多く低賃金の労働力を確保しやすかったことから，工業が発達した。

(5) ア．米よりも小麦の輸出量が多い。イ．米は降水量の多い地域で多く生産され，主食になっている。また，インド・中国を含むアジア州は世界で最も人口が多い州である。ウ．面積の広い国の上位は，ロシア，カナダ，アメリカ合衆国である。エ．小麦の生産と輸出の両方にあてはまる国の輸出量は世界全体の約50％もしめている。

02 日本の諸地域

1 (1) ウ
(2) a イ　b ア　c ウ
(3) ウ

2 (1) 中国・四国地方　(2) ウ　(3) イ
(4) ① 鳥取市 イ　高松市 ア　高知市 ウ
② 例 降水量が少ないので，農業用水を確保するため。
(5) ア
(6) 例 重さのわりに高額である

3 (1) 右図
(2) エ

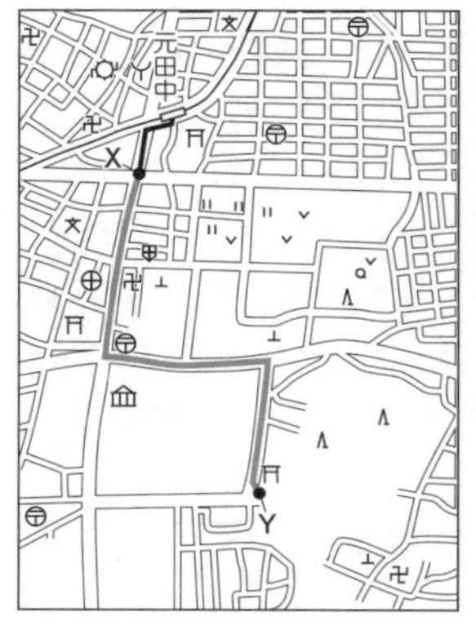

1 (1) **東京都**に属し，水没を防ぐための護岸工事が行われたことから，日本の**南端**にある**沖ノ鳥島**であるとわかる。

(2) **ロシア連邦**が不法に占拠している**北方領土**の1つである択捉島は，日本最北端の島。

(3) **排他的経済水域**は，沿岸から**200海里**(約370 km)までの**領海**をのぞく水域をさす。図中のアが領海の範囲を示している。

2 (1) 日本を7地方に区分すると，**九州**，**中国・四国**，**近畿**，**中部**，**関東**，**東北**，**北海道**。地図1中のAの山口県を含め，B，C，Dも中国・四国地方に属する。

(2) **過疎化**は人口の減少を示す。

(3) ア，イは割合から生産額を求める。ア．1960年は，1.2兆×21.6%＝約2,600億円，2017年は，30.7兆円×35.2%＝約10.8兆円となり，正しい。イ．1960年は，1.2兆×27.3%＝約3,300億円，2017年は，30.7兆円×21.9%＝約6.7兆円となり，増えているので誤り。

(4) ① 各都市の位置とグラフの特徴を読み取ってあてはめる。鳥取市は，冬の降水量が多い**日本海側の気候**なのでイ。高松市は，年じゅう降水量が少なく，温暖な**瀬戸内の気候**なのでア。高知市は，夏に降水量が多い**太平洋側の気候**なのでウ。

② C県は香川県で，瀬戸内地方に属することから答えが導き出せる。なお，瀬戸内地方の降水量が少ないのは，夏の季節風が四国山地，冬の季節風が中国山地にさえぎられるためである。

(5) Bは島根県，Dは愛媛県を示す。地図3のような**リアス海岸**は波のおだやかな海域が多いため，養殖業に適している。

(6) **航空輸送**はIC(集積回路)などの電子部品のように，高額で軽量な製品の輸送に利用される。一方，**海上輸送**は自動車などの重量の重い機械類や石油，石炭などを運ぶためにおもに利用されている。

3 (1) X地点から**南**(地図では下)方向に進むと，**寺院**(卍)が見える。さらに進んで，**郵便局**(〒)がある交差点を，**東**(地図では右)方向に曲がる。まっすぐ進むと左側に**天皇陵**(墓地 ⊥)があるので，その交差点を，南方向に曲がって進むと**神社**(⛩)があるY地点に着く。

(2) アの図書館は 📖 ，イの官公署は ö ，ウの郵便局は 〒 ，エの消防署は Y の地図記号で表される。

03 古代～中世の日本

1 ウ
2 (1) エ
(2) エ
3 (1) イ→ウ→ア
(2) 例 仏教の力で国家を守ろうとしたから。
(3) 班田収授法
(4) 摂関政治
(5) イ
(6) エ
(7) ア
(8) ウ
(9) イ

解説

1 写真1は**くさび形文字**(図中B地域の**メソポタミア文明**)，写真2は**インダス文字**(図中C地域)，写真3は**甲骨文字**(図中D地域の**中国文明**)，写真4は**象形文字**(図中A地域の**エジプト文明**)である。

2 (1) **稲作**は，縄文時代の後期に朝鮮半島から九州北部に伝わり，弥生時代には各地に広まっていったと考えられている。

(2) ア．縄目の模様は，**縄文土器**の特徴。
イ．北海道や沖縄には，稲作は広まらなかった。
ウ．『**魏志倭人伝**』には，「**邪馬台国**は，30ほどの国々を従えて，女王**卑弥呼**が治めている。庶民は道で有力者に会うと，後ずさりして道端の草の中に入る」などの記述があり，人々の間に上下関係があったことがわかる。よって，エが正しい。

3 (1) ア．**大宝律令**は701年に制定。イ．**大和政権**(ヤマト王権)の勢力は5世紀ごろに九州から東北地方南部におよんだ。ウ．**大化の改新**(645年～)を行った**中大兄皇子**が，のちに即位して**天智天皇**となった。天智天皇の死後，天皇の位をめぐって**壬申の乱**(672年)が起こり，**天武天皇**が即位した。

(2) 奈良時代には，仏教は国家を守る力をもつと考えられていた。

(3) 重い税負担のため，口分田を捨てて逃げる人なども多かった。口分田の不足を解消するために，8世紀前半に**三世一身法**，さらに**墾田永年私財法**が出され，開墾した土地の私有を認めたが，これによって，私有地である**荘園**が発達した。

(4) **摂政**や**関白**は，天皇を補佐する役職。**藤原氏**はこの役職を独占し，天皇に代わって政治を行った。

(5) 資料から，**藤原道長**は，4人のむすめをそれぞれ天皇のきさきにしたことが読み取れる。むすめが生んだ子(つまり孫)を天皇とすることで，権力を強めていったのである。道長は，1016年に摂政となり，子の**頼通**とともに**摂関政治**の全盛期を築いた。道長は「この世をば わが世とぞ思う 望月の 欠けたることも なしと思えば」と，みずからの栄華を歌によんだ。

(6) アの**国司**は，奈良時代～平安時代に国ごとにおかれた。イの**執権**は，鎌倉幕府で将軍を補佐する役職。ウの**守護**は，国ごとにおかれ，軍事や警察を担当した。守護と地頭の区別に注意しよう。

(7) アは1206年，イは1522年，ウは610年ごろ，エは676年。このうち，鎌倉時代(1185～1333年)に起こったできごとはア。外国で起こったできごとは，年代を整理して日本国内のできごとと結びつけることが大切。

(8) ア．御恩と奉公の説明が逆。将軍は，御家人の領地を公認・保護し，守護や地頭に任命したりした(**御恩**)。その代わりに，御家人は戦いの際には命がけで戦った(**奉公**)。イ．**北条氏**は，**執権**の地位について政治を行った(**執権政治**)。室町幕府の将軍の補佐役は**管領**という。

(9) **二毛作**(同じ畑で米と麦を交互につくる)は，鎌倉時代に西日本で始まり，室町時代には全国に広まった。また，麻，くわ，藍，茶などの栽培がさかんになったのも室町時代なので，Aは正しい。一方，Bの備中ぐわや千歯こきが発明されたのは江戸時代なので，Bは誤り。

04 近世～現代の日本

1 (1) イ
(2) エ
(3) エ
(4) エ

2 (1) 岩倉具視
(2) イ → ウ → ア
(3) 八幡製鉄所
(4) ウ
(5) イ → ア → ウ
(6) Y 例 女性の参政権が認められる
Z 例 女性の国会議員が誕生
(7) イ

解説

1 (1) 16世紀前半のヨーロッパでは，カトリックのローマ教皇の方針に反対した**ルター**が**宗教改革**を行った。カトリックの**イエズス会**は，勢力回復のため，アジアやアメリカにキリスト教の布教活動を行っていた。**ザビエル**はイエズス会の宣教師である。正解のイ以外の文も正しい内容だが，ザビエルの来日と直接の関係はない。なお，ルターらのことを「(カトリックに)抗議する者」という意味で「プロテスタント」という。

(2) アは室町時代に**雪舟**が描いた**水墨画**(秋冬山水図)，イは江戸時代後期に**葛飾北斎**が描いた風景画(富嶽三十六景)，ウは江戸時代前期に**菱川師宣**が描いた**浮世絵**(見返り美人図)，エは安土桃山時代に**狩野永徳**が描いた屏風絵(唐獅子図屏風)である。よって，エが正しい。

(3) **豊臣秀吉**の朝鮮侵略により，朝鮮との国交は断絶していたが，**対馬藩**(長崎県)の仲立ちにより，江戸時代のはじめに国交が回復した。これ以降，将軍が代わるごとに，朝鮮からの使節が江戸を訪れるようになった(朝鮮通信使)。Yの**琉球王国**は現在の沖縄県で，江戸時代には，薩摩藩に支配された。

(4) アの**座**を廃止したのは**織田信長**など。城下で**楽市・楽座**の令を出し，商工業を発展させた。イの江戸への出稼ぎを禁止したのは**寛政の改革**を行った**松平定信**。ウの**株仲間**に税を支払わせる代わりに特権を認めたのは**田沼意次**。よって，エが正しい。江戸時代に行われた改革は問われやすいので，改革を行った人物と改革内容をおさえておく。

2 (1) **岩倉使節団**が欧米に送られたのは，不平等条約の改正をめざす予備交渉のためである。しかし，欧米の制度や文化を学んだだけで，改正の交渉はできなかった。

(2) アは1889年，イは1874年，ウは1882年。明治時代初期の日本国内のできごととして，**民撰議院設立の建白書**(1874年)→西南戦争(1877年)→国会開設の詔，**自由党**の結成(板垣退助，1881年)→**立憲改進党**の結成(大隈重信，1882年)→**内閣制度**(1885年)→**大日本帝国憲法**(1889年)→第1回帝国議会(1890年)という流れをおさえておこう。

(3) **日清戦争**で勝利した日本は，**下関条約**によって，朝鮮の清からの独立を認めさせるとともに，多額の賠償金を手に入れ，官営の**八幡製鉄所**を設立した。

(4) アは1894年，イは1972年，ウは1918年，エは1877年のできごとである。

(5) アは1929年，イは1921～22年，ウは1940年。第一次世界大戦後の国際協調（ワシントン会議）→**世界恐慌**→**ファシズム**の台頭と**第二次世界大戦**（1939年，ドイツがポーランドに侵攻）という流れの中でおさえておこう。

(6) 選挙権の推移は重要なので，しっかり覚えよう。直接国税15円以上をおさめる満25歳以上の男子（1889年）→満25歳以上の男子（1925年）→満20歳以上の男女（1945年）→満18歳以上の男女（2015年）。女性の選挙投票が認められたのは，第二次世界大戦後の1945年からであった。なお，選挙年齢の18歳への引き下げに続き，2022年4月から**成年年齢**が引き下げられる。日本における成年年齢は，1876年以来**20歳**とされてきたが，2022年4月以降は**18歳**へと変わる。

(7) 1964年にアジアで最初の**オリンピック**が開かれたのは，イの**東京**（夏季）。アの札幌は1972年（冬季），ウのソウルは1988年（夏季），エの北京は2008年（夏季）のオリンピック開催地。

05 政治のしくみ

1 (1) ① エ
② ワイマール憲法
③ イ，エ
(2) エ
(3) ① オ
② 例 最高法規であると位置づけられているから。
③ X 世論
Y 国民審査

2 (1) 主権
(2) ウ
(3) ① X 最高
Y 立法
② イ
③ 例 衆議院のほうが任期が短く解散もあるため，国民の意思をより強く反映させることができるから。
(4) エ
(5) ア 小選挙区
イ 比例代表
(6) イ

1 (1) ① 自由権には，**精神の自由**，**身体の自由**，**経済活動の自由**の３種類がある。アは**生存権**，イは**請求権**，ウは国民の三大義務の１つである。エは**経済活動の自由**にあたる。

② **ワイマール憲法**というよび名は，憲法制定議会が開かれたドイツの都市名に由来する。

③ アは**参政権**，ウは**自由権**に含まれる。

(2) エの**インフォームド・コンセント**が正しい（新しい人権である**自己決定権**に含まれる）。アはインターネット，テレビ，新聞などのメディアを活用して，メディアの伝える情報を理解する能力。また，メディアからの情報の正誤を見きわめる能力のこと。イは代金を支払ったあとでも，一定期間内であれば無条件で契約を解除できる制度。ウは発展途上国の原料や製品を適正な価格で継続的に購入することで，弱い立場にある発展途上国の生産者や労働者の生活改善と自立をうながすしくみ。

(3) ① アは国会→裁判所。イは国会→内閣。ウは内閣総理大臣が行う。エは国会→内閣。カは内閣→裁判所。

② 日本国憲法第98条に定められている。

③ **国民審査**（最高裁判所裁判官国民審査）は，衆議院議員総選挙の際に行われる。**住民投票**は，地方自治体において行われる（国民全体で行う場合は**国民投票**）。国政調査権は，衆参両議院が国政全般について調査できる権限。

2 (1) 日本国憲法のもとでの，天皇を日本国と日本国民統合の象徴とする制度を，象徴天皇制という。

(2) **国事行為**とは，天皇の形式的・儀礼的な行為のことで，**内閣の助言と承認**にもとづいて行われる。ア・イ・エは国会の仕事である。

(3) ① 日本国憲法第41条に規定されている。

② 法律案の提出は，議員と内閣に認められる。審議は，委員会での審査をへて，議員全体による本会議で議決。

(4) エの権利を**黙秘権**という。ア・イ．民事裁判と刑事裁判が逆。ウ．被疑者を裁判所に訴えるのは検察官である。

(5) 衆議院の選挙制度を，**小選挙区比例代表並立制**という。

(6) **市長の解職の請求**は，その市に住む**有権者の3分の1以上**の署名が必要。30万人の３分の１，つまり30万人÷３＝10万人。**条例の制定や改廃**を請求する場合は，**有権者の50分の1以上**の署名なので，間違えないように注意。

06 経済のしくみ

1 (1) あ イ　い ウ
(2) ア
(3) ① ウ，エ
② 例 所得が多くなるほど税率が高くなる。
(4) イ・ウ
(5) A イ　B ア

2 (1) エ
(2) イ
(3) イ
(4) 例 預金の利子率よりも貸し出しの利子率を高く設定する
(5) イ
(6) 例 国債を買い，金融機関の通貨量を増やす

解説

1 (1) **介護保険制度**は，**40歳**以上の国民に加入義務がある。社会保障制度の４つの柱である，**社会保険**，**社会福祉**，**公的扶助**，**公衆衛生**の内容をおさえておこう。

(2) イ．私企業は，一般銀行から資金を調達する。また，直接金融とは，貸し手と借り手とが直接資金をやりとりすること。銀行が貸し付ける資金は貸し手から集めたものなので，銀行をはさんでのやりとりを間接金融という。ウ．どちらも公企業ではない。エ．公企業は利潤を追求しない。

(3) ① **間接税**は，納税者と担税者が一致しない税金。消費税は，消費者(担税者)が商品の価格に上乗せされた税金を払い，それを商店などが国・地方公共団体に納税している。

② **累進課税**は，それぞれの負担能力に応じた税金を課すことで，税負担をできるだけ公平にするための制度。

(5) 日本は高齢社会でもあるため，**社会保障関係費**が歳出のいちばん多くをしめる。Cはエの**地方交付税交付金**，Dはウの**公共事業関係費**。

2 (3) **需要量**＝人々が買おうとする量，**供給量**＝企業が売ろうとする量。図２で，価格が「表示価格」の位置の場合，供給量は需要量よりも多いことから判断する。

(5) 不景気(不況)の際に行われる**財政政策**は，企業や家計の購買力を高めることで，景気回復をうながすことが目的である。

(6) 好景気(好況)のときには，逆に国債を売り，金融機関の資金量を減らす政策を行う。

07 国際社会のしくみ

1 (1) ① 200　② ア，イ，オ
(2) ア APEC　イ ASEAN
(3) エ
(4) ① ODA
② 例 かつて，植民地として統治していた国に経済協力を行っている。

2 (1) X イ　Y ウ
(2) 例 常任理事国のうち１国でも反対すると決定できない。
(3) ウ
(4) ウ

3 (1) C
(2) 京都議定書
(3) エ
(4) 発展途上国間の経済格差から生まれる問題。

解説

1 (1) ① **排他的経済水域**は，沿岸から200海里以内の範囲(領海をのぞく)。

② 国家の主権のおよぶ範囲を**領域**といい，**領土・領海・領空**からなる。

(2) **APEC**はアジア太平洋経済協力会議，**ASEAN**は東南アジア諸国連合の略称である。

(3) ア．**G20**は，G7(G8)に中国やインドなどの新興経済国を加えたグループ。イ．自由貿易協定では，関税の引き下げを推進する。ウ．APECでは，共通通貨は導入されていない。

(4) ② **資料４**中「おもな経済協力国」の下線が引かれている国の言語と，アフリカの国々の「おもな言語」を比較するとわかる。

2 (3) 日本は常任理事国ではないが，アのアメリカ，イの中国に次いで多くの金額を負担している。エはイギリス。

(4) **UNICEF**は国連児童基金の略称である。

3 (1) １人あたりの二酸化炭素排出量×日本の人口で求める。8.9トン×約1.26億人＝約11.2億トン。なお，Aはインド，Bはロシア，Dはドイツ。

(2) 1997年に地球温暖化防止**京都会議**が開かれ，先進国に**温室効果ガス**の排出削減を義務づけた。

(3) **資料３**の３つをあわせて，**３R**という。

(4) **南南問題**とは，発展途上国のうち，資源に恵まれていたり，工業化が比較的進んでいる国と，資源をもたず，開発の遅れている国との間の経済格差から生じる問題のこと。

実力完成テスト

国語

01 漢字・熟語

1 ① エ　② イ　③ ア　④ エ
2 十二画
3 イ
4 ウ
5 二画目
6 イ
7 寒暖
8 ウ
9 漢字 十　読み方 じゅうにんといろ
10 戦
11 例 部首索引「門」(もんがまえ)で調べる。
総画索引十七画で調べる。
(のうちから一つ)

解説

1 問題文と選択肢の傍線部を漢字に直すと，それぞれ次のようになる。
①際限　ア 細心　イ 息災　ウ 採算　エ 交際
②投票　ア 単刀直入　イ 意気投合　ウ 検討
エ 登録
③有益　ア 実益　イ 液晶　ウ 不易　エ 駅伝
④階層　ア 奔走　イ 創意工夫　ウ 輸送
エ 深層心理
正解でない漢字も使い方とともに覚えておく。

2 画数を数え間違えないようにする。二画に見えて一画と数えるところなどに注意する。

3 行書の字体に慣れておくようにする。点画の省略が見られるのは，Bの「⻗」の部分とCの「木」の部分。筆順の変化が見られるのは，Dの「艹」の部分。AとEには省略も筆順の変化も見られない。

4 行書の筆順は筆の動きをよく見て考える。**行書では，「艹」の部分の筆順が変化する**ことを覚えておく。

5 間違えやすい筆順の漢字は特に重点的に覚えておく。「必」は「丶ソ义必必」の順で書く。

6 それぞれ楷書で書くと，A笑・B閉・C績・D詞である。部首の画数は，A「⺮」は六画・B「門」は八画・C「糸」は六画・D「言」は七画。

7 「善悪」は，上下の漢字の意味が対(つい)になる熟語。選択肢の熟語は，A厳守(上の漢字が下の漢字を修飾)・B寒暖(意味が対になる)・C均等(意味が似ている)・D登頂(上の漢字が動詞，下の漢字が目的や対象)である。

8 接頭語の「無」が付く熟語を考える。選択肢一つ一つに「無」を付けてみて確かめる。それぞれ否定の意味の漢字を付けて三字熟語にすると，ア不一致・イ未体験・ウ無関心・エ非常識となる。

9 □に同じ漢字が入るというのが大きなヒントになる。漢数字を二つ用いた四字熟語「一石二鳥」「千差万別」などをまとめて覚えるのも一つの方法。

10 「悪戦苦闘」。「戦」も「闘」も「たたかう」という意味であることに着目して覚える。よく使われる四字熟語を正確に覚えておくこと。

11 漢和辞典で漢字を調べるときは，効果的な索引の使い方をする。ここは読み方がわからないので，音訓索引以外の索引を使う。部首は似た形の漢字(同じ部分を持つ漢字)を参考にして推測する。画数は数えればわかるので，漢字の形がわかっている場合には使える。

02 語句

1 ① 必然　② 具体[具象]
2 エ
3 例 懸命に努力をくり返す。
4 ウ
5 足
6 ア
7 ① ウ　② ウ
8 イ
9 ① 舌　② 鼻　③ 頭
10 ア
11 ウ

解説

1 ①二字熟語のうちの一字だけが反対の意味になる対義語。②よく出題される対義語。「具体的」「抽象的」の形でよく使われる言葉なので覚えておく。

2 「至極」は「極限。この上ないこと」の意味。知らない場合でも，漢字の意味からある程度は推測できる。「至(いたる)」「極(きわめる)」なので，エの「この上なく」が最も適切と判断できる。

3 多義語の中から適切な意味を選んで組み合わせる問題。国語辞典では，本来の意味が最初にくることが多いが，現在多く使われているのは，むしろ派生的な意味のほうである場合も多い。「精進」は④，「重ねる」は②を採用するのが適切。

4 選択肢の言葉それぞれを（　）にあてはめて読んでみて合うかどうか確かめる。イ「涙を呑(の)む」という慣用句はあるが，「悔しさをこらえる」という意味なので文意と合わない。ウ「息を呑む」は，「驚いて息を止める」という意味。

5 「足を引っ張る」で，「人の成功や前進を妨げる」という意味。慣用句には体の一部を使ったものが多い。まとめて覚えておこう。

6 選択肢の慣用句のそれぞれの意味は，ア「驚いたり感心したりして目を見開く」，イ「人の目をごまかす」，ウ「注意してあちこち見る」，エ「ひいきにする」。

7 ①「目を光らす」は，「厳しく見張る」という意味で，「犯人が逃げ出さないように目を光らす。」などのように使う。

②「固唾(かたず)を呑む」の「固唾」は，緊張したときなどに口の中にたまる唾(つば)のこと。「勝負の行方(ゆくえ)を固唾を呑んで見守る。」などのように使う。

8 ア「気がおけない」は，遠慮する必要がないことを表す。イ「二の舞を演じる」は，人の失敗を同じようにくり返すことである。ウ「立て板に水」は，よどみなくすらすらと話す様子を表す。

9 「体の一部を表す言葉」という設問文がヒントになる。①「舌を巻く」は，あまりにもすぐれていることに驚く気持ちを表す。②「鼻が高い」は，誇らしい気持ちを表す。③「頭が下がる」は敬服する気持ちを表す。

10 設問の文章は，「私」はリーダーになってみんなをうまく引っ張っていけるかどうか心配していたが，結果的にはうまくいった，という内容。ア「案ずるより産むが易(やす)し」は，「あれこれ心配するよりも行動してしまったほうがたやすい」という意味。イ「論より証拠」は，「あれこれ論じるよりも証拠を示すほうがよい」という意味。ウ「のど元過ぎれば熱さを忘れる」は，「苦しい経験も過ぎ去ってしまえば，その苦しささえ忘れてしまう」という意味。エ「雨降って地固まる」は，「悪いことが起きた後はかえって前より良くなる」という意味。

11 【会話】の中で「最後のシーンがなければ」と言っているので，最後のシーンが余計な部分だったことがわかる。その意味に合致するのはウの蛇足である。ア圧巻は最もすぐれた部分のこと，イ余地は何かをさらに行うゆとりのこと，エ推敲(すいこう)は文章を十分に練り直すことという意味である。

03 文法・敬語

1 イ
2 ウ
3 やめて
4 ありました
5 主語 もてなしは　　述語 異なります
6 ウ
7 A イ　　B エ
8 イ
9 ① 強いる　　② 満たす
10 エ
11 イ
12 エ

解説

1 **文節は「ネ」などを入れて区切る。**「こわれて／しまうのだ」と切れることに注意。文節には必ず一つ自立語が入っているので，文節に区切る際は自立語が入っているかどうかを確認する。最後の「のだ」には自立語がないので，「しまう／のだ」「しまう／の／だ」と区切らない。

2 「本は」の部分は，「本」と「は」で分ける。「あまり」は一語の副詞なのでこれ以上区切ることはできない。「読みません」は「読む＋ます＋ぬ(ん)」。

3 「ふと」は副詞。副詞は連用修飾語になることが多いので用言を探すと，「弾くのを」「やめて」「ふりかえった」という文節が見つかる。続けて読んでみて，「ふと」どうしたのかを考えて選ぶ。

4 「かつて」は副詞なので，用言を含む文節が被修飾語になると推測する。文中に動詞を含む文節が「競って」「行われた」「ありました」と三つ見つかる。続けて読んでみて，「かつて」どうだったのかを考えて選ぶ。

5 **主語と述語を答える問題は，述語を先に見つける。**述語は文の最後にあるのがふつうで，この設問でも最後の「異なります」が述語。そこから何が「異なる」のかを考えると「もてなしは」という主語が見つかる。「西洋のサービスとは」は主語ではないので注意する。「一文節を」と設問にあるので，一文節になっているかどうか確認する。

6 「運んで」「いる」の「いる」は，存在するという意味が薄れて「運んで」を補う意味で使われている。これを補助の関係という。

7 「寒い」は活用があって終止形が「－い」で終わる形容詞。「寒さ」は「寒さが身にしみる。」のように主語になる名詞。このように動詞や形容詞から名詞になったものを転成名詞という。動詞の連用形から名詞になった「流れ」などや，形容詞や形容動詞の語幹に接尾語が付いて名詞になった「暑さ」「重み」「静かさ」などがある。

⑧「富士（名詞） でも（助詞） 描こ（動詞） う（助動詞） か（助詞）」
「でも」は副助詞，「う」は推量の助動詞，「か」は終助詞。

⑨ ①「強いられる」は単語に区切ると，「強い」(動詞)＋「られる」(助動詞)となる。「強い」を終止形にすると「強いる」である。
②「満たされる」は「満たさ」(動詞)＋「れる」(助動詞)で，「満たさ」の終止形は「満たす」である。「満ちる」ではないので注意する。

⑩ 問題文の「すべての動物」は，格助詞の「の」で，連体修飾語をつくる。アは「その」で一語の連体詞。ほかは格助詞ではあるが，イは「が」に置き換えることができる。ウは「こと」という形式名詞に置き換えることができる。エは連体修飾語をつくる「の」。

⑪ 問題文の「いただき(いただく)」は謙譲語。選択肢から謙譲語のある文を選ぶ。アは「おっしゃった」が尊敬語，「います」が丁寧語。イは「申して」が謙譲語，「います」が丁寧語。自分の身内には謙譲語を用いる。ウは「ご卒業」が尊敬語，「ございます」が丁寧語。エは「お客様」が尊敬語，「お着きになり」が尊敬語，「なります」が丁寧語。

⑫ ①「食べる」は客の動作なので，尊敬語を用いる。
②「持つ」は自分の動作なので，謙譲語を用いる。「いただく」は謙譲語，「召し上がる」は尊敬語。「お持ちになる」は尊敬語，「お持ちする」は謙譲語。

04 説明的文章の読解

1 (1) ウ
2 (1) ア
3 (1) エ
(2) 例 植物に必要な栄養であり最も枯渇の早い窒素は植物量を決め，植物量は食物連鎖を経て動物の使用可能なエネルギーを決めるから。(59字)

解説

1 指示語が指し示す内容は，指示語よりも前にあるのがふつうなので，前の段落の内容を確認する。また，――線部「ここ」のすぐあとには「貨幣があいだに入ることが決定的に重要」とある。ということは，選択肢の中に「貨幣があいだに入る」という内容が含まれていないものが正答ということになる。ウだけは貨幣という言葉がなく，「つくり出されたモノがやりとりされる場面」では「貨幣があいだに入ることが決定的に重要」というように，指示語にあてはめてみても違和感がないので，正答である。

2 接続語の空欄補充の問題は，空欄の前後の関係を読み取ることが必要である。まず，[A]だけを見ていくと，空欄の前は「……徐々に明らかになってくる。」とあり，後ろは「……とらわれていたのだ。」とある。空欄の前の内容を，後ろの内容が説明していることがわかる。選択肢の中で説明・補足に当たるのはアとウである。さらに[B]を見ると，空欄のあとで例を挙げていることがわかるので，あてはまるのは「たとえば」となり，正答はアである。

3 (1) 3段落について説明したものといっても，3段落の内容を読み取るだけでは不十分である。2段落までに述べられた内容をつかんだ上で，3段落との関係をとらえる。

1段落と2段落は，「都市部で生じた排泄物(はいせつ)が田畑に返されなくなったため，土地が痩せて作物が育たなくなり，増え続ける人口を支えることができなくなってくるという問題が起きている。」という内容。3段落の内容は「収穫量を上げるために窒素肥料が必要であることがわかった」というものである。

これをふまえた上で，選択肢を見ていくと，アは「今後生じるおそれのある諸問題」という部分が合わない。イは「筆者の提案する独自の解決方法」が述べられていないので合わない。ウとエで迷うかもしれないが，ウは「原因や背景を多角的に考察」されていないので，合わない。エは「状況の改善につながる科学的事実」が挙げられているので内容と合っていると判断できる。

(2) 植物の成長には窒素が必要だという3段落に続いて，4段落では「海でも同様に，窒素がもっとも早く枯渇(こかつ)する栄養」だとわかったと述べている。さらに，植物がなければ動物は生きていけないわけなので，「窒素が地球上の植物の量を決める」→「植物の量が動物の使用可能なエネルギーを決める」のであり，つまりは「窒素が植物や動物の定員を決めている」ということになるのである。

05 文学的文章の読解

1 (1) エ
2 (1) イ
3 (1) 甘ったれ

解説

1 場面の状況を確認する。「少年」は小さな島に住んでいて，祖父が操る渡し船で学校に通っている。風が強くて波が荒い日には渡し船を出せず，学校を休まなければならない。学校では，チャボの卵の人工孵化(ふか)をしており，明日にも孵(かえ)るかもしれない。「少年」は是非，学校に来たいので，翌日の天気が気になるのである。選択肢を見ていくと，アとイは本文と合致している。ウは，――線部よりもあとに「快晴だが強風であるとの予報が流れた」とあり，渡し船は出ないかもしれないので，合致している。エは，架橋は大型の船が入り江に入るときに動かすもので，「少年」の登校とは関係がなく，合致しない。

2 ――線部の「ずっと訊(き)きたかったこと」とは何かを確かめるために，――線部よりもあとの部分を読み取る。すると「高校生は，試合に勝てばいいって考えられてるんですか」という質問をしている。これには，これまで訊けなかったことを，一歩踏み込んで聞きたいという気持ちが表れている。このやり取りをふまえて選択肢を見ていくのだが，特にそれぞれの後半部分に着目する。ア「……先生を試そうと」，イ「……踏み込んだ質問をしても答えてくれそうだ」，ウ「……自分も弱さを見せなければならない」，エ「……今なら先生をやり込められそうだ」とあり，この中で凜(りん)の心情と一致するのはイである。「試そうと」「弱さを見せなければならない」「やり込められそうだ」などは，この文章からは読み取れない。

3 ワカは馬の名前である。和子はいなくなったワカを探していたのだが，本文は，知らない牝馬(ひんば)とワカが一緒にいるところを見つけた場面である。――線部の「まるで知らない馬のように」というのは，よそよそしい態度を表した比喩表現で，飼い主である和子とともに帰るよりも，牝馬とともに行きたがっているワカの様子を表している。それは，――線部より三行あとの「これまで和子の知るワカのものではなかった」という部分からもわかる。だが，終わりから六行目に「断固とした主人の物言い」とあるように，和子の強い言葉によってワカは「弾(はじ)かれたように」態度を変え，和子に近づいてくる。設問で問われている「和子の知るふだんのワカの様子」が書かれているのは，これ以降だということが読み取れる。文章の流れに沿って読み取っていくと，設問にある四字という指定から，答えは終わりから四行目の「甘ったれ」となる。

06 古典

1 (1) ① いたる
② つたえたる
(2) C
(3) ウ

2 (1) ① つえ　② きょう
(2) あるじのい
(3) エ

3 (1) 七言絶句
(2) 右のとおり

3 (2) 風従㆓鞋底㆒掃㆑雲廻

解説

1 (1) ①ワ行の「ゐ」と「ゑ」は，ア行の「い」と「え」に直す。普段使わない文字なのでしっかりと覚えておこう。

②語頭以外のハ行はワ行に直す。古文では何度も出てくるので，違和感なく直して読めるように慣れておく。

(2) 登場人物をおさえて，誰の動作なのかを確認しながら読んでいく。そのとき，敬語にも注意する。A天智(てんじ)天皇に命令されて「かしこま」っているのは，「野をまもる者」。B頭を地面につけていたのは，「野をまもる者」。C「どうして鷹(たか)の居場所を知ったのか」と尋ねたのは，「天智天皇」。「問はせ給(たま)ひければ」と尊敬語が使われていることにも着目する。特にここは「せ」「給ふ」と敬語が重ねて用いられており，主語を書かなくても天皇の言動だとわかるようになっている。D鷹を見つけた理由を申し上げたのは，「野をまもる者」。「申しければ」と謙譲語が使われていることにも着目する。

(3) 天智天皇が驚いた理由は，そのあとの天智天皇の言葉からわかる。天皇は「そもそもお前は，地面に平伏して，頭を地面につけて，ほかを見ていない。どうして，木の枝に居る鷹の居場所を知ったのか」と尋ねている。野をまもる者が，顔を伏せたまま周りを見ることもなく鷹の居場所を答えたので驚いたのである。

現代語訳

むかし，天智天皇と申し上げる帝が，野行幸をされて鷹狩をなさっていたところ，御鷹が，風に流されていなくなってしまった。当時は，野原の番人がいたので，(帝が野原の番人を)呼んで，「御鷹がいなくなってしまった。きっと探し出せ」とおっしゃったところ，(野原の番人は)かしこまって，「御鷹は，あちらの岡の松の上の枝に，南に向いて，そのようにいます」と申したので，(帝は)驚きなさった。「そもそもお前は，地面に平伏して，頭を地面につけて，ほかを見ていない。どうして，木の枝に居る鷹の居場所を知ったのか」と(帝が)お尋ねになると，野原の番人の翁は「民というものは，君主に直接顔をお見せすることはありません。草の生えているあたりにたまっている水を，鏡として，頭の白髪をも悟り，顔のしわをも数えるものなので，その鏡を見つめて，御鷹が木の枝にとまっていることを知ったのです」と申したので，その後は，野の中にたまっている水を「野守の鏡」とは言うのである，と言い伝えている。

2 (1) ①ワ行の「ゑ」はア行の「え」に直す。

②「けふ」は「けう」→「きょう」と直す。ハ行の「ふ」を「う」に直した上で，「えう」を「よう」に直す。

(2) 「あるじ」が芭蕉に伝えた内容を読み取る。会話の前には「いはく」「言ふやう」などの言葉があることが多い。この文章でも冒頭に「あるじのいはく」とあるので，このあとが会話文ということになる。

設問に「それを含む一文の最初の五字」とあるので，文の先頭の「あるじのい」を抜き出す。会話部分の最初の五字ではないので，注意する。

(3) 「森々として(木々が生い茂って)」「一鳥声聞かず」「木の下闇茂りあひて」から情景を読み取る。「夜行くがごとし」とあるので，明かりがなくまっ暗であることがわかる。

現代語訳

主人が言うことには，ここから出羽の国に行くには，大きな山を隔てていて，道がはっきりしないので，道案内の人を頼んで越えるほうがよいということを申し上げる。「それでは(お願いします)」と(私が)言って，(道案内の)人を頼んだところ，頼もしげな若者が，刀身が反り返った刀を腰に差し，樫の木の杖を手に持って，われわれの先に立って行く。きっと今日は必ず危ない目に遭うにちがいない日であろうと，苦しい思いをして，(道案内の人の)後ろについて行く。主人が言ったとおり，高い山は木々が生い茂って鳥の声ひとつ聞こえない。木の下は暗く(枝葉が)茂りあって，夜道を行くようだ。

3 (1) **漢詩の形式は，一句の字数と句の数で見分ける。** 五言か七言か，四句(絶句)か八句(律詩)かで分類する。

(2) 書き下し文を参考にして，返り点を付ける問題は頻出。まず，書き下し文をもとに漢字を読む順番を考え，すぐ上の漢字に返る場合はレ点を，漢字を飛び越えて返る場合は一・二点を付ける。

書き下し文「風は鞋底よりして雲を掃つて廻る」に従って，「①風→②鞋→③底→④従(より)→⑤雲→⑥掃→⑦廻」の順番で読む。「③底→④従」で下から「鞋」を飛び越えて返っているので，「底」に一点，「従」に二点を付ける。さらに「⑤雲→⑥掃」ですぐ上の漢字に返っているので，「掃」にレ点を付ける。

一・二点を付ける場合には，先に読む漢字(下の漢字)に一点を付け，あとに読む漢字(上の漢字)に二点を付けることに注意する。

現代語訳

山を登る同志に示す(詩)

道は曲がりくねって，石の上に生えた苔で滑りやすくなっている。

風は足下からふき起こり，雲をはらうようにして山肌をふきめぐる。

山に登るということは，ちょうど学生が勉学に励むことに似ている。

一歩一歩高いところへ登るごとに，すばらしい光景が目の前に開かれる。

入試模擬テスト

英語

1 (1) ア (2) ウ (3) エ (4) イ
(5) ウ (6) ウ (7) イ (8) エ

2 (1) are studying (2) How much
(3) Don't be (4) made us
(5) at playing (6) how to
(7) has, yet (8) best of
(9) Some, others

3 (1) his (2) sung (3) been
(4) meeting

4 (1) What are you going to do
(2) What day is it today
(3) I don't know how long he will stay
(4) Who named the dog Pochi
(5) The girl sitting on the bench is

5 (1) something, eat (2) newer than
(3) he wrote (4) Leave, and
(5) have to

6 (1) May[Can] I try it on?
(2) You have the wrong number.
(3) Why don't we play soccer?

7 (1) ア
(2) 例 道で出会った女性とアリス・グリーン先生が，トモキのお気に入りの和食レストランで，和食を楽しむこと。
(3) ウ

8 (1) ア (2) エ
(3) have been good friends for
(4) How old

解説

1 (1) 「～を飼っている」は現在形で表す。
(2) 時をたずねる疑問文となる。
(3) 「(人) に～を送る」=〈**send＋人＋もの**〉または〈**send＋もの＋to＋人**〉
(4) 疑問詞 who が主語の間接疑問で，そのあとには動詞が続く。
(5) 「ちょうど」には **just** を用いる。
(6) 「～へ行ったことがある」は **have[has] been to** ～ で表す。
(7) 先行詞は「写真」(＝人以外) なので，目的格の関係代名詞には **which** か **that** を用いる。
(8) 「～語で」＝〈**in＋言語名**〉

2 (1) 与えられた日本語から，現在進行形で表す。
(2) 値段をたずねるときは How much で始める。
(3) **be afraid of** ～を否定の命令文で表す。
(4) 〈**make＋人＋形容詞**〉で「(人) を～にする」。
(5) 「～をすることが得意である」＝〈**be good at ＋動名詞～**〉
(6) 「～のしかた」＝〈**how to＋動詞の原形～**〉
(7) 「まだ～していない」＝〈**have[has]＋過去分詞～＋yet**〉
(8) 「…の中で～がいちばん好きです」=**like ～ (the) best of[in] …**
(9) 「～する人もいれば，…する人もいる」＝〈**Some＋動詞～ , and others＋動詞…**〉

3 (1) not my bike「私の自転車ではない」に続く代名詞なので，he を所有代名詞にする。「これは私の自転車ではありません。それは彼のものです。」
(2) 過去分詞の形容詞用法を使って，「これは世界中で歌われている歌です。」という文にする。
(3) 直前に has があるので現在完了 (継続) の文だと考える。「ジムは3時間ずっと図書館にいます。」
(4) look forward to の to は前置詞。あとには名詞 (相当語句) が続く。「私の姉 [妹] は彼女の旧友に会うことを楽しみにしています。」

4 (1) 「～するつもりである」の be going to ～ を使った疑問詞のある疑問文。
(2) 曜日をたずねるときは What day で始める。
(3) 動詞 know の目的語に間接疑問がくる否定文。
(4) 疑問詞 who が主語の疑問文。そのあとは〈**name＋人 [生き物，もの] ＋名前**〉((S)VOC)。
(5) 現在分詞の形容詞用法を使って，「ベンチに座っている」が「女の子」を修飾する形にする。

5 (1) some food=something to eat 上の文は「彼は今，食べ物をほしいと思っています。」，下の文は「彼は今，何か食べるものをほしいと思っています。」の意味。
(2) 「この車はあの車ほど古くありません。」＝「この車はあの車よりも新しい。」
(3) 目的格の関係代名詞を省略した形にする。上の文は「彼によって書かれた本は興味深かった。」，下の文は「彼が書いた本は興味深かった。」の意味。
(4) 〈命令文, and ～.〉で言いかえる。上の文は「もし今すぐに家を出発すれば，時間どおり到着するでしょう。」，下の文は「今すぐに家を出発しなさい，そうすれば時間どおり到着するでしょう。」の意味。

(5) must を have[has] to で言いかえる。2文とも「メグとケンはその部屋を掃除しなければなりません。」の意味。

6 (1) 「試着をしてよいですか。」と許可を求める文になる。

(2) 「電話番号がちがいます。」と答える文になる。

(3) **Why don't we ～?** は相手を誘う表現の1つ。

7 (1) 直後の女性の発言から，トモキは出身をたずねたものだと考えられる。

(2) トモキの発言は，I hope you will enjoy Japanese food there (=at my favorite Japanese restaurant). の下線部が省略されていると考える。

(3) 本文15～33行目の内容に合っているウを選ぶ。

英文の意味

女性：すみません。若葉ホテルへはどう行けばいいでしょうか。

トモキ：ぼくはホテルのそばの郵便局へ行きます。あなたといっしょにそこへ行きます。

女性：ありがとう。

（彼らは若葉ホテルへと歩き始める。）

トモキ：あなたは日本を旅行しているのですか。

女性：そうです。私はカナダの出身です。昨日京都へ行きました。そこで古い寺や神社を見て興奮しました。今朝，私は京都を出発してこの都市に到着しました。私の友だちの1人がここに住んでいるのです。彼女は6か月前に日本に来ました。もうすぐ私は彼女に会います。

トモキ：彼女はどこの出身ですか。

女性：彼女もカナダの出身です。この都市の高校で英語を教えています。

トモキ：その学校の名前を知っていますか。

女性：彼女はEメールでその名前を私に教えてくれましたが，思い出せません。ええと…，この都市で最も生徒数が多い学校です。

トモキ：ああ，それはぼくの学校です！　彼女の名前はアリス・グリーンですか。

女性：そうです！　彼女はあなたの英語の先生ですか？

トモキ：はい。彼女の英語の授業はおもしろいです。

女性：彼女は毎週月曜日の放課後に英語部に参加していますよね？

トモキ：はい。ぼくは英語部の部員です。この前の月曜日に，彼女はこの都市のレストランについてたずねました。だからぼくは，ぼくのお気に入りの和食レストランを彼女に教えました。

女性：私は和食が好きです。

トモキ：彼女は「あなたのお気に入りの和食レストランに友だちと行きたいです。」とぼくに言いました。

女性：本当に？　私はそこで彼女と和食を楽しみたいです。

トモキ：あなたたちが楽しめたらいいと思います。

8 (1) 前に逆接の but があることに注目。それよりも前で述べた内容と反対の内容になる。

(2) ②の直前の should に注目。第2段落で失敗したことを改善するためにやるべきことを述べている，と考えればよい。

(3) have と been があるので現在完了の文だと考える。**be good friends**「親友である」

(4) あとに続く孝男さんの発言から，陽子さんは年齢をたずねたことがわかる。

「陽子：ボビーと初めて出会ったとき，あなたのお父さんは何歳でしたか。

孝男：彼は19歳でした。」

英文の意味

ぼくの夢はツアーガイドになることです。ぼくはこの夢を，この前の夏にボビーに会ってから持つようになりました。彼はオーストラリア出身のぼくの父の友だちの1人で，ぼくの家族のところに2週間泊まりに来ました。

彼が到着したとき，ぼくはとても興奮してすぐに彼と会話を始めました。彼はぼくに簡単な英語で話してくれました。最初，会話は簡単だと思いましたが，2つのことのために，それはすぐに困難になりました。1つ目は，ぼくには十分な知識がなかったのです。例えば，彼がぼくに「相撲の歴史とは何ですか。」とたずねたとき，ぼくは何と言えばよいのかわかりませんでした。2つ目は，ぼくは自分の意見について，その理由を上手に説明できなかったのです。例えば，ぼくが「英語がいちばん好きです。」と言ったとき，彼は「どうして？」とたずねました。しかし，ぼくははっきりとした理由を彼に言えなかったのです。そのようなことが何度も起こったために，ぼくたちの会話はしばしば止まらざるを得ませんでした。

ボビーと会ったことはぼくにとってすばらしい経験となりました。ぼくは彼と話したことから重要なことを学んだのです。ぼくはほかの人に伝えるために多くのことを学び，自分の意見に対する明確な理由を持つためにより深く考えるべきだ，と感じたのです。ぼくは外国出身の人との交流の中に大きな喜びも見つけ出し，それで将来ツアーガイドになることを決めたのです。

さて，ボビーはぼくにもう1つのことを教えてくれました。それは友情です。ぼくの父は若かったときにボビーに出会い，彼らは長い間ずっと親友でいます。父のように，ぼくは外国出身の人と友だちになりたいので，そういった人たちに出会えるより多くの機会があったらよいと思います。ぼくはまた，東京オリンピック・パラリンピックで，ボランティアで通訳する人として働きたいとも思っています。ぼくは多くの外国の友だちができたらいいなと思っています。

入試模擬テスト　数学

1　(1) 16　(2) $3x^4$　(3) $x-3y$
　(4) $5\sqrt{7}$　(5) $4+2\sqrt{15}$

2　(1) $(x+3)(x-3)$　(2) $c=3a-2b$
　(3) $n=98$　(4) $x=-1,\ y=-2$
　(5) $x=\dfrac{3\pm\sqrt{17}}{4}$

3　(1) 0.25　(2) 24人

4　$\dfrac{1}{6}$

5　(1)（証明）　BとDを結ぶ。
　△ADBにおいて，仮定より　AS=SD，AP=PB
　よって，中点連結定理により
　　SP//DB　…①　　$SP=\dfrac{1}{2}DB$　…②
　△CDBにおいて，仮定よりCR=RD，CQ=QB
　よって，中点連結定理により
　　RQ//DB　…③　　$RQ=\dfrac{1}{2}DB$　…④
　①，③より　SP//RQ，②，④より　SP=RQ
　よって，1組の対辺が平行でその長さが等しいので，四角形PQRSは平行四辺形である。（終）
　(2) $\dfrac{3}{8}$倍

6　(1) $a=\dfrac{1}{2}$
　(2) ㋐ 8　㋑ $y=x+4$　㋒ 12
　(3) ㋐ (6，18)　㋑ $y=6$

7　(1) $\sqrt{13}$ cm　(2) 5：3　(3) $\dfrac{15\sqrt{39}}{52}$ cm

8　(1) 48cm³　(2) $y=36x$　(3) ㋑
　(4) $\dfrac{3}{2}$秒後と$\dfrac{151}{16}$秒後

解説

2　(3) $\dfrac{\sqrt{72n}}{7}=\dfrac{\sqrt{2^3\times3^2\times n}}{7}=\dfrac{6\sqrt{2n}}{7}$
　これが整数となるとき，$\sqrt{2n}$ は7の倍数であるので，$\sqrt{2n}=7k$（kは自然数）とおくと $2n=49k^2$
　k^2 が偶数（ぐうすう）であることに注意して最小の k を求めると $k=2$ のとき。
　よって　$2n=49\times2^2$　　$n=49\times2^2\div2=98$

3　(1) 145.0cm以上150.0cm未満の階級の度数は2だから，この階級の相対度数は　2÷40=0.05
　全階級の相対度数の和が1になることから求める。

4　条件を満たす目の出方$(a,\ b)$は，(2，3)，(4，3)，(6，3)，(2，6)，(4，6)，(6，6)の6通りである。

5　(2)　長さは右のようになるので，長さの比は右下の図の通り。
　△OADの面積を S とすると

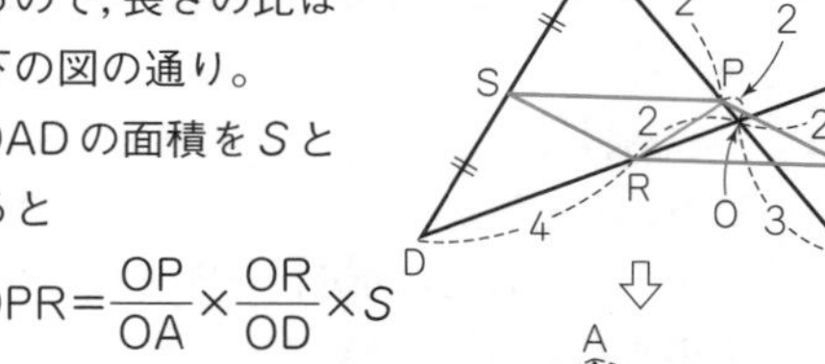

　$\triangle OPR=\dfrac{OP}{OA}\times\dfrac{OR}{OD}\times S$
　$=\dfrac{1}{8}\times\dfrac{1}{3}\times S=\dfrac{1}{24}S$
　同様にして

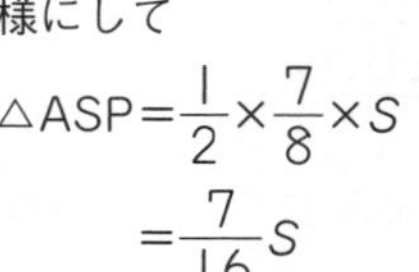

　$\triangle ASP=\dfrac{1}{2}\times\dfrac{7}{8}\times S$
　$=\dfrac{7}{16}S$

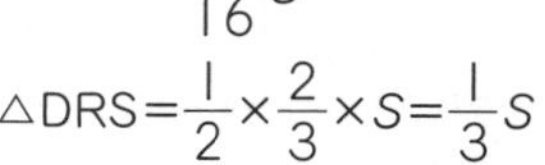

　$\triangle DRS=\dfrac{1}{2}\times\dfrac{2}{3}\times S=\dfrac{1}{3}S$
　よって △SRP=△OAD−(△OPR+△ASP+△DRS)
　$=S-\left(\dfrac{1}{24}S+\dfrac{7}{16}S+\dfrac{1}{3}S\right)=\dfrac{3}{16}S$
　四角形PQRSの面積は△SRPの2倍だから
　$\dfrac{3}{16}S\times2=\dfrac{3}{8}S$　　よって，△OADの $\dfrac{3}{8}$ 倍。

6　(1)　$y=ax^2$ がA(−2，2)を通るから
　$2=a\times(-2)^2$　　$a=\dfrac{1}{2}$
　(2) ㋐　Bの x 座標は4より $y=\dfrac{1}{2}x^2$ に $x=4$ を代入。
　㋑　A(−2，2)，B(4，8)を通る直線を求める。
　㋒　直線ABと y 軸（じく）の交点Dの座標は(0，4)より，面積は
　△OAB
　=△ODA+△ODB
　$=\dfrac{1}{2}\times4\times2+\dfrac{1}{2}\times4\times4=12$

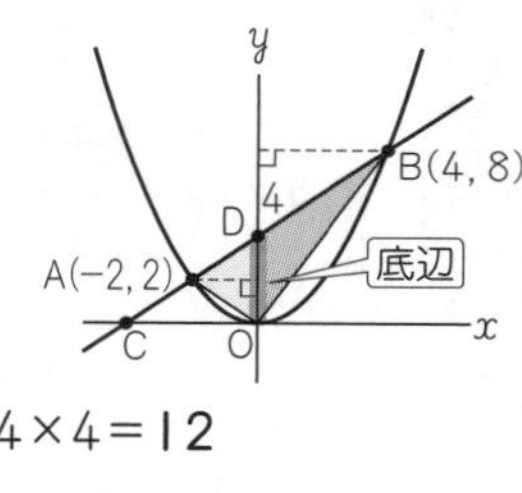

　(3) ㋐　OCが共通なので，これを底辺と考えると，△OCBの高さが△OCAの9倍になればよい。
　Bの y 座標は　2×9=18
　（Aの y 座標）
　$18=\dfrac{1}{2}x^2$ より　$x=6\ (x>0)$　B(6，18)
　㋑　線分ABの中点をMとするとM(2，10)で，△AOMの面積は△OABの半分となる。Mを通り，y 軸に平行な直線と，直線OBとの交点をNとする。直線OBは $y=3x$，Nの x 座標が2

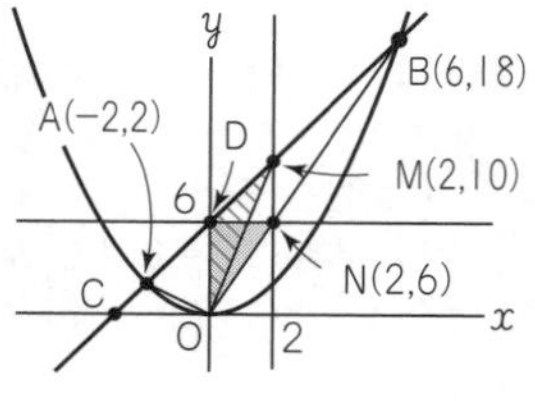

だから N(2, 6) である。

ここで, AB と y 軸との交点を D とすると, 面積について　△ODM＝△ODN　　よって, 四角形 AOND は △AOM と面積が等しくなる。

これより, D と N を通る直線が求めるもの。

よって　$\boldsymbol{y=6}$

7 (1)　△OBC は OB＝OC の二等辺三角形だから OM⊥BC

△OBM において三平方の定理を用いると

$OM=\sqrt{OB^2-BM^2}=\sqrt{4^2-(\sqrt{3})^2}=\sqrt{13}$ **(cm)**

(2)　線分 AN と NB の長さの和が最小になるのは, 展開図上で B, N, A が一直線上にあるときである。

〈展開図の一部〉

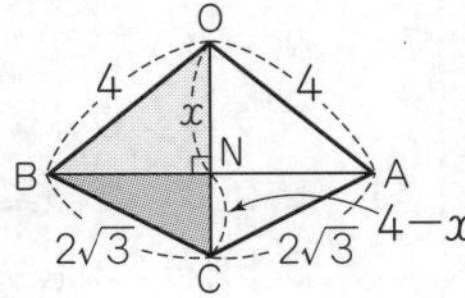

ON＝x とおくと　NC＝$4-x$

△OBA は OA＝OB の二等辺三角形より　OC⊥AB

よって, △OBN と △CBN に三平方の定理を用いると　$4^2-x^2=(2\sqrt{3})^2-(4-x)^2$

$x=\dfrac{5}{2}$　　したがって　ON : NC＝$\dfrac{5}{2}:\dfrac{3}{2}$＝**5 : 3**

(3)　三角錐 NOAB の体積を求めるため, まず正三角錐 OABC の体積を求める。

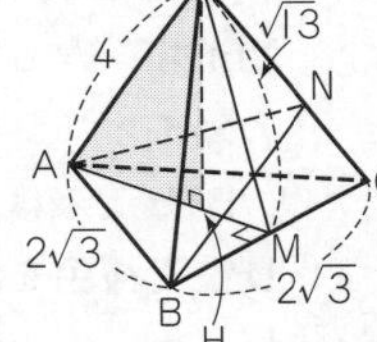

△ABM は, 鋭角が 30°, 60° の直角三角形より

$AM=2\sqrt{3}\div2\times\sqrt{3}=3$

O から △ABC に垂線 OH をひくと, この立体は正三角錐であるので, H は △ABC の重心と一致する。

これより　$AH=\dfrac{2}{3}AM=\dfrac{2}{3}\times3=2$

△OAH において　$OH=\sqrt{4^2-2^2}=2\sqrt{3}$

△ABC の面積は　$\dfrac{1}{2}\times2\sqrt{3}\times3=3\sqrt{3}$ ← 本冊 p.55 の公式を用いると $\dfrac{\sqrt{3}}{4}\times(2\sqrt{3})^2=3\sqrt{3}$

（↑AM）

これより正三角錐 OABC の体積は

$\dfrac{1}{3}\times3\sqrt{3}\times2\sqrt{3}=6$

三角錐 NABC は, 底面を △ABC としたとき, 正三角錐 OABC と, 底面が共通で高さがその $\dfrac{3}{8}$ だから, 体積は　$6\times\dfrac{3}{8}=\dfrac{9}{4}$

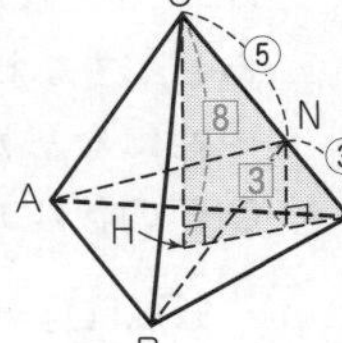

三角錐 NOAB の体積は正三角錐 OABC の体積から三角錐 NABC の体積をひいたものだから　$6-\dfrac{9}{4}=\dfrac{15}{4}$

△OAB の面積は △OBC と等しいので

$\dfrac{1}{2}\times2\sqrt{3}\times\sqrt{13}=\sqrt{39}$

（↑OM）

面 OAB と点 N との距離を h とすると

$\dfrac{1}{3}\times\sqrt{39}\times h=\dfrac{15}{4}$　　よって　$h=\dfrac{15\sqrt{39}}{52}$ **(cm)**

（↑体積についての式）

8 (1)　AP＝3×2＝6,

AQ＝2×2＝4 より求める体積は

$\dfrac{1}{3}\times\dfrac{1}{2}\times6\times4\times12$

＝**48 (cm³)**

(2)　底面を △AEQ と考えると, 高さは AB＝9 より

$y=\dfrac{1}{3}\times\dfrac{1}{2}\times2x\times12\times9$

よって　$\boldsymbol{y=36x}$

(3)　$0\leqq x\leqq3$ においては

$y=\dfrac{1}{3}\times\dfrac{1}{2}\times2x\times3x\times12$

$=12x^2$

$3\leqq x\leqq4$ においては

(2)より　$y=36x$

$4\leqq x\leqq7$ においては

P は FB 上, Q は HD 上なので, △AEQ を底面と考えると, 高さが AB＝9 より

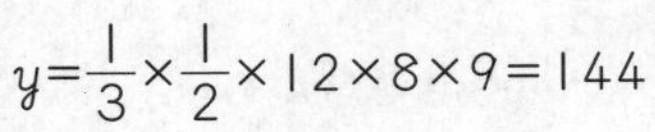

$y=\dfrac{1}{3}\times\dfrac{1}{2}\times12\times8\times9=144$

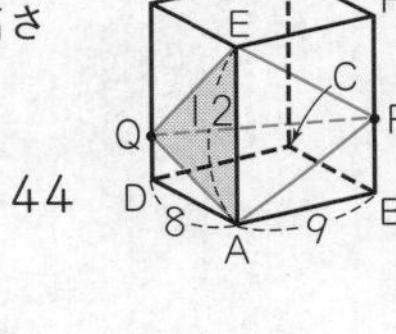

これを満たすグラフは　(イ)

(4)　$7\leqq x\leqq10$ においては

P は EF 上, Q は HD 上。

$EP=9+12+9-3x$

$=30-3x$

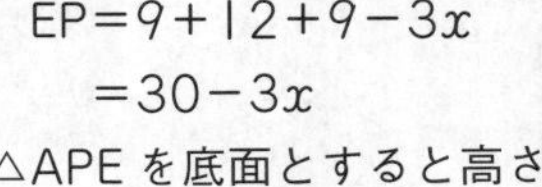

△APE を底面とすると高さは AD＝8　　よって

$y=\dfrac{1}{3}\times\dfrac{1}{2}\times12\times(30-3x)\times8$

$=-48x+480$

より, グラフは右の図のようになる。三角錐 AEPQ の体積が直方体 ABCD-EFGH の体積の $\dfrac{1}{32}$ になるとき,

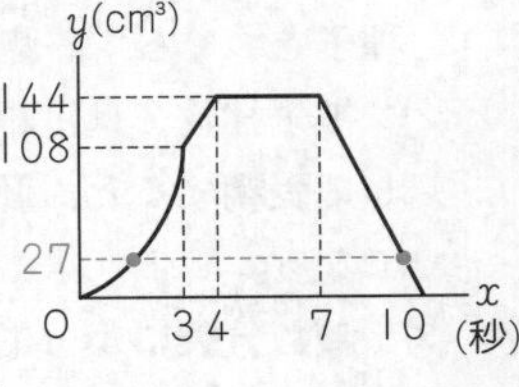

体積は　$8\times9\times12\times\dfrac{1}{32}=27$ (cm³) となる。

これが起こるのは, グラフより

$0\leqq x\leqq3$ のとき, $y=12x^2$ より　$27=12x^2$

$x\geqq0$ より　$x=\dfrac{3}{2}$　($0\leqq x\leqq3$ を満たす)

$7\leqq x\leqq10$ のとき, $y=-48x+480$ より

$27=-48x+480$　　よって　$x=\dfrac{151}{16}$

入試模擬テスト 理科

1 (1) ア　(2) 胚珠
(3) 卵細胞 8本　受精卵 16本

2 (1) イ　(2) 肝臓　(3) d

3 (1) $2Mg + O_2 \longrightarrow 2MgO$
(2) マグネシウム：酸素＝3：2
(3) 1.6 g

4 (1) 中和　(2) ア　(3) エ

5 (1) 50 Ω
(2) 下図

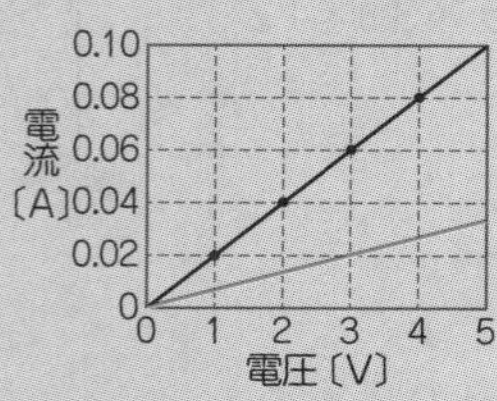

(3) ウ，イ，ア，エ
(4) ① ア　② ア
(5) 例　棒磁石を速く動かす。
（コイルの巻数を多くする。）
（磁力が強い磁石を用いる。）

6 (1) ウ　(2) 5 cm

7 (1) 等粒状組織
(2) ① イ　② ウ

8 (1) ① 東　② 西　③ くもり　(2) ア

解説

1 (1) 図のように**胚珠が子房の中にある植物は被子植物**である。**裸子植物は子房がなく，胚珠がむき出し**になっている。ウのシダ植物とエのコケ植物は，種子をつくらず，**胞子**でふえる。

(2) 被子植物では，**精細胞**の核と**卵細胞**の核が合体して**受精**すると，**胚珠が種子**になり，**子房が果実**になる。

(3) **減数分裂**によってできる卵細胞や精細胞などの**生殖細胞の染色体の数は，減数分裂前の半分になる**。生殖細胞が受精してできる**受精卵の染色体の数は，減数分裂前の細胞と同じ**になる。

2 (1) 心臓から肺に至る動脈を**肺動脈**といい，二酸化炭素を多く含む**静脈血**が流れている。また，肺から心臓に至る静脈を**肺静脈**といい，酸素を多く含む**動脈血**が流れている。

(2) 細胞のはたらきによって生じた有害なアンモニアは，**肝臓で害の少ない尿素に変えられる。**

(3) 尿素は血液によってじん臓に運ばれ，**じん臓で血液中からこし出されて**，尿として体外に排出される。よって，じん臓を通った直後のdの血管を流れる血液が，尿素の濃度が最も低い。

3 (1) 酸化マグネシウムは，マグネシウム原子と酸素原子が1：1の割合で結びついている。

(2) **図2**のグラフより，3.0 gのマグネシウムと結びつく酸素の質量は，

5.0 g－3.0 g＝2.0 g

よって，

マグネシウム：酸素＝3.0 g：2.0 g＝3：2

(3) 結びついた酸素の質量は，

3.1 g－2.5 g＝0.6 g

0.6 gの酸素と結びつくマグネシウムの質量をxとすると，

x：0.6 g＝3：2　x＝0.9 g

よって，混合物2.5 gに含まれていた酸化マグネシウムの質量は，

2.5 g－0.9 g＝1.6 g

4 (1) **中和**では，酸の水素イオンとアルカリの水酸化物イオンから水ができ，酸の陰イオンとアルカリの陽イオンから**塩**ができる。

(2) BTB溶液は，**酸性で黄色，中性で緑色，アルカリ性で青色**を示す。塩酸は酸性なので，はじめのビーカー内の水溶液の色は黄色である。水酸化ナトリウム水溶液はアルカリ性なので，加えていくと水溶液の色はだんだんと緑色に近づき，6 cm^3加えたところで水溶液は中性になって緑色になる。

(3) はじめ，ビーカー内には塩酸が**電離**して生じた水素イオン(H^+)と塩化物イオン(Cl^-)が存在している。水酸化ナトリウム水溶液を加えると，水酸化ナトリウムが電離して生じたナトリウムイオン(Na^+)と水酸化物イオン(OH^-)が加わるが，H^+とOH^-は結びついて水になるため，OH^-の数はH^+がなくなるまではふえない。H^+がなくなったあと，すなわちすべての塩酸が中和して水溶液が中性になったあとは，OH^-がふえていくので，OH^-の数はエのように変化する。

5 (1) 抵抗〔Ω〕＝$\dfrac{電圧〔V〕}{電流〔A〕}=\dfrac{5\ V}{0.10\ A}$＝50 Ω

(2) 抵抗器Bは100 Ωなので，ウの合成抵抗は，

50 Ω＋100 Ω＝150 Ω

よって，**図1**にウをつないだときの回路全体の抵抗の大きさは，アをつないだときの3倍になり，同じ電圧を加えたときに流れる電流の大きさは$\dfrac{1}{3}$倍になる。

(3) **並列回路全体の抵抗の大きさは，ひとつひとつの抵抗の大きさよりも小さくなる。**よって，抵抗の大きさの大きいほうから順に並べると，ウ，イ，ア，エとなり，同じ電圧では，抵抗が大きいほど，流れる電流は小さくなる。

別解 抵抗器Aの抵抗は50Ω，抵抗器Bの抵抗は100Ωなので，エの合成抵抗をRとすると，

$$\frac{1}{R}=\frac{1}{50}+\frac{1}{100}=\frac{3}{100}$$

$R=33.3\cdots$　　よって，約33Ω

図1にア～エをそれぞれつないだときの回路全体の抵抗の大きさは，アが50Ω，イが100Ω，ウが150Ω，エが約33Ωとなり，抵抗が大きいほど，回路を流れる電流の大きさは小さくなる。

(4) コイルに棒磁石を近づけたり遠ざけたりすると，コイルの中の磁界が変化し，電圧が生じてコイルに電流が流れる。このような現象を**電磁誘導**といい，このとき流れる電流を**誘導電流**という。

誘導電流の向きは，コイルに棒磁石のN極を近づけるときと，コイルからN極を遠ざけるときでは逆になる。また，コイルにN極を近づけるときと，S極を近づけるときでは逆になる。

(5) 誘導電流の大きさは**磁界の変化が大きいほど，**また，**コイルの巻数が多いほど**，大きくなる。したがって，次のような方法で誘導電流を大きくすることができる。

① 磁石を速く動かす(磁界を速く変化させる)。
② 磁力が強い磁石を用いる。
③ コイルの巻数を多くする。

6 (1) **位置エネルギーと運動エネルギーの和**を，**力学的エネルギー**という。摩擦や空気の抵抗がなければ，位置エネルギーが減った分だけ運動エネルギーがふえ，運動エネルギーが減った分だけ位置エネルギーがふえるので，**力学的エネルギーはいつも一定に保たれる**。このことを，**力学的エネルギーの保存**という。

振り子の運動と力学的エネルギー

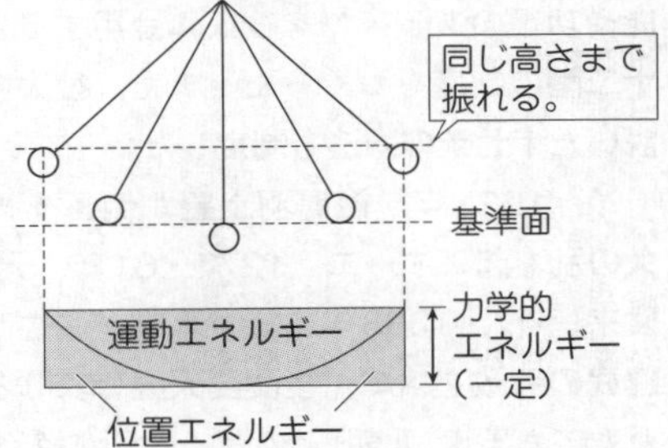

(2) 力学的エネルギーの保存により，糸がくいにひっかかっても，おもりはAと同じ高さまで上がる。

7 (1) マグマが冷えてできた岩石を**火成岩**といい，つくりのちがいによって**火山岩**と**深成岩**に分けられる。問題図のようなつくりを**等粒状組織**といい，深成岩の特徴である。一方，火山岩は**石基**に**斑晶**が散らばった**斑状組織**をもつ。

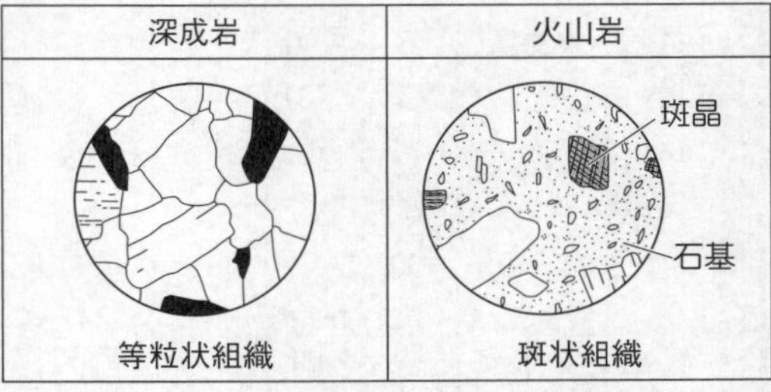

(2) マグマが地下深くでゆっくりと冷え固まると，それぞれの結晶がじゅうぶんに成長して，等粒状組織をもつ深成岩ができる。一方，マグマが地表付近で急に冷え固まると，鉱物の結晶がじゅうぶんに成長できず，斑状組織をもつ火山岩ができる。

8 (1) 風向は，**風のふいてくる方向**を示している。

(2) 図1の3月13日9時から21時の観測結果を見ると，**気温が急に下がり，風向が北寄りに変化し，雨が短時間降っている**。また，気圧が下がったあと上がっている。これらのことから，**寒冷前線**が通過したと考えられる。寒冷前線付近では，寒気が暖気の下にもぐりこみ，暖気を押し上げながら進んでいる。

入試模擬テスト

社会

1 (1) A 大西洋　B 太平洋
(2) ユーラシア大陸　(3) オ
(4) 環太平洋造山帯　(5) 1月3日午前4時
(6) ① エ　② イ　③ ア　④ ウ

2 (1) 東北地方　(2) ウ
(3) 長さは短く，流れが急である。　(4) イ
(5) ウ　(6) 太平洋ベルト
(7) ① イ，ウ　② ア，エ

3 (1) X 埴輪　Y 大王
(2) 人物 聖徳太子[厩戸皇子]　記号 エ
(3) イ→エ→ウ→ア　(4) ア
(5) 例 領事裁判権[治外法権]を認める。
例 関税自主権がない。
(6) エ　(7) A 学制　B 3　C 現金
(8) イ　(9) ア→エ→ウ→イ

4 (1) A イ　B ウ　C エ　(2) イ
(3) 議院内閣制　(4) X オ　Y イ　(5) イ

5 (1) ① ウ　② ア　(2) エ
(3) ① 安全保障理事会[安保理]
② 平和維持活動[PKO]

6 (1) クスコ
(2) 記号 イ　人物 ムハンマド[マホメット]
(3) D→B→A→C　(4) ア，エ　(5) ウ
(6) A 平等　B 権利　C 自由

解説

1 (1) 南北アメリカ大陸の東側にあるので，Aは**大西洋**。

(2) 世界の六大陸は，ユーラシア大陸，アフリカ大陸，オーストラリア大陸，北アメリカ大陸，南アメリカ大陸，南極大陸である。Xは，この六大陸のうち，面積が最大の**ユーラシア大陸**を示す。

(3) **赤道は0度の緯線**で，アフリカ大陸のほぼ中央と，インドネシアを横切るのでオが正答。

(4) Bの太平洋を取り囲む形で分布している造山帯を**環太平洋造山帯**という。アルプス・ヒマラヤ造山帯に比べて**火山活動**が活発で，**地震**が多いのが特徴。

(5) 日本の標準時子午線は**東経135度**。**経度15度で1時間**の時差が生じるので，東経30度のエジプトとの時差は(135－30)÷15＝7で，7時間。日本のほうが時刻が進んでいるので，1月3日午前11時から7時間をひいた時刻が，エジプトの時刻となる。

(6) ア～エのグラフの特徴を読み取ろう。イは1年じゅう気温が高く降水量も多いことから，赤道付近に位置する**熱帯気候**の地域のグラフ。ウは4つのグラフの中で，いちばん気温が低いことから，北に位置する地域のグラフ。残ったアとエはどちらも温暖な温帯の気候を示しているが，2つを比較すると，アは気温の変化が大きく，エは夏の降水量が少ない。よって，アは**温暖(温帯)湿潤気候**，エは**地中海性気候**の地域のグラフであることがわかる。

2 (1) A県とは，岩手県のこと。

(2) 地図中の，アは亜寒帯(冷帯)の**北海道の気候**，イは冬の降水量が多い**日本海側の気候**，ウは年間を通して降水量が少ない**瀬戸内の気候**，エは熱帯に近い気候の**南西諸島の気候**に，それぞれ分類される。よって，**資料1**はウの瀬戸内の気候を示したものである。

(4)(5) **山間部**から平地に出たところに**扇形**の地形ができているので**扇状地**。扇状地は水はけがよく，**果樹栽培**に適している。

(6) 原材料や燃料，製品を輸送しやすい，東京湾，伊勢湾，大阪湾，瀬戸内海などの臨海部に形成された工業地域。

(7) **航空輸送**による貨物品は，**軽くて高価な電気部品や生鮮品**などのしめる割合が大きい。一方，重い機械類や原材料は，一度に大量に運べる**海上輸送**が適している。

3 (1) **資料1**の**埴輪**は古墳時代の焼き物で，古墳の上や周囲におかれた。**資料2**は埼玉県稲荷山古墳から出土した鉄剣の一部である。**大和政権(ヤマト政権)**の**大王**が与えた鉄剣が埼玉県で発見されたことで，勢力は東北地方南部(関東地方)までおよんでいたと推測される。

(2) **聖徳太子(厩戸皇子)**は，家柄にとらわれず，才能や功績のある人物を役人に登用するため，**冠位十二階**の制度をつくった。また，役人の心構えを説いた**十七条の憲法**も制定した。

(3) イ．1221年，**後鳥羽上皇**が倒幕をめざして**承久の乱**を起こす→エ．1274・81年，**元寇**(元軍の襲来)→ウ．1333年に鎌倉幕府が滅亡したあと，**建武の新政**をへて，**後醍醐天皇**(南朝)と**足利尊氏**がたてた天皇(北朝)との間で内乱が続く(**南北朝の動乱**)→ア．1467年，**足利義政**のあとつぎをめぐり**応仁の乱**が起こる。

(4) 全国を統一したのは**豊臣秀吉**。イ・エは**徳川家康**・**秀忠**・**家光**の江戸幕府の将軍が行った政策。ウはキリシタン大名であった大友宗麟らの政策。

(5) **領事裁判権(治外法権)**により，日本で罪を犯した外国人を日本の法律で裁くことができなかった。また，**関税自主権**がないため，安価な外国産の綿織物などが流入し，国内産業に打撃を与えた。

(6) 日清戦争前の1894年に**領事裁判権(治外法権)の撤廃**，日露戦争後，第一次世界大戦前の1911年に**関税自主権の回復**を実現した。

(7) Aは「多くの小学校が設立された」がヒント。安定した財源確保のために，**地租改正**も行われた。

(8) 1919年，フランスで開かれた**パリ講和会議**で，**ベルサイユ条約**が結ばれた。これにより，ドイツに多額の賠償金の支払い義務などが課せられた。

(9) アは1929年，イは1941年(**太平洋戦争**の開始)，ウは1937年(**盧溝橋事件→日中戦争**)，エは1931年(**満州事変**)。

4 (1) **国の最高法規**である憲法の改正について，日本国憲法は慎重な手続きを定めている。改正手続きの流れは，国会に憲法改正案を提出→衆議院と参議院のそれぞれ**3分の2以上**の議員の賛成で国会が改正の発議→満18歳以上の国民による**国民投票**で，**有効投票の過半数**の賛成を得る(改正案成立)→**天皇**により公布，となる。

(2) ア・エ．参議院が衆議院と異なる議決をし，意見が一致しない(または，期間内に議決しない)場合は，衆議院の議決が採用される。イ．衆議院と参議院がもつ**政治全般について調査できる権利**のことで，衆議院の優越はない。ウ．参議院が衆議院と異なる議決をした(または，期間内に議決しない)場合，衆議院の３分の２以上の賛成で再可決されると，法律となる。

(3) 衆議院が**内閣不信任の決議**を行い，可決されると，内閣は10日以内に**衆議院を解散するか，総辞職する**。このように，**議院内閣制**では，国会と内閣は抑制し合い，均衡をはかっている。

(4) 裁判が，正しい手続きによって公正中立に行われるための原則。

(5) **内閣総理大臣**が国会の指名で，間接的に選ばれるのに対し，**首長**は住民の**直接選挙**で選ばれる。

5 (1) ① **供給量**(出荷量)より**需要量**が多くなる。つまり，商品を買いたい人の方が多いので，価格が上がる。

② 国や地方公共団体が決定・認可する価格を，**公共料金**という。水道料金のほかに，ガス料金，鉄道運賃などがある。

(2) 日本の**社会保障制度**は，憲法第25条１項(「すべて国民は，健康で文化的な最低限度の生活を営む権利を有する」)の生存権にもとづいて整備されてきた。

(3) 国際連合の中でも特に強い権限をもつ**安全保障理事会**(**安保理**)は，侵略など平和をおびやかす国に対して制裁を加えたり，内戦後の選挙を監視するなどの**平和維持活動**(**PKO**)を行う。

6 (1) **ロンドンを通る本初子午線**から西側が**西経**，東側が**東経**で，太平洋のほぼ中央の日付変更線までそれぞれ広がっている。また，インドネシア，アマゾン川河口などを通る**赤道**から北側が**北緯**，南側が**南緯**となる。

(2) 北アフリカ，西アジア，中央アジア，東南アジアで広く信仰されているのは**イスラム教**。７世紀のはじめ，アラビア半島で**ムハンマド**(**マホメット**)が開いた。

(3) D．17世紀のイギリスはインドの綿織物を大量に輸入していたため貿易は赤字だった→B．18世紀の**産業革命**で綿織物を安く大量生産できるようになったイギリスは，逆に，インドへ綿織物を輸出するようになった→A．1857年，イギリスへの反感から**インド大反乱**が起こった→C．1858年，イギリスはインドのムガル帝国の皇帝を退位させ，反乱を鎮圧して，インドを直接支配した。

(4) イ．**バスコ＝ダ＝ガマ**が来訪したのはアフリカ大陸の喜望峰とインド。ウ．オーストラリアはイギリスの植民地だった。オ．**APEC**(アジア太平洋経済協力会議)には参加しているが，**ASEAN**(東南アジア諸国連合)には加盟していない。

(5) 1776年にフィラデルフィアで発表されたのは，**アメリカ独立宣言**。アメリカの独立に加え，すべての人間は生まれながらにして人権をもつことも宣言された。ア．第二次世界大戦中の1945年，連合国(アメリカ・イギリス・中国)が日本に無条件降伏を求めて発表した宣言。イ．1948年，すべての国が尊重すべき基本的人権の共通基準として，国際連合で採択された宣言。

(6) 人間を個人として尊重し，**平等**にあつかい，みずからの意思に従って**自由**に生きることを**権利**として保障したのが**人権**(**基本的人権**)。アメリカ独立宣言などの近代の人権宣言で保障されたのは**自由権**であったが，20世紀には**社会権**も保障されるようになった。

入試模擬テスト

国語

1 (1) ウ
(2) 例 オーキシンが，茎を通って下の方に移動し，側芽の成長を抑えているから。(34字)
(3) エ
(4) イ

2 (1) イ
(2) 例 鏡の前に立って，何度も笑顔の練習をした結果，自然に笑顔が浮かべられるようになった。(41字)
(3) a 顔の芯を成すもの
b 一緒にいる人間を安心させて
c 存在そのもの
d 心をなごませ，鎮めさせて

3 (1) いずこ
(2) 庭
(3) 例 よく物を記憶して忘れない人が，いつも見ている自分の庭の様子を忘れていたこと。(38字)

解説

1 (1) **助動詞「れる・られる」には，「受け身・可能・自発・尊敬」**という四つの用法・働きがある。傍線部①の「られる」の用法・働きは，受け身である。選択肢を確認すると，ア尊敬・イ可能・ウ受け身・エ自発である。

(2) 傍線部②のような，頂芽が伸びて側芽が伸びない性質を「頂芽優勢」という。「頂芽優勢」については，傍線部②のある段落以降でくわしく述べられている。側芽の成長を抑えているのは，「オーキシン」という物質であり，「『頂芽でつくられるオーキシンが，茎を通って下の方に移動し，側芽の成長を抑えている』と考えられている」とあるところを利用して解答をつくる。「どのように作用しているからか」と問われているので，「～から。」という形で答える。「四十字以内」という制限があるので，不要な部分を削っておさまるようにする。

記述式の問題では，本文中から単語だけを抜き出してまとめようとするのではなく，**本文中の表現をできるだけ利用して書く**とよい。

(3) 接続語を空所に入れる問題は，**本文中の空所の前後をよく読んで関係をとらえ**，空所に入る接続語の働きをつかむ。

空所の前の部分では，サイトカイニンという側芽の成長を促す物質の働きについて説明している。空所のあとの部分では，オーキシンによってサイトカイニンがつくられるのを抑えているという説明が続く。空所の前後は，前後の内容を比べていると見ることができるので，対比・選択の接続語エ「一方」を選ぶ。ア「つまり」，イ「例えば」は説明・補足，ウ「だから」は順接の接続語である。

(4) 選択肢を一つ一つ確認していく。内容と合致するものを選ぶ問題では，**誤りのあるものから除外していく消去法が有効。**

ア 「葉っぱのつけ根にある頂芽」が誤り。「頂芽」は茎の先端にある芽のことである。

イ 第４段落，第５段落の内容。成長を続ける頂芽が食べられてしまっても，先端にある側芽が次の頂芽となって成長を続けるしくみになっている。

ウ サイトカイニンの働きに誤りがある。サイトカイニンは，芽の成長を促す物質であり，抑制するのはオーキシンの方である。

エ 「実を食べられないようなしくみ」が誤り。植物は動物に実を食べられることによって別の場所にタネを排泄(はいせつ)してもらえたり，食べ散らかすようにしてタネを落としてもらえると説明されている。

2 (1) [A] を含む文と，[B] を含む文の関係を明らかにする。Aのほうの文は料理のおいしさについて述べられている。一方，Bのほうの文は，店を繁盛(はんじょう)させている理由の半分は別のところにある，という内容になっている。ふつうは，料理のおいしさが店を繁盛させている理由になるのだが，それだけでなく，半分はマスターが醸(かも)しだす穏やかさと安心感のおかげだと述べている。

[B] には逆接・対比・並列などの接続語が入ることが推測できる。選択肢のBだけを見ていくと，イに逆接の接続語「しかし」がある。ほかの選択肢は [B] に合わない。さらに，Aにイの「確かに」を入れて読んでみて，不自然にならないことを確認する。

「確かに～，しかし(逆接)…。」という形の表現はよく使われる。一般論や相手の意見を認めつつ，それとは違う自分の考えを述べる重要な構文なので，覚えておく。

(2) 日吉京介(ひよしきょうすけ)の自己訓練については，日吉自身の言葉で説明されている。日吉は，息子が生まれたとき，その子の前ではいつも笑顔でいようと決め，鏡の前に立って何度も笑顔の練習をしたと話している。それが一年二年とたつうち，自然に笑顔が浮かべられるようになったとも言っている。

設問には，「どのような自己訓練をし，その結果，どのように変化したと述べているか。」とあるので，日吉がした自己訓練の方法と結果を，四十字以上四十五字以内でまとめる。「息子の前でいつも笑顔でいるために」といった自己訓練の目的や，「店でお客さんに接しているときも笑顔になってしまう」ことなどは不要。

(3) 康平(こうへい)は，日吉京介の人相と同じ種類の何かを持った人物として，最初は思い出せなかったが，脇田千春(わきたちはる)を思い出す。二人の共通点は，「晴れた日の凪(な)いだ海のような穏やかさ」である。

a　日吉の場合は「顔の芯を成すものが，晴れた日の凪いだ海のような穏やかさに包まれているように感じた。」とあるところから考える。「人相」でも意味は通じるが，字数の合う方を答える。

c　脇田千春の場合は「人相のなかに共通する何かがあるというのではなく，脇田千春の場合は，その存在そのものが周りを穏やかにさせたのだ。」とある。

二人の穏やかさが周りに及ぼす影響については，康平がその影響をどのようにとらえているかから読み取る。

b　康平は日吉に向かって，「一緒にいる人間を安心させてくれる顔だよ」と言っている。

d　脇田千春の様子を表現した部分に「あの子の存在そのものは，殺気立った営業の最前線で働いている者たちの心をなごませ，鎮(しず)めさせていたのだ。」とある。［d］の前が，「営業部の人たちの」になっていることもヒントになる。

この設問のように，**字数指定がある問題は，字数をヒントにして**答える。

3 (1) 歴史的仮名づかいを現代仮名づかいに直すときのきまりを覚えておく。基本は次の通りである。

・語頭と助詞以外のハ行→ワ行

［例］「あはれ」→「あわれ」

・「ゐ・ゑ・を」→「い・え・お」

［例］「ゐなか」→「いなか」，「をかし」→「おかし」

・「ぢ・づ」→「じ・ず」

［例］「をぢ」→「おじ」

仮名づかいを問う問題は，必ずといっていいほど出題されるので，確実に現代仮名づかいに直せるようにしておく。

(2) 「君が［　］も」は「あなたの［　］も」という意味。これに対応して，あとの会話部分に「わが庭にも……」と言っていることに注目する。相手の人物の「あなたの［　］も，その山をまねてお造りになったのか。」という問いかけに対して，「私の庭にもひのきがあったのか。」と答えているのである。

(3) 「灯台下暗し」ということわざの意味は，「身近なことはかえってわかりにくい」ということ。「灯台」とは，油の入った皿に芯を浸して火を灯(とも)す昔の照明器具のことで，灯台の真下は皿の影になってとても暗いことからできたことわざである。このことわざと似た意味がこの古文の内容にあるということなので，これをふまえて全体のあらすじをつかむと，

- よく物を記憶して忘れない人がいて，昔登った山の木の様子などもよく覚えていて話した。
- その話を聞いた人は，「よく覚えているなあ」と感心し，「あなたの庭もその山をまねて造ったのか」と聞いた。
- すると，よく物を記憶して忘れない人は，「自分の庭のことは，いつも見ているので忘れていた」と答えた。

昔登った山のことはよく覚えているのに，身近な自分の庭のことは覚えていないという部分が，「灯台下暗し」に通じるのである。この内容を四十字以内にまとめる。「身近なことを覚えていない」という点がポイント。

現代語訳

よく物を記憶して忘れない人が，「昔どこかの山に登ったが，このような峰に松が数本あって，その中にこのように枝が垂れているのがあって，もう一本は高くそびえて立っていた。そのそばに，ひのきの大きな木が，横向きに生えていて，つたがからまっている様子(がすばらしかった)」などと語るので，(相手の人が)「たいそう細かく覚えていらっしゃるものだなあ。あなたの庭も，その山をまねてお造りになったのか。松のある中にひのきが見えているが，姿はどのようであったのか」などと尋ねたところ，(よく物を記憶して忘れない人は)「私の庭にもひのきがあったのか。いつも見ておりますので忘れていた」と言った。

③

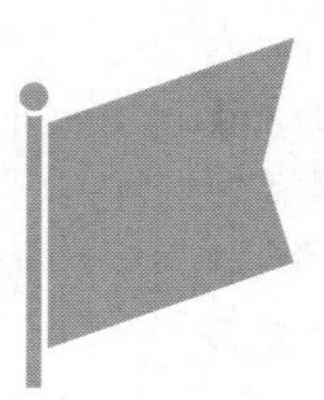

今日からスタート高校入試

5科